Sylvie Desrosie

Ne vous fiez pas au sourire réservé de Sylvie Desrosiers. Malgré son apparence réfléchie, elle aime rire et faire rire. Pour écrire, elle cherche dans ses souvenirs, fouille dans ses carnets et peut se réveiller la nuit si une bonne idée apparaît ! Mais même lorsqu'elle travaille beaucoup, elle éteint toujours son ordinateur quand son fils rentre de l'école. Et elle ne manque jamais une occasion d'aller avec lui au cinéma ni de lui cuisiner des pâtes à toutes les sauces !

Daniel Sylvestre

Enfant déjà, Daniel Sylvestre dessinait. Un jour, en visite chez des amis de ses parents eux-mêmes artistes, il découvre leur travail. Séduit, il prend une décision : quand il sera grand, il sera peintre ! En route donc pour des études d'art, d'abord à Montréal, puis à Paris et à Strasbourg. Il y suit une formation très exigeante, dessinant du matin au soir. Aujourd'hui, il partage son temps entre l'illustration de livres et son travail d'artiste graveur. Minutieux, il apporte un grand soin à chacune de ses créations. Sans jamais oublier d'y mettre une touche d'humour !

De la même auteure à la courte échelle

Collection Premier Roman
Série Thomas :
Au revoir, Camille!
Le concert de Thomas
Ma mère est une extraterrestre
Je suis Thomas
L'audition de Thomas

Collection Roman Jeunesse
Série Notdog :
La patte dans le sac
Qui a peur des fantômes?
Le mystère du lac Carré
Où sont passés les dinosaures?
Méfiez-vous des monstres marins
Mais qui va trouver le trésor?
Faut-il croire à la magie?
*Les princes ne sont pas tous
  charmants*
Qui veut entrer dans la légende?
La jeune fille venue du froid
Qui a déjà touché à un vrai tigre?
Peut-on dessiner un souvenir?
*Les extraterrestres sont-ils des
  voleurs?*
Quelqu'un a-t-il vu Notdog?
*Qui veut entrer dans la peau
  d'un chien?*
Aimez-vous la musique?
L'héritage de la pirate
La tombe du chaman

Hors collection Roman Jeunesse
Série Notdog :
Notdog, volume 1
Notdog, volume 2
Notdog, volume 3

Collection Ado
Le long silence
Les trois lieues

Série Paulette :
Quatre jours de liberté
Les cahiers d'Élisabeth

Hors collection
Série Les voyages de Philibert
Tanguay :
*L'ère glaciaire dans la glacière,
  tome 1*
Un djinn avec ça ?, tome 2
César, ouvre-toi !, tome 3
Jell-O-Man, tome 4

Notdog autour du monde !

Le chien Notdog est célèbre un peu partout dans le monde. On peut lire plusieurs de ses aventures en chinois, en espagnol, en grec et en italien.

Des honneurs pour l'auteure Sylvie Desrosiers

- Finaliste, Prix littéraire Hackmatack – Le choix des jeunes – catégorie du roman français pour *La tombe du Chaman* (2011)
- Finaliste Prix Alvine-Bélisle pour *Les trois lieues* (2009)
- Finaliste Prix du livre jeunesse des bibliothèques de Montréal pour *Les trois lieues* (2009)
- Finaliste, Prix Wallonie-Bruxelles pour *Les trois lieues* (2008)
- Prix à la création artistique du CALQ en Montérégie pour l'ensemble de sa démarche artistique (2008)
- Prix du Gouverneur général du Canada, littérature jeunesse, pour *Les trois lieues* (2008)
- Prix spécial du jury de la Fondation Espace-Enfant en Suisse, remis à l'auteur du « livre que chaque enfant devrait pouvoir offrir à ses parents », pour *Au revoir, Camille!* (2000)

Des honneurs pour l'illustrateur Daniel Sylvestre

- Finaliste, Prix littéraire Hackmatack – Le choix des jeunes – catégorie du roman français pour *La tombe du Chaman* (2011)
- Prix du Gouverneur général du Canada - catégorie Littérature jeunesse (illustrations) pour *Rose, derrière le rideau de la folie* (2010)
- Finaliste Prix PoésYvelines des collégiens 2010/2011 (Prix littéraire français) pour *Rose, derrière le rideau de la folie* (2010)
- Prix Alvine-Bélisle pour *Ophélie* (2009)
- Finaliste, Prix Québec/Wallonie-Bruxelles pour *Ophélie* (2008)
- Finaliste, Prix du Gouverneur général du Canada - catégorie littérature jeunesse pour *Ophélie* (2008)
- Finaliste, Prix du Gouverneur général du Canada pour *Ma vie de reptile* (2007)
- Prix du salon du livre de Trois-Rivières pour *Ma vie de reptile* (2007)
- Palmarès Communication Jeunesse, prix des enfants, pour *A.A aime H.H.* (2000)

Sylvie Desrosiers

LA PATTE DANS LE SAC

Sur une idée de Pierre Huet

Illustrations de Daniel Sylvestre

la courte échelle

Une nuit pas tout à fait comme les autres

— Hé, le chien laid! D'où tu viens comme ça, hein? demande la voix sévère du douanier qui s'en approche doucement.

À peine le chien a-t-il esquissé un mouvement de fuite que le douanier, rapide comme l'éclair, l'attrape par le collier. Il a une poigne solide et réussit en un tour de main à immobiliser complètement Notdog.

"Oh oh, ça y est, pris au piège", pense Notdog. Il n'aurait pas dû passer si près du poste frontière. Avec les paquets qu'il transporte, cela lui était bien défendu. Il aurait dû se méfier aussi quand le douanier l'a sifflé. Mais l'odeur de steak grillé qui arrivait du poste jusqu'à son museau était si alléchante...

— Qu'est-ce que tu fais ici, hein, horrible chien? demande encore le douanier, sans lâcher prise.

Il est vrai qu'on ne peut pas dire de Notdog: quel beau chien! Non, vraiment pas. Il a le poil raide comme un tapis de corde et une couleur que seuls les daltoniens peuvent apprécier.

Assez gros, il a la taille parfaite pour dormir au pied d'un lit d'enfant et lui réchauffer les orteils. Ce qu'il fait d'ailleurs joyeusement tous les soirs avec sa jeune maîtresse Jocelyne.

Enfin, presque tous les soirs. Car une fois par semaine, en cachette, Notdog refait le même chemin dans la campagne. Toujours le même aller-retour, tout seul, la nuit.

Il traverse alors la frontière canado-américaine où il n'y a pas de route, là où quelqu'un lui a montré à traverser. Il doit être discret, surtout, surtout ne pas se faire voir. Jusqu'à cette nuit, il avait très bien réussi sa mission.

Le douanier l'emmène à l'intérieur du poste et le tient encore bien fermement. Un autre douanier s'approche et commence à le fouiller. Le médaillon dans le cou de Notdog tinte. Le douanier saisit alors son collier. Deux sacs de plastique y sont fixés solidement.

Il ouvre un des sacs et en sort un autre, plus petit, qui laisse voir au travers une poudre blanche. Il plonge l'index dedans, goûte.

— Ça ne fait aucun doute: ce chien transporte de l'héroïne! Va falloir avertir la police.

Les trois inséparables

Ce qui a réveillé Jocelyne à six heures du matin, c'est l'absence du poids de son chien Notdog sur son lit.

Inquiète de cette désertion inhabituelle, Jocelyne a tiré son long corps mince de douze ans hors des couvertures. Elle a sauté dans un jean et passé rapidement ses mains en guise de peigne dans ses cheveux noirs bouclés. Puis elle a couru chez ses amis, les deux autres du groupe des inséparables.

D'abord chez Agnès, la jolie rousse qui porte des broches aux dents. Elle ha-

bite tout près de chez elle, dans une minuscule maison de briques, au bout de la rue qui se termine en cul-de-sac.

Agnès, les yeux à moitié fermés, et elle se sont ensuite rendues chez John, à la limite du village.

John, un Anglais blond à lunettes, vit dans une demeure cossue car son père est un éleveur de chevaux prospère. C'est à peine s'il a eu le temps de s'habiller tellement Jocelyne était pressée de retrouver son chien.

Et tous les trois ont commencé à chercher.

— Notdog! Eh oh! Notdog, où es-tu? Arrête de te cacher! crie Jocelyne plusieurs fois. Ses deux amis, Agnès et John, répètent la même chose, comme l'écho. Puis:

— Tu es certaine qu'il ne s'est pas perdu, ton chien? demande Agnès, pratique.

— Oui, il est peut-être mouru, continue John, pas très doué en français, pas très optimiste non plus.

— "Mort", John. On ne dit pas "mouru", on dit "mort'" le reprend Agnès.

Jocelyne ne parle pas. Ils continuent à chercher en silence.

Il est encore très tôt et le petit village frontalier qu'ils habitent est bien tranquille. Aucun passant dans la rue principale. Les quelques commerces qui s'y trouvent n'ouvriront pas avant une bonne heure. Les trois enfants s'engagent dans cette rue.

Ils passent devant le magasin de meubles de style canadien, devant le 5-10-15 qui vend de tout. Puis, devant le bureau de monsieur Vivieux, l'assureur d'origine française. Ils enjambent ensuite l'ancienne voie de chemin de fer qui jadis coupait le village en deux.

Ils se retrouvent devant Steve La Patate et vont inspecter l'arrière du restaurant. Notdog vient souvent ici s'amuser à faire les poubelles. Aucune trace de lui.

Ils passent devant le garage Joe Auto et aperçoivent Joe lui-même, déjà sale.

— Bonjour, Joe, dit Jocelyne. Tu n'as pas vu mon chien par hasard?

— Non.

— Tu es bien sûr?

— Il est assez laid pour qu'on le remarque!

Et Joe retourne à son atelier.

Jocelyne, Agnès et John se regardent en soupirant. Mais où est donc passé ce chien?

Il fait déjà chaud. Juillet est particulièrement beau cette année. Ici et là, une odeur de rôties et de bacon grillé parvient à leur nez.

Arrivés devant la banque, le seul immeuble de plus de deux étages du village, ils tournent à droite. De biais, on voit la petite et invitante tabagie de l'oncle de Jocelyne, Édouard Duchesne. C'est lui qui a la garde de sa nièce depuis que les parents de Jocelyne sont morts, deux ans auparavant.

"Il ne devrait pas tarder à ouvrir, il

ouvre toujours avant les autres", pense Jocelyne.

— Écoute, ça fait une heure qu'on cherche. Et j'ai faim, moi! dit John, impatient.

C'est vrai que personne n'a encore pris son petit déjeuner.

— Moi aussi, j'ai faim. Ne t'en fais pas. Notdog va être affamé bientôt et tu vas le voir arriver, dit Agnès.

Pas rassurée du tout, Jocelyne soupire avant de continuer:

— Tu as peut-être raison. Bon. Alors on se retrouve au lac?

Et chacun prend la direction de sa maison. Agnès et John pensent à leur estomac. Jocelyne, à son chien. Elle décide de chercher encore un peu avant de rentrer, sans savoir que chez elle il se passe des choses...

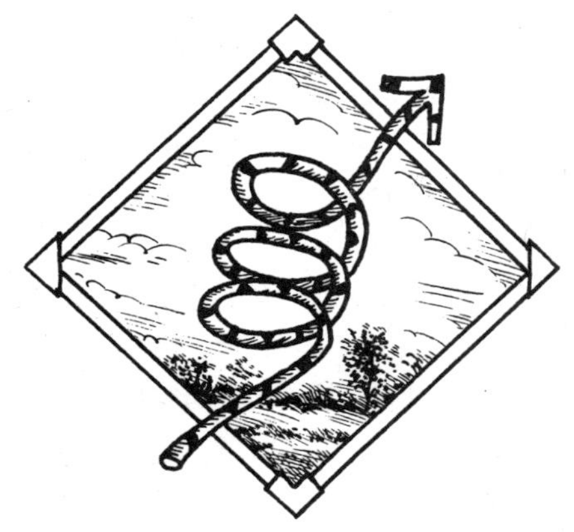

Trois petits tours et puis s'en vont... où?

Dans son bureau de directeur de la fourrière municipale, Auguste Gendron fait ses comptes. Sérieux, malingre et tiré à quatre épingles, il écrit.

Colonne de droite, dépenses: nourriture pour les animaux, soins du vétérinaire, salaire de la secrétaire madame Leboeuf. Sous la rubrique "salaire du directeur", il inscrit quelques chiffres et se lève.

"Ce salaire est beaucoup trop bas pour quelqu'un comme moi." Voilà ce qu'Auguste Gendron se dit en marchant de long en large. Sur la moquette épaisse, ses pas ne font aucun bruit. Et on entend à peine le quich! quich! quich! que font les jambes de son pantalon en se frottant l'une contre l'autre.

Il se rassoit dans son fauteuil de directeur. Colonne de gauche, revenus: dons, subventions, ventes d'animaux.

Il additionne, soustrait, divise. Pas un sou de perdu. Il faut dire qu'Auguste Gendron est un homme d'affaires hors pair.

Satisfait, il sort d'un tiroir fermé à clé un calepin noir sans titre et commence d'autres calculs. Le téléphone sonne.

— Allô!... Ah, bonjour, monsieur le chef de police... Non non non, vous ne me dérangez pas du tout. Que puis-je pour vous?

Suit une longue explication du chef de police sur l'arrestation de Notdog.

— Oui, oui chef, c'est bien moi qui ai vendu ce chien à Édouard Duchesne... Vous voulez le mettre dans une cage à la fourrière en attendant l'enquête? Mais certainement!...L'identifier au poste? Bien sûr! À tout à l'heure, chef.

Auguste Gendron raccroche. Il ferme le calepin noir et le remet dans le tiroir. Il referme à clé et réfléchit en tapotant sur la surface lisse du bureau.

* * *

À la mairie, le maire Michel est bien nerveux. Il n'arrive pas à rester plus de deux minutes assis à son bureau. Il se lève, va chercher un café, revient.

Le chef de police vient de lui rapporter toute l'affaire.

"Ennuyeux, vraiment ennuyeux", pense-t-il.

Plusieurs dossiers traînent sur son bureau, mais il n'en ouvre aucun. Il s'allume une cigarette avec ce qui reste de la précédente et tousse furieusement.

"Quoi faire, quoi faire? Je crois qu'il serait plus sage que j'annule mon petit voyage à Montréal cet après-midi." Voilà ce que se dit le maire Michel devant la situation.

— C'est grave, très grave, lance-t-il tout haut, même s'il est seul.

Ses pas de gros homme résonnent sur le parquet.

Il sort de son trousseau une petite clé qui ouvre un tiroir.

Il en retire un carnet dans lequel sont inscrits des numéros de téléphone. Il cherche, trouve celui qu'il voulait et commence à le composer. Il s'arrête au troisième chiffre.

"Non, je ne peux pas téléphoner d'ici. On pourrait m'entendre", pense-t-il.

Il décide alors d'aller faire son appel ailleurs. Il va annuler son rendez-vous et se rendre au poste de police. "Il faut absolument que je trouve un moyen d'éviter le scandale."

* * *

Au beau milieu de la rue, Bob les Oreilles Bigras ne semble pas dans son état normal. Quel est son état normal? À vrai dire, peu de gens le savent. Disons qu'aujourd'hui, le motard local est différent.

Bob les Oreilles Bigras n'est pas bien dangereux, mais tout le monde s'en méfie. On ne lui connaît pas d'amis, de famille, de travail, de maison. Tout ce qu'on sait, c'est qu'il traîne parfois au village et qu'il est impoli.

Justement, monsieur Vivieux, l'agent d'assurances, se dirige vers son bureau. Bob lui crie:

— Aïe, Vivieux! Pour moi, tu vivras pas vieux!

Et il éclate de rire. Vivieux s'éloigne outré.

Puis, c'est au tour de Joe Auto de se faire crier par Bob:

— Aïe Joe Auto, es-tu un auto-matique?

Et il éclate encore de rire. Il se roule littéralement par terre.

Mais monsieur Vivieux, un homme aimant la paix publique, a aussitôt appelé la police. Déjà absorbé par l'affaire Notdog, le chef arrive, impatient, ses menottes dans une main.

— Alors, Bob les Oreilles Bigras, on fait le zouave aujourd'hui?

L'eau froide, l'eau chaude

— T'as peur, t'as peur, t'as peur! crie Agnès à John.

— Mes oreilles sont toutes bleues! répond-il, les deux pieds sur le bord du petit bassin de la rivière aux Brochets.

— On dit "orteils", John, pas "oreilles". "Orteils"!

— En tout cas, c'est trop froid.

Et John décide que la baignade aujourd'hui, c'est pour les poissons. Par bravade, Agnès saute dans l'eau.

— Ouais, c'est pas chaud chaud

chaud, dit-elle en s'empressant de sortir.

Ce bassin, c'est leur lieu à eux tout seuls, Agnès, John et Jocelyne. C'est ici qu'ils se sont donné rendez-vous.

— John! Agnès! C'est épouvantable! crie de loin Jocelyne qui arrive en coup de vent, essoufflée par sa course. Ils ont arrêté mon oncle! répète-t-elle plusieurs fois avant de se mettre à pleurer.

— Calme tes nerfs, là! Calme tes nerfs! Qu'est-ce que tu racontes? D'abord, reprends ton souffle, dit Agnès.

— As-tu soif? Veux-tu un Kool-Aid rouge? Un sandwich aux bananes? offre John qui cherche à la consoler.

— Tiens, prends ma serviette pour essuyer tes yeux, dit Agnès en la lui tendant.

— Merci, dit Jocelyne, qui enchaîne. Écoutez, c'est effrayant: ils ont mis mon oncle en prison!

— Mais pourquoi? demandent les deux autres en choeur.

— À cause de Notdog. Il transportait de la drogue. Et ils ont arrêté Notdog aussi! C'est épouvantable!

— Notdog transportait de la drogue? Voyons, c'est impossible! dit Agnès.

— C'est vrai. Il est bien gentil, Notdog, mais il n'a jamais été très très intelligent, ajoute John, pas très diplomate.

— Explique-toi, Jocelyne, dit Agnès.

Les trois amis s'assoient sur les serviettes trempées. Le soleil est très chaud. John et Agnès attendent que Jocelyne parle, mais celle-ci garde le silence, comme pour rassembler ses idées. Elle a l'air perdue, essayant de comprendre vraiment ce qui lui arrive. John décide de parler le premier.

— Au moins, ça fait de l'action.

Les deux filles le regardent, ahuries.

— O.K. Je n'ai rien dit, admettons.

Jocelyne commence alors son explication.

— C'est arrivé ce matin. Après vous avoir quittés, j'ai cherché encore un peu Notdog. Puis je suis rentrée: j'avais faim, moi aussi. En arrivant sur le balcon, j'ai entendu des voix. J'ai regardé par la fenêtre et j'ai vu mon oncle avec un policier qui lui demandait: "Cette médaille appartient-elle à votre chien?" Mon oncle a répondu : "Oui, ne me dites pas qu'il lui est arrivé quelque chose!" Le policier: "Il s'appelle bien Notdog?" Mon oncle: "Oui, oui, qu'est-ce qui se passe?" Sans répondre à sa question, le policier a continué: "Vous êtes bien le propriétaire du chien?" Mon oncle: "Bien sûr, mais où est-il?" Et là le policier a dit: "On l'a arrêté cette nuit à la frontière. Il transportait de l'héroïne. Édouard Duchesne, vous êtes en état d'arrestation."

Jocelyne fait une pause.

— Tu n'es pas entrée dans la maison? demande Agnès.

— Non! J'ai eu peur qu'il m'arrête! Notdog est mon chien à moi aussi!

Elle continue:

— Mon oncle n'arrêtait pas de dire: "Mais qu'est-ce que c'est que cette histoire-là? Et ma nièce Jocelyne qui est sortie! Laissez-moi au moins le temps de lui écrire un mot." Et l'autre l'a emmené.

— C'était quoi son mot? interroge John.

— Mon oncle demande si je peux aller chez toi, Agnès, pour quelques jours?

— Mais évidemment! Tu viens vivre chez moi jusqu'à la fin de l'enquête. Mes parents seront certainement d'accord. Voyons: ton oncle est le propriétaire de

Notdog. Les policiers croient donc que c'est lui qui fait le commerce de la drogue.

— C'est grave de transporter de l'héroïne? demande Jocelyne.

John la regarde avec des yeux exhorbités.

— Grave? Mais c'est très grave! C'est une drogue très puissante et dangereuse! Les gens peuvent mourir quand ils se font des peqûres!

— "Piqûres", John, "piqûres", le reprend Agnès. C'est vrai, Jocelyne, c'est très grave: si ton oncle est trouvé coupable, il risque d'être condamné à plusieurs années de prison.

— Mais pourquoi, si c'est dangereux, y a-t-il des gens qui font le commerce de l'héroïne? demande Jocelyne.

— Tout simplement parce que ça rapporte beaucoup beaucoup d'argent.

— Ton oncle aurait pu dire que Notdog n'était pas à lui, non? demande John.

— Non, Notdog porte une médaille l'identifiant. Ils n'ont eu qu'à regarder dans les registres municipaux, j'imagine.

— Il aurait pu dire qu'il l'a vendu, je

ne sais pas moi, au guenillou par exemple, dit John.

Agnès lève les yeux au ciel.

— Voyons donc! Tout le monde sait que Notdog est à monsieur Duchesne.

C'est vrai, John, ajoute Jocelyne en soupirant. Pauvre Notdog! Il doit être en prison, lui aussi, maintenant.

— Oui, pauvre Notdog! Il va sûrement attraper des pouces!

— Des "puces", John, pas des "pouces", dit Agnès toujours alerte face aux fautes de français du garçon.

Un silence. Chacun réfléchit de son côté. On entend les mouches voler. Tout à coup, les filles sursautent en entendant un bruit de claque et John qui lâche un grand cri:

— Aïe!

— Qu'est-ce qui se passe?

— Je l'ai eue! Elle allait me piquer, sur mon coup de soleil en plus!

Jocelyne hausse les épaules et reprend.

— Je n'arrive pas à y croire: Notdog a passé de la drogue!

— Oh, ça s'est déjà vu, tu sais. Utiliser un animal est une pratique courante, explique Agnès. Autour des postes frontières, tu entends toutes sortes d'histoires de ce genre. L'année dernière, par exemple, dans un champ situé à moitié au Canada, à moitié aux États-Unis, c'est dans la cloche d'une vache qu'ils ont trouvé de l'héroïne.

— Comment l'ont-il su?

— Ce qui leur a mis la puce à l'oreille c'est que justement on n'entendait plus la cloche tinter dans son cou.

— Et on a mis le propriétaire de la vache en prison? demande Jocelyne anxieuse.

— Euh... oui. Pour dix ans...

— Non! Je ne veux pas que mon oncle aille en prison! Je suis certaine qu'il est innocent!

— On est certain, nous aussi, dit John en essayant de se faire rassurant. Ton oncle est un honnête homme.

— Oui, Mais...hésite Jocelyne. Il... euh...

— Il y a un problème? dit Agnès.

— Peut-être, répond Jocelyne. Mon oncle est déjà allé en prison.

— Alors là, il est dans l'eau chaude, soupire Agnès.

Tout le monde au poste
est à son poste

Persuadés de l'innocence d'Édouard Duchesne et de celle de Notdog - après tout, le chien ne sait pas qu'il a fait quelque chose de mal -, John, Agnès et Jocelyne se rendent au poste de police. Ils sont bien déterminés à convaincre le chef de police qu'ils ont raison.

Habituellement d'un calme plat, le poste est cet après-midi très animé.

À un coin de rue de là, les enfants entendent déjà des éclats de voix qui rouspètent, s'élèvent, s'indignent ou s'étouffent.

Tous trois reconnaissent vite la grosse toux creuse du maire Michel qui fume des rouleuses une à la suite de l'autre.

— Le maire Michel, ce n'est pas une cheminée, c'est un incinérateur, lance Agnès en l'entendant.

Lorsqu'ils arrivent au pied des trois marches qui mènent à l'intérieur, les trois amis font une pause. C'est la première fois qu'ils pénètrent dans le poste de police. C'est un peu inquiétant.

— Tu crois que le chef de police sait que c'est moi qui ai écrit "Lave-moi!" sur l'auto de police sale? demande Jocelyne avant de faire un pas de plus.

— Penses-tu! On l'a tous fait à tour de rôle! répond Agnès.

À l'intérieur, malgré les hautes fenêtres, il règne une atmosphère sombre. Comme si le soleil avait lui-même peur de se faire arrêter. Derrière le comptoir de la réception, plusieurs personnes parlent en même temps.

Tout d'abord le maire Michel, fulminant:

— C'est inadmissible qu'une chose pareille se passe dans notre village! Nous sommes tous des honnêtes citoyens et ceux qui viennent troubler la paix doivent être punis!

Sur ce, il est pris d'une toux qui permet au chef de police de parler. Lui qui est toujours en train de lire des romans policiers, il est maintenant content de cette activité subite. Il va enfin pouvoir mener une enquête! La tête haute, même s'il est petit et chauve, il affirme avec sérieux:

— Ne vous en faites pas, monsieur le maire: le coupable aura une peine sévère. L'enquête sera vite menée puisque nous avons déjà un suspect tout désigné.

C'est le moment qu'Auguste Gendron, le directeur de la fourrière, choisit pour intervenir.

— Mais pourquoi faire une enquête puisque Duchesne est évidemment coupable? J'ai formellement identifié *son* chien, dit-il avec un calme froid, de sa voix grave et forte; elle est étonnante, cette voix, chez quelqu'un de si maigre.

Jusqu'ici, personne n'a remarqué la présence des trois inséparables. Sur une chaise dans un coin, plutôt couché qu'assis, Bob les Oreilles Bigras, arrêté lui aussi ce matin, se balance tranquillement.

Il les aperçoit et s'adresse alors au chef:

— Aïe, le chef, tu devrais pas laisser la porte ouverte: y a trois microbes qui viennent d'entrer!

Tout le monde se retourne vers eux. Le chef s'approche:

— Qu'est-ce que vous faites ici?

Agnès, la plus audacieuse des trois, s'avance de quelques pas:

— On est venu vous demander de libérer monsieur Duchesne et Notdog parce qu'ils sont innocents!

De sa chaise, Bob les Oreilles Bigras leur lance:

— C'est vous autres qui avez l'air de trois innocents! Hi Hi Hi!

Jocelyne s'approche du chef à son tour:

— C'est vrai, chef: ils sont innoce... euh, pas coupables!

— Et qu'est-ce qui vous fait dire ça? demande le chef, un sourire en coin.

Cette fois-ci, c'est John qui répond:

— On en est çartain, c'est tout!

— "Certain", John, pas "çartain", murmure Agnès en lui donnant un coup de coude.

Le maire Michel tousse alors bruyam-

La patte dans le sac

ment et prend la parole:

— Bon, ça suffit les enfantillages, je n'ai pas que ça à faire.

De la chaise encore arrive un éclat de rire.

— C'est vrai: faut qu'il aille s'acheter un poumon d'acier! dit Bob les Oreilles Bigras, plié en deux.

— Bigras, tu vas aggraver ton cas! l'avertit le chef.

Auguste Gendron fait les cent pas, les mains dans les poches de son pantalon très chic. Trop chic même pour un directeur de fourrière. Il commence à discourir en insistant sur le fait qu'il n'y a pas d'autres suspects qu'Édouard Duchesne.

Il dit que c'est lui-même qui lui a vendu Notdog, qui a précédemment appartenu à une vieille dame, morte hélas quand le chien était encore tout jeune. Pas question de soupçonner une vieille dame décédée. Il ne reste alors que Duchesne comme coupable possible, insiste-t-il.

— Ça pourrait être aussi Bob les Oreilles Bigras, dit le maire. C'est facile d'intercepter ce chien: il est tellement sociable qu'il vient toujours voir quiconque l'appelle.

Bob les Oreilles Bigras se défend en lui disant:

— Et si c'était vous? Ça rapporte beaucoup, de l'héroïne, et si mes renseignements sont exacts, vous aimeriez bien aménager un zoo pour attirer les touristes. Et ça coûte cher, un zoo...

C'est alors que Jocelyne dit, la voix tremblante:

— Mon oncle n'a rien fait! Chef, il n'avait aucune raison de devenir trafiquant. Il est très heureux dans sa tabagie: il voit beaucoup de monde, il lit tous les magazines qu'il veut, il est au courant de tout, il est son propre patron. Pourquoi voulez-vous qu'il prenne le risque de retourner... euh... de retourner en prison?...

— Ah, tu sais ça, toi? demande le chef.

— Oui, je sais, répond Jocelyne timidement.

— Et tu sais aussi pourquoi, je suppose? continue le chef.

D'une voix à peine audible, elle dit:

— Parce qu'il a déjà vendu...du haschich.

John et Agnès restent bouche bée. Le

maire Michel y va d'une toux de satisfaction. Auguste Gendron esquisse un sourire victorieux. Tout bas, regardant le bout de ses pieds, Jocelyne demande encore:

— Où sont-ils, chef?

— Ton oncle est en cellule dans la prison de la ville voisine. Et Notdog vient d'être envoyé à la fourrière. Bon. Je crois qu'il n'y a plus rien à dire. Allez, ouste!

Et le chef les entraîne vers la sortie.

Ayant tout juste passé le pas de la porte, ils entendent Bob les Oreilles Bigras crier:

— Aïe, Jocelyne! Ton chien, est-ce qu'il s'appelle Notdog parce qu'il est trop laid pour ressembler à un chien?

Et Bigras éclate d'un gros rire gras.

Deux prisons

Dans sa cellule, Édouard Duchesne attend. Quoi? Il ne sait pas vraiment. Une seule chose est certaine: tout semble l'accuser. Notdog est son chien, et il a déjà fait de la prison pour avoir vendu du haschich. Il y a dix ans déjà. Édouard Duchesne a maintenant quarante ans.

Depuis son arrestation ce matin, il n'a pas dormi. Il réfléchit.

Il a beau retourner le problème dans tous les sens, il n'arrive pas à soupçonner qui que ce soit. Si lui n'a pas fait le coup, qui d'autre l'a fait? Il n'a tout de même

41

pas monté ce commerce d'héroïne pendant son sommeil!

Assis sur son lit étroit, il pense à sa tabagie qui est restée fermée aujourd'hui. Tous les clients se demanderont pourquoi, et bien vite, apprendront toute l'histoire. Ils sauront probablement ainsi qu'il a déjà fait de la prison. Il soupire.

Il mène pourtant une vie honnête maintenant. En quittant la grande ville pour s'installer dans ce petit village tranquille, près de la frontière, il croyait pouvoir oublier son passé et recommencer sa vie à neuf.

Il est respecté ici, les gens l'aiment bien et il est heureux. Que va-t-il se passer à présent?

Édouard Duchesne est aussi très inquiet pour sa nièce, Jocelyne, qu'il a laissée toute seule. "J'espère qu'elle est allée chez les parents d'Agnès, comme je le lui ai demandé dans mon mot", pense-t-il.

Il fait chaud dans la cellule et la sueur coule sur son front, le long de ses tempes grisonnantes, le long de son nez, sur ses lèvres minces. La sueur est salée comme des larmes.

— Que va-t-il m'arriver? dit monsieur Duchesne tout haut, même s'il n'y a personne pour entendre.

* * *

Pendant ce temps, Notdog se promène dans sa cage de la fourrière. Il n'a même pas la compagnie des autres chiens car on le garde à l'écart: c'est un criminel.

Dans sa tête de chien, il n'arrive pas à comprendre ce qu'il fait dans cet endroit lugubre. Pourquoi est-ce que sa copine Jocelyne ne vient pas le chercher?

Il entend des chiens qui hurlent, des

chats qui miaulent. Tous ces animaux savent bien au fond d'eux-mêmes qu'ils n'en ont plus pour longtemps à vivre. Si personne ne vient les réclamer dans les jours qui suivent, ce sera pour eux la chambre à gaz.

Notdog s'inquiète. Il commence à haleter nerveusement.

Il a beau inspecter chacun des barreaux de sa prison, il n'y voit aucune brèche. Pas moyen de s'évader de là.

Il fait sombre. Son nez très fin détecte une légère odeur de gaz. Soudain, il a peur. Lui aussi commence à japper et à hurler tout seul. Mais il n'y a personne pour l'entendre, lui non plus.

Quel suspect est le plus suspect?

À leur sortie du poste de police, les enfants ont décidé de se rendre chez John. Ils sont assis sur la clôture entourant le paddock où quelques juments mangent tranquillement. Leurs poulains essaient de les téter un peu mais les mères les repoussent d'un coup de queue.

— Dis donc, John, ça doit lui coûter cher à ton père, tous ces chevaux? demande soudainement Jocelyne.

— Oui, pourquoi?

— Euh, il doit avoir besoin d'argent

des fois...

— Qu'est-ce que tu veux dire? Mon père n'est pas une valeur!

— "Voleur", John, on dit un "voleur". Agnès le reprend sans le regarder. Elle est perdue dans ses pensées.

— Excuse-moi, John, dit Jocelyne; et c'est le silence.

On est tout près de la fin de l'après-midi. Il fait encore très chaud. Un poulain s'approche du groupe et John lui caresse le museau. On entend des hordes de mouches voler.

— Je n'arrive pas à décider lequel est coupable, dit Agnès qui semble sortir d'une certaine torpeur.

Elle continue:

— Le maire Michel aurait un bon mobile avec l'histoire du zoo, non?

— Oui, et en plus, il y a une rumeur qui court au village à son sujet, renchérit John. Il va à Montréal toutes les semaines brasser de mystérieuses affaires. Personne n'est au courant de ce qu'il va y faire. On jase.

— Et avec la quantité de cigarettes qu'il fume, il a déjà un peu une personnalité de drogué, enchaîne Agnès.

Jocelyne n'est pas convaincue. Elle regarde une jument dont les oreilles bougent comme des girouettes au moindre sifflement de vent. Elle dit alors:

— Et si c'était Bob les Oreilles? Il n'en serait pas à sa première affaire louche.

— C'est certain, poursuit Agnès. Personne ne sait où il trouve son argent pour vivre et pour faire rouler sa grosse moto Suzuki 850.

— Puis il n'arrête jamais de rire de tout le monde. Aussi, il a l'air de trouver très drôle qu'on soupçonne mon oncle. Peut-être parce que c'est lui le coupable? suppose Jocelyne.

Silence. Les trois amis réfléchissent.

— Il reste une autre personne: Auguste Gendron, dit Agnès.

— Gendron? Pour quelles raisons? demandent les deux autres.

— Je ne sais pas. Mais il m'a semblé bien pressé de faire condamner monsieur Duchesne.

En entendant le nom de son oncle, Jocelyne s'assombrit. "Comment faire pour trouver le vrai coupable?" pense-t-elle.

Et comme si elle avait pu lire la question dans les yeux de son amie, Agnès déclare:

— Eh bien, moi, je ne vois qu'un seul moyen de parvenir à découvrir la vérité.

Les deux autres deviennent tout attentifs. Elle continue:

— Ce soir, nous allons essayer de libérer Notdog. Peut-être qu'il nous amènera à l'endroit où il va porter la drogue. C'est ton chien, Jocelyne. Si tu lui demandes de nous emmener, il le fera.

— Tu sais, il fait toujours à sa tête, Notdog...

— Et si on lui attachait des enveloppes de sucre? questionne John. S'il a été bien dressé, il ira les porter.

— Excellente idée, John. Tu n'es pas si bête qu'on pense après tout! déclare Jocelyne.

John va protester mais elle lui fait son plus beau sourire.

— Oui, c'est une idée. Ça ne coûte rien d'essayer, décide Agnès.

Elle saute en bas de la clôture. Jocelyne la suit. Encore perché là-haut, John se désole de n'en savoir pas plus.

— Ah! Si on saurait! si on saurait!

— Si on "savait", John, lui crie Agnès. On dit, si on "savait".

Et John saute en bas, manque son atterrissage et tombe par terre. Il se retrouve aux pieds d'un poulain étonné qui a l'air de se demander ce que John peut bien faire à quatre pattes alors qu'il n'en a que deux...

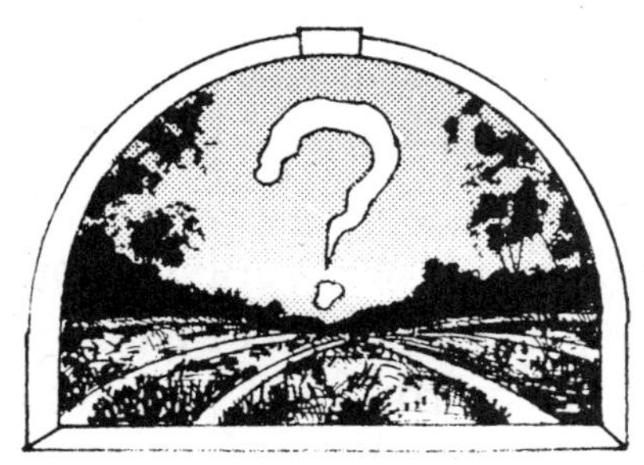

Tous les chemins
mènent à...

Le rendez-vous a été fixé à dix heures.

Agnès et Jocelyne, qui partagent maintenant sa chambre, font semblant d'être endormies. Par chance, les parents d'Agnès se couchent très tôt. Dès qu'elles les entendent s'installer dans leur chambre, elles se sauvent par la fenêtre.

De son côté, John a pris soin d'installer ses oreillers de façon à reproduire sa forme dans le lit. Si ses parents viennent vérifier son sommeil par la porte entrebâillée, ils n'y verront que du feu. Car ils sont myopes tous les deux.

Près de la fourrière, quelque peu en retrait du village, tout est silencieux. Personne autour.

C'est la pleine lune: le ciel est donc très clair.

Agnès, Jocelyne et John s'approchent de l'entrée. Ils n'osaient l'espérer: la porte n'est pas verrouillée. Quelqu'un est venu. Mais pas de temps à perdre à se demander qui.

Ils avancent à tâtons: il n'est pas question d'allumer la lumière et d'alerter qui que ce soit.

Ils ouvrent une porte: c'est le bureau d'Auguste Gendron. D'une propreté insupportable!

Ils avancent, ouvrent une deuxième porte: le bureau de la secrétaire, la vieille madame Leboeuf. "Ça tombe bien comme nom, dans un endroit où on héberge des animaux", murmure Jocelyne.

Ils avancent encore et se retrouvent au bout du couloir, devant une lourde porte. Au travers, on entend des chiens qui soupirent et des chats qui miaulent à la lune.

Les trois amis poussent la porte. Un

peu découragés, ils se demandent comment trouver Notdog. Ils n'auront pas à réfléchir longtemps car c'est Notdog qui leur indique le chemin.

Il a repéré l'odeur de Jocelyne dès son entrée et ses aboiements tout contents guident ses sauveteurs. Il est tout au fond, derrière une porte vitrée. On peut presque voir sa silhouette.

Il saute et tournoie dans sa cage en voyant arriver les enfants. Il n'y a qu'un loquet à sa prison, ce qui leur permet de l'ouvrir facilement. Notdog, tout heureux, bondit sur Jocelyne, vient se faire flatter par John, puis par Agnès.

Jocelyne a des larmes de joie. Les deux autres ont des larmes qui montent à voir Jocelyne pleurer. Agnès chuchote: "Bon, assez pleurniché! On a autre chose à faire."

Ils rebroussent chemin. Les chiens se plaignent: ils voudraient sortir, eux aussi. Mais les enfants ne peuvent les emmener tous.

Dehors, ils courent à grande vitesse vers le bois. Essoufflés mais en lieu sûr, ils se jettent dans l'herbe et Notdog croit que c'est pour s'amuser. Jocelyne lui prend la tête entre ses mains, lui donne un bec sur le front et lui dit:

— Demain, on va bien s'amuser. Mais avant, il faut que tu nous montres ce que tu sais...

Comme prévu, les enfants attachent des enveloppes de sucre au collier de Notdog.

Jocelyne lui gratte les oreilles en lui disant:

— Allez, mon chien, va les porter!

Et Notdog s'élance.

Il prend la direction opposée à celle du village et coupe à travers une clairière. Une fois de l'autre côté, il s'engage dans un sentier qui borde une forêt. Il fait à peine quelques mètres, puis il prend à droite, dans le bois.

Il va si vite que John, Agnès et Jocelyne ont du mal à le suivre. Le bois est très dense. S'il permet à Notdog de passer facilement, il en est autrement avec les enfants. Des branches, des arbustes, des pierres nuisent un peu à leur avance.

Jocelyne se pique sur des chardons. John met les pieds dans tous les trous de boue qui sont sur son chemin. Agnès s'écorche un genou en tombant sur une roche coupante.

Enfin, Notdog sort de la forêt. Il traverse un pré où, le jour, ruminent paisiblement une dizaine de vaches.

Les enfants font de longues enjambées. Le ciel a beau être plein d'étoiles, on ne voit pas où on marche. Un bruit de branches qui craquent les arrête soudain. Quelque chose vient vers eux.

John va faire un pas et tout à coup reste figé, un pied en l'air:

— *Oh God!* J'ai failli marcher sur un porc-épic!

La petite bête continue lentement son chemin, comme si de rien n'était. Et les inséparables ne partent qu'après s'être assurés que le porc-épic n'était pas avec des copains.

Ils escaladent la clôture qui borde le pré. Ils sont essoufflés mais Notdog ne leur laisse pas une seconde pour se reposer. Il a déjà pris une bonne avance et s'apprête à pénétrer dans un sous-bois.

John, Jocelyne et Agnès redémarrent rapidement et entrent à leur tour dans cette nouvelle forêt aux arbres très serrés.

Encore des égratignures aux cuisses de Jocelyne, de la boue dans les lunettes de John, des branches qui arrachent des cheveux à Agnès.

Au milieu du sous-bois, on a coupé une bande d'arbres pour tracer une ligne droite. C'est comme une pente de ski, mais en terrain plat. Ou comme si on avait fait une coupe de cheveux punk à la forêt en lui rasant le milieu du crâne.

— La frontière américaine! constate Agnès.

Ils pénètrent donc clandestinement aux États-Unis.

Notdog poursuit son chemin. À la limite du sous-bois, ils débouchent sur une clairière. Au fond se trouve une vieille maison de ferme, délabrée et mal éclairée. Notdog se dirige droit sur elle.

Instinctivement, les enfants se cachent et regardent Notdog gratter et japper à la porte.

Celle-ci s'ouvre...

Le silence est parfois d'or

Jocelyne, John et Agnès voient sortir un homme de la maison. Ils ne le connaissent pas. Il est petit et gros comme le maire Michel mais il a un visage sinistre.

Il est visiblement très surpris de l'arrivée de Notdog. Il ne l'attendait certainement pas ce soir. Avec un fort accent anglais - ce doit être un Américain - il s'adresse au chien:

— Qu'est-ce que tu fais ici, Notdog?

Notdog se calme et s'assoit, tourne la tête en direction des enfants; il se demande où ils sont passés. Est-ce que le jeu serait déjà terminé?

Pour éviter de se faire repérer à cause de Notdog, les enfants se dissimulent un peu plus.

L'homme ne semble pas accorder d'attention aux regards de Notdog. Il se penche et fouille plutôt le collier du chien à la recherche d'un paquet.

— Vous avez vu? murmure Agnès. L'homme sait que Notdog transporte un colis. Il est dans le coup.

— Oui, chuchote John.

L'homme tâte les sacs de sucre.

— J'espère qu'il ne va pas y goûter, dit Jocelyne. Il s'apercevra tout de suite que ce n'est pas de l'héroïne.

— Oui, continue Agnès. Et alors, il prendra vite la fuite et nous aurons perdu notre coupable.

Mais l'homme n'ouvre pas les sachets. Il reste bizarrement immobile, sans rien dire de plus à Notdog. Il se gratte le crâ-ne, semble réfléchir.

— Dès qu'il entre dans la maison, on court au village avertir la police, décide Agnès.

— Mais pourquoi est-ce qu'il reste

dehors? demande Jocelyne.

L'homme ne bouge pas. Il regarde à l'intérieur, fait un signe discret que les enfants ne voient pas. Excités d'avoir déniché le coupable, ils ne pensent qu'à s'en retourner au plus vite.

Leur respiration se fait haletante. L'homme ouvre la porte de la maison pour y faire entrer Notdog, qui semble bien avoir oublié ses amis. Cela froisse un peu Jocelyne mais, dans les circonstances, c'est beaucoup mieux pour eux.

L'homme reste cependant dehors, empêchant ainsi leur retraite.

Jocelyne murmure:

— Reste à savoir qui d'habitude envoie la drogue.

— La police interrogera notre homme et on le saura, répond John.

— Oui, continue Jocelyne. Et je suis certaine que ce n'est pas mon oncle.

Soudain, une voix derrière eux leur répond:

— Non, ma p'tite, ce n'est pas ton oncle.

Les enfants sursautent et se retournent vivement. L'homme se tient dans l'ombre d'un sapin. On ne peut pas voir son visage. Mais on peut très bien distinguer le fusil qu'il pointe vers eux.

Les enfants restent cloués sur place, paralysés par la peur. Jocelyne sent son coeur battre très fort dans sa poitrine. John a soudain les jambes molles. Et

Agnès est prise d'un tremblement qui lui fait claquer des dents.

Brusquement, l'homme au fusil leur ordonne:

— Sortez de là! Vous allez avancer lentement vers la maison, les mains en l'air!

Des témoins un peu
trop gênants à son goût

Les enfants sortent prudemment de leur cachette. Ils craignent qu'un geste brusque, un craquement de branche, un faux pas aient pour effet de déclencher la gâchette. L'homme au visage caché rit:

— Il est un peu tard pour essayer de ne pas faire de bruit! Vous auriez dû vous taire bien avant...

«Je connais cette voix, mais qui est-ce?» se demande Agnès, en avançant, le dos tourné à l'homme au fusil.

De leur côté, John et Jocelyne ont la

même impression. Ce ton leur est familier.

Sur le balcon, l'Américain, les poings sur la taille, les regarde venir. Son sourire n'a rien de rassurant.

— Mon cher Al, voilà la cueillette, lui crie la voix.

— *Well, well,* qu'est-ce qu'on va faire avec les *kids:* de la confiture peut-être?

Et les deux hommes partent à rire. Les enfants, eux, ne les trouvent pas drôles du tout.

Ils se rapprochent les uns des autres. Cela leur donne un semblant de sécurité.

— Montez! ordonne la voix.

Ils montent les marches qui craquent dans la nuit. Notdog se précipite dans la porte en les entendant arriver, tout joyeux de retrouver ses copains de jeux. Al ouvre la porte et les pousse rudement tour à tour à l'intérieur.

Une ampoule sale de 40 watts éclaire la pièce d'une lumière blafarde. Au centre, une table bancale et deux chaises au dossier éventré et aux pattes de métal rouillées. Dans un coin, une cuisinière à gaz avec, dessus, une casserole bosselée remplie d'eau.

— Avancez! leur dit Al bêtement.

Oui, mais où? Les enfants restent figés sur place.

Dans un autre coin, il y a un sofa antique dont personne ne voudrait tellement il est déchiré et taché. On voit à deux ou trois endroits les ressorts qui percent ce qui reste du tissu. Al le leur pointe du doigt.

Les sandales mouillées de rosée de John font schlick! schlick! schlick! sur le linoléum sale.

Indifférent à l'état lamentable du meuble, Notdog saute sur le sofa. Hésitants, mais poussés par un fusil qu'ils sentent trop bien derrière eux, les enfants s'y installent à leur tour.

Ils se retournent et c'est alors qu'ils découvrent avec stupéfaction l'identité de la voix.

— Auguste Gendron! s'exclament-ils en choeur.

— Alors, les microbes, on se revoit plus vite que prévu, dit-il ironiquement.

Il va s'asseoir sur une des chaises brisées, hésite et décide finalement de rester debout. Ce n'est pas parce qu'on est un bandit qu'on aime nécessairement la saleté. C'est même le contraire dans son cas.

Il aime les choses chères, neuves, reluisantes. Il aime surtout l'argent qui lui permet d'accumuler ces choses, voiture, bijoux, vêtements. Les siens sont d'un chic princier. Et il est prêt à se procurer tout ce qui lui plaît par n'importe quel moyen.

Agnès, Jocelyne et John restent silencieux. L'aventure excitante du début de la soirée vient de prendre une mauvaise tournure.

— Vous êtes tenaces et débrouillards: j'avais pourtant bien verrouillé la porte de la fourrière avant de partir, commence Gendron.

Effrayés par la vue du fusil à long canon qui traîne sur la table, aucun des enfants n'ose lui dire qu'ils l'ont trouvée ouverte.

— On vous a coupé la langue? Vous étiez plus bavards que ça au poste cet après-midi. Al, va donc voir s'ils ont encore une langue.

Al s'exécute. Il s'approche des enfants. De sa main droite il empoigne Agnès par les cheveux. De sa gauche, il

lui serre les poignets. Il a deux paluches immenses qui pourraient briser les bras d'Agnès en un tour de main.

— Ouvre ta bouche, *kid*, commande-t-il en commençant à lui tirer les cheveux.

John bondit sur lui.

— Lâche-là, vieux crépuscule! et il commence à lui donner des coups le plus fort qu'il peut.

L'autre lâche Agnès et n'a aucun mal à rasseoir John en le menaçant d'une gifle.

— Attends, Al, pas tout de suite. Je dois des explications à ces monsieur dames avant.

Al s'éloigne. Agnès murmure à John, la voix toute chevrotante:

— On dit "crapule" John, "crapule" pas "crépuscule".

Auguste Gendron s'éclaircit la voix, fait quelques pas vers la droite, quelques pas vers la gauche. Il semble réfléchir à la façon la plus spectaculaire possible de s'adresser aux enfants. Il n'aime pas les enfants, ni les animaux d'ailleurs. C'est pour ça qu'il est bien à la fourrière: en tuer quelques-uns de temps en temps, ça lui fait du bien.

Il n'aime réellement que l'argent.

— Je suis certain que dans vos petites têtes idiotes, vous avez des questions à poser. Mais vous avez trop peur, n'est-ce pas? Alors voici. Je vais tout de suite vous confirmer ce que vous savez maintenant: c'est bien moi qui fais passer de la drogue à Notdog.

Jocelyne prend son chien dans ses bras, le serre très fort et lui demande:

— Oh, pourquoi Notdog? Tu n'es pas bien avec moi?

— Les enfants sont vraiment crétins, dit Gendron en regardant Al. Ils parlent aux chiens, comme si ces bêtes stupides allaient leur répondre!

Pourquoi Notdog s'est-il tout à coup mis à japper en direction de Gendron? Personne ne saura jamais.

Auguste Gendron continue:

— Ce chien n'a jamais appartenu à une vieille dame. J'ai fait passer Notdog pour un chien de la fourrière, mais en fait, il était à moi.

— Quoi? crie Jocelyne horrifiée. Pauvre Notdog!

Et elle caresse vivement son chien.

Agnès se risque alors à poser une question:

— C'est vous qui l'avez entraîné à ce petit transport à travers les bois?

— On ne peut rien te cacher. Mais il aurait été beaucoup trop dangereux pour moi de garder Notdog. S'il s'était fait prendre, comme c'est arrivé, on m'aurait tout de suite arrêté.

John se risque à parler à son tour:

— Et vous l'avez donc vendu à monsieur Duchesne pour faire dévier les suçons.

— "Soupçons", on dit "soupçons", pas "suçons", le reprend Agnès sans penser encore une fois que ce n'est pas vraiment le moment pour la leçon. Mais c'est plus fort qu'elle.

— Mais pourquoi mon oncle? Il ne vous a rien fait! lance Jocelyne, indignée.

— J'ai un ami, passeur de drogue de son métier. Il est venu me voir, pour une affaire disons. Il est allé s'acheter des cigarettes à la tabagie de ton oncle. Au retour, il m'a appris qu'il connaissait bien le propriétaire: ton oncle était son ancien compagnon de cellule. Quand j'ai su qu'il s'était retrouvé en prison à cause de la drogue, j'ai eu mon suspect idéal.

— Méchant! Méchant! s'écrie Jocelyne, ce qui fait rire Gendron.

Il continue:

— Après, il ne restait qu'à convaincre Duchesne d'acheter Notdog. C'était le plus facile puisque sa nièce, toi Jocelyne, rêvait justement d'un chien. Ce qui lui arrive aujourd'hui est en partie de ta faute, conclut-il en ricanant.

Il devient sérieux tout à coup. Il n'a plus envie de rire et ses yeux gris et froids deviennent menaçants.

— Vous n'auriez jamais dû vous prendre pour des détectives. En tout cas, ce sera votre première... et votre dernière enquête. Taisez-vous! commande-t-il en voyant les enfants ouvrir la bouche pour protester.

Al s'approche en se frottant les mains, ce qui les persuade immédiatement de rester tranquilles.

— Qu'est-ce qu'on pourrait bien faire avec eux, hein, *boss?* demande Al.

— Ce sont des témoins bien gênants. On va être obligés de s'en débarrasser. Que dirais-tu d'un petit tour au lac Memphrémagog? Quelques pierres attachées aux pieds et hop! Ça va couler vite. À moins que...

Bon débarras!

Les deux hommes chuchotent entre eux: quel sort horrible réservent-ils aux enfants? Les abandonner séparément au fond des bois? Leur dessiner une cible dans le dos et leur tirer dessus? Leur coincer les pieds dans une trappe à ours?

Agnès frissonne: elle imagine le pire. "Il faut absolument trouver un moyen de sortir d'ici!" pense-t-elle.

Elle inspecte la pièce du regard. Il y a une seule ampoule allumée à l'intérieur. Aucune à l'extérieur. "Tiens tiens; si on arrivait à plonger la pièce dans le noir, on aurait peut-être une chance."

Elle poursuit son examen. "Voyons, le fusil est sur la table: Gendron mettra deux ou trois secondes à l'atteindre en cas de besoin. Bien. La distance entre la maison et le bois n'est pas grande. Bon. Sortir de la maison en courant et se faufiler entre les arbres, ça nous prendrait au plus cinq secondes. Comment gagner le temps qu'il faut?"

John et Jocelyne observent Agnès.Sur un simple clignement d'yeux de sa part, ils comprennent qu'ils doivent suivre son regard. Il se pose plusieurs fois sur l'ampoule. Ils saisissent alors ce qu'il faut chercher.

Près de la cuisinière où Al vient de mettre de l'eau à bouillir, les deux hommes ricanent. Au son de ces rires cruels, les enfants sentent qu'il faudra agir vite s'ils ne veulent pas finir en bouillie pour les chats.

Jocelyne aperçoit un interrupteur près de la porte d'entrée. Avec un tout petit signe de tête, elle le montre à John. Bien. Maintenant, comment s'y rendre et éteindre la lumière? Comment créer une diversion? "Notdog! c'est le moment de nous aider", murmure-t-elle pour elle-même.

Elle détache discrètement un de ses souliers de course, compte un, deux,trois, go! et le lance à travers la pièce. En véritable chien qui adore déchiqueter des chaussures, Notdog s'élance pour l'attraper. Les deux hommes se retournent vivement vers le chien. John bondit vers l'entrée, atteint l'interrupteur, éteint la lumière et ouvre la porte.

Gendron jure et se précipite sur son arme pendant que les filles courent à leur tour vers la porte à ressort qui se referme derrière elles.

Dans le noir, Notdog cherche la chaussure qu'il a ratée au vol. Il passe entre les jambes d'Al, qu'il fait tomber.

— Sale chien! jure-t-il en se relevant aussitôt.

Les deux hommes sont près de la porte d'entrée. Auguste Gendron vise les enfants qui descendent les marches en courant.

Bang! Un coup de feu est tiré. Une vitre vole en éclats. Les enfants se jettent dans l'herbe mouillée. Quelqu'un crie:

— Police! Que personne ne bouge!

Il fait noir comme dans une mine. On entend de nouveau un bruit de verre qu'on écrase du pied. Gendron et son complice s'enfuient par une fenêtre de l'autre côté de la maison.

— Par là! crie une voix.

Le visage enfoui dans leurs mains, les trois enfants restent immobiles. Ils entendent des pas lourds qui s'éloignent et martèlent le sol autour de la maison.

— Ils sont de ce côté-là! dit encore la voix.

Des bruits de course, un coup de feu, des craquements de branches. Une corneille croasse en s'envolant. Un deuxième coup de feu. Un troisième.

— Jette ton arme au sol! Haut les mains! Vous êtes pris!

À ces mots, les trois inséparables lèvent prudemment la tête. Ils voient bientôt surgir des faisceaux de lampes de poche. Dans les rayons, approchent Al et Gendron, les mains en l'air. Ils sont suivis du chef de police et de ses hommes. Quelques policiers américains les accompagnent.

— Il n'y a plus de danger, vous pouvez vous relever, dit le chef.

Il continue:

— Bien joué, les enfants! Nous étions dehors depuis un bon moment, mais on ne savait pas comment réussir à prendre d'assaut la maison. Avec vous à l'intérieur, c'était trop risqué: vous auriez pu être gravement blessés, et même tués.

Gendron furieux, le visage défait par une horrible grimace, grogne:

— J'ai toujours détesté les enfants et je les déteste encore plus aujourd'hui!

— Tu es chanceux, il n'y en aura pas en prison! La ferme maintenant! répond le chef sur un ton qui ne permet aucune réplique.

Puis, s'adressant aux enfants:

— Mais dites-moi, comment avez-vous fait pour réussir à éteindre la lumière?

Avec beaucoup de fierté, Jocelyne commence:

— Eh bien, ça n'a pas été facile mais...

Elle est interrompue par une longue plainte qui arrive de la maison. Une patte gratte à la porte.

— Oh, Notdog est encore à l'intérieur!

Elle lui ouvre. Il sort tout excité et arrive dans un rayon de lumière.

— Mais qu'est-ce que ce chien fait avec un soulier de course dans la gueule? demande le chef.

Jocelyne, John et Agnès pouffent de rire.

Tout le monde
s'explique

Une voiture de police a conduit Auguste Gendron et Al en prison. Menottes aux mains, hargneux, ils n'étaient pas beaux à voir. Ils sont maintenant sous les verrous et y resteront jusqu'à leur procès. Il ne fait aucun doute qu'ils y resteront plusieurs années après leur condamnation.

La même voiture stationne maintenant devant l'entrée du poste de police. Les portières s'ouvrent, un homme en sort et monte l'escalier de pierre. Il pousse la porte.

— Oncle Édouard! s'écrie Jocelyne.

Elle s'élance vers lui, saute dans ses bras et tous deux se serrent très fort. John et Agnès le saluent à leur tour en lui donnant la main.

Sur le mur, la vieille horloge brune avec de gros chiffres marque deux heures du matin. Notdog s'installe en boule en plein milieu de la place. Le chef bâille.

— Mon cher Édouard, commence-t-il, je suis désolé des inconvénients que cette malheureuse histoire a pu vous causer. Voyez-vous, j'ai toujours douté de votre culpabilité. Mais pour trouver le vrai coupable, il fallait lui faire croire que personne ne le soupçonnait.

— Vous saviez que c'était Gendron? demande Agnès.

— Non, pas exactement. On savait où allait la drogue, mais on ignorait l'identité de l'expéditeur. Il fallait réussir à le prendre sur le fait pour pouvoir l'arrêter. La capture de Notdog, hier soir, était une occasion rêvée pour nous de le découvrir.

Agnès et John s'échangent un regard mécontent.

—Euh, c'est pas mal grâce à nous

trois que vous avez trouvé. Après tout, on a permis à Notdog de s'évader! lance Agnès au chef.

Un peu gêné, le chef répond.

— Euh, oui, euh, c'est vrai, oui. Mais je dois dire que je vous ai un peu aidés. Malgré moi.

— Vous saviez qu'on viendrait?

— Non, pas du tout. Mais hier soir, vers 9 heures 30, je suis allé à la fourrière. Je voulais examiner Notdog encore une fois. Je cherchais une trace de boue ou un tout petit morceau de tissu dans son poil, une piste. On ne sait jamais: des détails comme ceux-là peuvent être des indices précieux lors d'une enquête.

Malheureusement... euh... je suis allergique aux chats. Voilà. Après quelques minutes dans la fourrière, j'étouffais. Je suis donc retourné chez moi chercher mes pilules pour les allergies. Et je n'ai pas pris la peine de verrouiller. À mon retour, Notdog avait disparu. Il n'avait certainement pas ouvert sa cage tout seul. Je me suis dit que notre coupable était passé par là.

— Mais comment nous avez-vous retrouvés? demande Agnès.

— Je vous l'ai dit: on savait où allait la drogue. J'ai rassemblé quelques hommes, alerté la police américaine. On s'est rendu sur place. Vous connaissez la suite.

— Attends que je raconte ça à mes parents! Dire qu'ils sont certainement en train de gonfler en ce moment! dit John.

— "Ronfler", John, on dit "ronfler", pas "gonfler"! répond Agnès, comme d'habitude.

Le chef intervient.

— Désolé de te détromper, John. Mais tes parents sont debout et t'attendent sûrement impatiemment.

— Quoi?

— Pendant que, tout à l'heure, vous regardiez Gendron et son complice partir, je leur ai téléphoné. Heureusement, ils ne s'étaient pas aperçus de votre disparition. Ils dormaient. Je leur ai résumé l'histoire, mais je vous ai laissé les meilleurs moments à raconter.

Monsieur Duchesne tient toujours bien serrée la main de Jocelyne. Il est très ému:

— Les enfants, je ne sais pas comment vous remercier. En tout cas, une chose est certaine: vous n'aurez plus jamais à payer vos revues de bandes dessinées.

Les trois amis applaudissent. Duchesne poursuit:

— Gendron! Je n'aurais jamais cru ça de lui.

— Nous, on a soupçonné tout le monde, dit Agnès fièrement: Auguste Gendron, Bob les Oreilles Bigras. On a même pensé au maire Michel. À cause du zoo et de ses voyages mystérieux à Montréal.

— Oh, oui, ses voyages. Vous me promettez de ne rien dire? dit le chef.

— Juré craché, répondent les enfants en choeur.

— Il suit en secret une cure d'acupuncture pour arrêter de fumer. Jusqu'ici, c'est sans grand succès, hélas! et il continue d'empester tout le monde et de tousser sans arrêt. Quant au zoo, eh bien, ça devrait se concrétiser, mais avec des fonds bien honnêtes.

— Et Bob les Oreilles, comment il vit, lui? demande Jocelyne.

— Ça! Je crois qu'il aime bien troubler un peu la paix pour se faire jeter en prison un jour ou deux. Là, il peut manger à sa faim. Je pense aussi que la nuit , pour faire rouler sa moto, il vole de l'essence dans le réservoir des voitures. Mais on n'a jamais pu le prendre sur le fait. Ça viendra.

La fatigue commence à se faire sentir. Même Notdog, bien tranquille depuis leur arrivée, a de la difficulté à garder ses grand yeux noirs ouverts.

— Édouard, puis-je vous charger de raccompagner nos amis chez eux? Je pense que tout le monde mérite un bon repos.

— Avec grand plaisir. Vous venez, les enfants?

La compagnie se met en branle.

— Et vous, chef, vous ne rentrez pas chez vous? demande Agnès.

— Non, je vais me faire un bon café et rédiger mon rapport final sur cette affaire.

Aussitôt dit, aussitôt fait. Le chef va chercher une tasse. Il prend deux sachets de sucre qu'il secoue avant de les ouvrir.

C'est alors que Notdog fait un bond, saisit les sachets dans sa gueule et demande à sortir.

— Non, Notdog, c'est fini les voyages de l'autre côté de la frontière! lui dit Jocelyne en riant.

Le groupe sort. Le chef s'installe à sa machine à écrire. Il écoute les voix qui s'éloignent et entend une petite qui dit:
— "Épuisé", John, on dit "épuisé", pas "épousé"!

Sylvie Desrosiers

LE MYSTÈRE DU LAC CARRÉ

Illustrations
de Daniel Sylvestre

la courte échelle

Les traces dans la neige étaient immenses

«Un monstre?» se demande le petit Dédé Lapointe. Il reste figé sur place, dans son habit de neige attaché trop serré par sa mère.

— Si j'avais des grands pieds comme ça, la maîtresse m'enverrait toujours faire ses commissions à l'école! dit tout haut le garçon de six ans.

Méfiant, il décide de faire le tour de la trace qu'il a devant lui. Les jambières de nylon épais de son costume font chuick! chuick! chuick! en frottant l'une contre l'autre.

Ses bottes de motoneige s'enfoncent à peine dans la nouvelle neige tombée durant la nuit. Mais l'empreinte a certainement 30 centimètres de profondeur.

Dédé y descend.

Son pied droit a la même dimension que le gros orteil.

À chacun de ses pas, la neige crisse. Çà et là, des branches d'arbres gelés craquent. En ce lendemain de Noël, le soleil brille, signe qu'il fait très froid.

Dédé s'allonge pour mesurer la longueur du pied. Lorsqu'il se relève, on voit tout le contour de son corps et le pompon de sa tuque rouge imprimés sur le sol blanc. Et la trace beaucoup plus grande que lui.

«Ma mère ne me croira jamais», pense-t-il.

Les empreintes se dirigent vers le nord. Vers la montagne qu'on voit de la cuisine de la maison où Dédé habite, tout près.

Il avance, recule, hésite, analyse.

— Soit que c'est un monstre. Dans ce cas-là, je vais me faire dévorer. Soit que c'est encore un tour de mon frère qui veut tout le temps me faire peur. Dans ce cas-là, je vais faire semblant de rien. Soit que c'est un coup monté par la mafia.

Dans ce cas-là, je ferais mieux de rentrer chez nous.

Il en est là dans ses déductions lorsqu'il

Le mystère du lac Carré

entend la voix de sa mère qui l'appelle:

— André! Ton oncle Pierre et ta tante Suzanne sont là! Ils ont un cadeau de Noël pour toi!

Dédé réfléchit. Suivre les traces ou aller chercher son cadeau?

— Je gage qu'elle va encore me donner une genre de camion de bois niaiseux! C'est ça quand on n'a pas d'enfants... Mais elle a peut-être parlé à ma mère cette année... Peut-être qu'elle me donnera un vidéo de film de monstre?

L'espoir d'un Godzilla ou d'un King Kong sur pellicule finit par l'emporter sur un possible monstre en chair et en os. Et Dédé décide de rebrousser chemin.

Mais un profond malaise l'accompagne. Car il a cette impression bizarre que quelqu'un, ou quelque chose, l'observe à son insu. Cela se passe-t-il réellement? Ou Dédé a-t-il simplement trop d'imagination?

Le cadeau de Notdog

Dans un petit salon jonché de papiers d'emballage déchirés, le fameux groupe des trois inséparables se gave de trous de beignes.

Il y a d'abord Jocelyne, encore en pyjama, portant des pantoufles en forme de pieds d'ours. Douze ans, les cheveux bruns bouclés et emmêlés, elle tient un sac de papier brun contenant du sucre à glacer.

En face d'elle, assise à l'indienne, Agnès. Du même âge que Jocelyne, elle a les cheveux de la même couleur que celle du feu de bois qui brûle derrière elle. Silencieuse, Agnès est en ce moment aux prises avec des morceaux de beignes coincés dans les broches qu'elle porte aux dents.

Le dernier mais non le moindre, John, dit l'Anglais, douze ans, toutes ses dents et même un peu plus, croirait-on. Les lunettes encore embuées par le froid du dehors, il tend à Jocelyne les trous de beignes qu'elle plonge dans le sac de sucre. Mâchant son beigne et ses mots, John commence la conversation:

— Mon père m'a donné une lampe en cadeau, un instrument nécessaire à un grand détective, comme il dit.

— Ah bon! Quel rapport y a-t-il entre une lampe et un détective? demande Jocelyne, secouant son sac brun avec énergie.

— Bien, tu sais, un verre qui grossit, là!

— Tu veux dire une loupe, le reprend Agnès, qui s'est donné comme mission de corriger les erreurs de français de John. Puis, enfin débarrassée du petit morceau de pâte qui lui donnait l'impression d'avoir une roche entre les dents, elle enchaîne:

— Moi, ma mère m'a peint une super enseigne pour notre local: L'AGENCE NOTDOG, DÉTECTIVES. C'est écrit en jaune serin sur un fond violet. Ce sera très voyant sur notre ancien stand à patates frites, l'été prochain.

— Super! s'exclame Jocelyne. Moi, j'ai eu mes pantoufles d'ours, que vous pouvez admirer, dit-elle, soulevant ses pieds de terre. Elle passe outre aux sifflements ironiques de John et ajoute:

— J'ai reçu aussi une casquette Sherlock Holmes. Regardez.

Elle se la met sur la tête.

— Elle est un peu grande mais c'est mieux que les barquettes que ma mère m'a offertes, continue John.

— Raquettes, John, pas barquettes, dit Agnès.

— J'aurais aimé mieux des patins neufs. Vous m'auriez vu filer sur le lac là, les filles! Tellement que toute la ligue nationale de hockey aurait eu de la misère à me suivre!

— Faudrait que tu commences par essayer de me dépasser, moi, lance Jocelyne, qui est en effet la patineuse la plus rapide du village.

— Ça va viendre, ça va viendre...

— Venir John, on dit venir, pas viendre.

Le soleil donne des reflets multicolores aux glaçons qui pendent de l'arbre
de Noël. Les inséparables continuent à
mastiquer en silence. Un geai bleu jette
un coup d'oeil à travers la vitre panoramique, très probablement sur les miettes
et le sucre étalés par terre autour des
enfants.

— C'est bien les vacances de Noël, le
ski, le patin; mais je m'ennuie un peu
d'un bon mystère à éclaircir, soupire
Agnès.

— Oui! Une bonne histoire de fantômes à régler, comme on l'a fait l'été
dernier! rappelle Jocelyne, tout excitée
à repenser à cette fameuse affaire du
week-end de la tombola*.

— *Oh yes!* Il avait vraiment l'air stupéfiant!

— Stupéfait, John, on dit stupéfait,
reprend Agnès. C'est vrai que l'hiver, il
ne se passe pas grand-chose.

— Les bandits sont peut-être comme
les maringouins: ils sortent juste en été,
énonce Jocelyne, sérieusement.

John et Agnès n'ont pas le temps de

*Voir *Qui a peur des fantômes?*, chez le même éditeur.

répondre à cette théorie rapprochant bandits et bébites: quelqu'un sonne.

À l'hôte de ces lieux d'aller répondre et Jocelyne glisse vers la porte sur le plancher bien lisse.

— Regardez qui est là! Le Père Noël ne t'a pas ramené avec lui au Pôle Nord? Hum? Quand on n'est pas un cadeau comme toi...

Insulté, Dédé Lapointe pénètre tout de même dans la maison, accueilli par les rires des inséparables. Il enlève ses bottes de motoneige avec difficulté, presque incapable de se pencher avec les huit épaisseurs de vêtements qu'il a sur le dos.

— Ne sois pas fâché! C'était une blague! le rassure Jocelyne, l'aidant à décoincer la fermeture éclair de son anorak.

Il s'avance cérémonieusement, s'assoit par terre. Il les regarde tour à tour. Puis:

— Est-ce que je peux avoir un trou de beigne, moi aussi?

Et Agnès lui en tend trois. Dédé continue:

— Ça te fait des grands pieds ces pantoufles-là, Jocelyne.

— Des pieds de grizzly, mon Dédé. Je parie que tu n'en as jamais vu d'aussi grands.

— J'en ai vu des bien plus grands que ça, répond Dédé.

— Ah oui? Où ça? Tu veux parler des bottes de ton père peut-être? demande Agnès.

— Non. J'ai vu des pieds plus grands que moi.

— Ils sont pas mal petits, tes pieds. Tu es certain que ta mère ne s'est pas trompée de grandeur en les achetant, quand tu es né? demande Jocelyne en ricanant.

— Je ne parle pas de mes pieds, je parle de moi. J'ai vu des traces grandes comme moi.

— Des traces de lapin tu veux dire, continue Jocelyne.

Dédé se lève:

— Si ça ne vous intéresse pas...

— Non non, on dit ça pour t'agacer. Comme ça tu as vu des pieds immenses, dit Agnès.

— Oui. Des traces dans la neige. C'est peut-être un monstre. Ou mon frère qui veut me jouer un tour.

— Arrête donc de voir des compotes partout, dit John.

— Complots, John, pas compotes, complots.

— Tu es certain que ce n'est pas ton imagination qui te fait voir des choses, Dédé? Parfois un chevreuil se couche dans la neige et y laisse comme un grand trou, suggère Jocelyne.

— Non, c'étaient des pieds. Il faut venir voir.

— Mais bien sûr, on ira. N'est-ce pas qu'on ira? demande Agnès qui n'en a pas du tout l'intention. Mais elle sait par ailleurs que Dédé Lapointe peut faire une crise quand il est contrarié.

C'est à ce moment qu'on entend gratter à la porte.

— Tiens, Notdog. Il doit commencer à avoir froid. Mais pourquoi gratte-t-il? D'habitude, il jappe pour entrer.

Jocelyne se dirige vers la porte, alors que John lance:

— Peut-être qu'il a perdu la voix? Ce ne serait pas trop grave, il jappe aussi mal qu'il est laid.

Jocelyne ouvre et Notdog se précipite à l'intérieur. Il va au salon. Jocelyne lui crie:

— Qu'est-ce que tu me rapportes là? Un cadeau de Noël en retard?

Notdog dépose délicatement sur le tapis moelleux ce qu'il ramenait dans sa gueule.

— Un petit lièvre! s'exclame Agnès. Regardez, il saigne à une patte! Mais comment est-ce qu'il a pu se blesser comme ça?

— Le monstre! suggère Dédé.

Mais qui l'auberge héberge-t-elle?

En plein centre du petit village, juste à côté de la quincaillerie T. Zoutils, se dresse l'auberge Sous Mon Toit.

C'est une vieille maison blanche et chaleureuse. Devant, une file de voitures chargées de supports à skis signale que toutes les chambres sont occupées.

Il faut dire que cette année, la chambre de commerce du village a décidé d'organiser la Fête des neiges, une semaine de réjouissances entre Noël et le Jour de l'An.

Sur la liste des activités, il y a des soirées de danse, de jeux de société et de concours d'amateurs. Il y a des compétitions de patinage, de ski, des courses en traîneau, en bobsleigh et des combats de balles de neige. Il y a aussi le concours de sculpture sur glace et celui de construction de forts. Et vu l'abondance de neige, la semaine se présente déjà comme un franc succès.

Tous les commerçants s'en réjouissent d'avance. Steve La Patate prévoit vendre quelques milliers de hot-dogs, et Joe Auto se prépare à survolter une bonne dizaine de voitures incapables de démarrer à cause du froid.

L'oncle de Jocelyne, Édouard Duchesne, a installé une machine à café dans sa tabagie, histoire de réchauffer les clients. Même que le centre de ski La Pente Raide, s'est assuré de services d'infirmerie supplémentaires, en prévision des jambes tordues.

Bref, tout le village se félicite d'ores et déjà des bonnes affaires, en particulier l'aubergiste, monsieur Bidou.

À l'intérieur de l'auberge, une atmosphère de vacances et de fête règne. Dans le grand salon quelques-uns des pensionnaires dégustent leur café du matin.

Près de la fenêtre, le professeur Roger Prouvette, un monsieur âgé assez sympathique, consulte un ouvrage scientifique.

Nouveau venu dans la région, le professeur se dit spécialiste de l'abominable homme des neiges. Il affirme avoir parcouru le monde à sa recherche, de l'Himalaya aux montagnes Rocheuses, en passant par les montagnes russes. Il s'est finalement installé au village où il croit ferme qu'il trouvera son Homme.

À côté de la cheminée, celui qu'on appelle l'Étranger tient sa tasse entre ses mains gantées de laine, pensif. C'est un très grand homme, assez mystérieux et peu bavard. Il ressemble beaucoup plus à un coureur des bois qu'au comptable qu'il dit être. Personne ne le croit d'ailleurs. Chaque matin, sa chemise rouge à carreaux sur le dos, il part seul dans la forêt. Parfois même, il ne revient que le lendemain. Nul ne sait où il va.

Une grande carte de la région dépliée devant lui, le guide de ski de fond de la région, Phil Lafond, trace son trajet d'aujourd'hui. Les fins de semaine et pendant les vacances, Phil parcourt la campagne environnante avec des touristes inexpérimentés. Jeune et athlétique, c'est la coqueluche du village. Mais Phil ne s'intéresse apparemment qu'au ski.

Puis il y a le roi du cabaret, le serveur aux lunettes épaisses et à la mémoire la plus phénoménale du monde, le champion du calcul mental et de l'addition, Bill. Contrairement à Phil Lafond, Bill s'intéresse vivement à toutes les filles du pays. Le seul problème, c'est qu'elles ne s'intéressent pas une miette à lui.

Bill entre et sort, son plateau chargé de cafés chauds ou de tasses vides. Sur la table du milieu, une tasse tenant lieu de sucrier contient des sachets de sucre et une autre, de la crème 10 %. Monsieur Bidou vient vérifier si ses pensionnaires ne manquent de rien.

— Alors, professeur Prouvette! Belle journée pour la chasse à l'homme des cavernes albinos! Il est bien couvert de longs poils blancs, votre Homme?

— Mon Homme, comme vous dites, cher monsieur Bidou, a un nom. Au Tibet, on l'appelle le yeti.

— Yeti là? Yeti pas là? chantonne Bill, battant la mesure avec une petite cuillère frappant une soucoupe.

— Pas très drôle, monsieur Bill, votre blague est au moins aussi vieille que le yeti lui-même, dit le professeur, avec un regard méprisant à l'endroit de Bill.

Ce dernier prend la direction de la cuisine sans rien répondre, outré. Pour faire diversion monsieur Bidou s'adresse alors à Phil Lafond:

— Puis toi, mon Phil, combien de pauvres touristes vas-tu faire suer aujourd'hui?

Toujours penché sur sa carte, Phil répond:

— Une douzaine de débutants. Mais je pense que je vais leur jouer un tour: je vais les emmener sur la piste d'experts. Bill qui entrait justement avec un torchon pour essuyer la table basse commente:

— Attention Phil, je ne suis pas certain que toi-même, tu sois capable de la faire jusqu'au bout, cette piste-là. Il sort en courant, évitant de justesse l'épaisse mitaine de cuir bleu que Phil lui lançait.

Là-dessus, l'Étranger se lève, toussote et s'apprête à sortir. Monsieur Bidou le salue:

— Habillez-vous chaudement aujourd'hui. Il fait un beau soleil, mais ça va avec les -22 degrés Celsius.

Comme réponse, l'aubergiste reçoit un grognement de l'Étranger qui disparaît vers sa chambre.

— Pas jaseux, jaseux, observe Bill. C'est peut-être lui l'abominable homme des neiges?

— L'homme des neiges ne porte pas de veste à carreaux, précise le professeur, l'air spécialiste.

— Oui, bon, enfin, je vous souhaite une bonne journée, conclut monsieur Bidou. J'espère qu'on vous verra tous au tournoi de jeu de poches ce soir.

Avant même que quiconque ait le temps de répondre, on entend la porte d'entrée s'ouvrir avec grand fracas. Les joues rougies par le froid, John, Agnès et Jocelyne arrivent en trombe dans le grand salon. Essoufflé par la course, John crie presque:

— Avez-vous vu madame Lecoq? Chez elle on nous a dit qu'elle était ici.

— Je crois qu'elle est dans la cour, en train de farter ses skis de fond, dit l'aubergiste.

Aussitôt, les enfants s'élancent. Ils n'ont pas fait trois pas que madame Lecoq, la vétérinaire du village, entre.

— Ah tu es là, Jocelyne! Veux-tu bien appeler ton chien Notdog! Il aboie après moi depuis quatre minutes!

— Il vous cherchait parce que...

Mais Jocelyne est interrompue par la porte qui s'ouvre de nouveau. Dédé Lapointe entre.

— Pourquoi vous ne m'avez pas attendu? Vous vouliez me perdre? C'est ça?

Impatientée, Agnès réplique:

— Mais non, tu cours moins vite que nous, c'est tout!

— Hé! Ho! Ça va faire! Est-ce que quelqu'un peut m'expliquer le pourquoi de tout ce remue-ménage, interroge monsieur Bidou.

Jocelyne dépose doucement la couverture qu'elle serre contre elle. Tout tremblant, le lièvre blessé apparaît.

— Encore un animal blessé! C'est certainement le dixième dont j'ai connaissance depuis moins de deux semaines! s'exclame la vétérinaire.

— C'est Notdog qui l'a rapporté dans sa meule.

— Sa gueule, John, pas sa meule lui souffle Agnès.

Madame Lecoq l'examine avec d'infinies précautions.

— Pauvre petit. Il a la patte complètement écrabouillée.

Le professeur Roger Prouvette s'approche du groupe:

— Écrabouillée, vous dites! Mais pas
de doutes! Voilà bien le comportement
de l'abominable homme des neiges!

Sur la trace des traces

Le lièvre entre bonnes mains, les inséparables ont suivi Dédé jusqu'à ses fameuses traces.

Rien, évidemment. Et même aucun signe qu'elles y aient déjà été. À la place, des sabots de chevreuil imprimés dans la neige, et une multitude de petites pattes de lapin. Comme s'ils avaient tenu des olympiques ou quelque chose comme ça.

Débiné, le pauvre Dédé fut renvoyé chez lui.

— Il a vraiment trop d'imagination, commente Agnès.

John et Jocelyne acquiescent d'un mouvement de la tête. Car Dédé Lapointe est réputé pour ses inventions de toutes sortes et pour son petit côté paranoïaque.

En effet, Dédé voit partout des conspirations contre lui.

Assis dans le chalet de ski de La Pente Raide, les inséparables sont venus voir les skieurs tomber. Avec beaucoup d'application, ils brassent vivement leur chocolat chaud pour faire fondre la guimauve qui flotte dessus.

Jocelyne boit une gorgée de sa boisson puis, une moustache brune en haut de la lèvre supérieure, demande:

— Vous y croyez, vous, à cette histoire de A.H.N.?

— De quoi? demande Agnès.

— D'Abominable Homme des Neiges!

— Voyons donc, ce sont des histoires pour faire peur aux enfants! Comme celle du B.S.H., dit Agnès.

— Du quoi? demande Jocelyne.

— Du Bonhomme Sept Heures!

— Allez-vous arrêter de parler en aviation?

— En abréviation, John, pas en aviation, reprend Agnès.

À travers la vitre panoramique, le soleil chauffe la grande salle du casse-croûte. Dehors, des dizaines de skieurs bravent le froid et attendent le remonte-

Le mystère du lac Carré

pente. Le temps est si clair que, de leur poste d'observation, les enfants voient la buée sortir de la bouche des sportifs.

— À quoi tu penses, Jocelyne? Tu as l'air sur la planète Mars, dit Agnès.

— Bien, euh, moi j'y crois à l'abominable homme des neiges...

— Ce sont des histoires à coucher dehors! affirme Agnès.

Pas convaincue, Jocelyne tente d'apporter une preuve:

— N'empêche... c'est bizarre, cette série d'animaux blessés.

— Je trouve, moi aussi. Mais de là à accuser un A.H.N... Qu'est-ce que tu en penses, John?

— Je trouve ça bizarre aussi. Vous avez entendu quand Madame Lecoq a dit que Coco Gingras lui avait rapporté un renard la semaine dernière?

— Ça m'inquiète pour Notdog. Et si la même chose lui arrivait? frissonne Jocelyne. Agnès poursuit:

— Si on met de côté l'histoire farfelue du A.H.N., qu'est-ce qui se passe?

Les inséparables réfléchissent. John rompt le silence:

— Dis donc, Jocelyne, ton chien, est-ce qu'il a un peu de chair dans le froid?

— De chair? Bien sûr qu'il a de la chair et même qu'il commence à être obèse.

— Mais non! Je parle de son nez.

— Ah! Tu veux dire du flair! comprend Agnès.

Jocelyne, qui prend personnellement les remarques faites à l'endroit de Notdog, répond un peu sèchement:

— Il est peut-être laid, mais ce n'est pas un coussin! Il peut sentir un os à des kilomètres!

— Bon, bon, je n'ai pas voulu t'insulter. Je me demandais seulement si Notdog pourrait nous emmener où il a trouvé le lièvre.

— On découvrirait peut-être une piste, ajoute Agnès.

— Bien sûr! On aurait dû y penser plus tôt! Bon. Mais il y aura probablement beaucoup de neige, dit Jocelyne.

— Ah non! Dis-moi pas qu'il va falloir chausser mes barquettes!

Et les deux filles de répondre en choeur:

— Tes raquettes, John. On a bien peur que oui...

La route est longue jusqu'au sommet

Une heure sonne au clocher de l'église. Le tintement des cloches est sec et froid, comme le temps.

John, Agnès et Jocelyne ont vite engouffré un sandwich au beurre d'arachide, malgré la note laissée sur le réfrigérateur par l'oncle Édouard disant: «Jocelyne, il y a du jambon, des tomates et du yogourt. Mange comme du monde ce midi! S.V.P.»

Une tablette de chocolat fourré au chocolat ainsi que trois contenants jetables de jus de pomme ont pris la direction du sac à dos de Jocelyne.

La tuque bien enfoncée sur les yeux et les mitaines de nylon super chaudes enfilées, les inséparables chaussent leurs raquettes.

— Pour moi, les raquettes, c'est fait pour le tennis, pas pour marcher dessus, marmonne John, pour l'instant occupé à se figurer comment attacher ses harnais.

— Arrête donc de chialer! Moi non plus je n'aime pas tellement ça mais on ne peut pas marcher dans les bois sans raquettes, réplique Jocelyne, déjà prête.

— Ouais. C'est peut-être juste une question de portique pour s'y habituer, répond John, sans conviction.

— De pratique, John, pas de portique, dit Agnès, avançant de quelques pas pour vérifier la solidité des attaches.

Notdog fait des bonds dans la neige où il adore jouer.

Jocelyne lui lance des balles de neige qu'il attrape au vol et qu'il brise en millions de flocons.

— Tout le monde est prêt? Y compris l'A.C.N.? demande John.

Jocelyne écarquille les yeux:

— L'A.C.N.?

— L'Abominable Chien des Neiges! Ça lui va bien comme surnom, non? Et John pouffe de rire. Tout seul.

— Tu n'es pas drôle... Et Jocelyne

commence à avancer, vexée.

À chaque pas, les raquettes des enfants s'enfoncent creux dans la neige molle avec un chouompf! chouompf! sourd. Le soleil fait tellement briller la surface blanche du champ qu'il faut traverser que les inséparables en sont aveuglés. Au loin, la rangée de sapins verts indique l'entrée de la forêt.

Notdog doit sauter pour avancer car il a de la neige jusqu'au ventre. Jocelyne, experte, progresse rapidement. Agnès, alerte mais novice, traîne un peu mais n'éprouve pas trop de difficultés. Et John tombe à tous les deux pas, évidemment.

Une fois le bois atteint, la neige est un peu moins épaisse, car les arbres l'arrêtent dans sa chute. Les branches des sapins s'affaissent sous son poids et offrent à la vue une image de carte de Noël. Mais en beaucoup plus beau.

Les inséparables ne prennent pas le temps de s'extasier sur le paysage. Jocelyne suit son chien et ne le quitte pas des yeux. Agnès concentre toute son attention sur ses pieds, afin de les garder bien écartés et de les empêcher de se marcher l'un sur l'autre. Et John vient d'échapper ses lunettes, ce qui fait qu'il ne voit strictement rien.

— Regardez! Viens ici, Notdog! Chut! dit soudain Jocelyne.

L'Étranger traverse une clairière éloignée. Sur son dos, il semble porter un poids très lourd, une sorte de hotte bien remplie. Il avance lentement, sans se retourner.

— Je me demande ce qu'il peut transporter là-dedans, chuchote Agnès.

— On le suit? demande Jocelyne.

— On suit qui? Quoi? Qu'est-ce qui se passe? Je vous jure, c'est la dernière fois de ma vie que je marche sur ces affaires-là, se fâche John.

En silence, ils s'approchent. Les traces de raquettes de l'Étranger sont immenses.

— Mais voilà ce qu'a vu Dédé! s'exclame Agnès qui ajoute:

— Pauvre lui! Je comprends bien qu'il ait pu prendre ça pour des traces de monstre!

Ils reprennent leur filature mais Notdog s'arrête soudain. Jocelyne se retourne:

— Tu ne veux pas aller par là?
Wouf!

— Bien sûr! Il veut nous emmener où il a trouvé le lièvre, comme on le lui a demandé. Qu'est-ce qu'on fait?

— Je ne sais pas ce que vous faites, mais moi, je retourne au village! déclare John, décidé, montrant aux filles un de ses harnais cassé.

— Tu ne pourras jamais avec cette neige! doute Agnès.

— Mais oui, je n'ai qu'à marcher dans les traces qu'on a déjà faites. C'est facile. Je ferai des pas de gants!

— Tu vas marcher sur tes mains? blague Jocelyne.

— Mais non, je parle de grands grands pas!

— Des pas de géants, John, pas de gants, le reprend Agnès.

Le temps de discuter, l'Étranger a disparu.

Wouf! Notdog s'impatiente et insiste. Jocelyne et Agnès partent à sa suite. John fait demi-tour, les raquettes sur l'épaule, content d'en être débarrassé.

À 20 minutes de marche de là, elles trouvent un étui de couteau de chasse. Un peu plus loin, c'est un piège qu'elles découvrent. Agnès, qui déteste la chasse et les chasseurs, saisit une branche morte et déclenche le mécanisme de fermeture du piège:

— Voilà. Aucun animal ne pourra s'y prendre.

— La chasse est interdite en cette saison, observe Jocelyne.

Mais Notdog bondit déjà vers le nord. Elles repartent.

Elles marchent longtemps, traversant plusieurs pistes de ski de fond. Elles aperçoivent d'ailleurs le groupe de Phil Lafond, sans Phil.

— Mais où est-il? Il ne peut pas abandonner son groupe comme ça! s'offusque Jocelyne, qui ajoute:

— J'ai faim.

Elles s'arrêtent pour manger le chocolat et boire un jus.

Leurs vêtements sont trempés de sueur. C'est alors qu'elles voient Phil surgir des bois et rejoindre son groupe. Elles n'y font pas attention et redémarrent.

Elles s'enfoncent dans une partie très dense de la forêt où personne ne met jamais les pieds. Elles marchent jusqu'à une pente très abrupte. Notdog commence à l'escalader.

Le mystère du lac Carré

— Oh! Notdog! Où est-ce que tu nous a amenées!? On ne peut pas grimper par ici, c'est trop raide. On n'est pas des chiens, dit Jocelyne, découragée.

— Regarde bien en haut.

Au sommet du rocher, on peut distinguer une cassure dans le roc. En plissant les yeux, les filles s'aperçoivent qu'il s'agit d'une ouverture.

— Ça m'a tout l'air d'une grotte, observe Agnès.

— Oui. Et si on en voit l'entrée d'ici, elle est certainement de très grande taille.

Les deux filles échangent un regard perplexe. Puis, Jocelyne dit, tout excitée:

— Il faut absolument aller voir. Tout à coup l'abominable homme des neiges existe vraiment? Et qu'il est là? Imagine qu'on le découvre! Je vois déjà la tête du professeur Prouvette. Il en serait malade de jalousie.

Agnès garde son calme, comme toujours:

— Jocelyne, s'il te plaît! C'est peut-être une grotte vide, comme bien d'autres. Mais je suis d'accord pour aller voir. Si on passe par le lac Carré, on devrait atteindre le sommet assez facilement. Le lac est sûrement gelé maintenant.

Un rayon de soleil pénètre à travers les branches d'un sapin.

Agnès le remarque:

— Le soleil commence à descendre. Il est bien trois heures. La nuit sera là dans une heure. Il faut rentrer.

— D'accord. Mais on revient demain matin. Et on ne parle pas de notre découverte.

— Bien sûr que non. Sauf à John qui voudra certainement nous accompagner.

— Allez, Notdog! Viens, on rentre. On reviendra demain.

Déçu, Notdog rebrousse chemin. Il était si près du but...

***

De son côté, John, lambin comme toujours, arrive à peine en vue du village. Quelque chose de rouge se découpe sur la neige blanche. Il se penche pour regarder.

— Tiens...

Une discussion discutable

Avec le soleil qui se couche, la neige prend peu à peu une teinte bleue. Des skieurs rentrent à l'auberge Sous Mon Toit. Certains sont visiblement contents de leur journée, d'autres, traînant la patte, jurent qu'on ne les y reprendra plus.

À leur tour, Agnès et Jocelyne pénètrent dans le hall de l'auberge, où l'odeur d'un bon feu de bois les accueille. Elles y retrouvent John, occupé à marquer les points des joueurs de poches qui disputent une partie serrée.

Édouard, l'oncle de Jocelyne, est un de ceux-là. Il se mesure à Roger Prouvette et à Phil Lafond. Le sac de sable dans la main droite, le concurrent n° 2, le professeur, évalue la distance et l'élan qu'il faut pour faire entrer son sac dans le trou des 500 points.

— Tu t'intéresses au jeu de poches, John? demande Agnès en enlevant bottes et manteau.

— Personnellement, je trouve cela absolument débile. Surtout que le prix à gagner est une paire de croquettes.

— De raquettes. Vas-tu arrêter un jour de faire l'erreur?

— L'erreur, c'est de faire de la raquette, point.

C'est alors que Roger Prouvette s'écrie:

— 500! Je l'ai eu! Hé! Hé! Je gagne cette partie-ci. Un à un, monsieur Duchesne.

Juste à ce moment, Édouard Duchesne voit sa nièce Jocelyne:

— Eh bien! Tu as les joues aussi rouges qu'un camion de pompier! Où est-ce que tu es allée comme ça? Au Pôle Nord?

— Oh! On s'est promenées longtemps dans les bois.

— Et pas de grande découverte? continue Édouard.

Jocelyne lance un regard de côté à Agnès, qui lui rappelle, en plissant des yeux, de ne rien dire. Alors, bafouillant un peu, elle trouve enfin quelque chose à dire:

— Oh! On a vu un piège cet après-midi.

Le silence se fait dans la pièce. Le professeur Prouvette s'avance, grave:

— Quelle tristesse! Vous savez, parfois, après le temps de la chasse, des pièges sont oubliés par des chasseurs qui ne savent plus où ils les ont posés. Quel drame!

— C'est peut-être à cause de pièges comme ça qu'il y tant d'animaux mystérieusement blessés? suggère Agnès.

— Et comment s'en sortiraient-ils? Un animal ne peut pas ouvrir lui-même son piège. Sornettes que tout cela! Non, non, cette histoire est reliée à l'abominable homme des neiges.

— On n'y croit pas trop à votre histoire, lance John.

Jocelyne n'a pas le temps de protester et de dire qu'elle y croit que Roger Prouvette prend le bras de John et l'entraîne au salon. Le reste de la compagnie les suit.

— Mon cher... euh, Johanne, c'est ça?

— John, pas Johanne, réplique John, lançant des yeux un appel au secours aux deux filles. Mais elles restent là semblant trouver la situation bien comique. Le professeur enchaîne:

— J'ai parcouru le monde et partout l'abominable homme des neiges a laissé sa trace. Dans les montagnes de Kirghizie, en Asie centrale soviétique. Sur le territoire de la réserve de Kleban-Byk, en Ukraine. Dans le désert de Karakum, en Asie centrale, en République autonome de Komis, au-delà du cercle polaire, en Mongolie et j'en passe!

Prouvette s'arrête pour reprendre son souffle, puis:

— Ici, dans les montagnes de l'Ouest, les Rocheuses, on l'appelle le Sasquatch. On l'a vu au Canada et aux États-Unis.

Mais peu importe le nom, c'est toujours la créature hideuse et sanguinaire qui dévore tout ce qui vit sur son passage.

Agnès l'interrompt:

— Mais comment pouvez-vous être si certain qu'il existe? Vous ne l'avez jamais vu, à ce que je sache!

Sur quoi Bill ajoute en ricanant:

— C'est vrai. Vous visez juste au jeu de poches, mais pour attraper le yeti, vous n'êtes pas trop trop fort.

Dans son coin, Phil Lafond, jusque-là silencieux, renchérit:

— Mais oui, professeur, comment ça se fait que vous le manquiez tout le temps?

Roger Prouvette les fusille des yeux:

— Si j'étais vous, monsieur Lafond, j'arrêterais de faire planer des doutes sur ma mission. Car je dirais que de mon côté, je m'interroge sur vos compétences de guide de ski. Ne vous arrive-t-il pas d'abandonner vos groupes parfois? Pourquoi?

Phil Lafond se tait. Et le professeur se tourne vers Bill:

— Et vous, Bill, toujours à rire des autres. On pourrait peut-être vous faire rire jaune en disant que...

Mais voilà qu'Édouard Duchesne intervient:

— Cessez donc de vous disputer comme des enfants! Le lendemain de Noël!

Observant la scène, Agnès pense: «Bizarre, tout le monde semble avoir quelque chose à cacher...»

Roger Prouvette lâche enfin John:

— Vous avez raison, Édouard. Je propose qu'on reprenne notre tournoi de poches. Et vous, les enfants, je vous dis: «Faites attention à LUI et ne vous éloignez pas trop.»

— Moi-même, je commence à y croire à cet homme des neiges. Et je n'ai plus trop envie de m'aventurer dans la forêt, dit Phil Lafond.

— Moi, je souhaite qu'il existe! Et qu'il fasse assez peur aux filles pour qu'elles viennent me demander de les protéger, ajoute Bill, les yeux pleins d'espoir.

C'est alors que la porte s'ouvre. L'Étranger traverse le hall d'entrée, les mains vides. Le silence se fait jusqu'à ce qu'il soit monté dans sa chambre.

Personne n'a le temps de dire un mot que la porte s'ouvre de nouveau, violemment cette fois. La mère de Dédé entre, affolée:

— C'est affreux! Mon fils a disparu!

Le mystère du lac Carré

Certains y laissent leur peau

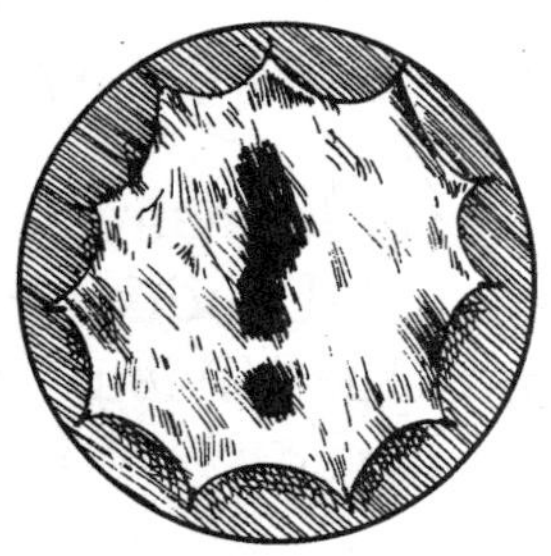

Sorti de chez lui pour quinze minutes après le souper, Dédé n'est jamais rentré. Sa mère l'a cherché partout pendant une heure, sans résultats. Une battue extraordinaire est alors organisée pour le retrouver.

Roger Prouvette prend l'opération en main et distribue le territoire à couvrir. Les enfants s'habillent pour y participer, mais voilà, Édouard Duchesne n'est pas d'accord:

— Pas question que vous sortiez d'ici. Il fait trop froid et trop noir. Vous risquez de vous perdre, vous aussi.

— Mais oncle Édouard, on connaît la forêt bien mieux que toi! insiste Jocelyne.

— Non, un point c'est tout. Le ton d'Édouard Duchesne ne laisse place à aucune réplique.

Les pensionnaires sortent rejoindre au moins la moitié du village déjà massée devant l'auberge.

On peut y voir le maire Michel, monsieur et madame Lapointe, les parents de Dédé, monsieur Vivieux, l'agent d'assurances, les parents de John, Joe, du garage Joe Auto, Steve, de Steve La Patate, Jean Caisse, le gérant de la caisse populaire, madame Leboeuf, la secrétaire de la fourrière municipale, Jeannette Volant, la conductrice de chasse-neige, Josée Haché, la bouchère, sans oublier Mimi Demi, la patronne du Mimi Bar and Grill.

Arrive le chef de police, surnommé le Chef. Pour l'occasion, il a même sorti de sa cellule Bob Les Oreilles Bigras, qui passe l'hiver au chaud pour avoir défoncé la vitrine du magasin 5-10-15 avec sa moto.

John, Agnès et Jocelyne les regardent partir.

— J'y pense! J'avais vu sa mitaine rouge dans la neige, en revenant, dit

John.

— On ne va pas rester là à rien faire! proteste Jocelyne, marchant de long en large dans le hall.

— Ton oncle ne veut pas. Tu vas lui démolir? demande John.

— Lui quoi?

— Lui démolir, ne pas faire ce qu'il veut!

— Ah! Lui désobéir, tu veux dire, reprend Agnès qui continue:

— Ce n'est pas une question de désobéir, mais... Je me demande si Dédé ne serait pas à la grotte qu'on a vue cet après-midi. Surtout si John a trouvé sa mitaine sur le chemin du retour...

— Quelle grotte? interroge John.

Jocelyne répond:

— Une grotte perdue dans les bois, très loin. Je crois que je vois où tu veux en venir, Agnès. Les chercheurs n'iront pas dans cette direction, au début des recherches du moins. Ils ratisseront plutôt autour de chez Dédé.

Agnès acquiesce d'un signe de tête. Jocelyne poursuit:

— Si on y allait directement, on y trouverait peut-être Dédé. Il a pu être enlevé par l'A.H.N. Et la grotte serait son repaire. C'est possible, non?

— Mais non! En tout cas, on ne perd rien à aller voir.

— Et si c'est l'A.H.N., qu'est-ce qu'on fait? s'inquiète John.

Agnès s'impatiente:

— Mais non! C'est impossible! Vraiment, vous deux! Venez.

On revêt manteaux, mitaines, foulards, mocassins... et raquettes. Cette fois-ci, John les chausse sans dire un mot, même s'il doit en attacher une avec une corde.

La troupe des chercheurs est déjà disparue. À peine distingue-t-on au loin quelques faisceaux de lumière provenant des lampes de poche apportées pour se guider dans le noir.

Les trois inséparables prennent la direction du lac Carré.

La nuit, les branches qui craquent n'ont rien de rassurant. Et le sifflement du vent ressemble à un chant de fantômes.

Malgré un ciel sans lune, les étoiles et la neige blanche permettent d'y voir suffisamment pour avancer. Pas besoin de lampe de poche. Après dix minutes, les yeux se font à l'obscurité et chacun s'imagine voir aussi bien qu'un chat.

Jocelyne, Agnès et John marchent en silence. Notdog ouvre la voie et, pour une fois, évite de trop devancer ses amis.

Chacun se dit qu'il n'y a pas de danger, que les ours sont bien endormis jusqu'au printemps, qu'il n'y a pas de bandes de loups si près d'une région habitée. Mais Jocelyne et John doutent. «Si on le rencontre?» pensent-ils.

Le terrain est très accidenté. Ici une crevasse, là une colline, plus loin, un ruisseau à traverser. Mais rien n'arrêtera les inséparables.

Après une marche qui a semblé durer l'éternité, John, Agnès et Jocelyne arrivent en vue du lac Carré. En face d'eux s'étend une grande surface glacée.

— La glace est bien prise, n'est-ce pas? s'inquiète Agnès.

— Ça devrait. Mais pour plus de sé-curité, on va marcher près de la rive, décide Jocelyne.

— Ça irait plus vite si on coupait par le centre, suggère John.

Mais les filles refusent. Le lac est gelé depuis peu, le milieu n'est peut-être pas encore trop sûr.

En file indienne, ils posent les pieds sur la glace. Ils enlèvent leurs raquettes pour cette portion du chemin, au grand plaisir de John. On n'entend que le sch! sch! sch! de leurs pas glissant prudemment. Rendus de l'autre côté, Jocelyne dit:

— On ne devrait plus être très loin. Allez, Notdog. Tu te souviens de la grotte où tu voulais nous emmener? Je sais que tu n'es pas passé ici, mais tu dois pouvoir trouver quand même.

Notdog répond à sa maîtresse par un jappement qui a l'air de dire: «Qu'est-ce que tu penses? Évidemment que je vais trouver!» Et il se dirige droit devant lui.

La montée n'est pas trop difficile car de ce côté-ci la pente est douce. Sans faire aucun bruit, ils arrivent enfin près de la grotte, noire et silencieuse. John murmure:

— On n'entend rien. On s'est peut-être trompés.

— Chut! Tout à coup ils dorment? souffle Jocelyne.

— En tout cas, il faut aller voir. J'y vais. Et vous? demande Agnès sur un ton déterminé.

Les trois s'approchent doucement. Rien ne bouge. Arrivés près de l'entrée, ils y jettent prudemment un oeil. Tout est sombre, mais on peut distinguer des ombres bizarres.

— Qu'est-ce qu'on fait? On allume la lampe de poche pour voir? suggère Jocelyne, intrépide.

— On dirait qu'il n'y a personne. Allons-y. Et Agnès allume.

À l'intérieur, ni abominable homme des neiges, ni Dédé Lapointe. Mais des dizaines de peaux de bêtes qui ont été mises à sécher et qui pendent à des cordes.

John émet un sifflement:

— On dirait que notre A.H.N. fait de l'esclavage.

— Du braconnage, pas de l'esclavage, le reprend Agnès.

C'est alors que Notdog commence à grogner. Ils entendent des pas traînants qui approchent. Ils éteignent, se faufilent dehors à toute vitesse et se dissimulent derrière un pin tout proche.

Jocelyne a à peine le temps d'adresser à Notdog un «Chut!» très discret qu'une forme humaine passe devant eux. Puis, de la lumière se fait à l'intérieur de la grotte.

Par une fissure dans le roc, Agnès regarde. Un homme commence à empaqueter des peaux. Elle ne peut s'empêcher de formuler tout bas:

— Lui?

Deux têtes valent mieux qu'une

En expert, Roger Prouvette étale soigneusement les peaux avant de les attacher ensemble. Dehors, derrière les pins, les inséparables chuchotent.

— Dire que même moi, je commençais à y croire à son yeti. Il nous a bien eus! avoue Agnès.

— Il l'a tout simplement inventé pour faire dévier les soupçons. Des pièges comme celui qu'on a vu, il doit y en avoir partout! Et c'est lui qui les a posés, continue Jocelyne.

— Il faut avertir le chef de police, dit John.

Agnès hésite:

— Oui, mais il est avec le groupe de chercheurs.

Jocelyne propose alors:

— Justement, il est dans les bois, donc pas trop trop loin. On devrait pouvoir le trouver. Mais un de nous doit rester ici, au cas où le professeur s'envolerait. Il pourra le suivre.

John n'hésite pas une seconde:

— Je vais rester. Vous irez plus vite que moi en raquettes.

Jocelyne acquiesce:

— D'accord. Notdog restera avec toi. Si jamais il arrivait quelque chose, tu n'as qu'à lui dire: «Va, va chercher Jocelyne.»

Elle se tourne ensuite vers son chien:

— Toi, tu fais tout ce que John te dit de faire, compris?

Pour lui montrer qu'il a compris, Notdog lui donne la patte.

Les deux filles sortent de leur cachette en silence. Puis, elles s'enfoncent dans la nuit.

De son côté, John s'est approché de la fissure pour bien surveiller Roger Prouvette. Il pense: «Pourvu qu'elles reviennent avant que le professeur digresse!» Mais il n'y a personne près de lui pour lui dire:

— Disparaisse, John, pas digresse.

Jocelyne et Agnès ont déjà fait un bon bout de chemin lorsqu'elles aperçoivent Phil Lafond. Jocelyne crie:

— Phil! Par ici!

En une minute, Phil est à côté d'elles.

— Mais qu'est-ce que vous faites là, vous deux? On vous avait défendu de sortir! C'est ton oncle, Jocelyne, qui sera furieux.

Mais Agnès l'interrompt:

— Écoute, Phil, c'est grave! Il faut trouver le Chef. Roger Prouvette fait du braconnage!

Phil la regarde fixement, stupéfait:

— Quoi? Le professeur serait un vulgaire braconnier? Où ça? Montrez-moi où il est que je lui fasse son affaire!

— Là-haut, juste après le lac Carré, dans une grotte, explique Agnès.

Phil réfléchit rapidement:

— Écoutez-moi bien. Vous allez venir avec moi, me montrer le chemin. Une fois sur place, à nous trois, on arrivera bien à le capturer. Alors que si on perd du temps à trouver le Chef, c'est peut-être fichu.

Ni Agnès, ni Jocelyne n'ont la chance

de lui dire que John est là à surveiller. Car Phil les devance déjà:

— Alors vous venez? Il faut faire vite!

Les deux filles font demi-tour. Pas un mot n'est échangé pendant le parcours. En tête marche Jocelyne, suivie d'Agnès, suivie à son tour de Phil Lafond. Avec la nuit noire, on distingue à peine les traces que les inséparables ont laissées, deux fois déjà.

Dans la grotte, Roger Prouvette a empaqueté la moitié des peaux.

En entendant des pas approcher, John, prudent, retourne dans sa cachette avec Notdog, lui soufflant: «Chut!» Les pas s'arrêtent à deux mètres.

— Alors c'est ici? dit Phil, à voix haute.

— Pas si fort, Phil, il pourrait nous entendre, chuchote Agnès.

Tombe alors un drôle de silence. Et un sourire mauvais apparaît sur les lèvres de Phil Lafond.

— Merci, mesdemoiselles, de m'avoir conduit à cette grotte que je connais bien. Puis, appelant: «Roger! Viens voir les deux fins renards que je t'amène!»

Jocelyne et Agnès essaient de fuir

mais en vain. Phil leur barre la route avec un argument très convaincant, un couteau de chasse. Roger Prouvette sort:

— Eh bien! Tu en as mis du temps, Phil!

— Difficile de se sauver du groupe sans que quelqu'un s'en aperçoive. Regarde ce que j'ai attrapé. Un peu plus et elles tombaient sur le Chef lui-même. Car la troupe se dirige de ce côté-ci.

Le professeur prend un air inquiet. Phil le rassure:

— Ne t'en fais pas, ils n'iront pas plus loin que le lac.

Le professeur s'approche:

— Hum! Des renards? Je ne sais pas, je dirais plutôt des cervelles d'oiseaux pour s'être mis les pieds dans les plats comme ça. Mais où est votre copain, euh... Johanne?

Agnès pense vite:

— Il est resté au village. Ses harnais de raquettes sont brisés.

Les deux hommes éclatent d'un grand rire. Phil enchaîne:

— Une nuisance de moins. Avancez.

Prouvette et Phil poussent Agnès et Jocelyne à l'intérieur.

De sa cachette, John, éberlué, a du mal à contenir Notdog. Le pauvre chien voudrait aller mordre ceux qui maltraitent sa maîtresse. Mais il obéit à John. C'était l'ordre de Jocelyne.

John remercie ciel et terre et mer et tout d'avoir attendu avant d'indiquer sa présence. «Un sixième sens», pense-t-il. Puis, il attache avec soin ses raquettes, espérant que la corde tiendra bon.

— Notdog, c'est à nous de jouer maintenant. Toi, tu ne bouges pas d'ici. Tu restes caché jusqu'à ce que je revienne et que je te dise de sortir de là. Je ferai le plus vite que je peux.

Et John part en direction du lac.

Le mystère du lac Carré

Échec et mat

— Dédé? Où es-tu?

À mesure que John avance, les appels de la troupe lui parviennent en écho. Son coeur bat fort et le vent lui fouette les joues. Mais il continue sa course sans même s'arrêter pour reprendre son souffle.

Les voix le guident. Courbé, il regarde ses pieds en marchant et s'étonne de ne pas tomber. Et c'est sans s'en rendre compte qu'il fonce tête première dans un des chercheurs, Bill.

— John? Tu n'es pas censé être à l'auberge, toi?

— Oui, mais il se passe quelque chose de très grave.

Bill l'interrompt:

— Si tu ne rentres pas immédiatement, il VA se passer quelque chose de
très grave. Avec tes parents, cette fois.
Imagine si tu étais tombé sur ton père?
Tu aurais passé le reste de tes vacances à
regarder des affiches de patineurs au lieu
de patiner toi-même! Tu...

— Arrête, Bill, je sais tout ça. Mais je
te dis, c'est super grave.

— Quoi?

— Roger Prouvette et Phil Lafond
font du braconnage!

— Pardon?

— C'est vrai! Ils sont là-haut dans une
grotte. Et en plus ils tiennent Jocelyne et
Agnès particulières!

Bill hésite une seconde:

— Prisonnières, tu veux dire?

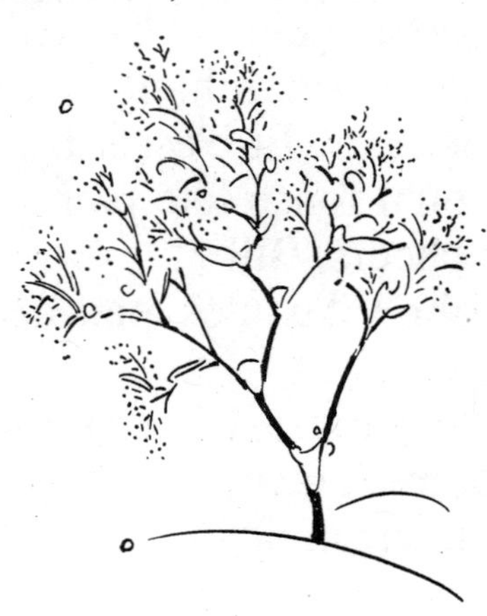

— Oui c'est ça. Vite, il faut faire quelque chose!

— Il ne manquait plus que ça! Viens-t'en, on va les délivrer de là. Pas de temps à perdre. Tu dis là-haut, mais où?

— Juste de l'autre côté du lac. Suis-moi.

Et John refait la route en sens inverse, avec Bill.

Il traîne un peu la patte, se penche souvent pour resserrer la corde de sa raquette. Elle commence à s'user et menace de se rompre. Bill l'attend, s'impatiente. Finalement, ils arrivent en vue de la grotte.

— C'est là-haut, John?

— Oui.

Et ils montent, Bill à grandes enjambées, John à grand-peine. La corde lâche.

— Enlève tes raquettes. Je vais t'aider.

Et Bill le tire jusqu'en haut. En fait, il le tire jusqu'à l'entrée de la grotte. Roger Prouvette et Phil Lafond se retournent vivement. Alors, Bill ouvre la bouche et dit:

— Il s'en est fallu de peu qu'on soit découverts. Et par des enfants en plus!

Le mystère du lac Carré

Il y en a encore combien comme ça?

En bon chien obéissant qu'il est, Notdog n'a pas bougé de son poste. John lui avait bien ordonné de rester là jusqu'à ce que lui-même lui dise de sortir. Mais voilà, John est passé devant lui sans un mot.

Le fait est que Notdog commence à avoir sérieusement froid au derrière. Malgré un poil épais et tout cotonné, il faut bien le dire, à rester aussi longtemps assis dans la neige, ça finit par geler.

Et puis Notdog est laid, mais pas fou. Il sait qu'il se passe quelque chose d'anormal. Il a faim aussi. Il rentrerait bien chez lui, au chaud, devant un bol de pâté pour chien, à saveur de boeuf et fromage, disons.

Dans sa petite tête de chien, ça travaille.

À l'intérieur, les trois inséparables sont encore sous le coup de la stupeur. Décidément, tout le monde est coupable.

«Lequel sera le prochain? Et si tout le village, le maire Michel et même monsieur Bidou étaient dans le coup?» se demande Agnès, en silence.

De son côté, Jocelyne réfléchit au meilleur moyen de se sortir de là. «Ça va être coton! Il n'y a qu'une seule issue. On a beau ne pas être attachés, entre nous et la sortie, il y a trois hommes prêts à bondir si on fait la moindre tentative.»

Quant à John, il se pose intérieurement une question d'importance: «Comment est-ce que trois personnes aussi sympathiques, que j'aime bien, peuvent être aussi crues?»

Évidemment, ce qu'il veut dire c'est cruelles mais encore une fois, personne ne peut reprendre cette erreur-là.

Phil Lafond s'approche d'eux:

— Alors, on aime faire de l'exploration... le sport, c'est bon pour la santé, mais il ne faut pas aller trop loin.

De sa place, Bill enchaîne:

— Dans votre cas, ça va être très mauvais pour votre santé. Pauvres enfants qui se seront pris dans des pièges. Hon!

Roger Prouvette interrompt sa besogne:

— Non, pauvres enfants qui auront rencontré l'abominable homme des neiges plutôt! Il n'aura fait d'eux qu'une bouchée. Si ce n'est pas triste...

Jocelyne murmure alors:

— Moi qui y croyais.

Le professeur éclate de rire:

— Idiote! Il n'y a pas plus de yeti sur terre que de soucoupes volantes dans les airs!

Juste à ce moment, une grande secousse se fait sentir. Un amas de neige s'effondre devant l'entrée. Chacun reste immobile.

Après quelques secondes, le calme revient. Phil ouvre la bouche:

— Vous croyez que c'est un tremblement de...

Il n'a pas le temps de finir sa phrase qu'une autre secousse se produit, plus forte cette fois-ci. On dirait qu'un géant saute sur la grotte. Des fissures se créent et des pierres tombent du plafond de la caverne. Les trois hommes deviennent livides, figés. Bill crie, paniqué:

— On va rester pris ici! C'est un tremblement de terre!

Encore une secousse. Entre les inséparables et les trois hommes, des pierres et du sable qui tombent font comme un rideau.

C'est le temps ou jamais. Un échange de coup d'oeil et les enfants tentent de fuir. Fonçant tête première, ils se précipitent dehors, espérant qu'à la sortie, ce ne soit pas une crevasse qui les attende.

En les voyant surgir, Notdog décide de quitter sa cachette, ordre, pas ordre.

— Viens, mon chien, crie Jocelyne sans se retourner, courant droit devant dans la neige épaisse.

Le calme revient. Avec lui, les trois hommes retrouvent leur raison.

— Ils ont filé, les petits vauriens, dit Prouvette.

— Il faut admettre qu'ils ont plus de courage que nous, réplique Bill, admiratif.

— En as-tu d'autres comme ça? Ils vont nous dénoncer et toi, tout ce que tu trouves à dire c'est qu'ils sont courageux! s'indigne Prouvette.

Mais déjà, Phil Lafond se précipite à leur poursuite:

— Le temps de vous quereller, ils prennent de l'avance.

Bill s'apprête à suivre Phil:

— Ne t'en fais pas, on les rattrapera. On a de plus grandes jambes et ils sont épuisés. Toi, Roger, tu finis d'empaqueter. Et file le plus vite possible.

Non loin de là, Notdog fait brusquement demi-tour. Il se dirige droit vers Phil et Bill qui, dans le noir, ne le voient pas venir. Il passe entre les jambes de Phil qui tombe et roule dans la neige. Puis, il prend une bonne mordée dans la cheville de Bill qui se met à hurler. Et rapide comme l'éclair, Notdog retourne vers les inséparables, en riant on dirait.

Face au lac, les enfants décident de le traverser en ligne droite. Pas question de perdre du temps en longeant la rive.

— On croise les doigts et on se fait le plus léger possible, lance Jocelyne qui traverse en tête de file.

Agnès la suit, quelques mètres derrière. Il faut diviser le poids pour que la glace les supporte tous les quatre. Jocelyne crie à ses amis:

— Faites attention. La glace est solide de ce côté-ci, mais elle a l'air mince juste un peu plus loin.

Elle glisse avec beaucoup de précaution. De même pour Agnès. Notdog arrive et poussé par son élan, il glisse d'un trait sur au moins le tiers du lac. Le reste est plus difficile. Sur le lac, c'est déjà un problème d'avoir le contrôle de ses deux jambes, avec quatre pattes, cela tient de l'acrobatie.

John, qui ferme la marche, s'amuse beaucoup à regarder Notdog tomber. Ce qui le fait dévier un peu de sa route.

Crack!

John s'immobilise. Un petit filet d'eau passe entre ses pieds. Il tente de faire un pas.

Crack! Un nouveau filet d'eau.

De l'autre côté, les deux filles se retournent.

— Mais qu'est-ce qu'il fait là? On n'a pas de temps à perdre! dit Jocelyne.

Notdog, à mi-chemin entre elles et John, aboie.

— Il se passe quelque chose. Ah non! La glace doit céder! Et Agnès rebrousse chemin. Jocelyne la suit:

— On va attacher nos foulards ensemble, ça fera une assez longue corde... Juste au cas...

John essaie encore un pas.

Crack! Une fissure apparaît.

Agnès l'appelle:

— Ne bouge pas. On fait le plus vite qu'on peut.

C'est alors que l'Étranger apparaît sur la rive.

— Ah non! Pas encore un autre! lance Jocelyne exaspérée.

Mais quitte à se faire capturer de nouveau, elles vont sauver leur ami. Mieux vaut mourir tous les trois ensemble sous la main des braconniers, que d'abandonner John.

Crack! La glace cède pour de bon. John s'enfonce dans l'eau.

— Tiens bon! Agrippe-toi au bord, on est presque là! crie Agnès.

L'eau pénètre au travers du manteau, des bottes et des pantalons de John, ce qui l'alourdit considérablement. Il se cramponne de toutes ses forces mais l'eau glacée commence déjà à l'engourdir.

Il reçoit sur la tête la corde-foulard

confectionnée par les filles mais n'arrive pas à l'attraper. Rapide comme un renard, Notdog s'élance, prend la corde dans sa gueule et va la déposer dans les mains de John. À plat ventre sur la glace, les filles commencent à tirer. Même Notdog s'y met.

Pendant ce temps, l'Étranger s'approche d'eux.

— Je ne peux plus bouger les jambes! crie John.

— Fais un effort! Tu y es presque! répond Agnès.

De toutes leurs forces, Agnès et Jocelyne tirent. Elles ne se croyaient pas si fortes. La glace se brise autour de John. Mais voilà qu'enfin son corps sort à moitié de l'eau.

— Encore un peu, Jocelyne, et on l'a.

Elles tirent, suent, leurs vêtements se mouillent. Elles sont écarlates de froid et d'effort. L'Étranger n'est plus qu'à quelques mètres. Agnès compte:

— Un, deux, trois, allez!

Et le corps de John sort de l'eau.

Elles le tirent jusqu'à elles. John est complètement mouillé et transi de froid. L'Étranger arrive à leur hauteur:

Le mystère du lac Carré

— Bravo, les filles. Je vais le transporter jusqu'au bord. J'ai une couverture dans mon sac. Il faut vite le mettre au chaud.

Il prend John dans ses bras. Agnès et Jocelyne le suivent.

De l'autre côté de la rive, apparaissent Phil et Bill.

— Parfait, Bernie est là, dit Bill. Ils s'avancent vers eux.

L'Étranger enlève à John ses vêtements mouillés, lui enfile deux de ses chandails et une de ses paires de bas. C'est d'ailleurs avec étonnement que les filles se rendent compte qu'il en porte plusieurs épaisseurs. En fait, il est tout maigre en dessous. Il enroule John dans la couverture. Jocelyne voit venir Bill et Phil et dit en soupirant:

— Voilà vos complices qui arrivent.

— Complices? Quels complices? demande l'Étranger étonné.

— Vous n'êtes pas braconnier, vous aussi? demande Agnès.

— Bien sûr que non! Moi, tuer un animal? Jamais!

Tout près, Bill s'immobilise:

— Merde! Ce n'est pas Bernie! J'ai

mal vu, je n'ai pas mes lunettes!

Bill et Phil se sauvent à toute vitesse.

Des clameurs leur parviennent. Quelques-uns des chercheurs arrivent de ce côté. L'Étranger leur crie:

— Attrapez-les! Ce sont des braconniers! Ils sont partis par là!

Les chercheurs s'élancent à leurs trousses. Subitement, une voix très éloignée leur parvient faiblement:

— On a retrouvé Dédé! On a retrouvé Dédé! Rentrez au village!

Tout tremblant, d'une voix chevrotante, John dit:

— Dans la grotte, on a oublié nos brochettes.

— Nos raquettes, John, nos raquettes. Mais ce n'est pas grave, le reprend Agnès, avec un sourire tendre.

La vérité sort souvent de la bouche des enfants: vrai ou faux?

Dans le salon de l'auberge, madame la vétérinaire s'affaire autour de John et de Dédé. Le docteur étant parti en vacances au soleil, madame Lecoq a été désignée comme la personne la plus compétente pour prendre soin d'eux.

Déformation professionnelle? Madame Lecoq les appelle «mon petit chat» ou «mon pitou».

L'aubergiste leur apporte tisanes et sucreries pendant que tous deux se ré-chauffent près du feu. Entourés de leurs parents respectifs qui les cajolent et les minouchent, nos deux amis apprécient intérieurement leurs moments de gloire.

Dédé, jusqu'ici, n'a rien dit sur sa disparition. Mais la première observation que tous ont faite, c'est que John est bien plus mal en point que lui.

Phil Lafond et Bill ont été bien vite rattrapés par le Chef et Jeannette Volant, la conductrice de chasse-neige. À elle seule, elle les a maîtrisés tous les deux pendant que le Chef essayait autant comme autant d'ouvrir ses menottes gelées.

Quant à Roger Prouvette, c'est Joe, du garage Joe Auto, qui l'a cueilli alors qu'il tirait péniblement un traîneau rempli des peaux de la caverne. Et comme Joe peut soulever de terre un moteur quatre cylindres d'une seule main, le professeur n'a pas résisté longtemps.

Un certain Bernie a également été arrêté au village voisin, alors qu'il attendait paisiblement au volant d'une camionnette.

— Je l'ai vu! dit soudainement Dédé.

— Vu quoi, mon petit chou? demande doucement sa mère.

— Le bonhomme des neiges.

Le silence se fait dans la pièce. On n'entend que le feu qui crépite. Tous les chercheurs s'approchent. Dehors, tout est calme. Éclairée par les lumières de Noël de l'auberge, la neige brille de reflets multicolores.

— Tu veux dire l'abominable homme des neiges, Dédé, précise Jocelyne, venue s'asseoir près de lui.

La mère de Dédé lève les yeux au ciel:

— Tu dois être fiévreux.

Elle lui touche le front. Température normale.

— Non, maman. Je l'ai vu. Il m'a amené dans sa grotte.

— Et vous avez joué au train électrique, je suppose? ricane monsieur Bidou.

Très sérieux, Dédé continue.

— Il n'y a pas d'électricité dans une grotte, monsieur Bidou. Non, on a parlé. Il m'a dit de ne pas avoir peur de lui. Il était bien gentil. Ce n'est pas vrai qu'il mange les personnes et les animaux. Moi non plus, je n'en mangerai plus jamais. C'est lui qui libère les animaux des pièges. C'est vrai! C'est pour ça qu'on en trouve des fois, blessés. Il est immense et tout blanc. Bien, euh, un peu jaune parce qu'il ne se lave pas souvent. Peut-être que je dévrais faire comme lui?

— Tu penses? demande sa mère, sur

Le mystère du lac Carré

un ton ironique.

— Je le savais que tu ne voudrais pas.

Et Dédé se tait.

— Cet enfant a une imagination très fertile, madame Lapointe. Vous devriez en faire un écrivain quand il sera grand, suggère Mimi Demi, la patronne du Mimi Bar and Grill.

C'est alors que monsieur Bidou offre une tournée:

— On l'a bien méritée.

Et chacun se dirige vers le bar. Seuls restent Dédé, sa mère, Agnès, Jocelyne, John et son père.

— Personne ne me croit jamais.

— C'est un peu tiré par les chevaux, ton histoire, dit John.

— Les cheveux, John, pas les chevaux, reprend Agnès.

— C'est vrai je vous dis! Même que demain, je vous amène à sa grotte si vous voulez. J'espère que ça ne le dérangera pas.

Madame Lapointe, horrifiée, prend la parole:

— Tu n'iras nulle part demain.

— Si ça peut lui faire plaisir, on ira avec lui. Et je vous promets qu'on ne le

quittera pas une seconde, propose Jocelyne, la seule à croire Dédé.

— Dis oui, maman!

Le père de John parle alors, avec son
fort accent anglais:

— Tu sewrait peut-êtwre mieux de
gawrder le lit, John.

— Je suis déjà en bleine forme, baba,
répond-il, le nez bouché.

À ce moment-là, l'Étranger fait son
entrée, cocktail à la main, habillé d'un
costume de ville, et s'adresse à John:

— Alors ça va mieux, mon garçon?

— Bas mal mieux. J'ai arrêté de tribler.

— Trembler, John, pas tribler, souffle
Agnès.

— On a vraiment pensé un moment
que vous étiez dans le coup, vous aussi.
Et euh... ça vous amincit, un costume,
commence Jocelyne.

L'Étranger s'assoit:

— Je ne ferais pas de mal à une
mouche. Et puis, j'essayais d'avoir l'air
costaud. Vous savez, je suis vraiment
comptable. Mon nom est Réjean Comptant. Pour la période des vacances, j'ai
décidé de m'habiller en coureur des bois,

juste pour me faire plaisir, m'imaginer que j'étais autre chose qu'un comptable. Ça fait du bien de changer de vie parfois.

— Et votre sac à dos? Il y avait quoi dedans? demande Agnès.

— Une couverture, un sac de couchage et de la nourriture. Je suis incapable de passer une heure sans manger. Ça semble farfelu, puisque je suis maigre, mais j'ai toujours faim.

Réjean Comptant hésite, puis:

— Euh... je ne veux pas te contredire Dédé, mais... tu sais, moi aussi, j'ai souvent libéré des petits animaux pris au piège. Je ne prétends pas que ton histoire est fausse, non, mais je tenais à le dire. Voilà.

La mère de Dédé envoie à Réjean Comptant un sourire plein de gratitude. Dédé, à la fois surpris et décontenancé, le fixe droit dans les yeux et n'ajoute rien.

Agnès, John et Jocelyne regardent ailleurs, gênés.

La fin

Le lendemain matin, tout le village s'est levé un peu plus tard que d'habitude. À l'exception de l'oncle de Jocelyne qui s'est toujours fait un point d'honneur d'ouvrir.sa tabagie à l'heure.

Ce 27 décembre est couvert et de gros nuages gris et lourds annoncent de la neige très bientôt. Il fait un peu plus chaud et la neige colle aux skis.

Sur la piste d'experts de La Pente Raide, plusieurs skieurs filent déjà à toute allure. Sur celle des débutants, d'autres descendent en chasse-neige en se disant qu'ils auraient dû rester chez eux à jouer au parchési.

À l'auberge, un nouveau garçon est entré en service ce matin même. Il s'agit de Raymond Cash, le fils de l'agent immobilier et de la directrice des services municipaux. Après deux heures de travail, il en est déjà à sa dixième tasse renversée.

À la prison du village voisin, Roger Prouvette, Phil Lafond et Bill se querellent.

— C'est ta faute aussi! Si tu avais mis tes lunettes, on ne se serait pas jetés dans la gueule du loup, dit Phil.

— Oui, mais dehors, ça fait de la buée dans les lunettes, se défend Bill.

— Un jour j'aurai leur peau à tous, marmonne Prouvette qui décidément ne pense qu'à ça.

Enfin chez Jocelyne, les inséparables ont recommencé l'opération trous de beignes plongés dans le sucre à glacer.

Jocelyne est encore en pyjama, avec ses fameuses pantoufles en pattes d'ours. Agnès, en jean et col roulé, avec un livre sur l'abominable homme des neiges trouvé dans la bibliothèque de ses parents. John, habillé de dix-huit épaisseurs de vêtements, condition imposée par ses parents pour le laisser sortir. Et enfin Notdog, qui attrape au vol des morceaux de beignes que chacun lui lance.

Jocelyne, la bouche pleine, commence:

— J'ai demandé à mon oncle s'il avait ressenti, hier, les deux secousses du tremblement de terre. Il a dit non.

— Ma mère aussi. Alors je lui ai demandé d'appeler les services météorologiques. Ils n'ont rien enregistré du tout.

— C'est bas bossible, dit John, très enrhumé.

Agnès réfléchit tout haut:

— C'est curieux. On n'est pas fous, quand même. C'était vraiment comme si la grotte avait tremblé deux fois. Qu'est-ce que ça peut être à votre avis?

— L'A.H.N.? suggère Jocelyne.

— Tu sais bien que Roger Prouvette avait monté toute cette histoire pour couvrir ses activités de braconnage, dit Agnès.

Jocelyne réplique:

— Alors comment expliques-tu un tremblement de terre qui n'a jamais eu lieu? Moi, je crois que c'est l'abominable homme des neiges de Dédé qui est venu nous sauver.

On sonne. Notdog se précipite, suivi de Jocelyne. Apparaissent Dédé Lapointe et sa mère.

— Bonjour, Jocelyne. Dédé tient absolument à vous montrer sa fameuse grotte. Pas moyen de lui enlever ça de la tête. Enfin, j'espère que ça lui passera, ces histoires de fou. Je peux vous le confier?

— Pas de problème. Faites-nous confiance, on ne le quittera pas deux secondes. Et on vous le ramènera après la petite excursion.

Madame Lapointe repart, rassurée. Dédé ne bouge pas du vestibule:

— Alors, vous venez?

— Déjà?

Jocelyne s'habille en vitesse et en un rien de temps, la troupe est dehors.

Ils marchent à peine une demi-heure qu'ils arrivent en effet en vue d'une grotte dont personne ne connaissait l'existence. Ils avancent prudemment, guidés par un petit Dédé confiant. Ils hésitent un peu à l'entrée et finissent par y pénétrer.

La grotte est complètement vide.

— Je vous dis que c'était ici! Il était là, immense, gentil. Il a même fait un feu ici, au milieu. Dédé s'avance.

Ni bois calciné, ni braise, ni cendre,

rien.

— Bon allez, on repart, décide Agnès.

— Je l'ai vu! Je lui ai parlé! C'est vrai, je vous le jure!

— Mais oui, on te croit. Il est reparti, c'est tout. C'est avec un profond soupir que Jocelyne essaie de réconforter Dédé. Elle est si déçue. Elle avait conservé jusque-là un certain espoir. Elle y croyait, elle.

Sur le chemin du retour, la neige tombe. Agnès, Jocelyne et John marchent en silence. Dédé les suit. De grosses larmes coulent de ses yeux et laissent sur ses joues une petite trace de glace.

Derrière la rangée de sapins qu'ils longent, des traces immenses se dirigent vers le nord. Mais les enfants passent à côté sans les voir.

Dans une heure, elles seront effacées par la neige.

Sylvie Desrosiers

LES PRINCES NE SONT PAS TOUS CHARMANTS

Illustrations
de Daniel Sylvestre

la courte échelle

Chapitre I
Un enchanteur enchanté

Quelque part au Moyen Âge, dans un coin reculé d'Europe, l'enchanteur Roger Lixir jubile. Même s'il est tout fin seul dans cette cave poussiéreuse qui lui sert de laboratoire, sous le château local, il crie:

— Enfin! J'ai enfin trouvé la formule pour voyager dans le temps!

Il trempe sa plume d'oie dans un pot d'encre, se penche sur un parchemin et vérifie ce qui y est écrit.

— Voyons voir... un peu de poil de chien jaune, oui... un trèfle à quatre feuilles... oui... disons cueilli à la pleine lune, ça fait plus compliqué; ensuite, une rognure d'ongle du gros orteil droit d'un roi...

Hi-hi-hi! Bonne chance à celui qui va s'essayer. Ensuite... un morceau de temps qui a suspendu son vol... puis...

Pendant qu'il passe en revue les ingrédients de la recette, une souris renifle toutes les fioles. Ici et là, de la fumée s'échappe de bouteilles aux formes bizarres remplies de liquides rouges ou mauves. Une couleuvre glisse sur le plancher.

— Bon, c'est bien ça.

Il souffle sur la feuille pour faire sécher l'encre et, satisfait, il sourit en montrant une bouche à moitié édentée.

— Demain matin, j'essaie la potion. À nous deux, futur!

Il se lève, cherche un endroit sûr où cacher sa précieuse formule. Pas dans les tiroirs, c'est trop évident. Sûrement pas sous le matelas, car c'est le premier endroit où cherchera un voleur. Évidemment pas dans le classeur à formules, ce serait trop facile.

Il s'arrête devant la bibliothèque et en tire un ouvrage de grammaire. «Voilà l'endroit le plus sûr: la grammaire, ça n'intéressera jamais personne», pense-t-il. Il glisse le parchemin à l'intérieur du livre et le replace sur le rayon.

Il va se laver le bout des doigts, se coiffe

Les princes ne sont pas tous charmants

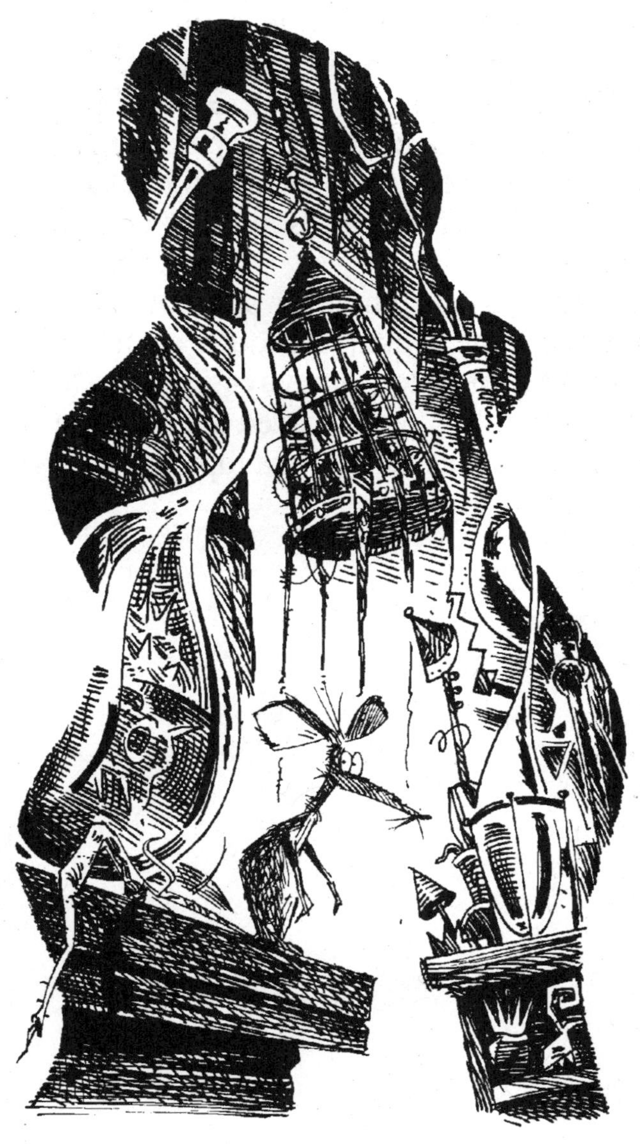

d'un chapeau pointu fait de feutre noir et revêt un manteau de velours un peu déchiré. Malheureusement, il n'a toujours pas trouvé la formule pour faire apparaître des habits neufs. Il éteint la torche qui l'éclaire et s'en va en sifflotant à son party annuel d'enchanteurs.

Il racontait justement à son cousin et voisin de table, Félix Cyr, qu'il avait découvert la formule pour voyager dans le temps lorsqu'il s'étouffa avec une arête de poisson. Et hélas, il trépassa rapidement!

Chapitre II
Y a-t-il moyen
d'aller au Moyen Âge?

Sur la scène de la grande salle de l'école primaire d'un village des Cantons de l'Est, trois personnages s'agitent.

Tout d'abord, il y a John, l'Anglais blond à lunettes. Ensuite Jocelyne, la jolie brune propriétaire du chien le plus laid du village, Notdog. Et enfin Agnès, la rousse qui porte des broches*. Ils ont tous les trois douze ans et tout le monde les appelle les inséparables. En cette belle journée du mois de mai de l'an de grâce 199..., les trois amis répètent une pièce de théâtre qui se

* Appareil orthodontique.

déroule au Moyen Âge.

— Messire Geoffroy! Les Anglais sont à nos portes! s'affole Jocelyne en s'enfargeant dans sa robe trop longue.

— J'irai les bouter hors de France, madame! Qu'on fasse venir mon écusson! lance John en dégainant son épée de carton ondulé.

— Écuyer, John, on dit écuyer, pas écusson, le reprend Agnès, tout en faisant attention de ne pas accrocher dans le décor les très longues pointes de ses chaussures moyenâgeuses.

Du fond de la salle, la professeure de français s'écrie:

— On fait une pause!

John s'approche d'Agnès:

— Tu es vraiment fatigante. Est-ce que je ne pourrais pas, un jour, faire une erreur de français en paix, sans que tu me reprennes? Jocelyne ne le fait jamais, elle. Si tu penses qu'au Moyen Âge les gens parlaient tous bien...

— C'est sûr que non! La plupart des gens n'allaient pas à l'école.

Jocelyne s'approche:

— Chanceux! Hé que j'aurais aimé vivre au Moyen Âge!

— J'aime bien l'école, moi, dit Agnès.

À ce moment, d'un coin de la scène, on entend un gémissement. C'est Notdog habillé d'un tissu gris supposé être une cotte de mailles, avec juste le nez et les oreilles jaunes qui dépassent. Il commence à être sérieusement tanné de jouer le chien qui dort tout le temps de sire Geoffroy.

— Oh! On t'oubliait, viens Notdog, dit Jocelyne.

Il s'approche, lourd de son costume. Sa maîtresse le lui enlève:

— Toi aussi tu aurais été heureux au Moyen Âge. Il n'y avait pas toutes sortes de règlements qui interdisaient les chiens partout.

— ... ni qui obligeaient à ramasser leurs crottes, ajoute Agnès.

John fait trois pas vers l'avant de la scène et commence à déclamer:

— Je me vois, chevalier à la table du roi Arthur, vainqueur dans les tournois, sur mon cheval puissant, avec toutes les princesses au balcon qui m'applaudissent et m'envoient des baisers et des saluts avec leur mouchoir brodé...

— Il ne fait pas d'erreurs quand il parle des filles, ricane Agnès.

Avant que John se fâche, Jocelyne change de sujet:

— Dis donc, John, est-ce que tu as apporté le livre dont tu nous avais parlé?

— Oui, il est là.

John sort d'un grand sac un livre très ancien relié en cuir rouge. Sur le dessus, on y voit des lettres gravées qui ont dû être dorées à l'époque. C'est l'arrière-grand-père de John qui l'a acheté lors d'un voyage en France. Et ses parents en ont hérité.

— Il vient vraiment du Moyen Âge, dit John qui le manipule avec beaucoup de précaution.

Le livre est bien ficelé.

— Est-ce qu'on peut l'ouvrir? demande Agnès.

— Même la ficelle a l'air très vieille, remarque Jocelyne.

John n'aime pas trop l'idée de la détacher, car le livre risque de tomber en morceaux, tellement il est fragile. Les parents de John, d'ailleurs, ne savent pas qu'il l'a sorti de la bibliothèque vitrée où on garde les choses précieuses.

— On va faire attention! Si tu veux, on va remettre de la poussière dessus. Comme ça, tes parents ne s'en apercevront pas.

— Bon, o.k., accepte John, hésitant.

Jocelyne défait aussi soigneusement que possible la ficelle. Avec grande délicatesse, elle ouvre le livre. Ce qui y est écrit est totalement incompréhensible.

Elle tourne les pages, fascinée par le dessin que forment les lettres qu'on distingue à peine à cause de la pâleur de l'encre.

Agnès en tourne quelques-unes à son tour et, pour le plaisir de toucher, fait glisser sa main sur le papier rugueux. Au moment où John soulève sa première page, elle s'effrite et un coin lui reste entre les doigts. Il referme le livre et le dépose sur un banc:

— Je vais le rapporter chez moi avant qu'il tombe en lambins.

— En lambeaux, John, pas lambins, dit Agnès en se levant pour aller prendre un jus, car la pause est presque finie.

John et Jocelyne la suivent. Notdog, lui, tourne autour du livre, le renifle. Jocelyne l'appelle et dans son empressement d'aller la rejoindre, il fait tomber le livre. Jocelyne s'approche:

— Hé que t'es nono, des fois, Notdog!

Elle ramasse le livre, regarde machinalement à la page ouverte. Une feuille y est collée.

— Hé! Venez voir!

John et Agnès s'approchent.

FORMULE POUR VOYAGER DANS LE TEMPS.

— On reprend! lance la professeure de français.

***

Ce soir-là...

Édouard Duchesne, l'oncle de Jocelyne chez qui elle vit depuis la mort de ses parents, a monté une tente dans la cour de la maison. Une tente, juste pour le plaisir, où Jocelyne dort parfois avec ses amis.

C'est justement ici qu'on les retrouve. La noirceur est tombée, il fait très frais. Mais cela n'empêche pas quelques maringouins de rôder à la recherche d'un morceau de peau à piquer.

Notdog est nerveux: il sait que quelque chose d'inhabituel se prépare. Jocelyne et John sont en train de vérifier les ingrédients.

— Je ne sais pas s'il a été cueilli à la pleine lune, mais ça fait longtemps que mon oncle a ce trèfle à quatre feuilles, dit Jocelyne.

Elle dépose le trèfle tout sec dans un contenant à crème glacée de deux litres.

— Pour ce qui est du poil d'un chien jaune... viens ici Notdog, ordonne John.

Notdog s'approche en branlant la queue, s'attendant à recevoir quelque chose. Mais John lui arrache une poignée de poils sur une fesse. Il la jette dans le bol.

Surpris, incrédule, Notdog regarde John.

— Excuse-moi, mon gros, mais c'est pour une expérience très importante, dit John en lui caressant le museau.

«Une expérience importante, mon oeil!», pense Notdog qui s'éloigne de John en ronchonnant.

Jocelyne sort un crapaud d'un panier d'osier:

— Penses-tu que c'est facile de faire cracher un crapaud?

John s'approche de l'animal et le regarde dans les yeux. Le crapaud est calme et sérieux.

— Je pense qu'on sera obligé d'aller chercher la bave dans sa bouche, répond John.

— Qui ça, on? demande Jocelyne, méfiante.

— Bien, tu es habituée d'ouvrir la gueule de Notdog pour lui faire prendre des médicaments...

— C'est ça, c'est toujours les affaires dégoûtantes qui me reviennent, bougonne-t-elle.

Mais, surmontant son dégoût, elle s'exécute, alors que John récupère de la bave avec un bâton de popsicle.

— J'espère que ce sera assez, dit-il en déposant dans le bol les quelques gouttes qu'il a pu obtenir.

Ensuite, il déplie un journal et une odeur nauséabonde leur monte aux narines. John se bouche le nez:

— Voilà le crottin de cheval.

— Je ne serai jamais capable d'avaler ça, dit Jocelyne en déglutissant.

Notdog par contre semble intéressé et s'approche du paquet brun, renifle en collant son nez dessus.

— Notdog, tu es dégueu! Tu vas venir me lécher après ça, se plaint Jocelyne.

Une main soulève la toile qui sert de porte à la tente. Agnès entre:

— Salut!

John lui demande, anxieux:

— L'as-tu?

Agnès s'accroupit:

— J'aurais bien voulu vous voir à ma place, vous autres. Quand j'ai demandé un bout d'ongle du gros orteil droit au roi du smoked meat, il a failli me mettre dehors assez raide!

— Comment l'as-tu convaincu? demande Jocelyne.

— Je lui ai dit que c'était pour le carnaval de l'école, répond Agnès.

— Mais c'est en février et on est en juin! dit Jocelyne.

— Ce n'est pas grave, il m'a cru quand je lui ai dit que c'était un carnaval spécial pour les finissants.

Agnès ouvre une enveloppe:

— Il a enlevé ses bas, il a mis ses pieds sur le comptoir et il s'est coupé un bout d'ongle. Il avait les pieds sales, yark! Il m'a fait penser à Bob Les Oreilles Bigras.

— Ça fait longtemps qu'on l'a vu, lui, remarque John.

— Il doit être en train de préparer un mauvais coup dans son coin. Je le verrais bien au Moyen Âge, lui, toujours crotté avec les dents cariées, dit Jocelyne.

— On a tout? demande Agnès qui vide l'enveloppe dans le bol.

Jocelyne mélange tous les ingrédients,

auxquels on ajoute: une montre arrêtée, en espérant que cela fera l'affaire pour l'ingrédient «un morceau de temps qui a suspendu son vol»; quelques épices; et un litre de lait au chocolat: ce n'est pas indiqué dans la recette, mais c'est pour masquer le goût.

Agnès, Jocelyne et John boivent chacun leur tour en se pinçant le nez. Et ils attendent.

Une heure. Deux heures. Absolument rien ne se passe.

— Il va falloir que je rentre, dit Agnès.

— Moi aussi, dit Jocelyne.

— Ouais, c'est raté, soupire John.

Les inséparables se lèvent, se disent bonne nuit et chacun rentre chez lui, déçu. Seul traîne encore un peu dans la tente Notdog, qui lèche le reste du plat.

Le lendemain, pendant qu'ils répètent la pièce, tous les quatre sont pris d'un étrange vertige.

Chapitre III
Autres temps,
autres moeurs

— Où sommes-nous? demande Agnès, un peu étourdie.

Ni John ni Jocelyne, et certainement pas Notdog, ne peuvent répondre. À première vue, ils sont dans un bois. Un bois qui ressemble à n'importe quel bois près de chez eux. Pourtant, il leur semble différent. Quelque chose dans l'air est tout à fait nouveau.

— Croyez-vous que la potion a agi? demande Jocelyne.

— Je ne sais pas si on a voyagé dans le temps, mais on a voyagé dans l'espèce, répond John.

— L'espace, John, pas l'espèce, le reprend, bien sûr, Agnès.

Notdog, quant à lui, flaire le sol. Il s'arrête, lève le nez en l'air. On entend le bruit de respiration saccadée que produit son museau quand il essaie d'identifier une odeur. Il se tourne vers sa maîtresse, fait trois pas. Jocelyne traduit:

— Il veut qu'on le suive.

— On peut bien, vu qu'on ne sait pas où aller, suggère Agnès.

Et les inséparables, empêtrés dans leurs costumes de scène, emboîtent le pas à Notdog.

Ils marchent longtemps. Le bois ne semble jamais finir. De temps en temps, Notdog s'arrête, flaire les odeurs dans le vent, repart. Il les amène dans des chemins parfaits pour les chiens, mais absolument pas faits pour les êtres humains!

Jocelyne déchire sa robe qui reste accrochée à une branche. Agnès peste contre ses chaussures qui sont tout le contraire de ses bons vieux souliers de course troués. Et John, qui rêve en ce moment d'un bon hamburger relish ketchup, ne voit pas la grosse couleuvre sur laquelle il met le pied.

— Un serpent! Il m'a piqué! Je vais mourir! crie-t-il.

Jocelyne s'approche:

— Respire par le nez! C'était juste une couleuvre.

— Tu es sûre? demande John, inquiet.

— J'espère...

— Tu es rassurante vrai, montre donc... dit Agnès qui est alors interrompue par une voix inconnue.

— Va-t'en, sale chien, allez ouste!

Jocelyne se retourne promptement:

— Notdog! Notdog! Où es-tu? Notdog!

— Ça vient de là, dit John en montrant une butte.

Jocelyne s'élance, inquiète pour son chien. Les deux autres la suivent en courant, oubliant la couleuvre. Ils grimpent sur la butte et de l'autre côté, ils aperçoivent Notdog en train de faire le beau devant un jeune garçon, habillé d'une longue chemise attachée par une ceinture. Devant le garçon, il y a un petit feu sur lequel grille un oiseau.

Voilà l'odeur que suivait Notdog, celle de la viande qui cuit. «D'habitude, ça marche, pense Notdog. Quand je fais le beau, j'obtiens tout ce que je veux. Qu'est-ce qu'il a à se faire prier, lui?»

John, Agnès et Jocelyne s'approchent.

— Salut, dit Agnès.

Le garçon ne répond pas. Il regarde les enfants l'un après l'autre, l'air apeuré. Sur son visage sale et mouillé, on voit des traces de larmes.

— Notdog, viens ici, ordonne Jocelyne.

Notdog obéit, non sans rechigner. John s'avance:

— Salut! Moi, c'est John. Elle, c'est Agnès, et elle, Jocelyne. C'est quoi ton nom?

Le garçon hésite:

— Vous ne me ferez pas de mal?

— Du mal? Nous? Ben voyons donc! dit Jocelyne.

Elle s'approche à son tour avec son chien, le lui présente:

— C'est Notdog. Il n'est pas méchant du tout.

Le garçon recule:

— N'approche pas! Il doit être plein de puces et de maladies!

— Notdog!? Je lui ai donné un bain anti-puces justement hier. Et il n'en avait pas. Puis il a eu tous ses vaccins, dit Jocelyne, un peu insultée.

— Vaccin? Qu'est-ce que c'est, «ses vaccins»? demande le garçon.

Agnès répond:

— Bien, un vaccin contre les maladies des chiens; comme nous on en a reçu contre la polio, la coqueluche, etc. Tu n'as pas eu tes vaccins, toi?

— Euh, non, je ne sais pas de quoi vous parlez, euh... d'où venez-vous? répond le garçon en bégayant un peu.

— On vient d'un village dans les Cantons de l'Est, dit John.

Devant le regard interrogateur du garçon, il précise:

— C'est au Québec, au Canada, en Amérique du Nord.

— Je ne connais pas cet endroit.

— Où sommes-nous? demande Agnès.

— Nous sommes dans le pays du roi Lucas Membert. Je m'appelle Renaud. Dis donc, tu as de bien drôles d'yeux, toi, dit le garçon en s'adressant à John.

— Moi? Oh! Ça? Ce sont des lunettes.

— Des lunettes? Qu'est-ce que c'est?

— Bien, c'est pour mieux voir, tiens regarde.

John lui tend ses lunettes. Renaud les essaie, mais il les enlève tout de suite:

— Je ne vois plus rien, ça doit venir du diable, dit-il en les jetant par terre.

John les ramasse:

— Mais non, elles sont trop mortes pour toi, c'est tout.

— Fortes, John, fortes, pas mortes, le reprend Agnès.

Jocelyne, qui regarde les traces de larmes sur les joues de Renaud, ne peut s'empêcher de lui demander:

— Pourquoi as-tu pleuré, Renaud?

Machinalement, Renaud essuie ses joues, même si ses larmes sont sèches:

— Parce qu'ils ont jeté mon père au cachot...

— Qui ça, ils? demande Jocelyne.

— Le roi et ses gens. Mais je vous jure qu'il n'a rien fait!

Renaud éclate en sanglots.

Agnès essaie de l'apaiser:

— On te croit, on te croit. Raconte-nous. Qu'est-ce qui s'est passé? Pourquoi ton père est-il au cachot?

— Je fais partie d'une troupe de théâtre. Mon père la dirige et nous nous promenons de château en château pour présenter notre spectacle. La troupe s'appelle «Les joyeux troubadours».

«Dans la troupe, il y a Jim La Jongle, un jongleur; Rolland La Rime, un poète; les sœurs Hilde et Aude Petitpas, deux danseuses; mon père Rémi, qui joue de la vielle et de la flûte; Josée Molière, l'actrice; Yogi, le montreur d'ours et moi qui aide un peu tout le monde.

«Il y a six jours, nous sommes arrivés au château du roi Lucas Membert et nous avons donné notre spectacle tous les soirs pendant le repas du roi.

«Il y a trois jours, le roi a reçu un cadeau, un coffret offert par le calife de Bagdad. Je ne sais pas ce qu'il contenait, mais le roi avait l'air immensément heureux. Il a même voulu que la troupe se produise très tard, tellement il était d'humeur joyeuse.

«Il y avait au moins cent personnes assises autour du roi, de la reine Jessica et du prince Lucas, leur fils. À sa table se trouvaient: sire Constance, une cousine du roi qu'il a faite chevalier parce qu'elle manie l'épée mieux que personne; Robert de Bigrasseville, une sorte de conseiller, si j'ai bien compris; et Félix Cyr, l'enchanteur local.

«Le coffret était posé devant le roi Lucas et les pierres précieuses qui décoraient la boîte brillaient.

«Il nous a enfin donné l'ordre d'aller dormir. Mon père est parti le dernier; en tant que chef de la troupe, il voit au bienêtre de chacun avant d'aller se coucher.

«Au matin, des soldats sont venus nous réveiller et ils ont amené mon père. On l'a accusé de vol: le cadeau envoyé par le calife avait disparu.

«Le coffret était dans une chambre surveillée par un garde. Dans la nuit, le garde a été assommé par derrière. Il n'a donc pas vu le voleur. Mais par terre, on a trouvé une bourse. Qui a été identifiée comme étant celle de mon père.

«On lui a fait un procès où il n'a pas pu se défendre. Il a été déclaré coupable. S'il avait volé une vache ou n'importe quoi d'autre, on l'aurait condamné à une amende. Mais il s'agit de quelque chose de très précieux.

«Si on ne découvre pas le vrai coupable, dans deux jours, il sera pendu.»

Renaud avance de quelques pas, écarte les branches d'un arbuste:

— C'est là que mon père est emprisonné.

Devant eux apparaît un château fort.

Chapitre IV
J'me marie,
j'me marie pas,
j'fais une crise...

— Nous allons t'aider, Renaud, décide Agnès.

— Oui, mais comment? demande John.

Pendant que les inséparables écoutaient Renaud, Notdog a dévoré l'oiseau qui était à cuire. Jocelyne le voit se lécher les babines et elle entend alors son estomac crier: «J'ai faim!» Elle se lève, fait quelques pas vers un groupe de feuilles vertes bien tassées où elle découvre des framboises.

— Dis donc, Jocelyne, il faut sauver la vie du père de Renaud et tu penses à manger, remarque Agnès.

Mais Jocelyne mange tranquillement ses framboises et ne répond pas. Elle réfléchit. Les trois autres cherchent comment sortir monsieur Rémi de là. Sans grand succès. Car n'entre pas qui veut dans un château fort bien gardé.

Soupirs.

Jocelyne s'approche enfin du groupe:

— Dis donc Agnès, tu chantes bien, toi...

— Pas trop mal, rougit Agnès.

— Et toi, John, tu sais jouer de la batterie, continue Jocelyne.

— Oui, pourquoi?

— Moi, je suis poche à la flûte à bec, mais je pourrais quand même jouer un ou deux morceaux. Je pourrais me servir de la flûte de ton père, Renaud?

— Euh... Oui...

— Et toi, Notdog, tu vas faire le beau.

En entendant ça, Notdog manque de s'étouffer. S'il y a une chose qu'il trouve niaiseuse dans la vie, c'est bien de faire le beau. Sauf pour obtenir de la nourriture, bien sûr. Jocelyne continue:

— Tu crois qu'il pourrait s'entendre avec l'ours?

— L'ours n'est pas commode, mais il a

une muselière. Il n'y a pas de danger, dit Renaud qui commence à comprendre où Jocelyne veut en venir.

— Parfait! Nous allons donner notre premier spectacle ce soir! lance-t-elle.

— Quoi?! s'exclament en choeur John et Agnès.

Jocelyne explique:

— Nous allons nous joindre à la troupe de Renaud. Comme ça, on pourra entrer au château, et avoir accès au roi et à tous ceux qui auraient pu commettre le vol. À moins que la troupe s'en aille...

— Non, le roi exige que nous donnions un spectacle malgré tout. Jusqu'à ce qu'une autre troupe passe par ici, dit Renaud.

Agnès s'inquiète:

— Ce n'est pas une mauvaise idée, mais... qu'est-ce que je vais chanter?

— Une chanson à répondre, une des Beatles, un cantique de Noël, n'importe quoi, répond Jocelyne.

John s'inquiète à son tour:

— Et moi? Tu penses qu'on va trouver une batterie ici peut-être? C'est même pas encore invité!

— Inventé, John, pas invité, le reprend Agnès.

Jocelyne a réponse à tout:

— Je sais, John, mais tu pourrais faire des percussions sur un tambour, une boîte de métal ou même un bouclier.

— Dans le fond, c'est vrai. Je peux taper sur n'importe quoi, acquiesce John.

Renaud les rassure. Il n'y aura pas de problèmes avec les autres membres de la troupe qui se demandaient bien comment faire un spectacle sans musiciens.

Jocelyne est satisfaite:

— Alors, il n'y a pas de temps à perdre. On va se créer un spectacle pour ce soir.

***

Dans la grande salle de banquet du château, le roi Lucas Membert, son fils, la reine Jessica et cent autres personnes prennent un repas intime.

Une horde de domestiques en collant se promènent autour des convives et leur présentent toutes sortes de plats: poissons, gibiers, pâtés. D'autres portent des carafes et servent du vin.

Les membres de la troupe attendent que le roi leur fasse signe de commencer le spectacle.

— J'ai faim! se plaint John.

— Tu mangeras après, s'il reste de la nourriture, dit Renaud.

— Comment peux-tu parler de manger? Moi, j'ai envie de vomir, gémit Agnès, qui est toute pâle.

— Le trac, tu as le trac, dit Jocelyne, qui est elle-même passablement blanche.

Jim La Jongle les regarde d'un oeil mauvais; Rolland La Rime, d'un oeil méfiant; Josée Molière les surveille discrètement dans son miroir; Yogi s'amuse à effrayer Notdog avec son ours. Seules les soeurs Petitpas leur ont fait un accueil chaleureux et depuis, elles ne s'occupent plus d'eux.

Agnès pousse Jocelyne du coude:

— Regarde, le roi a les oreilles décollées! Et la femme en cotte de mailles à côté de lui: ce doit être sire Constance, la cousine du roi dont Renaud nous a parlé.

— Je l'imagine mal en armoire, dit John.

— Franchement John, en armure, pas en armoire, le reprend Agnès.

Jocelyne, de son côté, observe Robert de Bigrasseville. Grand, maigre, les dents brunes, boutonneux, les cheveux assez crasseux merci, il se mouche avec les doigts et s'essuie les mains sous la table. «Il me rappelle quelqu'un...», pense Jocelyne, sans trop savoir qui.

Arrive un petit homme aux cheveux longs et gris, avec une barbichette de chèvre, portant toge et chapeau pointu. Robert de Bigrasseville lui lance:

— Heille! Félix Cyr, l'enchanteur! Enchante-nous donc une petite chanson!

Et il éclate d'un gros rire gras. L'enchanteur s'installe à la table du roi en haussant les épaules d'indifférence.

De son côté, Notdog évite le plus possible l'ours de Yogi. Car chaque fois qu'il s'approche pour l'achaler un peu, quand il est attaché bien sûr, il est pris d'une crise d'éternuements. Jocelyne dit qu'il doit être allergique à l'ours. Ce qui est embêtant puisque les médicaments contre les allergies n'ont pas encore été découverts.

Chacun des inséparables se demande: «Est-ce que je vais être capable?» Chacun respire profondément, essaie de se calmer, mais est mort de peur.

Soudain, le roi tape dans ses mains:

— Troubadours, amusez-nous!

— Oh non, murmure Agnès.

Elle s'approche de la table du roi. Jocelyne la suit, flûte à la main. John s'installe par terre, avec deux seaux de bois de grosseur différente et des bâtons.

Jocelyne entame les premières mesures et Agnès commence à chanter:

«Petit papa Noël,
Quand tu descendras du ciel
Avec tes jouets par milliers,
N'oublie pas mon petit soulier,
Mais avant de partir...»

Le silence s'est fait dans l'assistance. Tous écoutent Agnès et lui jettent des regards appréciateurs. Mais Agnès ne voit rien. Elle est trop concentrée. Il ne faut surtout pas se tromper. Avoir l'air d'une vraie chanteuse. Ne pas fausser.

Jocelyne l'accompagne en faisant une ou deux fausses notes, mais personne n'a l'air de le remarquer. Personne ne connaît la chanson, puisqu'elle sera écrite plusieurs siècles plus tard.

John se prend pour un batteur de groupe de *rock-and-roll* et joue un peu n'importe quoi, mais dans l'ensemble ça va.

«Il me tarde tant que le jour se lève
Pour voir si tu m'as apporté
Tous les beaux joujoux que je vois en
rêve
Et que je t'ai commandés...»

Les yeux fermés, Agnès termine sa chanson. Lorsqu'elle les ouvre, elle rencontre ceux du prince Lucas qui la regarde, émerveillé.

Jim La Jongle apparaît et commence son numéro. Agnès, Jocelyne et John se retirent.

— Qu'est-ce qu'on fait maintenant? demande John.

— Il faut arriver à parler au roi, répond Agnès.

— On pourrait peut-être essayer de passer par le prince Lucas. Il avait l'air de te trouver à son goût, Agnès, ricane Jocelyne.

— Nounoune, dit Agnès.

Il n'y a rien d'autre à faire pour l'instant que d'attendre la fin du spectacle. Après, ils essaieront d'approcher le roi pour lui demander de remettre l'exécution de monsieur Rémi, le temps qu'ils fassent enquête.

***

Deux heures plus tard, Yogi termine enfin son numéro, ce qui clôt le spectacle.

Les convives commencent à partir et Notdog se promène sous les tables se nourrissant de tout ce qui est tombé par terre.

Les membres de la troupe se préparent à manger ce qui reste du festin.

Les inséparables attendent le moment propice pour s'approcher du roi.

Mais voilà que le prince Lucas s'avance près d'eux. Il prend la main d'Agnès:

— Madame, je vous aime.

Elle en reste bouche bée.

— Vous êtes si belle, vous avez une si belle voix. Votre chanson était merveilleuse. Et vos dents! Elles sont comme des pierres précieuses. Je n'en ai jamais vu de pareilles.

— Euh... c'est juste des broches..., bafouille-t-elle.

Jocelyne saute sur l'occasion:

— Prince Lucas, il y a un sujet de la plus haute importance dont nous aimerions vous parler...

Mais le prince l'interrompt:

Les princes ne sont pas tous charmants

— Tut tut tut tut! Je ne veux rien entendre. Rien n'a d'importance maintenant que vous, dame Agnès. Je veux vous épouser.

— Pardon?!

Le prince tombe à genoux:

— Oui, le plus rapidement possible. Je vous aime.

Agnès proteste:

— C'est impossible! Euh... je... je... j'ai juste douze ans!

— Nous ferons un couple parfait, puisque j'en ai quinze.

— Mais je ne veux pas me marier!

Le prince se relève:

— Je ne tolérerai aucun refus. Suivez-moi, je vais vous montrer vos nouveaux appartements.

Agnès implore ses amis. Mais le prince ne les écoute pas et il entraîne déjà Agnès.

Chapitre V
Qu'est-ce qui se cuisine aux cuisines?

Tout le château dort. Au beau milieu de la nuit, on n'entend que les ronflements des soldats couchés par terre un peu partout.

John, Jocelyne, Renaud et Notdog cherchent quelque chose à manger. Les enfants ont faim, car il ne restait pas grand-chose du repas de la veille. Ils arrivent dans la cuisine où l'on fait du pain et des pâtisseries.

Aucun n'était capable de dormir. Renaud pensait à son père qui devait faire une crise de goutte (aujourd'hui, on dirait rhumatisme) dans son cachot humide. John et Jocelyne pensaient à Agnès prisonnière d'un vrai prince amoureux. Notdog pensait à son estomac et se demandait où il allait vomir après tout ce qu'il avait mangé sous les tables.

— D'ici ce soir, il faut sauver le père de Renaud et tirer Agnès de là. On ne sera jamais capables, se décourage Jocelyne en croquant dans un pain sucré.

— On ne sait même pas où est Agnès, dit John en engloutissant un gâteau aux amandes.

— ... ni par où commencer. On n'a pas de piste, pas d'indice, rien, se lamente Renaud en entamant une brioche.

Ils vont s'accroupir derrière des sacs de farine pour ne pas être repérés par un garde. Ils mangent en silence.

Soudain, ils voient la lueur d'une torche qui s'approche. Dans la silhouette imposante qui pénètre dans la cuisine, ils reconnaissent sire Constance. Elle va et vient, ils l'entendent ouvrir des pots.

— Qu'est-ce qu'elle fait? murmure Jocelyne en retenant son chien près d'elle.

Les deux autres ne peuvent pas répondre. Mais voilà que tout à coup, quelqu'un d'autre entre dans la cuisine. Surprise, sire Constance a juste le temps de cacher quelque chose dans une de ses manches.

L'autre a l'air aussi surpris qu'elle.

— Que faites-vous ici, sire Constance? demande Félix Cyr.

— Oh! rien, j'avais une petite faim et... mais que faites-vous ici, vous, monsieur l'enchanteur?

— Euh! figurez-vous que, moi aussi, j'ai un petit creux.

Sire Constance a un rire moqueur:

— Encore à essayer de trouver des ingrédients miracles pour une formule qui ne marchera jamais, comme d'habitude?

Insulté, l'enchanteur répond:

— Riez si ça vous plaît, mais bientôt, vous serez à genoux devant moi.

— Ça m'étonnerait. C'est plutôt vous qui viendrez me supplier de vous donner de l'argent pour financer vos soi-disant recherches.

L'enchanteur se met à rire:

— Vous? Riche? Et comment ferez-vous? Certainement pas en remportant des tournois, puisque vous n'y participez jamais. A-t-on jamais vu un chevalier qui a peur de se battre?

— Sachez que je n'ai pas peur de me battre: j'ai horreur de la violence et du sang. Ce n'est pas pareil.

— Vous ne devez pas être une si bonne lame qu'on le dit.

Sire Constance reprend sa torche:

— Je n'ai pas de temps à perdre avec un enchanteur même pas capable de mélanger les ingrédients qu'il faut pour faire un gâteau!

Elle tourne les talons et sort dignement.

Félix Cyr attend deux minutes au cas où elle reviendrait. Puis il jette un coup d'oeil dans le corridor pour être sûr qu'il est bien seul. Mais alors qu'il ouvre un grand sac, Robert de Bigrasseville surgit:

— Tu chantes pas, mais tu piques, par exemple.

Félix Cyr se retourne vivement:

— Qu'insinuez-vous? J'ai accès à tout dans ce château. Mais vous, que venez-vous faire ici?

— Moi? C'est ma petite dent sucrée qui m'amène.

— Laquelle? Elles sont toutes pourries, remarque Félix Cyr.

Mais de Bigrasseville ne se laisse pas

démonter:

— Bientôt, tu ne me parleras plus sur ce ton-là, l'enchanteur manqué.

— Ah oui? Quand? Quand les poules auront des dents, elles? ricane l'enchanteur.

— Ris tant que tu veux, mais bientôt tu vas venir me téter des faveurs... À moins que tu ne sois au cachot...?

L'enchanteur blêmit:

— Je ne resterai pas une minute de plus à écouter vos insolences, de Bigrasseville.

— Je m'en vais de toute façon. Voilà ce que je cherchais.

Il ramasse le gâteau que les enfants avaient laissé sur la table.

— Bonne nuit.

De Bigrasseville sort en éternuant dans sa main libre qu'il essuie ensuite sur le mur.

Félix Cyr ramasse son sac et sort à son tour. Le silence retombe sur la cuisine. Les enfants attendent un peu, au cas où quelqu'un d'autre entrerait. On ne sait jamais. Silence.

Au bout d'un quart d'heure, ils sortent de leur cachette. Ils agrippent une torche et retournent se coucher avec les membres de

Les princes ne sont pas tous charmants

la troupe, avant qu'on ne se mette à leur recherche.

— Ayoye!

Dans le couloir, juste en sortant de la cuisine, John trébuche sur quelque chose. Jocelyne l'aide à se relever, alors que Renaud éclaire le sol avec sa torche:

— Regardez!

John et Jocelyne se penchent sur l'objet qui a fait trébucher John. Par terre traîne le coffret volé au roi.

Jocelyne le prend, l'ouvre:

— Il est vide.

Chapitre VI
Princesse ne rime pas avec Agnès

Le lendemain matin, le temps est à la pluie et le château est humide. Dans la chambre où Agnès est carrément tenue prisonnière, un tas de domestiques s'affairent.

Le couturier du château déroule des étoffes devant Agnès, en espérant qu'elle en choisira une pour sa robe de mariée. Mais Agnès garde le silence.

La coiffeuse lui essaie des coiffures toutes plus compliquées les unes que les autres. Elle peste contre la chevelure rousse et épaisse qui ne se laisse pas dompter facilement. Elle tire trop les cheveux d'Agnès et lui fait mal. Mais Agnès se tait.

Dans un coin, des jeunes filles remplissent un bac d'eau chaude. Elles y jettent des herbes et des fleurs pour parfumer l'eau, puis elles invitent Agnès à s'y glisser. Agnès refuse. Elles la déshabillent alors de force, l'y plongent sans comprendre qu'elle ne soit pas folle de joie d'épouser le prince Lucas.

Mais Agnès serre les dents.

***

Dans son cachot sombre, froid, aux murs qui suintent, le père de Renaud joue de la musique sur une flûte imaginaire.

Des gouttes d'eau tombent du plafond. Un rat renifle l'écuelle de monsieur Rémi qui contient un morceau de pain dur. On tire les verrous et un garde entre.

— Voilà ton repas, dit-il.

Il dépose par terre un autre morceau de pain et un verre d'eau. Il sort, remet les verrous.

Monsieur Rémi ne bouge pas de sa place. Il continue de jouer sa musique imaginaire en regardant le rat s'approcher de son repas du jour.

***

Dans le château affairé, personne ne remarque John, Jocelyne et Notdog qui se promènent d'étage en étage.

— Je suis sûre que le coffret n'était pas dans le corridor au moment où on est entrés dans la cuisine: à trois, on l'aurait vu, dit Jocelyne.

— Et il y a juste trois personnes qui sont passées par là pendant qu'on était dans la cuisine: Félix Cyr, sire Constance et de Bigrasseville, conclut John.

— Exactement. Le voleur est certainement un des trois.

— On n'a pas de temps à perdre! Il faut le remarquer!

— Démasquer, John, pas remarquer, démasquer. Mais je veux trouver Agnès avant. On ne peut pas la laisser entre les mains de cet espèce de prince gnochon qui est tombé amoureux de ses broches!

L'air de rien, ils ont longé les corridors et sont entrés dans toutes les pièces. C'est ainsi qu'ils ont surpris Félix Cyr en train de faire ses adieux à une poule: «Tu m'as toujours donné les meilleurs oeufs pour mes recettes, mais j'ai ce qu'il faut pour partir vers une vie meilleure.»

Ensuite, ils ont aperçu sire Constance cacher quelque chose derrière une pierre du mur de la salle d'armes, dissimulée derrière une épaisse tapisserie.

Puis ils ont entendu Robert de Bigrasseville essayer de convaincre le roi que monsieur Rémi était vraiment coupable. Mais le roi semblait avoir des doutes.

Ils sont entrés par mégarde dans la chambre de la reine qui les a chassés en criant: «Sortez cette vilaine bête de ma chambre!» Ce qui n'a pas fait plaisir à Notdog qui se trouve très beau. Chaque fois qu'il passe devant un miroir, il fait branler sa queue et se dit: «Quelle tête sympathique!»

Puis ils ont vu un couturier transportant des étoffes qui parlait avec une coiffeuse gesticulant, une brosse à la main.

— Quelle peste cette enfant! dit-il en passant près d'eux.

— Et quelle chevelure! C'est triste de penser qu'ils auront des enfants roux, soupire-t-elle.

C'est alors qu'ils virent plusieurs jeunes domestiques sortir d'une chambre et l'une d'elles dit:

— Si elle n'en veut pas du prince, je vais le prendre, moi. Il est si beau, en plus.

Ils comprennent qu'ils ont atteint leur but.

La porte est gardée.

John, Jocelyne et Notdog s'approchent.

— Nous apportons ce chien en cadeau à la demoiselle, de la part du prince, dit Jocelyne.

Le garde regarde Notdog, surpris:

— Ce chien-là? C'est le plus laid que j'aie jamais vu. Mais enfin, on ne discute pas des goûts du prince.

Il ouvre la porte. Agnès est toujours dans son bac. À la vue de ses amis, de grosses larmes commencent à couler sur ses joues. Jocelyne se précipite:

— Pleure pas! On est là.

— Enfin, sanglote Agnès.

Jocelyne remarque la coiffure, deux espèces de beignes sur les oreilles:

— Veux-tu me dire comment est-ce qu'ils t'ont arrangée! Il te manque juste un peu de crémage pour qu'on morde dedans.

Agnès pleure de plus belle.

— On va te sauver, tu vas voir, dit John doucement.

— Ah oui? Comment? Il y des gardes partout. Et en supposant qu'on parvienne à s'enfuir du château, il y a les bois. Qui appartiennent au roi. On n'ira pas loin avant de se faire reprendre. Et on ne sait même pas ce qu'il y a derrière les bois, dit Agnès, les yeux mouillés.

— C'est vrai que ça regarde mal, murmure Jocelyne.

Notdog se met à grogner.

Les inséparables se retournent. La porte s'ouvre brusquement. Le prince Lucas entre, en colère.

— Qu'est-ce que ces gens font ici? Je n'ai jamais envoyé de chien en cadeau.

Jocelyne alors s'emporte:

— Heille, ça va faire. On est venus voir notre amie, on a bien le droit!

— Une future princesse ne fréquente pas n'importe qui, répond le prince.

— Comment ça, n'importe qui? On est les inséparables, dit fièrement John.

— Oui, bon, assez de ces balivernes. On me dit que vous êtes un peu difficile, dame Agnès, dit le prince en se calmant.

— Je ne veux pas me marier! En quelle langue faut-il que je le dise?

Jocelyne s'en mêle:

— Elle ne veut pas, c'est assez clair il me semble. On ne peut pas obliger quelqu'un à se marier!

Le prince lui jette un regard méprisant:

— Mais d'où sortez-vous? Je peux obliger qui je veux à m'épouser.

— Au vingtième siècle dans les Cantons de l'Est, c'est détendu! se fâche John.

— Défendu, John, pas détendu, le reprend Agnès, lasse.

— Vos amis parlent un drôle de langage, madame. Je devrais les faire jeter hors du château, mais je veux qu'ils jouent pour nous ce soir. Car ce sera un grand soir. J'ai fait venir l'évêque. Il nous mariera au souper.

De grosses larmes apparaissent à nouveau dans les yeux d'Agnès, alors que le prince chasse John, Jocelyne et Notdog en refermant la porte derrière lui.

Chapitre VII
Dis-moi
ce que tu manges,
je te dirai si tu es riche

Dans la cour du château, trois enfants se chicanent.

— Vous m'aviez promis de m'aider à sauver mon père! Vous ne pouvez pas m'abandonner comme ça! éclate Renaud.

— Oui, mais il faut sauver Agnès! répond John.

— Agnès n'est pas condamnée à mort, elle! crie Renaud.

— C'est tout comme, lance Jocelyne.

— Tu as de drôles d'idées. C'est ce qui peut arriver de mieux à une fille, si tu veux savoir. dit Renaud.

Yogi, qui brossait son ours tout près, s'approche avec lui:

— Qu'est-ce qui se passe ici?

On lui explique la situation, les soupçons, le temps qui presse et le choix difficile entre Agnès et monsieur Rémi, pour les deux inséparables.

— À mon avis, vous ne pouvez sauver ni l'un ni l'autre, je suis désolé pour vous tous, finit par dire Yogi.

Notdog s'approche de l'ours. Il aimerait bien lui prendre une petite mordée à ce gros-là. Juste une petite, pour le plaisir, pour lui montrer que ce n'est pas parce qu'il est petit qu'il se laisse impressionner. «Il a l'air nono avec son boléro», pense Notdog qui tourne autour et s'avance vers son derrière. «Parfait, il ne me voit pas.»

Il ouvre la gueule et va lui mordre une fesse lorsque «ATCHOU!», il éternue. Il a à peine le temps de se sauver avant que l'ours lui donne un coup de patte.

— Retenez-le! Il va écrapoutir mon chien, crie Jocelyne à Yogi, qui tire fermement sur la chaîne de l'ours.

— Ça ne va pas mieux, son allégorie, dit John.

«Allergie, John, pas allégorie», lui aurait dit Agnès. Mais elle n'est pas là.

Ce petit incident a réussi à calmer les esprits. John s'approche de Renaud:

— Tu as raison, Renaud, il faut essayer de sortir ton père de là en premier.

Yogi, toujours près d'eux, demande:

— Comment vous y prendrez-vous?

C'est Jocelyne qui répond:

— Je ne vois qu'une seule manière. Il faut fouiller partout et retrouver le contenu du coffret.

— Vous avez beaucoup de courage. Je vous souhaite bonne chance, dit Yogi en s'éloignant avec son ours.

John réfléchit tout haut:

— C'est une bonne idée, de fouiller partout. Mais il y a juste un petit problème.

— Lequel? demande Jocelyne.

— On ne sait pas ce que contenait le coffret.

***

Il est quinze heures. Dans une tourelle sombre, un escalier en spirale mène aux caves du château. Jocelyne, John, Renaud et Notdog descendent les marches en s'éclairant d'une torche.

— Tu es sûr qu'il n'est pas là? demande Renaud à John.

— Je l'ai vu demander de faire baisser le pont-de-la-vie pour sortir.

— Le pont-levis, John, pas le pont-de-la-vie, le corrige Jocelyne.

— Ah non! Tu ne vas pas commencer comme Agnès! proteste John.

Mais elle ne l'écoute pas. Elle descend prudemment, ouvre la voie, pénètre dans un corridor froid. Ils frissonnent. Une souris court le long du mur et disparaît sous une porte. Sur cette porte, il y a un écriteau qui ne sert à rien, puisque personne au château ne sait lire. Jocelyne lit à voix haute:

— DÉFENSE D'ENTRER SOUS PEINE D'ÊTRE TRANSFORMÉ EN VIEUX CHIEN JAUNE.

«C'est quoi le problème?», semble dire Notdog en grommelant.

Jocelyne lui caresse la tête:

— Tu as raison, c'est pas mal nono.

Ils entrent dans le laboratoire de Félix Cyr. Des dizaines de fioles traînent partout. Sur une table, des parchemins remplis de toutes sortes de formules bizarres et des petits pots étiquetés: bave de crapaud, dents cariées de jeunes filles, boutons séchés d'adolescents, sueur de petit gros.

Renaud soulève une paillasse:

— Qu'est-ce qu'on cherche?

Jocelyne ouvre des pots de terre cuite:

— N'importe quoi qui a l'air précieux, des pièces d'or, des bijoux...

John fouille dans la bibliothèque:

— Ce sont des livres comme celui dans lequel on a trouvé la formule.

Les enfants inspectent chacune des

tablettes, ouvrent chacun des tiroirs. Ils passent le sol au peigne fin, déplient les vêtements. Ils tâtent même les murs pour y trouver une cachette.

— Qu'est-ce que vous faites là?

Félix Cyr apparaît dans un coin.

— Ben... euh... c'est que..., bégaye Jocelyne.

L'enchanteur s'avance, menaçant:

— On fouille, hum?

Renaud fait diversion:

— Comment ça se fait qu'on ne vous a pas entendu rentrer?

— Parce que je ne suis pas entré par la porte.

Incrédule, John lance:

— Vous passez à travers les murs peut-être?

— Exactement, répond l'enchanteur.

— Pourquoi avez-vous fait baisser le pont-de-la-vie... pont-levis d'abord?

— Pour le plaisir. J'adore le voir monter et descendre. Et si vous ne me dites pas ce que vous cherchez, je vous change en cochons.

Jocelyne décide d'en avoir le coeur net et dit la vérité. Quelle sera la réaction de Félix Cyr? L'enchanteur sourit:

— Écoutez, je ne sais même pas ce que contenait ce coffret. Je n'étais pas là quand le roi l'a reçu et ces choses ne m'intéressent pas. Si j'en avais voulu, je n'avais qu'à le faire disparaître.

— Pourquoi avez-vous dit à sire Constance que, bientôt, elle serait à genoux devant vous? Et pourquoi de Bigrasseville a-t-il dit que vous iriez au cachot?

L'enchanteur réfléchit: leur répondre ou garder son secret? Il est si près du but...

— Quand mon cousin, l'enchanteur Roger Lixir, est mort, c'est moi qui ai pris sa place dans son laboratoire. Et.. euh... une de mes premières expériences a mal tourné: j'ai fait boire au roi une potion qui devait lui recoller les oreilles. Mais ça l'a changé en dinde. Il s'en est fallu de peu que j'aille pourrir au cachot. C'est ce qui m'arrivera si jamais je commets une autre erreur de ce genre.

— Vous pourriez juste disparaître, suggère John, sceptique.

— Quand je suis enchaîné, je ne peux pas.

— Que faisiez-vous dans la cuisine cette nuit? demande Renaud.

— Je cherchais un ingrédient pour

essayer une nouvelle potion. Voyez-vous, je pars vers le futur. Mon cousin avait mis au point la formule pour voyager dans le temps, mais je ne l'ai jamais trouvée. Elle est maintenant au point. Je deviendrai riche en revendant ma potion aux rois de ce monde!

— Nous aussi, nous...

Jocelyne coupe la parole à John.

— Bon voyage!

Alors qu'elle entraîne ses amis, l'enchanteur leur dit:

— Si vous dites un mot de cela à quiconque, je vous change en couleuvres.

***

Dans sa chambre, Agnès subit sans broncher l'essayage de sa robe de mariée. L'étoffe blanche est cousue de fils d'or et l'encolure est décorée d'émeraudes.

Le couturier s'extasie:

— C'est du plus bel effet avec les cheveux roux. Si la demoiselle pouvait sourire, elle serait très jolie.

Agnès prend son plus bel air bête.

***

Seize heures trente. La grande salle d'armes est vide. Les soldats sont à l'extérieur en train de s'exercer à l'épée. La grande tapisserie bouge comme si le vent la soulevait par endroits. Sauf que ce n'est pas le vent: Jocelyne, John et Renaud cherchent la pierre amovible.

— Pourquoi ne voulais-tu pas dire à l'enchanteur qu'on a voyagé dans le temps nous aussi? demande John à Jocelyne.

— Il nous aurait probablement changés en fourmis pour être sûr d'être le seul à posséder la formule.

Renaud fait glisser sa main sur le mur:

— Elle devrait être dans ce coin-ci, mais je ne sens rien.

John écarte la tapisserie pour faire pénétrer un peu plus de lumière. Chargé de surveiller les allées et venues, il jette un coup d'oeil dans la salle: personne.

— Ça bouge! dit Renaud.

Une pierre est un peu plus renfoncée que les autres. Renaud la saisit, tire. De la poussière de mortier tombe par terre. Jocelyne met sa main dans le trou. Au fond, il y a un sac. À travers le sac, elle peut tâter un objet. Distrait par la découverte, John n'entend pas les pas qui s'approchent.

— Qu'est-ce que vous faites là?

Sire Constance vient de soulever la tapisserie.

— Ben... heu... bégaye John.

Jocelyne retire sa main et, cette fois encore, opte pour la vérité, car le temps presse:

— Nous cherchons le cadeau du calife qui a été volé au roi.

— Pardon? demande sire Constance.

— Volé par vous! lance Renaud.

— Êtes-vous tombés sur la tête?

— N'essayez pas de mollir! dit John.

— Mentir, John, pas mollir, le reprend Jocelyne qui enchaîne: on vous a entendue dire que vous seriez bientôt riche, que l'enchanteur viendrait vous supplier de lui donner de l'argent. Que faisiez-vous dans la cuisine cette nuit?

Sire Constance sourit, amusée. Elle sort le sac de sa cachette:

— Pouvez-vous garder un secret? J'ai inventé quelque chose qui va changer la façon de manger de tout le monde! Regardez!

Elle ouvre le sac, en sort un petit objet plat avec un manche et deux dents.

— Une fourchette! Y'a rien là... s'exclame John.

— Vous connaissez ça? Ça ne se peut pas, je l'ai inventée! dit sire Constance, la voix tremblante de déception.

— Euh oui... euh non... je veux dire...

Jocelyne intervient:

— C'est que notre père a quelque chose de semblable qu'il utilise dans les champs, mais de la taille d'un homme. Il appelle son outil une fourchette...

— C'est ça l'idée! Une minifourche pour manger! Je l'essayais sur du gâteau, cette nuit, dit sire Constance.

Renaud tape sur l'épaule de Jocelyne:

— Mon père... il est tard, murmure-t-il.

Les enfants promettent le secret à sire Constance et quittent la salle d'armes. John revient sur ses pas:

— Sire Constance, votre fourchette est plate. Courbez-la, ça ira beaucoup mieux pour manger.

Il la quitte. Sire Constance le regarde sortir, regarde sa fourchette et pense: «Il a du génie ce garçon.»

***

Dans la cour du château, l'évêque arrive sur son cheval richement harnaché. Il en descend, le confie à un serviteur, alors que le roi l'accueille.

Au bord de la route, à l'extérieur du château, des hommes construisent la potence où monsieur Rémi sera pendu.

***

John, Jocelyne, Renaud et Notdog montent en courant les marches qui mènent aux appartements du roi.

— Je me doutais bien que c'était ce de Bigrasseville, le coupable. Il a toujours eu l'air louche, dit Renaud.

Jocelyne s'arrête brusquement:

— Je sais à qui il me fait penser! Bob Les Oreilles Bigras! Il est aussi repoussant.

— C'est peut-être son enseigne, suggère John.

— Son ancêtre, pas son enseigne, dit Jocelyne en reprenant sa course.

Ils ouvrent deux portes avant de tomber sur de Bigrasseville. Qui est en train de nettoyer ses ongles pleins d'une grosse crasse noire avec un coupe-papier en or. Il laisse tomber la saleté sur une table couverte de parchemins. Il lève les yeux sur les enfants.

— Qu'est-ce que vous avez à courir comme ça? Vous avez des puces?

— C'est vous le coupable! lance Renaud.

— Hé, ho, un instant là, respire par le nez, le jeune; coupable de quoi?

— Vous avez volé le coffret du roi et vous avez fait condamner mon père à votre place.

— Moi? demande de Bigrasseville, très amusé.

John s'avance:

— Oui, vous. Pour être riche et puissant. On vous a entendu dire à Félix Cyr qu'il viendrait vous quêter des faveurs.

— Et on vous a vu insister auprès du roi pour qu'il fasse pendre monsieur Rémi. Vous étiez pas mal pressé de le faire condamner, poursuit Jocelyne.

De Bigrasseville renifle, avale, sourit de toutes ses dents cariées:

— Tiens, tiens, ça écoute en cachette, les pucerons. On ne peut plus manger un morceau en paix, la nuit, maintenant. Mais c'est vrai: je serai riche et puissant.

Renaud éclate:

— Vous n'aurez pas le temps! Nous allons vous dénoncer au roi!

De Bigrasseville éclate de rire.

— Nous allons le trouver, le contenu du coffret. Peu importe où vous l'avez caché! C'est vous qui avez laissé le coffret dans le couloir, crie Renaud, en larmes.

— Tut tut tut. Tu ne trouveras rien. Parce que je n'ai rien volé. Je n'ai pas besoin de ça pour devenir riche et puissant. J'ai juste à me rendre indispensable aux yeux du roi. Et il me donnera un château un jour. Quant à ton père, je me fous qu'il soit coupable ou non. L'important c'est de condamner quelqu'un pour satisfaire le roi.

— Mais vous êtes cruel! dit Jocelyne, dégoûtée.

— Pas cruel, pratique. Et puis, si j'avais volé ce fameux cadeau du calife, il aurait fallu ensuite que je me sauve et que je m'arrange pour le vendre sans être capturé. Et il y a peu de gens qui ont assez d'argent pour payer le prix que valent des épices. Trop de problèmes.

— Des quoi?! demande John.

Les princes ne sont pas tous charmants

— Des épices, il y en avait pour une petite fortune.

John est incrédule:

— Vous avez condamné à mort quelqu'un pour avoir volé des épices?

De Bigrasseville s'étonne:

— Mais d'où est-ce qu'il sort, lui? Les épices sont aussi précieuses que l'or! Elles viennent du bout du monde, d'Orient.

Jocelyne tout à coup devient fébrile:

— Quel genre d'épices?

— Oh! du gingembre, de la muscade, du safran, du poivre...

Jocelyne regarde Notdog et demande:

— Vous avez bien dit du poivre?

De Bigrasseville, excédé, fait signe que oui.

— Suivez-moi! Dépêchez-vous! crie-t-elle à ses amis.

Et déjà elle est sortie de la pièce.

Chapitre VIII
À la claire fontaine,
m'en allant me cacher...

Dix-huit heures. La pluie a cessé et le jour commence déjà à décliner. Des cuisines du château, toutes sortes d'odeurs de viande qui grille, de gâteaux qui cuisent, de pains qui dorent au four rappellent la préparation d'un banquet. D'un repas de noces.

Jocelyne arrive dans la cour tout essoufflée. Elle est suivie de près par Notdog et, d'un peu plus loin, par Renaud et John. Elle cherche autour d'elle et aperçoit Jim La Jongle en train de répéter son numéro à côté des écuries. Elle court vers lui:

— Tu as vu Yogi?

— Non. Je me demandais justement où il était. Je le cherche pour qu'on répète et je n'ai trouvé que la brosse de son ours.

Elle repart au pas de course, cette fois-ci vers un garde posté près du pont-levis.

— Vous avez vu le montreur d'ours?

— Oui, tout à l'heure, il est sorti avec son ours.

Elle se précipite vers Jim La Jongle, ramasse la brosse de l'ours qui traîne à côté de lui et court vers l'entrée. Elle fait ouvrir la porte, baisser le pont-levis et elle sort avec ses amis.

Elle met la brosse de l'ours sous le nez de Notdog.

— À toi de jouer, Notdog. Cherche, cherche l'ours.

Notdog renifle la brosse, éternue, lève le nez en l'air, le colle par terre et fonce vers le bois. John a mis du temps à comprendre, mais un déclic se fait maintenant dans sa tête:

— Mais oui! Le poivre! Et Notdog qui éternue tout le temps quand il s'approche de l'ours.

Notdog les entraîne sur un petit sentier et les fait courir pendant une bonne demi-heure avant d'arriver à une source qui coule entre des pierres, une fontaine naturelle. Il flaire des traces, tourne en rond, ne semble pas savoir où aller.

— Ils sont venus boire ici. Cherche, Notdog, il faut les retrouver, dit Jocelyne.

— Pas la peine de chercher plus loin.

Yogi apparaît, suivi de son ours. Qui n'a pas sa muselière.

— S'il y en a un qui bouge, mon ours va lui faire son affaire.

En moins de trente secondes, il a entouré les enfants avec la chaîne de l'ours.

Notdog se met à aboyer pour sauver sa maîtresse, mais Yogi lui lance une pierre qui l'attrape à une patte. Notdog ressent une douleur terrible, mais il s'enfuit tout de même, sur trois pattes.

***

Dans la grande salle du château, les convives habituels prennent place aux tables dressées pour la noce. L'évêque s'entretient avec le roi. Le prince console sa mère, la reine, qui aurait voulu pour lui un mariage avec une princesse et non avec une fille de théâtre.

Dans sa chambre, Agnès capitule. Elle a crié, s'est débattue, a voulu sauter par la fenêtre; elle a mordu le couturier et deux ou trois servantes; elle a juré qu'elle dirait non devant l'évêque, mais le prince a fini par la convaincre. En lui disant que si elle refusait, ses amis seraient jetés au cachot.

Une servante lui met des fleurs sur la tête.

***

— Vous avez dissimulé les épices sur l'ours! dit Jocelyne.

Yogi attache la chaîne à un arbre:

— On ne peut rien te cacher. Juste ici.

Yogi s'approche de l'ours et soulève son boléro:

— Les poches intérieures sont pleines.

— Et comme personne ne l'approche... commence John.

— Personne ne pouvait les trouver. Une fois débarrassé du coffret, je ne risquais rien. Je n'avais pas à m'enfuir, mais juste à attendre que le roi nous laisse partir.

— Sauf que Notdog, lui, s'approchait, continue Jocelyne.

— Sale chien. Il va crever dans les bois maintenant. Et vous aussi, petits fouilleux. À cause de vos recherches, j'ai dû m'en aller. Rester était trop risqué.

Renaud éclate:

— Je croyais que vous étiez un ami de mon père! Vous avez placé sa bourse sur le lieu du vol pour le faire accuser! crie Renaud, pendant que Yogi attache la chaîne à un arbre.

— Il n'y a plus d'amis quand il s'agit d'argent, de beaucoup d'argent. Pauvre lui! Dieu ait son âme! ricane Yogi.

Il fait trois pas en arrière, regarde les enfants:

— Dites-moi, comment voulez-vous mourir? Mordus à la gorge par l'ours ou étouffés par moi?

C'est alors qu'apparaît Notdog. En boitant, il approche en silence derrière l'ours, qui ne l'a pas vu, et lui mord une fesse en se disant: «Là je t'ai eu!»

L'ours se retourne, se lève sur ses pattes arrière et grogne. Notdog file près de Yogi et jappe. Yogi essaie de l'attraper, son ours aussi. Notdog tourne autour d'eux, agile malgré sa patte blessée. L'ours donne des coups de patte sans jamais l'atteindre.

Yogi se penche et frôle la queue de Notdog. Notdog hurle et c'est à ce moment que l'ours décoche un magistral coup de patte qui atteint... Yogi en plein front.

Le montreur d'ours tombe par terre, inconscient. Stupéfait, l'ours le renifle et le retourne pour voir s'il est mort. Notdog se cache derrière un arbre. À force de se tortiller, John glisse sous la chaîne qui le retenait, suivi par Jocelyne et Renaud. Renaud empoigne la chaîne et s'approche de l'ours en lui parlant calmement, avec les mêmes mots qu'emploie Yogi. Il réussit à attacher la chaîne au collier, et l'ours à l'arbre.

Il fait maintenant presque nuit.

Chapitre IX
Le fait est
que les effets n'ont pas,
en effet,
les effets escomptés

— Vous verrez, madame, vous finirez bien par m'aimer un jour, dit le prince en baisant la main d'Agnès.

Il est vingt heures. Dans la grande salle du château, tout est prêt pour la noce. Assise aux côtés du prince, Agnès cherche des yeux ses amis, sans les trouver. Elle espère, sans trop y croire, qu'ils vont la sortir de là avant qu'il ne soit trop tard.

La troupe réduite des «joyeux troubadours» essaie tant bien que mal de distraire l'assistance qui attend la cérémonie.

L'évêque fait son entrée, richement paré, et s'approche des futurs époux pour célébrer le mariage. Jim La Jongle range ses balles, Rolland La Rime, le poète, se tait. Quant aux soeurs Petitpas, elles finissent gracieusement leur danse. Le silence tombe en ce moment solennel.

L'évêque ouvre la bouche. Mais avant même qu'il dise un mot, quelqu'un pousse un grand cri:

— Arrêtez!

Tous les regards se tournent vers les enfants. John, Renaud et Jocelyne, qui porte son chien dans ses bras, entrent en courant.

— Enfin, murmure Agnès, qui sourit pour la première fois depuis la veille.

Le roi se lève:

— Que se passe-t-il?

— Nous avons capturé votre vrai voleur, sire, répond Renaud.

Il s'avance vers le roi, lui tend un sac rempli des épices volées, qu'il a eu un peu de mal à enlever à l'ours.

— Je veux qu'on m'explique, ordonne le roi.

Renaud alors raconte toute l'histoire, les recherches, comment Notdog leur a pointé du nez le coupable, la capture.

— Yogi est attaché à un arbre dans les bois, avec son ours. Il faut vite aller le chercher, si vous ne voulez pas qu'il se sauve, finit Renaud.

— Qu'on libère monsieur Rémi sur-le-champ! ordonne le roi.

Puis:

— J'admire votre courage et votre débrouillardise. Je vous récompenserai comme il se doit.

Jocelyne s'approche:

— Si vous permettez, nous ne désirons qu'une seule chose.

— Demandez et elle vous sera accordée, dit le roi.

John s'avance:

— Nous voulons que notre amie Agnès soit livre!

De sa place, Agnès lance en riant:

— Libre, John, pas livre, libre.

Le prince se lève:

— Si vous leur accordez cela, père, je quitte ce château. C'est eux ou moi.

Le roi n'hésite pas une seconde:

— Je dois vous refuser cela. Demandez autre chose.

Jocelyne proteste:

— Mais vous avez dit...

— N'importe quoi d'autre. Réfléchissez. Que la cérémonie continue.

Il retourne à son trône. L'évêque reprend sa place près des futurs époux. Agnès est d'une pâleur extrême. Les enfants sont repoussés près de Félix Cyr. Jocelyne le supplie:

— Faites-la disparaître!

— Ce serait un grave manque de loyauté envers mon roi. Non, c'est moi qui vais disparaître. J'ai pris ma potion. Regardez bien: d'ici une minute, je serai parti vers le futur.

— Donnez-nous la formule de retour! Je vous en supplie!

Mais Félix Cyr se recueille, attend le grand moment.

L'évêque demande au prince s'il veut épouser Agnès. Lucas répond oui. Il demande à Agnès si elle veut épouser le prince. Elle regarde ses amis, se dit que si elle dit non, ils en souffriront. Elle ouvre la bouche pour répondre et disparaît, en même temps que John, Jocelyne et Notdog.

En voyant cela, Félix Cyr soupire: «J'ai encore dû faire une erreur.»

Les princes ne sont pas tous charmants

Chapitre X
Un passé composé de toutes pièces?

— On arrête pour aujourd'hui! crie la professeure de français de son siège situé au milieu de la salle.

Sur la scène de la grande salle de l'école, John, Agnès et Jocelyne ont réintégré leur rôle.

John, brandissant son épée, parle de partir au combat.

Jocelyne, un mouchoir à la main, lui fait ses adieux. Agnès console Jocelyne. Et Notdog est couché dans un coin.

La professeure s'approche d'eux:

— La répétition d'aujourd'hui a été très mauvaise. La première a lieu dans deux jours et je veux que vous soyez parfaits. Rentrez chez vous vous reposer. Ça ira mieux demain. En passant, le nouveau costume que ta mère t'a fait est très beau, Agnès.

Elle s'en retourne à sa place, ramasse ses textes et sort. Agnès tâte les fleurs dans ses cheveux, lisse sa robe aux fils dorés:

— Euh... avez-vous rêvé la même chose que moi?

— Le prince, le château, Renaud...? dit Jocelyne.

Ils se racontent l'aventure, convaincus d'avoir rêvé tout ça.

— C'est la potion qu'on a bue. Elle nous a donné des allusions, comprend John.

— Des hallucinations, pas des allusions, le reprend Agnès.

— C'est fini pour moi, les potions. Et pour Notdog aussi! Mon pauvre chien que je croyais blessé à une patte!

Elle se tourne vers son chien, toujours dans son coin:

— Hein, mon gros? Finis les «Régals du Moyen Âge» pour chien. Allez, viens, on s'en va.

Notdog ne bouge pas.

— Viens! Tu veux coucher tout seul ici?

«Jamais!», pense Notdog qui, en bon chien loyal et obéissant, se lève.

Malgré la douleur.

Il s'avance en boitant.

En le voyant venir, les inséparables comprennent qu'ils ont vraiment voyagé dans le temps. Jocelyne prend Notdog dans ses bras.

— Tu es vraiment chanceux, mon gros! Au vingtième siècle, il y a des vétérinaires.

Notdog, volume 4

Table des matières

Découvrez les autres séries de la courte échelle

Hors collection Premier Roman

Série Adam Chevalier:
Adam Chevalier

Série Babouche:
Babouche

Série Clémentine:
Clémentine

Série Fred:
Fred, volume 1

Série FX Bellavance:
FX Bellavance, volume 1

Série Les jumeaux Bulle:
Les jumeaux Bulle, volume 1
Les jumeaux Bulle, volume 2

Série Marcus:
Marcus

Série Marilou Polaire:
Marilou Polaire, volume 1

Série Méli Mélo:
Méli Mélo, volume 1

Série Nazaire:
Nazaire

Série Pitchounette:
Pitchounette

Série Sophie:
Sophie, volume 1
Sophie, volume 2

Hors collection Roman Jeunesse

Série Andréa-Maria et Arthur:
Andréa-Maria et Arthur, volume 1
Andréa-Maria et Arthur, volume 2

Série Ani Croche:
Ani Croche, volume 1
Ani Croche, volume 2

Série Catherine et Stéphanie:
Catherine et Stéphanie, volume 1
Catherine et Stéphanie, volume 2

Série Germain:
Germain

Série Maxime:
Maxime, volume 1

Série Mélanie Lapierre:
Mélanie Lapierre

Série Notdog:
Notdog, volume 1
Notdog, volume 2
Notdog, volume 3

Série Rosalie:
Rosalie, volume 1
Rosalie, volume 2

Achevé d'imprimer
en septembre deux mille onze, sur les presses
de l'imprimerie Gauvin, Gatineau, Québec

Julia QUINN

LES DEUX DUCS DE WYNDHAM – 1

Le brigand

Traduit de l'anglais (États-Unis)
par Léonie Speer

Titre original
THE LOST DUKE OF WYNDHAM

Éditeur original
Avon Books, an imprint of HarperCollins Publishers, New York

© Julie Cotler Pottinger, 2008

Pour la traduction française
© Éditions J'ai lu, 2017

À ma mère,
grâce à laquelle tout est possible.
Et à Paul, également,
même si elle nous a un jour présentés
comme son fils et sa belle-fille. Pfff...

1

Depuis cinq ans qu'elle était demoiselle de compagnie de lady Cavendish, duchesse douairière de Wyndham, Grace Eversleigh avait appris un certain nombre de choses sur celle-ci. La plus importante était la suivante :

Sous la façade sévère, exigeante et hautaine de la duchesse ne battait pas un cœur d'or.

Ce qui ne voulait pas dire que cet organe était totalement noir. On ne pouvait accuser la duchesse douairière de Wyndham d'être un monstre. Elle n'était ni cruelle, ni malveillante, ni même mesquine. Mais Augusta Elizabeth Candida Debenham Cavendish était née fille de duc, avait épousé un duc, puis donné naissance à un duc. Sa sœur était membre d'une famille royale mineure, dans un pays d'Europe centrale dont Grace ne parvenait jamais à prononcer le nom, et son frère possédait la plus grande partie de l'Est-Anglie. Aux yeux de la douairière, le monde s'ordonnait selon une hiérarchie aussi évidente que rigide.

Les Wyndham, et plus particulièrement les Wyndham apparentés aux Debenham, se situaient sans conteste possible au sommet.

En conséquence, la douairière s'attendait qu'on lui témoigne égards et déférence. Elle se montrait rarement aimable, ne supportait pas la stupidité, et n'accordait de compliments que sincères. Certains ne se gênaient pas pour déclarer qu'elle n'en accordait jamais ; Grace avait cependant été témoin, à deux reprises pour être précise, d'un bref mais honnête « c'est bien ». Même si personne ne l'avait crue lorsqu'elle y avait fait allusion...

Cependant, la douairière ayant évité à Grace une situation impossible, elle s'était acquis à jamais sa gratitude, son respect et, par-dessus tout, sa loyauté. Il n'empêche qu'être au service de la duchesse était loin d'être joyeux. Aussi, tandis que la voiture élégante et bien suspendue roulait dans la nuit, Grace se félicitait-elle que son employeuse fût profondément endormie.

Elle se reprochait son manque de charité, car elle venait de passer une excellente soirée au Lincolnshire Dance and Assembly. Dès leur arrivée, la douairière avait rejoint ses pairs sur l'estrade d'honneur et n'avait plus requis le moindre service de sa part. Grace avait donc pu danser, et rire avec ses amies de longue date. Elle avait bu trois verres de punch et s'était moquée de Thomas, ce qui était toujours une entreprise divertissante. Duc en titre, Thomas avait besoin d'un peu moins d'obséquiosité dans son existence.

Bref, Grace n'avait cessé de sourire, si souvent, si largement, qu'elle en avait mal aux joues. La joie inattendue que lui avait procurée cette soirée continuait de vibrer en elle, et elle se trouvait parfaitement heureuse dans la pénombre de la voiture, à écouter les ronflements paisibles de la duchesse douairière.

Même si elle n'avait pas l'impression d'avoir sommeil, elle finit par fermer les paupières. Le balancement du véhicule, accompagné du clip-clop régulier des sabots des chevaux, avait quelque chose d'hypnotique. C'était étrange, cette sensation d'avoir les yeux fatigués alors que le reste de sa personne ne l'était pas. Un petit somme ne serait peut-être pas malvenu, car dès leur arrivée à Belgrave, il lui faudrait aider la douairière à...

Pan !

Grace se redressa vivement. Elle jeta un coup d'œil à lady Cavendish qui, miraculeusement, ne s'était pas réveillée. D'où venait ce bruit ? Est-ce que quelqu'un...

Pan !

Cette fois, la voiture fit une embardée, puis s'arrêta si abruptement que la douairière, qui voyageait face à la route, conformément à son habitude, fut projetée en avant. D'instinct, Grace se jeta à genoux et referma les bras autour d'elle pour lui éviter une chute.

— Que diable... ? s'écria la vieille dame, qui s'interrompit lorsqu'elle vit l'expression de Grace.

— Des tirs de pistolet, chuchota cette dernière.

La douairière pinça les lèvres puis, d'un geste brusque, arracha de sa gorge son collier d'émeraudes et le jeta à Grace.

— Cachez cela !

— Moi ? murmura Grace d'une voix étranglée, ce qui ne l'empêcha pas de fourrer le bijou sous un coussin.

Si seulement elle avait pu insuffler un peu de bon sens à la très estimée Augusta Cavendish. Elle n'avait aucune envie de se faire assassiner parce que la douairière se refusait à remettre ses pierres précieuses...

La portière s'ouvrit à la volée.

— La bourse ou la vie !

Encore accroupie près de la douairière, Grace se pétrifia. Puis, lentement, elle tourna la tête. Mais elle ne distingua que le métal luisant du canon d'un pistolet pointé sur sa tempe.

— Bonsoir, mesdames, reprit la voix, cette fois sur un ton différent, presque poli.

Son propriétaire sortit de l'ombre et, d'un geste ample du bras, les invita à descendre.

— Accordez-moi le plaisir de votre compagnie, si vous le voulez bien, murmura-t-il.

Grace jeta un coup d'œil éperdu autour d'elle. Réflexe futile, s'il en fut, car il était évident qu'elle n'avait aucun moyen de s'échapper. Elle regarda lady Cavendish, s'attendant qu'elle éructe de colère, mais celle-ci était devenue très pâle, et Grace s'aperçut qu'elle tremblait. La douairière tremblait !

Elle aussi, du reste.

Le bandit de grand chemin appuya l'épaule contre la portière, puis esquissa un sourire nonchalant, d'un charme impudent. Grace fut la première étonnée de remarquer, alors même qu'un masque dissimulait la moitié de son visage, trois choses à son sujet : l'homme était jeune ; il était fort ; et il était dangereux.

— Madame, dit Grace, je crois que nous devrions faire ce qu'il demande.

— J'aime qu'une femme soit raisonnable, déclara-t-il, souriant de nouveau.

Cette fois, ce fut un simple, quoique irrésistible, plissement des lèvres. Il continuait néanmoins de brandir son pistolet, et son charme ne dissipa en rien la peur de Grace.

C'est alors qu'il tendit son bras libre. Comme s'ils s'apprêtaient à assister à une réception. Comme s'il était un gentleman-farmer sur le point de commenter le temps qu'il faisait !

— Puis-je vous offrir mon aide ?

Grace secoua la tête. Il lui était impossible de le toucher. Elle ignorait précisément pourquoi, mais elle savait, au plus profond d'elle-même, qu'un désastre surviendrait si elle glissait sa main dans la sienne.

— Fort bien, dit-il avec un petit soupir. De nos jours, les dames sont tellement indépendantes. Cela me brise le cœur, vraiment... Personne n'aime à se sentir inutile, ajouta-t-il en s'inclinant vers elle, comme pour partager un secret.

Grace se contenta de le fixer.

— Rendue muette par ma grâce et par mon charme, commenta-t-il en s'écartant pour leur permettre de descendre. Cela arrive tout le temps. Vraiment, je ne devrais pas être autorisé à m'approcher de vous, mesdames. J'ai sur vous un si fâcheux effet.

Un fou ! C'était la seule explication. En dépit de ses manières avenantes, c'était un fou. Et il était muni d'un pistolet.

— Encore que, ajouta-t-il d'un air songeur, certains prétendraient que laisser une femme muette est le moins fâcheux de tous.

Thomas serait certes d'accord. Le duc de Wyndham – qui avait insisté, voilà quelques années, pour qu'elle utilise son prénom à Belgrave après un échange ridicule de « Votre Grâce », « Mademoiselle Grace » – n'avait aucune patience pour les bavardages.

— Madame, chuchota-t-elle d'un ton pressant en saisissant la douairière par le bras.

Sans dire mot, celle-ci prit la main de Grace et lui permit de l'aider à descendre de la voiture.

— Ah, voilà qui est mieux ! déclara le bandit avec un grand sourire. Quelle chance j'ai d'être tombé sur deux dames aussi divines. Dire que je pensais être accueilli par un vieux gentleman bourru.

Grace recula de quelques pas, les yeux toujours rivés sur le visage de l'homme. Il ne ressemblait pas à un criminel, ou du moins à l'idée qu'elle se faisait d'un criminel. Son élocution et ses manières trahissaient une excellente éducation, et s'il ne s'était pas lavé récemment, eh bien, rien ne l'indiquait.

— Ou, peut-être, par l'un de ces affreux bellâtres sanglés dans un gilet beaucoup trop étroit. Vous connaissez ce genre d'individus ? demanda-t-il à Grace. Ils ont le visage rouge, boivent trop, et pensent trop peu.

À son grand étonnement, Grace se surprit à acquiescer d'un signe de tête.

— Je m'en doutais. Hélas, ils pullulent !

Elle cilla et demeura immobile, à regarder la bouche de l'homme. Il avait des lèvres si expressives, si bien dessinées, qu'elle avait presque l'impression de voir son visage, dont la partie supérieure était pourtant dissimulée par son masque. C'était étrange, fascinant, et plutôt dérangeant.

— Bien, reprit-il, avec le même soupir trompeur que Thomas, lorsque celui-ci désirait changer de sujet. Mesdames, vous avez conscience, j'en suis sûr, qu'il ne s'agit pas d'une réunion mondaine. Pas entièrement, ajouta-t-il avec un sourire provocant à l'adresse de Grace.

Elle entrouvrit les lèvres. Le regard de l'homme s'était fait séducteur.

— J'aime beaucoup mêler les affaires et le plaisir, murmura-t-il. L'occasion ne s'en présente pas souvent, avec tous ces jeunes gens corpulents qui parcourent les routes.

Grace savait qu'elle aurait dû réagir, voire protester, mais la voix du bandit était d'une douceur qui lui rappelait l'excellent cognac qu'on lui offrait parfois à Belgrave. Ses inflexions mélodieuses révélaient une jeunesse passée loin du Lincolnshire. Grace se sentit osciller, comme si elle allait basculer en avant, avec douceur et légèreté, pour se retrouver ailleurs, loin, très loin d'ici.

D'un geste vif, il lui saisit le coude.

— Vous n'allez pas vous évanouir, n'est-ce pas ?

— Non, répondit-elle à voix basse.

— Je vous en sais gré, avoua-t-il. Vous rattraper serait certes un plaisir, mais il faudrait pour cela que je lâche mon pistolet, et nous ne pouvons nous le permettre. N'y songez pas, enchaîna-t-il en se tournant vers la douairière. J'aurais plaisir à vous rattraper, vous aussi, je ne pense toutefois pas que vous souhaitiez, l'une et l'autre, que mes associés se chargent des armes à feu.

À cet instant seulement, Grace se rendit compte qu'il y avait trois autres hommes. Elle n'aurait pas dû être surprise, car il n'avait pu orchestrer seul cette attaque. Mais ses compagnons avaient choisi de rester dans l'ombre et de garder le silence.

Quant à elle, elle avait été incapable de détourner les yeux de leur chef.

— Notre cocher est-il blessé ? demanda-t-elle, mortifiée de ne pas s'en être inquiétée plus tôt.

Ni lui ni le valet de pied qui servait d'escorte n'étaient en vue.

— Rien qu'un peu d'amour et de tendresse ne puissent guérir, assura le bandit. Il est marié ?

— Je... je ne pense pas, répondit Grace, déconcertée par cette question.

— Dans ce cas, envoyez-le à l'auberge. Il s'y trouve une servante accorte qui... Oh, à quoi est-ce que je pense ? J'oublie que je me trouve en présence de dames. Du bouillon chaud, et peut-être une compresse froide, recommanda-t-il en riant. Et un jour de congé pour trouver amour et affection. Au passage, son compagnon est là-bas...

De la tête, il désigna un bosquet.

— Tout à fait indemne, je vous l'assure, même s'il trouve peut-être ses liens un peu plus serrés qu'il n'en a l'habitude.

Grace rougit, et elle se tourna vers la douairière, déconcertée de ne pas entendre celle-ci rabrouer vertement l'homme pour ses propos licencieux. Toujours aussi pâle, elle regardait le voleur comme s'il s'agissait d'un fantôme.

Grace lui prit la main. Celle-ci était froide, moite, et d'une mollesse inquiétante.

— Madame ? Madame ?

— Quel est votre nom ? chuchota la douairière.

— Mon nom ? répéta Grace, horrifiée.

La vieille dame avait-elle été victime d'une attaque ? Avait-elle perdu la mémoire ?

— Votre nom à vous, reprit la douairière d'une voix plus forte, s'adressant manifestement au bandit.

Ce dernier se contenta de rire.

— Je suis ravi d'être l'objet de l'attention d'une si charmante dame, mais vous n'imaginez pas, je suppose, que je vais révéler mon nom, alors que je me livre à un forfait passible de la corde.

— J'ai besoin de connaître votre nom, insista la douairière.

— Et moi, je crains d'avoir besoin de vos objets de valeur, rétorqua-t-il, avant de désigner sa main d'un signe de tête respectueux. Cette bague, si vous le voulez bien.

— S'il vous plaît, murmura la douairière.

Grace pivota brusquement pour la regarder. Elle l'avait rarement entendue dire « Merci », et jamais « S'il vous plaît ».

— Il faut qu'elle s'assoie, intervint Grace.

Lady Cavendish jouissait certes d'une excellente santé, elle avait cependant largement dépassé les soixante-dix ans, et venait de subir un choc.

— Je n'ai pas besoin de m'asseoir, répliqua-t-elle en la repoussant.

Elle se tourna vers le bandit, arracha la bague de son doigt et la lui tendit. Après l'avoir fait rouler un peu dans sa paume, il la fourra dans sa poche.

Grace observa l'échange en silence. Sans doute allait-il exiger davantage. Elle fut surprise lorsque ce fut la douairière qui reprit la parole.

— Mon réticule est dans la voiture, dit-elle avec une déférence surprenante. Permettez-moi d'aller le chercher, s'il vous plaît.

— J'aurais plaisir à accéder à votre demande, mais je suis obligé de refuser. Qui me dit que vous n'avez pas deux pistolets cachés sous la banquette ?

Songeant au collier, Grace déglutit avec peine.

— Et je peux dire, reprit-il d'un ton de plus en plus séducteur, que vous appartenez à la catégorie des femmes accomplies. Admettez-le... cavalière émérite, excellente au tir et capable de réciter l'œuvre complet de Shakespeare à l'envers.

La douairière pâlit davantage, si tant est que ce fût possible,

— Ah, si j'avais vingt ans de plus ! poursuivit-il avec un soupir. Je ne vous aurais pas laissée échapper.

— Je vous en prie, supplia-t-elle. Je dois vous donner quelque chose.

— Voilà un changement bienvenu, fit-il remarquer. Les gens désirent si rarement donner. Du coup, on ne se sent pas aimé.

Grace tendit la main vers la douairière. Il était manifeste qu'elle ne se sentait pas bien. Jamais elle ne se montrait humble ni ne suppliait, et...

— Prenez-la ! s'écria brusquement la vieille dame qui, saisissant Grace par le bras, la poussa d'un geste brusque vers le bandit. Prenez-la comme otage, avec un pistolet pointé sur sa tête si vous le souhaitez. Je vous promets que je reviendrai, et que je ne serai pas armée.

Grace tituba, sous le choc. Elle heurta le voleur, qui enroula aussitôt son bras libre autour d'elle. C'était une étreinte curieuse, presque protectrice, et elle comprit qu'il était aussi stupéfait qu'elle.

Tous deux suivirent des yeux la douairière qui, sans attendre qu'il acquiesce, remontait déjà dans la voiture.

Grace s'obligea à respirer. Elle avait le dos pressé contre l'homme, sentait sa grande main sur son ventre, le bout de ses doigts frôlant sa hanche droite, elle percevait la chaleur et l'odeur de son corps. Jamais, au grand jamais, elle ne s'était trouvée aussi près d'un homme.

C'est alors qu'il approcha les lèvres de son oreille et chuchota :

— Elle n'aurait pas dû faire cela.

Il semblait... doux. Presque compatissant. Réprobateur aussi, comme s'il condamnait la manière dont la douairière l'avait traitée.

— Je ne suis pas accoutumé à tenir une femme ainsi, continua-t-il. Je préfère en général un autre genre d'intimité. Pas vous ?

Grace garda le silence. Elle avait peur de découvrir, si elle tentait de répondre, qu'elle n'avait plus de voix.

— Je ne vous ferai pas de mal, assura-t-il, sa bouche lui frôlant l'oreille.

Le regard de Grace tomba sur son pistolet, qui lui touchait la cuisse. Il paraissait dangereux, vindicatif.

— Nous avons tous une armure.

Elle le sentit bouger, glisser plutôt. Et, soudain, il lui prit le menton, lui effleura les lèvres du doigt, puis se pencha et l'embrassa.

Grace le regarda, abasourdie, quand il se redressa et lui sourit.

— Ce fut trop court, dit-il. Dommage.

Il recula, prit sa main sur laquelle il déposa un baiser léger.

— Une autre fois, peut-être.

Il ne lâcha pas sa main pour autant. Même quand la douairière ressortit de la voiture, il continua de la caresser avec son pouce.

Grace était incapable de penser, elle pouvait à peine respirer, elle comprit néanmoins qu'il se livrait à une entreprise de séduction. Dans quelques minutes, ils se quitteraient, et il n'aurait rien fait de plus que l'embrasser, mais elle serait transformée à jamais.

La douairière s'avança vers eux. Si elle remarqua que le bandit de grand chemin caressait sa demoiselle de compagnie, elle n'en laissa rien paraître.

— Je vous en prie, prenez ceci, dit-elle en tendant à l'homme un objet de petite taille.

Comme à regret, il libéra la main de Grace. Celle-ci s'aperçut, lorsqu'il s'en empara, que l'objet en question était une miniature du second fils de la douairière, mort depuis longtemps.

Elle connaissait bien ce portrait, car la vieille dame l'emportait partout avec elle.

— Vous connaissez cet homme ? chuchota la vieille dame.

Le voleur étudia la peinture et secoua la tête.

— Observez-le de plus près.

Il se contenta de secouer de nouveau la tête, et tenta de rendre la miniature à la douairière.

— Ça peut valoir quelque chose, intervint l'un de ses compagnons.

Pour la troisième fois, il secoua la tête.

— Cette miniature n'aura jamais autant de valeur pour moi que pour vous, déclara-t-il en scrutant la douairière.

— Non ! s'écria-t-elle. Regardez ! Je vous en supplie, regardez ! Ses yeux, son menton, sa bouche… ce sont les vôtres.

— Je suis désolé, dit doucement l'homme, alors que Grace étouffait un cri. Vous vous trompez.

Lady Cavendish ne voulut pas en démordre.

— Vous avez aussi sa voix, insista-t-elle. Le ton, l'humour… Je le sais, j'en suis sûre. C'était mon fils. Mon fils !

— Madame… intervint Grace.

Elle glissa le bras autour des épaules de la douairière. En temps ordinaire, cette dernière n'aurait pas toléré une telle familiarité. Mais il n'y avait rien d'ordinaire dans son attitude, ce soir.

— Madame, il fait sombre, fit valoir Grace. Cet homme porte un masque. Cela ne peut pas être lui.

— Évidemment que ce n'est pas lui, rétorqua la vieille dame en la repoussant avec brusquerie.

Elle s'élança en avant, et Grace vit avec terreur les hommes la mettre en joue.

— Ne lui faites pas de mal ! cria-t-elle.

Bien inutilement car déjà la douairière avait saisi la main libre du bandit et s'y accrochait comme à une bouée de sauvetage.

— C'est mon fils, dit-elle en lui présentant la miniature entre ses doigts tremblants. Il s'appelait John Cavendish, et il est mort il y a vingt-neuf ans. Il était brun aux yeux bleus et il avait une marque de naissance sur l'épaule.

Elle avala sa salive à plusieurs reprises, et poursuivit dans un murmure :

— Il adorait la musique, et il ne pouvait pas manger de fraises. Et il... il...

Sa voix se brisa. Personne ne rompit le silence pesant qui suivit. Tous les regards demeurèrent rivés sur la vieille dame jusqu'à ce qu'elle reprenne dans un chevrotement :

— Il pouvait faire rire n'importe qui.

Elle se tourna alors vers Grace, qui n'aurait jamais imaginé l'entendre dire un jour :

— Même moi.

De nouveau, un lourd silence.

Grace regarda la bouche du bandit, si expressive et si moqueuse, et comprit que quelque chose n'allait pas. Il avait les lèvres entrouvertes mais, surtout, pour la première fois, elles étaient immobiles. À la lueur diffuse de la lune, elle vit qu'il avait blêmi.

— Si cela signifie quelque chose pour vous, continua la douairière avec une calme détermination, vous me trouverez à Belgrave Castle, où j'attendrai votre visite.

Puis, voûtée et tremblante, elle pivota sur ses talons, la miniature au creux de la main, et remonta avec peine dans la voiture.

Incertaine, Grace demeura immobile. Si étrange que cela puisse paraître, avec trois pistolets encore pointés sur elle, et un quatrième pendant au bout du bras du chef, elle ne se sentait plus en danger. Ils n'avaient toutefois récupéré qu'une bague – un maigre butin, sans doute, pour des voleurs endurcis – et elle hésitait à regagner la voiture sans leur accord.

Elle se racla la gorge, ne sachant comment s'adresser à leur chef.

— Monsieur ?

— Mon nom n'est pas Cavendish, dit-il à mi-voix. Mais il l'a été autrefois.

D'un mouvement fluide, il grimpa en selle et aboya :

— Nous en avons fini ici.

Grace ne put que le suivre des yeux tandis qu'il s'éloignait dans la nuit.

2

Quelques heures après, Grace était assise sur une chaise, dans le couloir qui desservait la chambre à coucher de la douairière. Elle était au-delà de la fatigue, et n'aspirait à rien d'autre qu'à regagner son lit. Où, malgré son épuisement, elle était certaine de se tourner et se retourner sans trouver le sommeil.

Mais lady Cavendish était si bouleversée, elle avait sonné tant de fois que Grace avait fini par renoncer à se coucher et avait traîné une chaise jusqu'à la porte de sa chambre. Au cours de la dernière heure, elle avait apporté à la douairière, qui refusait de quitter son lit, une collection de lettres rangées au fond d'un tiroir fermé à clé ; un verre de lait chaud ; un verre de cognac ; un autre portrait miniature de feu son fils John ; un mouchoir qui, de toute évidence, avait une valeur sentimentale ; et un deuxième verre de cognac, pour remplacer celui que la douairière avait renversé tandis qu'elle expliquait avec des gestes fébriles où trouver le mouchoir.

Le dernier appel remontait à une dizaine de minutes. Dix minutes durant lesquelles Grace n'avait rien fait d'autre qu'attendre et penser...

Penser au bandit de grand chemin. À son baiser. À Thomas, l'actuel duc de Wyndham, qu'elle considérait comme un ami. Au deuxième fils de la douairière, mort depuis longtemps, à qui l'homme ressemblait apparemment... et dont il portait le nom. Son nom, bonté divine !

Grace prit une profonde inspiration. Elle n'en avait pas soufflé mot à la douairière. Après avoir regardé le bandit disparaître, elle s'était surtout préoccupée de ramener tout le monde au château. Il y avait le valet de pied à détacher et le cocher à soigner. Quant à lady Cavendish, elle était si bouleversée qu'elle n'avait pas émis la moindre protestation lorsque Grace avait installé le cocher blessé dans la voiture, avec elle.

Ayant ensuite rejoint le valet sur le siège surélevé, elle avait pris les rênes. Elle n'avait rien d'une conductrice expérimentée, mais elle s'était débrouillée. Comme toujours.

Une fois la voiture ramenée à bon port, elle avait trouvé quelqu'un pour s'occuper du cocher, puis avait pris soin de la douairière. Pourtant, pas un instant elle n'avait cessé de s'interroger.

Qui était donc ce bandit de grand chemin qui avait déclaré avoir porté autrefois le nom de Cavendish ? Se pouvait-il que ce soit le petit-fils de la douairière ? Grace avait entendu dire que John Cavendish était mort sans postérité. Cela dit, il n'aurait pas été le premier noble à semer des enfants illégitimes dans la campagne.

Sauf que l'homme portait le nom de Cavendish. Ou plutôt, il l'*avait* porté. Ce qui signifiait...

Grace secoua la tête. Elle était trop fatiguée pour réfléchir et semblait pourtant incapable de s'en empêcher. Un fils illégitime pouvait-il porter le nom de son père ?

Elle n'en avait aucune idée. Elle n'avait jamais rencontré de bâtard, du moins pas d'origine noble. Elle connaissait cependant d'autres personnes qui avaient changé de nom. Le fils du pasteur était allé vivre chez des parents lorsqu'il était petit, et, lors de sa dernière visite, il s'était présenté avec un nom de famille différent. Un fils illégitime pouvait donc, sans doute, s'appeler comme il le souhaitait. Et même si ce n'était pas légal, un bandit de grand chemin ne se préoccuperait pas de ce genre de détail.

Grace porta la main à ses lèvres, en s'efforçant de se convaincre qu'elle n'aimait pas le frisson d'excitation qui la parcourait au souvenir de son baiser. C'était la première fois qu'on l'embrassait, et elle ne savait pas qui était cet homme.

Elle connaissait son odeur, elle connaissait la chaleur de sa peau et la douceur veloutée de ses lèvres, en revanche, elle ne connaissait pas son nom.

Du moins, pas son vrai nom.

— Grace ! Grace !

Grace se leva avec peine. Elle avait laissé la porte entrouverte afin d'être sûre d'entendre la douairière. Celle-ci devait être encore bouleversée car elle utilisait rarement son prénom. Un *Mademoiselle Eversleigh !* permettait une intonation plus impérieuse.

Grace se précipita dans la chambre.

— Que puis-je pour vous ? demanda-t-elle, s'efforçant de bannir lassitude et ressentiment de sa voix.

La douairière était à demi-assise dans son lit, la tête relevée par plusieurs oreillers. Une position qui paraissait très inconfortable, mais lorsque Grace s'était risquée à suggérer un aménagement, elle avait failli se faire arracher les yeux.

— Où étiez-vous ?

La question n'appelait pas de réponse, Grace dit néanmoins :

— Juste de l'autre côté de la porte, madame.

— Il faut que vous alliez me chercher le portrait de John, déclara la douairière, d'un ton plus agité que péremptoire.

Grace la dévisagea, perplexe.

— Ne restez donc pas plantée là ! la houspilla la douairière.

— Mais, madame, je vous ai apporté les trois miniatures et...

— Non, non, non ! Je veux le tableau. Celui de la galerie.

— Le tableau, répéta Grace.

Il était 3 h 30 du matin, et elle avait beau avoir le cerveau embrumé par la fatigue, elle avait bien l'impression qu'elle venait d'être requise pour décrocher un portrait grandeur nature, et le transporter sur deux étages jusqu'à la chambre à coucher de la douairière.

— Vous savez bien lequel, reprit cette dernière. Mon fils se tient à côté d'un arbre, et il a une petite étincelle dans le regard.

Grace battit des paupières, pas encore convaincue d'avoir bien entendu.

— Il n'y en a qu'un, je pense...

— Exactement ! Et John a une étincelle dans le regard.

— Vous voulez que je l'apporte ici ?

— Je n'ai pas d'autre chambre à coucher, que je sache !

— Très bien, murmura Grace, en avalant sa salive. Cela risque de prendre un certain temps.

— Contentez-vous d'approcher une chaise et de décrocher ce maudit tableau. Vous n'avez pas besoin...

La douairière fut saisie d'une quinte de toux déchirante, et Grace se précipita vers elle. Elle passa le bras dans son dos et tenta de la redresser.

— Madame, je vous en prie, calmez-vous. Vous allez vous faire du mal.

Après quelques spasmes, la douairière avala une gorgée de lait chaud, puis jura et l'échangea contre le verre de cognac, qu'elle vida entièrement.

— C'est à vous que je vais faire du mal si vous n'allez pas me chercher ce tableau, lança-t-elle en reposant brusquement le verre sur sa table de chevet.

— Comme vous voudrez, madame, murmura Grace.

Sitôt hors de la chambre, elle s'adossa au mur du couloir, accablée.

Dire que la soirée avait si bien commencé !

— Elle ne me paie pas suffisamment, maugréa Grace en descendant l'escalier. Je doute qu'il existe assez d'argent...

— Grace ?

Elle s'arrêta net, et aurait trébuché sur la dernière marche si deux grandes mains ne s'étaient refermées sur ses avant-bras pour la retenir. Elle n'eut pas besoin de relever la tête pour savoir qu'elles appartenaient à Thomas Cavendish, petit-fils de la douairière, duc de Wyndham et, par conséquent, l'homme le plus puissant de la région. Même s'il vivait plus souvent à Londres qu'à Belgrave, Grace avait été amenée à bien le connaître au cours de ses cinq années au service de la douairière. Aussi étrange que cela puisse paraître, ils étaient amis.

— Bonsoir, Votre Grâce.

Elle était si fatiguée qu'elle n'avait pas songé à l'appeler par son prénom, comme elle y était autorisée au château.

— Que diable faites-vous debout ? s'étonna-t-il en s'écartant. Il doit être au moins 2 heures.

— 3 heures passées, rectifia-t-elle machinalement, avant de prendre brusquement conscience de la situation.

Que devait-elle lui dire ? Impossible de lui cacher le fait qu'elles avaient été attaquées. Mais devait-elle lui révéler qu'il avait *peut-être* un cousin qui écumait la campagne pour soulager la noblesse locale de ses objets de valeur ?

Tout bien réfléchi, ce n'était peut-être pas le cas. L'inquiéter inutilement n'avait aucun sens.

— Grace ?

— Excusez-moi... que disiez-vous ?

— Pourquoi déambulez-vous dans les couloirs ?

— Votre grand-mère ne se sent pas bien, répondit-elle, avant de changer délibérément de sujet. Vous rentrez tard.

— J'avais à faire à Stamford.

Sa maîtresse. Ç'aurait été n'importe quoi d'autre, il ne se serait pas montré aussi vague. Il était néanmoins curieux qu'il soit rentré. D'ordinaire, il passait la nuit là-bas. En dépit de ses origines respectables, Grace était employée à Belgrave, elle connaissait donc à peu près tous les potins qui circulaient à l'office. Si le duc passait la nuit à l'extérieur, elle en était en général avertie.

— Nous avons eu une soirée... agitée, commença-t-elle.

Il la regarda d'un air interrogateur. Après une hésitation, elle finit par avouer :

— La voiture a été attaquée par des bandits de grand chemin.

— Seigneur Dieu ! s'exclama-t-il. Vous n'avez rien ? Et ma grand-mère ?

— Nous sommes toutes deux indemnes, le rassura Grace. En revanche, notre cocher a reçu un bon coup sur la tête. J'ai pris la liberté de lui donner trois jours de repos.

— Bien sûr. Je dois vous présenter mes excuses, ajouta Thomas après avoir fermé brièvement les yeux. J'aurais dû insister pour que vous soyez escortées par plus d'un valet.

— Ce n'est pas votre faute, voyons. Qui aurait pensé... Bref, nous sommes indemnes, répéta-t-elle. C'est tout ce qui compte.

— Qu'ont-ils pris ?

Grace hésita. Difficile de répondre qu'ils n'avaient volé qu'une bague sans que Thomas, qui n'était pas idiot, ne s'interroge.

— Pas grand-chose, répondit-elle avec un sourire contraint. À moi, ils n'ont rien pris. Il doit être évident que je ne suis pas une femme fortunée.

— Grand-mère doit être folle de rage.

— Elle est assez bouleversée, biaisa Grace.

— Elle portait ses émeraudes, je suppose ? L'amour de cette vieille chouette pour ces cailloux est ridicule.

Grace s'abstint de lui reprocher les termes qu'il employait pour parler de sa grand-mère.

— Elle a conservé ses émeraudes. Elle les avait cachées sous le coussin de la banquette.

— Vraiment ? fit-il, impressionné.

— En fait, c'est moi, corrigea Grace à contre-cœur. Elle me les avait jetées avant qu'ils ouvrent la portière.

Il esquissa un sourire. Puis, après un silence embarrassé, il reprit :

— Vous ne m'avez pas expliqué pourquoi vous êtes debout à une heure aussi indue. Vous méritez sûrement de vous reposer, vous aussi.

— Je... C'est-à-dire...

Impossible de ne pas lui dire la vérité. De toute façon, il ne manquerait pas de remarquer l'emplacement vide sur le mur de la galerie.

— Votre grand-mère a une requête un peu particulière.

— Toutes ses requêtes sont particulières, rétorqua-t-il.

— Non, celle-ci...

Grace leva les yeux au ciel.

— Je suppose que vous ne seriez pas volontaire pour m'aider à décrocher un tableau de la galerie ? hasarda-t-elle.

— Un tableau ?

Grace hocha la tête.

— De la galerie ?

Elle opina de nouveau.

— J'imagine qu'il ne s'agit pas d'un des petits formats carrés ? Les natures mortes avec fruits ?

— Non. C'est le portrait de votre oncle qu'elle demande.

— Quel oncle ?

— John.

À son tour, il hocha la tête, un sourire sans joie sur les lèvres.

— Il a toujours été son préféré.

— Mais vous ne l'avez pas connu, fit remarquer Grace, car à l'entendre on aurait pu croire qu'il avait été témoin du favoritisme de sa grand-mère.

— Non, bien sûr que non. Il est mort avant ma naissance. Mais mon père parlait de lui.

De toute évidence, il ne souhaitait pas s'appesantir sur le sujet, aussi Grace n'insista-t-elle pas. Il finit pourtant par demander :

— N'est-ce pas un portrait en pied, grandeur nature ?

— Je crains que si.

L'espace d'un instant, il parut prêt à pivoter vers la galerie. Puis sa mâchoire se durcit. Son attitude redevint celle du duc conscient de l'autorité que lui conférait son titre.

— Non, déclara-t-il avec fermeté, vous n'irez pas le chercher cette nuit. Si elle veut ce maudit tableau dans sa chambre, elle enverra un valet demain matin.

Si elle n'avait été aussi épuisée, Grace aurait souri de son attitude protectrice. Elle avait toutefois appris depuis longtemps qu'avec la douairière mieux valait choisir le chemin de la moindre résistance.

— Je vous assure que je ne souhaite rien d'autre que de me retirer. Mais il est plus facile d'accéder aux demandes de lady Cavendish.

— Certainement pas, rétorqua-t-il.

Et sans attendre, il commença à gravir l'escalier. Grace l'observa un instant puis, avec un haussement d'épaules, se dirigea vers la galerie. Cela ne devait pas être si difficile que cela de décrocher un tableau d'un mur.

Elle n'avait pas fait dix pas que Thomas la rappela d'un ton impérieux. Elle s'arrêta avec un soupir. Elle aurait dû s'en douter : l'homme était aussi têtu que sa grand-mère – une comparaison qu'il n'aurait certainement pas appréciée.

Elle revint sur ses pas, et accéléra l'allure lorsqu'il l'appela de nouveau.

— Je suis là, répondit-elle avec irritation. Bonté divine, vous allez réveiller toute la maison !

— Ne me dites pas que vous aviez l'intention de transporter ce tableau toute seule.

— Si je ne le fais pas, elle va sonner toute la nuit, et je ne pourrai pas dormir du tout.

Il étrécit les yeux.

— Regardez un peu...

— Quoi ? demanda-t-elle, déconcertée.

— Moi, en train de démonter le cordon de sa sonnette, lâcha-t-il en gravissant les marches avec une détermination renouvelée.

— De démonter... Thomas ! Thomas, vous ne pouvez pas faire cela !

Elle courut derrière lui. Il se retourna alors et il lui adressa un large sourire, ce qu'elle trouva presque inquiétant.

— Je suis chez moi. Je peux faire ce que je veux.

Le temps que ces paroles pénètrent le cerveau de Grace, Thomas avait traversé le palier et entrait dans la chambre de sa grand-mère.

— À quoi jouez-vous donc ? l'entendit-elle tonner.

Puis, comme elle franchissait le seuil à son tour, il reprit d'un ton un peu plus amène :

— Dieu du ciel, vous ne vous sentez pas bien ?

— Où est Mlle Eversleigh ? demanda la douairière, dont le regard affolé fouillait la chambre.

— Je suis là, dit Grace en s'avançant.

— Vous l'avez ? Où est le tableau ? Je veux voir mon fils.

— Madame, il est tard, tenta d'expliquer Grace. Elle se rapprocha dans l'espoir de prévenir un désastre, sachant que, si la douairière commençait à parler du bandit et de sa ressemblance avec son fils préféré, elle ne pourrait l'en empêcher.

— Madame, répéta-t-elle avec douceur.

— Vous pouvez demander à un valet de vous l'apporter dans la matinée, intervint Thomas. Je ne tolérerai pas que Mlle Eversleigh entreprenne un travail aussi physique, et certainement pas au beau milieu de la nuit.

— J'ai besoin de ce tableau, Thomas.

Grace se retint de lui prendre la main. Elle semblait si vieille, si affligée, si peu elle-même, lorsqu'elle ajouta :

— S'il te plaît...

— Demain, s'entêta Thomas, l'air mal à l'aise. À la première heure, si vous le souhaitez.

— Mais...

— Non, coupa-t-il. Je suis désolé que vous ayez été agressée ce soir, et je suis prêt à faire tout ce qui est nécessaire – dans les limites du raisonnable – pour assurer votre confort et votre bien-être. Cela n'inclut toutefois pas des demandes saugrenues et intempestives. Me suis-je bien fait comprendre ?

Ils se défièrent longuement du regard. Puis Thomas dit sèchement, sans se retourner :

— Grace, allez vous coucher.

Elle demeura un instant immobile, sans trop savoir ce qu'elle attendait. Une protestation de la douairière ? Que la foudre frappe la maison ? Rien ne survenant, elle se décida à quitter la chambre. Tandis qu'elle traversait le palier, à pas lents, elle les entendit se disputer. Rien de violent ni de passionné, non. Ce qui ne l'étonna pas. Les colères de Cavendish étaient froides, et ils préféraient les piques glaciales aux vociférations.

Grace prit une inspiration tremblante. Elle ne s'y habituerait décidément jamais. Depuis cinq ans qu'elle vivait à Belgrave, le ressentiment réciproque que partageaient Thomas et sa grand-mère continuait de la choquer.

Et le pire, c'était qu'il était sans raison. Un jour, elle avait osé demander à Thomas pourquoi ils éprouvaient un tel mépris l'un pour l'autre. Il s'était contenté de hausser les épaules en disant qu'il en avait toujours été ainsi. D'après lui, la douairière n'avait pas aimé son fils, et ce fils détestait le sien – c'est-à-dire Thomas. Lequel se serait bien passé de l'une et de l'autre.

Grace en était restée stupéfaite. Les membres d'une famille étaient censés s'aimer, non ? En tout cas, dans la sienne, on s'aimait. Sa mère, son père...

Elle ferma les paupières, luttant contre ses larmes. Sans doute était-ce la fatigue qui la rendait sentimentale. Elle ne pleurait plus ses parents. S'ils lui manquaient – et ils lui manqueraient toujours –, le trou béant creusé par leur mort s'était refermé.

À présent... eh bien, elle avait trouvé une place dans ce monde. Pas celle qu'elle espérait, et pas celle que ses parents avaient prévue pour elle.

Mais elle était nourrie, logée, vêtue, et elle avait l'occasion de voir ses amies de temps à autre.

Parfois cependant, la nuit, alors qu'elle était allongée dans son lit, elle endurait des moments difficiles. Elle savait qu'elle n'aurait pas dû être ingrate – elle vivait dans un château, que diable ! Elle n'était cependant pas censée se retrouver employée d'une duchesse revêche. Son père était un gentilhomme campagnard, sa mère un membre très aimé de leur communauté. Grace avait grandi entourée d'amour et de joie, et quelquefois, alors qu'ils étaient réunis le soir devant la cheminée, son père soupirait et prétendait qu'elle allait devoir rester vieille fille, parce qu'il n'existait sûrement pas d'homme assez bien pour elle dans le comté.

Grace éclatait de rire et rétorquait :

— Et dans le reste de l'Angleterre ?

— Non plus.

— En France ?

— Sapristi, non.

— En Amérique ?

— Tu veux tuer ta mère, jeune fille ? Tu sais bien qu'elle a le mal de mer rien qu'en regardant une plage.

Tous savaient qu'un jour ou l'autre, Grace épouserait un homme du Lincolnshire, qu'elle vivrait dans la même rue – ou du moins, pas très loin –, et qu'elle serait heureuse. Elle connaîtrait le même bonheur que ses parents parce que personne ne s'attendait qu'elle se marie autrement que par amour. Elle aurait des enfants, et sa maison serait pleine de rires.

Elle se considérait comme la fille la plus heureuse du monde.

La fièvre qui s'abattit sur la maison des Eversleigh fut cruelle et la laissa orpheline. À dix-sept ans, elle ne pouvait pas rester seule, mais personne ne savait ce qu'il adviendrait d'elle tant que le testament de son père n'aurait pas été ouvert, et ses affaires réglées.

Tout en ôtant ses vêtements chiffonnés, Grace ne put réprimer un sourire amer à ce souvenir. Sa situation s'était encore aggravée, car il s'était avéré que les Eversleigh avaient des dettes. Pas considérables, mais ils avaient apparemment vécu un peu au-dessus de leurs moyens, avec la conviction, sans doute, que l'amour et le bonheur suffiraient à les sortir d'embarras.

Ils n'avaient pas tort. L'amour et le bonheur leur avaient permis de surmonter tous les obstacles. Tous sauf la mort.

Selon la loi, Sillsby – la seule maison que Grace avait connue – devait revenir à l'héritier mâle le plus proche. Grace le savait, toutefois, elle n'avait pas prévu que son cousin Miles serait si pressé de s'y installer, ni qu'il était encore célibataire. Ni qu'il la pousserait contre un mur et plaquerait ses lèvres sur les siennes, s'attendant qu'elle se laisse faire, voire qu'elle lui soit reconnaissante de s'intéresser à elle.

Au lieu de quoi, elle lui avait planté le coude dans les côtes et, d'un coup de genou bien placé...

Bref, c'était le seul épisode de toute cette débâcle qui la faisait encore sourire.

Furieux de cette rebuffade, Miles ne lui avait pas fait de cadeau. Elle s'était retrouvée sans foyer, sans argent et sans famille (elle refusait de le considérer comme telle).

C'est alors que la douairière avait fait son entrée.

Le bruit de la situation désespérée dans laquelle elle se trouvait avait dû se répandre dans la région. Semblable à une déesse glaciale, la douairière avait fait irruption à Sillsby en grand équipage, avait toisé le cousin Miles jusqu'à ce qu'il se tortille d'embarras – un pur moment de plaisir pour Grace –, puis elle s'était adressée à cette dernière.

— Vous serez ma demoiselle de compagnie.

Sans lui laisser le temps d'accepter ou de décliner, la douairière avait tourné les talons et quitté la pièce. Grace n'avait pas le choix.

Ç'avait eu lieu cinq ans plus tôt. Grace vivait à présent dans un château, bénéficiait d'une nourriture raffinée, et si ses vêtements n'étaient pas à la pointe de la mode, ils étaient de qualité et seyants. La pingrerie ne faisait pas partie des défauts de la douairière.

Grace vivait non loin de l'endroit où elle avait grandi, et comme la plupart de ses amies vivaient encore dans la région, elle les voyait régulièrement, que ce soit au village, à l'église ou lors de visites. Si elle n'avait pas de famille à elle, du moins n'avait-elle pas été forcée d'en fonder une avec Miles.

Mais elle avait beau apprécier ce que la douairière avait fait pour elle, elle attendait davantage de la vie.

Peut-être pas davantage, autre chose plutôt.

Elle ne devait toutefois pas se leurrer. Les seuls choix possibles pour une femme de sa condition, c'était un emploi ou le mariage. En ce qui la concernait, c'était un emploi. Les hommes du

Lincolnshire étaient bien trop impressionnés par la douairière pour oser s'intéresser à Grace. Il était de notoriété publique qu'Augusta Cavendish n'avait aucune envie de former une nouvelle demoiselle de compagnie. Il était de notoriété encore plus publique que Grace ne possédait pas un sou.

Allongée dans son lit, elle ferma les yeux. Elle devait se souvenir que les draps entre lesquels elle s'était glissée étaient d'excellente qualité, et que la bougie qu'elle venait de souffler était de pure cire d'abeille. Elle jouissait vraiment de tout le confort possible.

Mais ce qu'elle aurait voulu, c'était...

Peu importait. Ce fut sa dernière pensée avant de sombrer dans le sommeil.

Et de rêver d'un certain bandit de grand chemin.

3

À une lieue de là, dans un modeste relais de poste, un homme était assis dans sa chambre avec, pour toute compagnie, une bouteille d'excellent cognac français, un verre vide, une petite sacoche de vêtements et une bague de femme.

Il s'appelait Jack Audley. Après avoir été tour à tour le capitaine John Audley, dans l'armée de Sa Majesté ; Jack Audley, de Butlersbridge, comté de Cavan, Irlande ; Jack Cavendish-Audley, au même endroit ; et, en remontant très loin – c'est-à-dire au moment de son baptême – John Augustus Cavendish.

La miniature ne lui avait rien rappelé du tout. Dans la pénombre, il l'avait à peine vue. En outre, il n'existait pas encore de peintre capable de rendre l'essence d'un homme sur un portrait miniature.

La bague, toutefois...

D'une main mal assurée, Jack remplit de nouveau son verre.

Il n'avait pas vraiment prêté attention à la bague lorsque la vieille dame la lui avait remise. Mais lorsqu'il l'avait regardée, une fois dans sa chambre, il avait été ébranlé jusqu'au tréfonds.

Cette bague, il l'avait déjà vue. À son propre doigt.

Même si la sienne en était la version masculine, le dessin était identique : une fleur contournée et un minuscule *D*. Il n'avait jamais su ce que celui-ci signifiait, puisqu'on lui avait dit que le nom de son père était John Augustus Cavendish.

La vieille dame, en revanche, savait à quoi se rapportait ce *D*. Et Jack avait beau s'efforcer de se convaincre qu'il s'agissait d'une simple coïncidence, il ne parvenait pas à se défaire de l'idée que ce soir, sur une route déserte du Lincolnshire, il avait rencontré sa grand-mère.

Grands dieux !

Il baissa les yeux sur la bague, posée sur la table. D'un geste brusque, il ôta celle qu'il portait – ce qui ne lui arrivait jamais. Sa tante avait toujours insisté pour qu'il la garde sur lui, car c'était le seul souvenir qu'ils conservaient de son père.

Sa mère, lui avait-elle raconté, la serrait entre ses doigts tremblants lorsqu'on l'avait repêchée dans les eaux glaciales de la mer d'Irlande.

Jack déposa la bague à côté de sa sœur. Puis, ayant observé la paire, il pinça les lèvres. À quoi s'attendait-il donc ? Croyait-il que, en les contemplant côte à côte, il constaterait qu'elles étaient finalement très différentes ?

Il en savait peu sur son père. Il connaissait son nom, bien sûr, et le fait qu'il était le rejeton d'une riche famille anglaise. Sa tante ne l'avait rencontré que deux fois. Elle avait eu l'impression qu'il était brouillé avec les siens. Il en parlait avec un détachement ironique, comme quelqu'un qui ne souhaite pas approfondir le sujet.

Il n'avait pas beaucoup d'argent – du moins était-ce ce que sa tante supposait. Ses vêtements étaient élégants mais élimés et, apparemment, il arpentait la campagne irlandaise depuis des mois. Venu pour assister au mariage d'un ami, disait-il, il avait trouvé le pays si beau qu'il était resté. Sa tante ne voyait aucune raison de douter de ses paroles.

Ce que Jack savait se résumait donc à ceci : John Augustus Cavendish était un gentleman anglais de bonne famille qui s'était rendu en Irlande, qui était tombé amoureux de Louise Galbraith, l'avait épousée, puis était mort lorsque le bateau qui les emmenait en Angleterre avait sombré au large des côtes irlandaises. Louise avait échoué sur le rivage, contusionnée, mais vivante. Un mois s'était écoulé avant que l'on découvre qu'elle était enceinte.

Elle était faible, et anéantie par le chagrin. Selon sa sœur, qui avait élevé Jack comme son fils, il était surprenant qu'elle ait survécu à sa grossesse, et beaucoup moins qu'elle soit morte à sa naissance.

Il arrivait à Jack de songer à ses parents, de s'interroger sur ce qu'ils avaient été. Lequel des deux, par exemple, lui avait légué ce sourire si spontané ?

À vrai dire, il n'avait jamais été taraudé par le désir d'en savoir plus. À l'âge de deux jours, il avait été remis à William et à Mary Audley, et si ceux-ci avaient aimé davantage leurs propres enfants, Jack ne s'en était jamais aperçu. De fait, il avait grandi en fils de propriétaire terrien, avec deux frères et une sœur, sur un domaine de vingt hectares idéal pour s'ébattre, vagabonder et monter à cheval.

Il avait eu une enfance merveilleuse. Presque parfaite. S'il ne menait pas aujourd'hui la vie qu'il avait prévue, s'il lui arrivait, une fois couché, de se demander pourquoi diable il en était à attaquer des voitures au cœur de la nuit, au moins savait-il que le chemin qui l'avait conduit jusque-là résultait de ses propres choix et de ses propres défauts.

La plupart du temps, Jack était heureux. Il était d'un naturel plutôt joyeux et, franchement, il y avait pire sort que de jouer les Robin des bois sur les routes de campagne britanniques. Au moins avait-il un but.

Après avoir quitté l'armée, il ne savait que faire de lui-même. Il pouvait se prévaloir de deux aptitudes : il montait à cheval comme s'il était né en selle, et il possédait suffisamment d'esprit et de charme pour séduire l'individu le plus hargneux. Les deux combinés avaient fait de l'attaque de voyageurs le choix le plus logique.

Il avait commis son premier vol à Liverpool, lorsqu'il avait vu un jeune rupin écarter d'un coup de pied un ancien soldat. Celui-ci, manchot, avait eu la témérité de mendier un penny. Stimulé par l'absorption d'une pinte de bière forte, Jack avait suivi l'individu dans une ruelle et, pointant son pistolet sur son cœur, l'avait délesté de son portefeuille.

Il avait ensuite distribué le contenu de ce dernier aux mendiants de Queens Way, dont la plupart s'étaient battus pour le bon peuple anglais – avant que celui-ci les oublie purement et simplement.

Enfin, pour être tout à fait honnête, il en avait distribué les neuf dixièmes. Lui aussi devait manger.

Après cela, devenir bandit de grand chemin avait été une étape naturelle. L'opération exigeait davantage de panache et, il fallait l'avouer, s'enfuir à cheval était plus facile.

S'il était retourné en Irlande, il serait probablement marié, à présent. Il dormirait avec la même femme, dans le même lit, dans la même maison. Sa vie s'ancrerait dans le comté de Cavan, et son monde serait infiniment plus réduit que celui qu'il connaissait.

Mais il avait l'âme vagabonde. Raison pour laquelle il ne retournait pas en Irlande.

Une fois de plus, Jack rajouta un peu de cognac dans son verre. Il y avait une centaine de raisons qui l'empêchaient de retourner en Irlande. Ou, au moins, cinquante.

Il avala une gorgée d'alcool, puis une autre, puis il but jusqu'à être trop saoul pour continuer à se mentir.

Une seule et unique raison l'empêchait de retourner en Irlande. Une raison, et quatre personnes qu'il pensait ne pas pouvoir affronter.

Il quitta son fauteuil pour aller se poster devant la fenêtre. Il n'y avait pas grand-chose à voir : une petite écurie, un arbre à l'épais feuillage de l'autre côté de la route. La lune diffusait une clarté laiteuse, presque brumeuse, dans laquelle un homme aurait pu disparaître.

C'était tentant, songea-t-il avec un sourire sans joie. C'était toujours tentant.

Il savait dans quelle direction se trouvait le château de Belgrave, car il écumait le comté depuis une semaine. Sans doute pouvait-il y jeter un coup d'œil. Peut-être même *devrait*-il y jeter un coup d'œil.

Il ne s'était pas beaucoup intéressé à son père... quoiqu'un peu, tout de même. Et il se trouvait dans le Lincolnshire. Qui sait quand il y reviendrait ? Il tenait trop à sa tête pour rester très longtemps au même endroit.

Il ne voulait pas parler à la vieille dame. Il ne voulait pas se présenter, expliquer, prétendre qu'il était autre chose que ce qu'il était. C'est-à-dire un vétéran, un bandit de grand chemin, un gredin, un idiot, un imbécile sentimental qui savait que les gentilles infirmières qui soignaient les blessés avaient tort : parfois, il était impossible de rentrer chez soi.

Mais, Seigneur, que ne donnerait-il pas pour avoir des nouvelles !

Jack s'allongea et ferma les yeux. Le pire, c'était que sa famille l'accueillerait à bras ouverts. Sa tante l'embrasserait et lui dirait que ce n'était pas sa faute. Elle serait on ne peut plus compréhensive.

Mais elle ne comprendrait pas.

Ce fut sa dernière pensée avant de sombrer dans le sommeil. Et de rêver de l'Irlande.

Le jour se leva, clair et ensoleillé. S'il avait plu, Jack aurait renoncé. Il avait passé suffisamment d'années à prétendre qu'il se moquait d'être trempé jusqu'aux os. Du moins avait-il gagné de ne plus sortir à cheval sous la pluie si ce n'était pas nécessaire.

Comme il n'était pas censé retrouver ses acolytes avant la tombée de la nuit, il n'avait aucune excuse pour ne pas se rendre à Belgrave. D'autant qu'il s'y rendait simplement pour voir à quoi l'endroit ressemblait. Et, peut-être aussi, pour rendre sa bague à la vieille dame s'il en trouvait le moyen. Le bijou avait sans doute une grande valeur sentimentale pour elle, et même s'il en retirerait certainement une coquette somme, il n'aurait pu se résigner à le vendre.

Il s'offrit donc un copieux petit déjeuner, accompagné d'un breuvage explosif dont l'aubergiste jura qu'il lui éclaircirait les idées. Non que Jack ait eu le temps de dire autre chose que : « Des œufs », avant que l'homme déclare : « J'ai ce qu'il vous faut ». Curieusement, la potion fut souveraine, si bien que Jack put faire honneur au petit déjeuner. Puis il prit la direction de Belgrave Castle à un trot modéré.

Même s'il avait couvert de nombreuses lieues au cours des derniers jours, c'était la première fois qu'il éprouvait de la curiosité pour son environnement. Les arbres lui semblaient soudain plus intéressants ; les fleurs également. Certaines lui étaient familières car elles poussaient aussi en Irlande. Et il y en avait d'autres qu'il n'avait jamais vues.

Il était en proie à une impression étrange. Peut-être que ce paysage était celui que son père voyait chaque fois qu'il empruntait cette même route. Ou peut-être que, si une tempête ne s'était levée en mer d'Irlande, ces arbres et ces fleurs auraient été ceux de sa propre enfance. Ses parents se seraient-ils installés en Angleterre ou en Irlande ? Apparemment, sa mère allait être présentée à la famille Cavendish lorsque leur bateau avait sombré. D'après tante Marie, ils devaient décider de l'endroit où ils vivraient après que Louise eut vu à quoi ressemblait l'Angleterre.

Jack s'arrêta et, d'un geste impulsif, arracha une feuille à un arbre. Elle n'était pas aussi verte que chez lui, constata-t-il. Mais pourquoi y attachait-il de l'importance ?

Avec un grognement d'impatience, il jeta la feuille et repartit à une allure plus vive. C'était ridicule de sa part d'éprouver ne serait-ce qu'un soupçon de culpabilité parce qu'il allait voir le château. Bon sang, ce n'était pas comme s'il avait l'intention de se faire connaître ! Il ne voulait pas d'une nouvelle famille. Il ne savait que trop ce qu'il devait aux Audley.

Il voulait juste voir Belgrave de loin. Voir ce qui aurait pu être, et dont il était heureux que cela n'ait pas été.

Éperonnant sa monture, il laissa ses souvenirs s'envoler avec le vent. La vitesse était purifiante, grisante, et il se retrouva soudain à l'extrémité de l'allée. La seule pensée qui lui vint à l'esprit fut...

Seigneur !

Grace était éreintée.

Elle avait peu dormi, et mal. Et même si la douairière avait choisi de passer la matinée au lit, elle-même n'avait pu s'offrir ce luxe, car elle avait été appelée six fois. La première heure.

Finalement, la vieille dame s'était absorbée dans la lecture d'un paquet de lettres que Grace était allée lui chercher dans le vieux bureau de feu son mari, dans une boîte marquée : *JOHN, ETON*.

Sauvée par de vieux papiers d'école. Qui l'eût cru ?

Grace ne soufflait pas depuis vingt minutes qu'on annonça l'arrivée des demoiselles Elizabeth et Amelia Willoughby. Blondes et jolies, les filles du comte de Crowland vivaient depuis longtemps dans le voisinage et, à la grande joie de Grace, étaient restées ses amies.

Surtout Elizabeth. Toutes deux avaient le même âge et avant que Grace perde ses parents et, dans la foulée, son statut social, on jugeait leur amitié convenable. Certes, tout le monde savait que Grace ne contracterait pas une union aussi avantageuse que les filles Willoughby – contrairement à elles, Grace n'avait pas fait ses débuts dans le monde à Londres. Toutefois, lorsqu'elles étaient toutes trois dans le Lincolnshire, elles étaient sinon égales, du moins très proches. Les gens n'y regardaient pas de si près lors des soirées à la salle des fêtes.

Et lorsque les filles étaient seules, elles ne prêtaient aucune attention à la différence de rang.

Amelia était la sœur cadette d'Elizabeth. D'un an seulement, mais lorsqu'elles étaient plus jeunes, cela semblait un fossé. Aussi Grace la connaissait-elle beaucoup moins bien. Une situation certainement vouée à changer. Amelia était fiancée à Thomas, et ce depuis le berceau. Il aurait dû être fiancé à Elizabeth, sauf que celle-ci avait été promise à un autre jeune lord dès l'enfance. Car lord Crowland n'était pas du genre à laisser les choses au hasard. Le fiancé d'Elizabeth était mort prématurément – une disparition fort inopportune, avait déclaré lady Crowland, qui n'était pas un modèle de tact. Cependant, les documents liant Amelia et Thomas ayant déjà été signés, il avait été jugé préférable de laisser les choses en l'état.

Grace n'avait jamais abordé le sujet avec Thomas. Ils avaient beau être amis, il répugnerait certainement à évoquer un sujet aussi personnel. Elle le soupçonnait toutefois de trouver des avantages à cette situation. Une fiancée contribuait à garder à distance les demoiselles en quête d'époux (et leur mère). Pas complètement, cependant. Il était manifeste que les dames privilégiaient la répartition des risques. En conséquence, le pauvre Thomas ne pouvait se rendre quelque part sans qu'elles ne s'évertuent à lui présenter leur meilleur profil, au cas où Amelia viendrait à disparaître. Ou à mourir. Ou à décider qu'elle ne souhaitait pas devenir duchesse.

Comme si elle avait le choix !

Toutefois, alors qu'une épouse constituait un repoussoir bien plus efficace qu'une fiancée, Thomas continuait à traîner des pieds, ce que Grace trouvait cruel de sa part. Amelia avait quand même vingt et un ans. Et selon lady Crowland, quatre hommes au moins auraient demandé sa main, à Londres, si elle n'avait été estampillée « future duchesse de Wyndham ».

Elizabeth prétendait qu'ils étaient trois tout au plus. Il n'empêche que la pauvre fille attendait depuis des années.

— Les livres ! annonça Elizabeth. Comme promis.

Sa mère avait emprunté quelques ouvrages à la duchesse. Non pas que lady Crowland eût l'intention de les parcourir, car elle ne lisait rien d'autre que les rubriques mondaines des journaux. Mais les rapporter constituait un excellent prétexte pour se rendre à Belgrave Castle, et elle favorisait tout ce qui permettait à Amelia de se rapprocher de Thomas.

Personne n'avait eu le cœur de lui dire que, la plupart du temps, Amelia ne voyait même pas son fiancé. Elle était, en revanche, forcée de supporter la compagnie de la douairière – « compagnie » étant peut-être un terme généreux pour décrire l'attitude d'Augusta Cavendish face à sa future belle-fille. La douairière excellait à la critique, et Amelia était sa cible favorite.

Aujourd'hui, toutefois, elle avait été épargnée. Lady Cavendish était toujours dans sa chambre, occupée à lire les conjugaisons latines de son fils décédé. Amelia avait donc pu se joindre à Grace et à Elizabeth, qui bavardaient tout en prenant le thé.

En vérité, c'était Elizabeth qui bavardait. Grace se contentait d'un hochement de tête et d'un murmure aux moments appropriés. On aurait pu croire qu'en raison de sa lassitude, elle aurait la tête vide. Or, c'était tout le contraire. Elle ne cessait de penser au voleur, à son baiser, à son identité, de nouveau à son baiser... Le rencontrerait-elle de nouveau ? Dire qu'il l'avait embrassée ! Et que...

Elle devait à tout prix mettre fin à cette ronde infernale.

Son regard tomba sur le plateau du thé, et elle se demanda s'il serait impoli de sa part de prendre le dernier biscuit.

— … certaine que tu vas bien, Grace ? demanda Elizabeth en s'emparant de sa main. Tu as l'air fatiguée.

Grace battit des paupières et répondit machinalement :

— Je suis désolée. Je suis fatiguée, c'est vrai, mais cela n'excuse pas mon inattention.

Elizabeth, qui connaissait la douairière, fit la grimace.

— Elle t'a retenue très tard, cette nuit ?

— Oui. Encore que, en toute honnêteté, ce n'était pas sa faute.

— C'est toujours sa faute, rétorqua Elizabeth, après avoir jeté un coup d'œil vers la porte pour s'assurer que personne n'écoutait.

— Non, pas cette fois, objecta Grace avec un sourire ironique. Nous avons… En fait, nous avons été arrêtées par des bandits de grand chemin.

Après tout, il n'y avait pas de raison de taire l'incident. Thomas était déjà au courant, et toute la région le serait avant la fin de la journée.

— Oh, mon Dieu ! s'exclama Elizabeth en reposant précipitamment sa tasse de thé. Pas étonnant que tu sois aussi distraite.

— Hmm ? fit Amelia.

Elle avait les yeux dans le vague, comme souvent lorsque sa sœur et Grace papotaient, mais l'exclamation de sa sœur parut la ramener à l'instant présent.

— Je m'en suis remise, assura Grace. Je suis juste un peu fatiguée car je n'ai pas bien dormi.

— Que s'est-il passé ? demanda Amelia.

— Grace et la douairière ont été attaquées par des voleurs, sur la route, répondit sa sœur.

— Vraiment ?

— Oui, la nuit dernière, en rentrant de la soirée, précisa Grace.

À peine avait-elle achevé sa phrase qu'une
pensée l'assaillit. Seigneur, si le voleur se révélait être le petit-fils légitime de la douairière,
qu'adviendrait-il d'Amelia ?

Non, il ne pouvait être légitime, même s'il
n'était pas exclu que du sang Cavendish coulât
dans ses veines. Un fils de duc n'abandonnait
pas sa progéniture légitime dans la campagne.

— Ils vous ont pris quelque chose ? s'enquit
Amelia.

— Comment peux-tu être aussi terre à terre ?
s'écria Elizabeth. Ils ont pointé un pistolet sur
elle ! Enfin, je suppose, ajouta-t-elle en adressant
un regard interrogateur à Grace.

Grace revit la scène : le canon froid du pistolet,
le regard insistant, séducteur, du chef de bande.
L'homme n'aurait pas tiré, elle le savait à présent.

— Oui, murmura-t-elle néanmoins.

— Tu étais terrorisée ? reprit Elizabeth d'une
voix haletante. Moi, je l'aurais été. Je me serais
évanouie.

— Pas moi, lâcha Amelia.

— Évidemment, rétorqua Elizabeth avec irritation. Tu n'as même pas réagi quand Grace nous
en a parlé.

— En fait, je trouve que c'est plutôt excitant,
avoua Amelia, qui regarda Grace avec grand intérêt. Je me trompe, Grace ?

Au comble de l'embarras, Grace se sentit rougir. Amelia se pencha alors vers elle, les yeux
brillants.

— Il était séduisant ?

Sa sœur la fixa avec stupeur.

— Qui ?

— Le brigand, bien sûr.

Après avoir bredouillé quelques mots, Grace affecta de boire son thé.

— Oui, il était séduisant ! conclut Amelia, triomphante.

— Il portait un masque, se sentit obligée de préciser Grace.

— Mais tu pouvais quand même voir qu'il était séduisant.

— Non.

— Dans ce cas, il avait un accent terriblement romantique. Français ? Italien ? Espagnol, peut-être ? suggéra Amelia avec un enthousiasme croissant.

— Tu es folle, lui dit Elizabeth.

— Il n'avait pas d'accent, rétorqua Grace. Enfin... pas vraiment. Écossais, peut-être. Ou irlandais. Je n'ai pas réussi à le déterminer.

Amelia s'adossa au canapé avec un soupir ravi.

— Un bandit de grand chemin. Comme c'est romantique !

— Amelia Willoughby, Grace vient de subir une attaque à main armée et tu trouves cela romantique ? lança sa sœur.

Amelia ouvrait la bouche pour répliquer lorsqu'un bruit de pas résonna dans le vestibule.

— La douairière ? chuchota Elizabeth, qui espérait manifestement se tromper.

— Je ne crois pas, répondit Grace. Elle était encore couchée quand je suis descendue. Elle est un peu... euh... perturbée.

— Je le crois volontiers, dit Elizabeth. Est-ce qu'ils lui ont pris ses émeraudes ?

Grace secoua la tête.

— Nous les avions cachées. Sous le coussin de la banquette.

— Quelle bonne idée ! Tu ne trouves pas, Amelia ?

Sans attendre de réponse, elle enchaîna :

— Grace, c'est toi qui y as pensé, n'est-ce pas ?

Grace allait répondre qu'elle aurait été heureuse de remettre les pierres précieuses aux brigands lorsque Thomas passa devant la porte ouverte du salon.

Toute conversation cessa. Elizabeth regarda Grace, qui regarda Amelia, et Amelia garda les yeux fixés sur l'embrasure de la porte, à présent vide. Après quelques instants, Elizabeth se tourna vers sa sœur.

— Je crois qu'il n'a pas vu que nous étions là.

— Cela m'est égal, déclara Amelia.

— Je me demande où il est allé, murmura Grace.

Ses compagnes ne parurent pas l'entendre. Elles guettaient visiblement un éventuel retour de Thomas.

Il y eut un grognement, suivi d'un grand bruit. Grace se leva, s'interrogeant sur l'opportunité d'aller voir ce qui se passait.

— Nom de nom ! jura Thomas.

Grace tressaillit et coula un regard à ses amies. Elles aussi s'étaient levées.

— Faites attention ! s'agaça Thomas.

Devant les jeunes femmes silencieuses passa alors le portrait de John Cavendish, soutenu avec difficulté par deux valets de pied.

— Qui est ce personnage ? s'enquit Amelia, une fois que le tableau eut disparu.

— Le deuxième fils de la douairière, murmura Grace. Il est mort il y a vingt-neuf ans.

— Pourquoi emportent-ils ce tableau ?

— Elle le veut là-haut.

Grace jugea inutile d'en dire davantage. De toute manière, qui pouvait se vanter de connaître les motifs de la douairière ? Amelia dut se satisfaire de cette réponse, car elle n'insista pas. Mais peut-être était-ce parce que Thomas choisit cet instant pour réapparaître dans l'embrasure de la porte.

— Bonjour, mesdemoiselles, les salua-t-il.

Toutes trois esquissèrent une révérence. Il se contenta d'incliner la tête avec une indifférence polie.

— Veuillez m'excuser, dit-il ensuite, avant de s'éclipser.

— Eh bien, lâcha Elizabeth.

Grace n'aurait su dire si elle exprimait son indignation face à la grossièreté de Thomas ou si elle tentait simplement de briser le silence. Le cas échéant, ce ne fut pas une réussite car personne ne souffla mot, jusqu'au moment où elle reprit :

— Peut-être devrions-nous partir.

— Non, répliqua Grace, navrée d'avoir à annoncer une telle nouvelle. Pas tout de suite, du moins. La douairière veut voir Amelia. Je suis désolée, ajouta-t-elle quand cette dernière poussa un gémissement, et elle était sincère.

Amelia se rassit et lorgna le plateau du thé.

— C'est moi qui mangerai le dernier biscuit, décréta-t-elle.

Grace acquiesça d'un signe de tête. La pauvre aurait besoin de toute son énergie pour affronter l'épreuve qui l'attendait.

— Je devrais peut-être en demander d'autres ? suggéra-t-elle.

Sur ces entrefaites, Thomas réapparut.

— Nous avons failli le lâcher dans l'escalier, annonça-t-il à Grace en secouant la tête. Il a basculé sur la droite et, un peu plus, il s'empalait sur la rampe.

— Oh, mon Dieu !

— De quoi vous transpercer le cœur, ajouta-t-il, ironique. Cela en aurait valu la peine, rien que pour voir la tête de la douairière.

— Elle a donc quitté son lit ? s'enquit Grace.

Si la douairière était levée, cela signifiait qu'elle devait abandonner les sœurs Willoughby.

— Uniquement pour surveiller les opérations. Vous êtes hors de danger, à présent, Grace, poursuivit Thomas, qui leva les yeux au ciel. Je n'arrive pas à croire qu'elle ait osé vous demander d'aller le chercher la nuit dernière. Ni, d'ailleurs, que vous ayez cru un instant pouvoir vous en sortir seule.

Grace se tourna vers Elizabeth et Amelia, qui attendaient sans doute un éclaircissement.

— Cette nuit, la duchesse douairière m'a demandé d'aller chercher ce tableau et de le lui apporter.

— Mais il est gigantesque ! s'exclama Elizabeth.

— Ma grand-mère a toujours préféré son deuxième fils, déclara Thomas.

Il plissa les lèvres – cela ne ressemblait toutefois pas vraiment à un sourire. Puis il balaya la pièce du regard et, comme s'il remarquait enfin la présence de sa future épouse, demanda :

— Comment allez-vous, lady Amelia ?

— Bien, merci, Votre Grâce, répondit-elle.

Mais il ne l'entendit sans doute pas car il s'adressa de nouveau à Grace :

— Je peux compter sur votre soutien si je décide de l'enfermer ?

— Thom… commença Grace, avant de s'interrompre.

Elizabeth et Amelia savaient que le duc l'avait priée d'utiliser son prénom lorsqu'ils étaient à Belgrave. Grace considérait néanmoins que ce serait un manque de respect de le faire en présence d'autres personnes.

— Votre Grâce, reprit-elle, vous devez faire preuve d'un surcroît de patience, aujourd'hui. Votre grand-mère est bouleversée.

Elle ponctua sa remarque d'un sourire forcé. Que le ciel lui pardonne de leur laisser croire, à tous, que la douairière était bouleversée par une simple agression ! Si elle ne mentait pas vraiment à Thomas, elle péchait néanmoins par omission.

— Amelia ? Tu ne te sens pas bien ? s'inquiéta soudain Elizabeth, qui observait sa sœur d'un air soucieux.

— Je me sens parfaitement bien, rétorqua Amelia, d'un ton sec qui suffit à démentir ses paroles.

Les deux sœurs se chamaillèrent un instant, à voix trop basse pour que Grace saisisse leurs propos. Puis Amelia se leva et déclara qu'elle avait besoin de prendre l'air.

Elle avait quasiment atteint la porte lorsque Grace comprit que Thomas n'avait pas l'intention de la suivre. Bonté divine, pour un duc, il avait des manières abominables !

Grace le foudroya du regard. Il le fallait bien, car personne ne s'opposait jamais à lui. Il se rendit manifestement compte qu'il était dans son tort, car il se tourna vers Amelia, inclina à peine la tête, et dit :

— Permettez-moi de vous accompagner.

Quand ils furent sortis, Grace et Elizabeth restèrent silencieuses pendant une bonne minute.

— Ils sont mal assortis, tu ne trouves pas ? finit par commenter Elizabeth d'un ton résigné.

Les yeux rivés sur la porte, Grace ne put qu'acquiescer.

Il était gigantesque.

Un château était, évidemment, censé en imposer. Mais tout même...

Jack demeura bouche bée devant une telle magnificence.

Il trouvait curieux que personne ne lui ait jamais dit que son père était issu d'une famille ducale. Quelqu'un était-il seulement au courant ? Jack avait toujours supposé que son père était le fils d'un simple hobereau – baronnet ou, peut-être, baron. On lui avait toujours parlé de John Cavendish, et non de lord John Cavendish, comme son père aurait dû être désigné.

Quant à la vieille dame... il avait réalisé le matin même qu'elle ne lui avait pas dit son nom ; il devait s'agir de la duchesse, devinait-il. Elle avait des manières bien trop impérieuses pour n'être qu'une tante célibataire ou une veuve apparentée à la famille.

Bonté divine, il était le petit-fils d'un duc ! Comment était-ce possible ?

Jack fixa la demeure qui se dressait devant lui. Il pouvait se targuer de n'être pas un simple provincial. Il s'était frotté, lors de ses études, aux fils des familles les plus éminentes d'Irlande, et il avait beaucoup voyagé lorsqu'il était dans l'armée. Il connaissait l'aristocratie, il ne se sentait pas mal à l'aise en son sein. Mais ce château...

Combien comptait-il de pièces ? Au moins une centaine, sans doute. Et de quand datait-il ? S'il ne semblait pas médiéval, en dépit des créneaux qui le couronnaient, il datait probablement d'avant les Tudors. Des événements importants avaient dû avoir lieu ici. La signature d'un traité, peut-être ? Un séjour royal ? C'était le genre de choses qu'on apprenait à l'école, raison pour laquelle il l'ignorait.

Dieu sait qu'il n'avait rien d'un érudit.

L'approche du château avait été trompeuse car il était entouré d'arbres, et Jack n'avait aperçu ses tourelles et ses tours que par intermittence. Mais quand il avait atteint l'extrémité de l'allée, et qu'il était apparu dans toute la splendeur de ses pierres grises aux reflets jaunes...

Jack n'imaginait même pas combien de temps il faudrait à un nouveau venu pour se repérer à l'intérieur. Ni combien de temps il faudrait pour retrouver le pauvre visiteur, une fois celui-ci égaré.

Qui serait-il, s'interrogea-t-il, s'il avait grandi dans un lieu pareil ? Son père était un brave homme à en croire sa tante – la seule personne à l'avoir connu suffisamment pour lui en parler.

Il n'empêche que Jack avait du mal à imaginer une famille vivant dans un tel endroit. La maison de son enfance, en Irlande, n'était certes pas petite, il était cependant rare de passer dix minutes ou d'effectuer quelques pas sans engager la conversation avec une cousine, un frère, une tante, ou même un chien (ç'avait été un bon chien – paix à sa petite âme poilue –, meilleur, même, que la plupart des gens).

Les Audley se *connaissaient* les uns les autres, ce qui était une chose rare et, aux yeux de Jack, précieuse.

Une agitation soudaine sur le perron le tira de ses pensées. Trois femmes sortirent. Les deux premières étaient blondes. Il était trop loin pour distinguer leurs visages, mais s'il se fiait à leurs gestes, elles étaient jeunes, et probablement jolies.

L'expérience lui avait en effet appris que les jolies filles bougeaient différemment des filles qui ne l'étaient pas, même si elles n'avaient pas forcément conscience de leur beauté ; tandis que les filles quelconques trahissaient toujours leur conscience d'en être dépourvu.

Jack ne put s'empêcher d'esquisser un sourire. Peut-être était-il un érudit en son genre : l'étude des filles, tentait-il souvent de se convaincre, était un sujet aussi noble que n'importe quel autre.

Ce fut toutefois la troisième personne, la dernière à sortir du château, qui capta son attention. Il retint son souffle, incapable de détourner les yeux.

C'était la fille de la voiture, il en était sûr. Déjà, elle était brune. Certes, cette couleur de cheveux n'avait rien de rare. Il savait pourtant que c'était elle parce que… parce que… Parce qu'il le savait.

Il se souvenait d'elle, de sa manière de se mouvoir, de son corps pressé contre le sien, du vide qu'il avait ressenti lorsqu'elle s'était écartée.

Elle lui avait plu. Il n'avait pas souvent l'occasion d'aimer ou de ne pas aimer les gens qu'il attaquait, mais il n'avait pu s'empêcher de remarquer combien son regard brillait d'intelligence lorsque la vieille dame l'avait poussée en lui suggérant de la tenir en joue.

Si Jack n'avait pas apprécié le procédé, il avait néanmoins trouvé un plaisir inattendu à l'enlacer. D'ailleurs, quand la vieille dame était revenue avec la miniature, il avait regretté d'avoir manqué de temps pour l'embrasser convenablement.

Il l'observa tandis qu'elle s'avançait dans l'allée, puis s'inclinait pour dire quelque chose aux deux blondes. L'une d'elles glissa son bras sous le sien pour l'entraîner à l'écart. Elles étaient amies, constata-t-il avec surprise. Cette fille était donc davantage qu'une demoiselle de compagnie. Une parente pauvre, peut-être ? Ce n'était certainement pas la fille de la maison. Ni une domestique.

Après avoir resserré les rubans de son chapeau, elle indiqua quelque chose au loin. Jack se surprit à suivre la direction de sa main, mais les arbres, trop nombreux, l'empêchèrent de voir ce qui retenait son attention.

C'est alors qu'elle se retourna, et l'aperçut.

Elle ne cria pas, ni ne tressaillit, il sut cependant qu'elle l'avait vu à sa manière de...

À sa manière d'être, sans doute, car il ne distinguait pas son visage à une telle distance. Un frisson le parcourut lorsqu'il comprit qu'en outre, elle l'avait reconnu. C'était ridicule, parce qu'il se tenait à l'autre extrémité de l'allée et ne portait pas son accoutrement de bandit de grand chemin. Il en était néanmoins persuadé : elle savait qu'elle regardait l'homme qui l'avait embrassée.

L'instant s'étira, parut durer une éternité, alors que quelques secondes seulement s'écoulèrent. Puis un oiseau cria, le tirant de sa transe.

Il était temps de partir !

Il ne restait jamais longtemps au même endroit, mais celui-ci était probablement le plus dangereux de tous.

Il jeta un dernier regard au château – un regard dépourvu d'envie ou de regret, car il n'éprouvait ni l'un ni l'autre. Quant à la fille de la voiture, il ne la regretterait pas non plus, décida-t-il alors même que quelque chose de bizarre, d'un peu âcre lui brûlait la gorge.

Certaines choses étaient tout simplement inenvisageables.

— Qui était cet homme ?

Grace feignit de ne pas avoir entendu la question d'Elizabeth. Elles venaient de prendre place dans la confortable voiture des Willoughby, mais leur joyeux trio s'était adjoint un membre supplémentaire.

Après avoir quitté son lit, il avait suffi à la douairière de poser les yeux sur les joues rosies par le soleil d'Amelia – Grace en avait conclu que, finalement, Thomas et elle avaient effectué une longue promenade – pour qu'elle se lance dans une tirade à peine intelligible sur l'étiquette qu'une future duchesse se devait de respecter.

Ce n'était pas tous les jours qu'on entendait évoquer dynastie, procréation et taches de rousseur dans la même phrase.

Pourtant la douairière avait réussi cet exploit, et les trois jeunes filles étaient accablées, surtout

Amelia. La vieille dame avait décidé de s'entretenir toutes affaires cessantes avec lady Crowland – probablement pour dénoncer le teint abîmé d'Amelia. Voilà pourquoi elle s'était invitée dans la voiture du comte, après avoir ordonné que la sienne les suive pour les ramener au château.

Quant à Grace, en vérité, on ne lui avait pas laissé le choix.

— Grace ?

C'était de nouveau Elizabeth.

Grace se mordit la lèvre et fixa délibérément le regard sur un point situé à gauche de la tête de la douairière.

— Qui était-ce ? insista Elizabeth.

— Personne, assura Grace. Nous partons bientôt ?

Elle regarda par la fenêtre en affectant de chercher ce qui les retenait dans l'allée.

Dieu sait qu'elle se serait volontiers abstenue d'aller jusqu'à Burges Park, où vivaient les Willoughby. Surtout depuis qu'elle l'avait vu, *lui*. Le bandit de grand chemin, l'homme qui s'était appelé Cavendish autrefois.

Il était parti avant que la douairière sorte du château. Grace, qui ne s'y connaissait guère en équitation, avait remarqué la maîtrise avec laquelle il avait fait volter sa monture.

Non seulement l'homme l'avait vue, mais il l'avait reconnue, elle en était persuadée. Elle le sentait.

Impatiente, elle tambourina sur sa cuisse du bout des doigts. Comment ne pas songer à Thomas et à l'immense portrait qui était passé devant la porte du salon ? À Amelia, destinée à être l'épouse d'un duc depuis sa naissance ? À elle-même, qui s'accommodait d'une vie qu'elle n'avait pas souhaitée.

Un seul homme avait le pouvoir de détruire tout cela.

Quand Elizabeth lui fit remarquer qu'elle semblait le connaître, elle répliqua avec une certaine brusquerie :

— Non, je ne le connais pas.

La douairière releva la tête, les lèvres pincées.

— De quoi parlez-vous ?

— De l'homme qui se trouvait au bout de l'allée, répondit aussitôt Elizabeth.

La vieille dame darda le regard sur Grace.

— Qui était-ce ?

— Je l'ignore. Il était trop loin, je ne distinguais pas son visage.

Ce qui n'était pas un mensonge. Du moins, en ce qui concernait la deuxième proposition.

— Qui était-ce ? rugit la douairière, au point de couvrir le fracas des roues tandis que la voiture s'ébranlait.

— Je l'ignore, répéta Grace, d'une voix mal assurée.

— Amelia, l'avez-vous vu ? demanda la douairière.

Grace croisa le regard de la jeune fille. Quelque chose passa entre elles.

— Je n'ai vu personne, madame, assura Amelia.

Avec un grondement de fureur, la douairière reporta les yeux sur Grace.

— C'était lui ?

Grace secoua la tête.

— Je ne sais pas, balbutia-t-elle. Je ne saurais le dire.

— Qu'on arrête la voiture !

La douairière se pencha en avant et poussa Grace sans ménagement afin de tambouriner sur la cloison qui isolait l'habitacle du siège du cocher.

— Arrêtez, vous dis-je !

La voiture s'immobilisa si abruptement qu'Amelia, qui était assise à côté de la douairière, face à la route, s'affala aux pieds de Grace. Quand elle voulut se redresser, elle en fut empêchée par la duchesse, qui avait tendu le bras au-dessus d'elle pour saisir durement le menton de Grace de ses doigts noueux.

— Je vous donne une dernière chance, mademoiselle Eversleigh, articula-t-elle. Était-ce lui ?

« Pardonnez-moi », songea Grace, avant de hocher la tête.

4

Dix minutes plus tard, seule dans la voiture des Wyndham avec la duchesse, Grace s'efforçait de se rappeler pourquoi elle avait dissuadé Thomas de placer sa grand-mère dans un asile d'aliénés.

En quelques instants, la vieille dame avait fait faire demi-tour à la voiture des Willoughby, poussé Grace dehors si vigoureusement qu'elle s'était tordu la cheville, renvoyé les deux sœurs sans un mot d'explication, fait venir sa propre voiture ainsi que six valets de pied costauds pour l'escorter, et ordonné à Grace de monter avec elle.

Elles roulaient à présent à une allure folle, ce qui n'empêchait pas la douairière de frapper sans cesse contre la paroi, avec sa canne pour inciter le cocher à accélérer encore le train.

— Madame ? risqua Grace. Où allons-nous ?

— Vous le savez très bien.

Prudente, Grace attendit un moment avant de reprendre :

— Je suis désolée, madame, mais je ne le sais pas.

La douairière se contenta de la foudroyer du regard.

— Nous ne savons pas où il est, souligna Grace.

— Nous le trouverons.

— Mais, madame...

— Cela suffit !

Elle n'avait pas élevé la voix, toutefois sa véhémence contenue réduisit Grace au silence. Après quelques instants, elle se risqua à jeter un coup d'œil à la vieille dame. Elle était assise très droite, dans une position certainement inconfortable, et, de sa main droite, repliée comme une serre d'oiseau, elle écartait le rideau afin de voir à l'extérieur.

Il n'y avait rien d'autre à regarder que des arbres. Pourquoi scrutait-elle ainsi le paysage qui défilait ?

— Si vous l'avez vu, c'est qu'il est encore dans la région, reprit-elle sans regarder Grace. Ce qui signifie, continua-t-elle d'un ton glacial, qu'il n'y a pas pléthore d'endroits où le chercher. Il y a, en tout et pour tout, trois auberges alentour.

Grace appuya le front sur sa main. C'était un signe de faiblesse, dont elle s'abstenait en général devant la douairière. Mais affecter un calme olympien était au-dessus de ses forces. La duchesse avait décidé d'enlever cet homme, venait-elle de comprendre. Elle, Grace Catriona Eversleigh, qui n'avait jamais subtilisé ne serait-ce qu'un bout de ruban à un sou, allait se rendre complice d'un grave délit.

— Mon Dieu, murmura-t-elle.

— Taisez-vous, et essayez de vous rendre utile !

Grace serra les dents. Comment diable la douairière voulait-elle qu'elle se rende utile ? Si enlèvement il y avait, ce seraient aux valets de pied – qui mesuraient tous au moins un mètre quatre-vingts pour satisfaire aux critères de

Belgrave – de s'en charger. Et enlèvement il y aurait car, lorsqu'elle avait jeté un regard oblique à la douairière, la réponse de celle-ci avait été un laconique : « Mon petit-fils aura peut-être besoin de persuasion. »

— Regardez donc par la fenêtre, lui intima-t-elle. C'est vous qui l'avez vu.

Sapristi, Grace aurait volontiers sacrifié cinq années de sa vie pour être n'importe où, plutôt que dans cette voiture !

— Madame, j'ai dit que... il était à l'extrémité de l'allée. Je ne l'ai pas vraiment vu.

— Vous l'avez vu de près la nuit dernière.

Grace, qui s'était efforcée de ne pas la regarder, ne put s'empêcher de la dévisager avec stupéfaction.

— Je vous ai vue l'embrasser. Et je préfère vous avertir dès à présent : n'essayez pas de vous élever au-dessus de votre condition.

— Madame, c'est *lui* qui m'a embrassée.

— Il s'agit de mon petit-fils, et il se peut très bien qu'il soit le véritable duc de Wyndham. Alors ne vous montez pas la tête. Vous êtes appréciée en tant que demoiselle de compagnie, mais c'est tout !

Grace ne trouva pas le courage de réagir à cette insulte. Elle se contenta de fixer son interlocutrice avec horreur, n'osant croire qu'elle l'avait entendue prononcer ces mots : le véritable duc de Wyndham.

Le simple fait d'émettre cette hypothèse était affreux en soi. Rejetterait-elle donc Thomas sans le moindre état d'âme, le dépouillerait-elle de son droit de naissance, de son nom ? Wyndham n'était pas juste un titre, c'était son être même.

Si la douairière déclarait publiquement que le bandit était son véritable héritier... Seigneur, Grace ne parvenait même pas à imaginer l'ampleur du scandale. L'illégitimité de l'imposteur serait certainement prouvée, bien sûr, hélas, le mal serait fait. Il y aurait toujours quelqu'un pour insinuer que, peut-être, Thomas n'était pas vraiment duc ; que, peut-être, il devrait en rabattre car il n'y avait pas tout à fait droit...

Les conséquences pour Thomas, pour eux tous, seraient incalculables.

— Madame, finit-elle par dire d'une voix légèrement chevrotante, vous ne croyez pas sérieusement que cet homme puisse être légitime.

— Bien sûr que si. Ses manières étaient irréprochables...

— C'est un voleur !

— Un voleur de la belle prestance et à l'élocution raffinée. Quelle que soit sa situation actuelle, il a reçu une éducation de gentleman.

— Cela ne signifie pas pour autant que...

— Mon fils est mort sur un bateau, coupa la vieille dame. Après avoir passé huit mois en Irlande. Huit mois, alors qu'il était parti pour quatre semaines ! Il s'était rendu à un mariage.

Tout son corps sembla se raidir tandis qu'elle serrait la mâchoire à ce souvenir.

— Au mariage d'une personne dépourvue d'intérêt, qui plus est. Un simple camarade de collège dont les parents s'étaient acheté un titre et qui avaient imposé leur fils à Eton. Comme si cela suffisait à s'élever dans la société !

La voix de la duchesse s'était réduite à un sifflement venimeux. Grace écarquilla les yeux et, d'un mouvement involontaire, s'écarta d'elle.

— Et ensuite… ensuite, tout ce que j'ai reçu, c'est un mot de trois lignes écrit par quelqu'un d'autre, expliquant qu'il se plaisait tellement là-bas qu'il avait l'intention d'y rester.

— Il ne l'avait pas écrit lui-même ? fit Grace, sans trop savoir pourquoi elle trouvait ce détail curieux.

— Il l'a signé, répondit la douairière d'une voix sèche. Et il l'a scellé avec sa bague. Il savait que j'avais du mal à déchiffrer ses pattes de mouche.

Le visage tordu par des décennies de colère et de ressentiment, elle continua en grommelant :

— Huit mois. Huit mois stupides, perdus. Qui peut dire qu'il n'a pas épousé une catin, là-bas ? Il en a eu tout le temps.

Après l'avoir étudiée un moment, Grace nota que, malgré son port de tête hautain et sa voix coupante, la duchesse avait les lèvres qui tremblaient, et ses yeux brillaient de manière suspecte.

— Madame, dit-elle doucement.

— Non ! coupa la douairière d'une voix au bord de la rupture.

Était-il sage d'insister ? L'enjeu était toutefois trop important pour que Grace demeure silencieuse.

— Votre Grâce, c'est tout simplement impossible, commença-t-elle, bravant l'expression hostile et méprisante. Belgrave n'est pas un simple manoir de campagne. Ce n'est pas Sillsby, ajouta-t-elle, la gorge nouée à l'évocation de la maison de son enfance. Nous parlons d'un château, et d'un duché. Les héritiers présomptifs ne s'évanouissent pas comme cela dans les airs. Si votre fils avait eu un fils, nous l'aurions su.

La douairière la fixa pendant un moment interminable, avant de détourner la tête.

— Nous essaierons le *Happy Hare* en premier. C'est le moins rustique des relais de poste locaux. S'il ressemble un tant soit peu à son père, conclut-elle, il tient trop à son confort pour se contenter de moins.

Jack se reprochait déjà sa stupidité lorsqu'on lui jeta un sac sur la tête.

Il était resté trop longtemps, bien sûr. Durant la chevauchée qui le ramenait à l'auberge, il s'était morigéné. Il aurait dû partir après le petit déjeuner. Voire à l'aube. Mais non, il avait fallu qu'il se saoule la nuit précédente, puis qu'il se rende à ce maudit château. Et c'est alors qu'il l'avait aperçue.

S'il ne l'avait pas vue, il ne se serait pas attardé ainsi à l'extrémité de l'allée. Il ne serait alors pas revenu à bride abattue, et n'aurait pas été obligé de laisser souffler son cheval et de le faire boire.

Et, debout près de l'abreuvoir, il n'aurait pas constitué une cible facile pour ceux qui venaient de l'attaquer par-derrière.

— Attachez-le, fit une voix bourrue.

Ce fut suffisant pour que chacun de ses muscles se prépare à la bagarre. Un homme ne passait pas sa vie à flirter avec la corde sans s'être préparé à entendre ces deux mots.

Il avait beau ne rien voir et ignorer qui étaient ces hommes, il défendit chèrement sa peau. Hélas, ils étaient au moins trois ! Il ne réussit à décocher que deux bons coups de poing avant de se retrouver à plat ventre dans la poussière, les mains liées dans le dos par...

Ce n'était pas de la corde, apparemment ; si étonnant que cela puisse paraître, on aurait presque dit de la soie.

— Désolé, marmonna l'un de ses agresseurs.

Étonnant. Les hommes qui s'employaient à en ligoter d'autres songeaient rarement à s'excuser.

— Je vous en prie, répliqua Jack, à qui cette fanfaronnade valut d'avaler de la poussière.

— Par ici, dit quelqu'un en l'aidant à se remettre debout.

— Euh, s'il vous plaît, ajouta la première voix – celle qui avait ordonné de l'attacher.

— Cela vous ennuierait de me dire où je vais ? s'enquit Jack.

Il y eut quelques toussotements et raclements de gorge. Des hommes de main, conclut Jack avec un soupir. Les simples sbires ignoraient toujours les choses importantes.

— Si vous pouviez lever un pied ? suggéra une autre voix.

Avant même d'avoir eu le temps de s'étonner, Jack fut soulevé dans les airs et propulsé dans ce qui devait être une voiture.

— Asseyez-le sur la banquette ! ordonna une voix féminine.

Il la reconnut. C'était la vieille dame. Sa grand-mère.

Au moins, ce n'était pas pour le pendre qu'on l'avait enlevé.

— Il n'est pas prévu qu'on s'occupe de mon cheval, je suppose ?

— Qu'on s'occupe de son cheval ! lança la vieille dame.

Non sans peine, des mains guidèrent Jack jusqu'à ce qu'il se retrouve assis.

— Vous ne pensez pas me détacher ? hasarda-t-il.

— Je ne suis pas stupide, répliqua-t-elle.

— Non, en effet, admit-il en feignant de soupirer. La beauté et la stupidité ne marchent pas main dans la main aussi souvent qu'on pourrait le souhaiter.

— Je suis désolée d'avoir eu à procéder de la sorte, mais vous ne m'avez pas laissé le choix.

— Pas laissé le choix ? Il est vrai que je me suis démené comme un beau diable pour échapper à vos griffes.

— Si vous aviez eu l'intention de venir me voir, rétorqua la vieille dame, vous n'auriez pas tourné bride tout à l'heure.

Jack ne put réprimer un sourire.

— Elle vous en a donc parlé, fit-il, se demandant pourquoi il avait pensé qu'elle pourrait ne pas le faire.

— Mlle Eversleigh ?

C'était donc ainsi qu'elle s'appelait !

— Elle n'a pas eu le choix, ajouta la vieille dame avec dédain, comme si elle prenait rarement en compte les souhaits de Mlle Eversleigh.

C'est alors que Jack sentit près de lui un léger déplacement d'air, un faible mouvement. Elle était là, l'insaisissable et silencieuse Mlle Eversleigh.

La délicieuse Mlle Eversleigh.

— Enlevez-lui ce sac, ordonna la vieille dame. Il va étouffer.

Jack plaqua un sourire désinvolte sur ses lèvres. Il tenait d'autant plus à afficher cette expression que ce ne serait pas celle à laquelle elles s'attendraient. Mlle Eversleigh émit alors un son qui n'était pas vraiment un soupir, ni, non plus, un grognement. Quelque chose entre la méfiance et la résignation, peut-être. Ou peut-être...

Débarrassé du sac, Jack prit le temps de savourer la fraîcheur de l'air sur son visage.

Puis il la regarda.

La pauvre Mlle Eversleigh avait l'air accablée. S'il avait été d'humeur charitable, il se serait détourné. Il ne l'était pas, aussi s'offrit-il le plaisir de la détailler. Elle était ravissante, quoique d'une manière peu commune. Avec son abondante chevelure brune, ses yeux bleus légèrement en amande, et ses cils très noirs qui formaient un contraste saisissant avec son teint de porcelaine, elle n'avait rien d'une beauté anglaise classique.

Évidemment, sa pâleur pouvait être le résultat de son embarras extrême. La pauvre paraissait sur le point d'être malade.

— Cela a été si terrible de m'embrasser ? murmura-t-il.

Elle vira à l'écarlate.

— Apparemment, lâcha-t-il avant de se tourner vers sa grand-mère pour déclarer sur le ton de la conversation : Vous avez conscience, je l'espère, qu'un acte de ce genre est passible de la pendaison ?

— Je suis la duchesse de Wyndham, rétorqua-t-elle en arquant les sourcils avec hauteur. La pendaison ne me concerne pas.

— Dieu que la vie est injuste, soupira-t-il. Vous n'êtes pas d'accord, mademoiselle Eversleigh ?

La jeune femme parut sur le point de répondre. Il aurait juré qu'elle se mordait la langue pour se retenir.

— Cela dit, si c'était vous, l'auteur de ce petit délit, enchaîna-t-il en effleurant insolemment sa poitrine du regard, ce serait tout à fait différent. Ce serait même délicieux, je pense, poursuivit-il comme elle serrait les dents. Vous et moi, seuls dans cette voiture excessivement luxueuse... L'imagination ne peut que s'emballer.

Il attendit que la vieille dame la défende. En vain.

S'adossant mollement à la banquette, il posa une cheville sur le genou opposé. Ayant toujours les mains attachées dans le dos, ce n'était pas une position facile à adopter, mais il était hors de question qu'il observe les convenances et se tienne droit comme un « i ».

— Je peux savoir quels sont vos plans à mon sujet ?

La vieille dame se tourna vers lui, les lèvres pincées.

— La plupart des hommes ne se plaindraient pas.

— Je ne suis pas « la plupart des hommes », rétorqua-t-il avec un haussement d'épaules. Une réplique plutôt banale de ma part, vous ne trouvez pas ? ajouta-t-il à l'intention de Mlle Eversleigh avec un demi-sourire. Tellement attendue. J'espère que je ne perds pas la main.

Il secoua la tête, comme désappointé, alors que la jeune fille ouvrait de grands yeux.

— Vous me croyez fou ?

— Oh, oui ! répondit-elle.

— Ce n'est pas à exclure, reconnut-il, savourant une fois de plus le son de sa voix. Y a-t-il des cas de folie dans la famille ? demanda-t-il à la vieille dame.

— Bien sûr que non !

— C'est un soulagement. Non que j'admette un lien quelconque. Je ne crois pas avoir envie d'être apparenté à une criminelle comme vous. Tss, tss, même moi, je n'ai jamais eu recours à l'enlèvement.

Il se pencha comme pour faire une confidence de la plus haute importance à Mlle Eversleigh.

— Cela ne se fait pas, vous savez ?

Il crut voir frémir ses lèvres. Magnifique ! Mlle Eversleigh avait le sens de l'humour. Il la trouvait plus délicieuse de seconde en seconde.

Il lui adressa un sourire dont il n'ignorait pas l'effet qu'il produisait sur les femmes. Quand elle rougit, son sourire s'élargit.

— Assez ! aboya la duchesse.

— De quoi ? demanda-t-il, faussement innocent.

Jack observa cette femme qui était probablement sa grand-mère. Son visage était sec, ridé, les coins de sa bouche tombaient, comme tirés vers le bas par une désapprobation permanente. Sans doute aurait-elle eu l'air malheureux même si elle avait souri.

— Laissez ma demoiselle de compagnie tranquille, répliqua-t-elle d'un ton sévère.

De nouveau, il s'inclina vers Mlle Eversleigh. Elle détourna ostensiblement les yeux, ce qui n'empêcha pas Jack de lui adresser un sourire en coin.

— Je vous importunais ?

— Non, répondit-elle vivement. Bien sûr que non.

Ce qui n'aurait pu être plus loin de la vérité, mais il n'allait pas ergoter.

Il regarda de nouveau la vieille dame.

— Vous n'avez pas répondu à ma question.

Elle haussa un sourcil impérieux. Ah, c'était donc d'elle qu'il tenait cette expression ? Cette constatation ne l'amusa pas.

— Qu'avez-vous l'intention de faire de moi ? demanda-t-il.

— De faire de vous, répéta-t-elle, comme si elle trouvait la question étrange.

À son tour, il haussa un sourcil. Allait-elle remarquer que leur expression était similaire ?

— Il y a quantité de choix possibles, non ?

— Mon cher garçon, commença-t-elle avec un mélange d'emphase et de condescendance, je vais vous donner le monde.

Grace parvenait à grand-peine à recouvrer son sang-froid lorsque le bandit, après être resté songeur un moment, déclara à la douairière :

— Je ne crois pas être intéressé par votre monde.

Grace ravala le rire horrifié qui menaçait. Les yeux de la douairière semblaient sur le point de jaillir de leurs orbites. La main sur la bouche, Grace se détourna, affectant de ne pas voir le sourire que lui adressait l'homme.

— Toutes mes excuses, dit-il à la douairière, sans paraître le moins du monde contrit. Mais pourrais-je avoir, à la place, son monde à elle ?

Grace tourna la tête juste à temps pour voir qu'il la désignait du menton. Puis il haussa les épaules.

— Je préfère Mlle Eversleigh, déclara-t-il.

— N'êtes-vous donc jamais sérieux ? demanda la vieille dame d'un ton acerbe.

Un changement se produisit alors en lui. Il conserva sa posture détendue, pourtant Grace sentit une tension presque palpable émaner de lui. C'était un homme dangereux, mais il le cachait bien sous sa nonchalance charmeuse et son sourire insolent.

— Je suis toujours sérieux, assura-t-il sans quitter la douairière des yeux. Vous seriez bien inspirée d'en prendre note.

— Je suis tellement désolée, chuchota Grace.

Les mots lui avaient échappé. La gravité de la situation lui apparaissait avec une intensité inconfortable. Elle s'était beaucoup inquiétée pour Thomas, inquiétée de ce que cette histoire signifierait pour lui. À cet instant, cependant, elle réalisait qu'il y avait deux personnes prises dans cette nasse.

Et qui que soit cet homme, peut-être voudrait-il vivre en Cavendish, avec le prestige et les richesses associés à ce nom. La plupart en auraient décidé ainsi. Quoi qu'il en soit, il méritait, comme tout le monde, d'avoir le choix.

Grace s'obligea à le regarder. Elle s'était appliquée à éviter son regard, mais sa couardise lui semblait soudain déplaisante.

Il dut le sentir car il tourna la tête. Une mèche brune lui tomba sur le front, et ses yeux, d'un vert étonnant, se firent chaleureux.

— C'est vrai, c'est vous que je préfère, murmura-t-il.

Grace crut voir une étincelle de respect dans son regard. L'espace d'un battement de cils, seulement. Déjà, il esquissait de nouveau ce demi-sourire impudent.

— C'est un compliment, précisa-t-il.

Si ridicule que cela puisse paraître, elle faillit dire « Merci ». Il haussa alors une épaule

– une seule, comme s'il ne se souciait pas d'aller jusqu'au bout de son geste – et ajouta :

— Évidemment, j'imagine que la seule personne que j'aimerais *moins* que notre estimée comtesse...

— Duchesse, rectifia sèchement la douairière.

Il s'interrompit, la dévisagea avec hauteur, puis revint à Grace.

— Comme je le disais, la seule personne que j'aimerais moins qu'elle serait la menace française en personne. Je suppose donc que ce n'est pas un si grand compliment que cela. Sachez toutefois qu'il était sincère.

Grace essaya de ne pas sourire, mais il la regardait toujours comme s'ils partageaient une plaisanterie, et elle savait que cela rendait la douairière furieuse. Un coup d'œil dans sa direction le lui confirma. La vieille dame paraissait encore plus raide et renfrognée que d'habitude.

Elle semblait également sur le point de se lancer dans une violente tirade. Après la scène de la nuit précédente, cependant, Grace savait que l'idée d'avoir retrouvé son petit-fils lui plaisait tellement qu'elle ne risquait pas de prendre ce dernier pour cible. Afin de détourner, si possible, ses foudres de sa propre personne, elle posa à l'homme la question la plus évidente :

— Quel est votre nom ?

— Mon nom ?

Grace hocha la tête. Il adressa alors un regard de reproche à lady Cavendish.

— Curieux que vous, vous ne me l'ayez pas encore demandé. D'ordinaire, on connaît le nom de la personne qu'on enlève.

— Je ne vous ai pas enlevé, riposta-t-elle.

— Dans ce cas, j'ai mal interprété le fait d'être attaché, observa-t-il d'une voix suave.

Grace jeta un regard circonspect à la douairière. Celle-ci n'appréciait le sarcasme que s'il émanait de sa propre bouche. Et elle ne tolérerait pas que le jeune homme ait le dernier mot. Effectivement, sa réplique trahit la conscience qu'elle avait de sa propre supériorité.

— Je vous redonne la place qui vous revient dans ce monde.

— Je vois, dit-il lentement.

— Bien. Dans ce cas, nous sommes d'accord. Tout ce qu'il nous reste à faire, c'est...

— La place qui me revient ? l'interrompit-il.

— En effet.

— Dans le monde ?

Grace se rendit compte qu'elle retenait son souffle. Et fut incapable de détourner les yeux lorsqu'il murmura :

— Une telle suffisance. C'est remarquable.

Il avait parlé d'une voix douce, presque songeuse, et néanmoins tranchante. La douairière tourna abruptement la tête vers la fenêtre. Grace scruta son profil dur, à la recherche d'un signe quelconque qui aurait trahi son humanité. Sans succès. D'une voix dépourvue d'émotion, elle annonça :

— Nous sommes presque arrivés.

La voiture tourna dans l'allée.

— *Vous* êtes arrivée, corrigea-t-il.

— Vous ne tarderez pas à vous sentir chez vous, assura la douairière d'un ton sans réplique.

Il ne répondit pas. C'était inutile.

5

— Quelle charmante demeure ! déclara Jack, comme il traversait le grand hall de Belgrave les mains toujours attachées. Est-ce vous qui l'avez décorée ? ajouta-t-il à l'adresse de la duchesse. On reconnaît une touche féminine.

Dans son dos, il entendit Mlle Eversleigh étouffer un gloussement.

— Oh, mademoiselle Eversleigh, lança-t-il par-dessus son épaule, ne vous retenez pas ! Ce n'est pas bon pour la santé.

— Par ici, ordonna la douairière en lui faisant signe de lui emboîter le pas.

— Dois-je obéir, mademoiselle Eversleigh ?

Elle était trop fine pour lui répondre, bien sûr. Mais il aspirait tellement à un signe de soutien, même discret, qu'il poussa l'insolence un peu plus loin.

— Hou, hou, mademoiselle Eversleigh ! Vous m'entendez ?

— Évidemment, qu'elle vous entend, s'énerva la douairière.

Jack s'immobilisa et la considéra, la tête inclinée de côté.

— Je croyais que vous étiez ravie de faire ma connaissance.

— Je le suis.

— Hum… Je ne trouve pas que vous ayez l'air ravi. Qu'en pensez-vous, mademoiselle Eversleigh ?

Celle-ci les regarda tour à tour avant de répondre :

— La duchesse douairière se réjouit de vous recevoir dans sa famille.

— Bien dit ! s'exclama-t-il. À la fois perspicace et circonspect. J'espère que vous la payez bien, conclut-il en s'adressant, cette fois, à la douairière.

Deux taches rouges apparurent sur ses joues, formant un tel contraste avec son teint pâle qu'il les aurait prises pour de l'artifice s'il ne les avait vues naître.

— Vous être renvoyée ! décréta la vieille dame sans même regarder Mlle Eversleigh.

— Je suis renvoyé ? Quelle chance ! dit-il avant de pivoter pour lui présenter ses poignets liés. Cela vous ennuierait-il… ?

— Pas vous, elle. Comme vous le savez très bien.

Mais Jack n'était plus d'humeur à se montrer accommodant, ni à arborer une expression facétieuse. Quand il plongea son regard dans celui, d'un bleu glacial, de la duchesse, un frisson le secoua, une impression de déjà-vu, comme lorsqu'il se retrouvait face à l'ennemi, sur le Continent.

— Mlle Eversleigh reste, articula-t-il sans ciller. Vous l'avez entraînée dans cette histoire. Elle y assistera jusqu'au bout.

Il s'attendait plus ou moins que la jeune femme proteste. Que diable, n'importe quelle personne sensée aurait fui l'affrontement qui s'annonçait. Pourtant elle n'esquissa pas un geste.

— Si vous me voulez, ajouta-t-il avec calme, il vous faudra l'accepter, elle aussi.

La douairière prit une longue inspiration coléreuse, puis aboya :

— Grace, le salon écarlate. Immédiatement !

Ainsi, elle s'appelait Grace. Un joli prénom, et qui lui allait fort bien.

— Vous ne voulez pas savoir comment je m'appelle ? lança-t-il à la douairière, qui fonçait déjà dans le vestibule.

Elle s'arrêta, se retourna, comme il s'y attendait.

— John, lâcha-t-il.

Non sans plaisir, il vit le sang se retirer de son visage.

— Jack pour les amis, ajouta-t-il avant de lancer à Grace un regard charmeur. Et les amies-*i-e-s*...

Il crut la voir frémir, ce qui le combla d'aise.

— Le sommes-nous ? murmura-t-il.

Elle garda les lèvres entrouvertes une seconde entière avant de réussir à demander :

— Sommes-nous quoi ?

— Amis, bien sûr.

— Je... je...

— Voulez-vous la laisser tranquille ! s'emporta la douairière.

— Elle est du genre autoritaire, vous ne trouvez pas ? dit-il à Mlle Eversleigh, qui rougit de façon charmante. Quel dommage que j'aie les poignets liés. L'instant est romantique – abstraction faite de la présence de votre employeur – et il me serait si facile de déposer un baiser sur le dos de votre main si je pouvais la prendre dans la mienne.

Cette fois, elle frémit, il en fut certain.

— Ou sur votre bouche, chuchota-t-il. Je pourrais embrasser votre bouche.

Un délicieux silence s'ensuivit, hélas, rompu de manière assez grossière par un :

— Que diable se passe-t-il ?

Mlle Eversleigh sursauta, et recula. Quand il se retourna, Jack vit un homme à l'air courroucé fondre sur lui. Ce fut cependant à la jeune femme qu'il s'adressa.

— Cet homme vous importune, Grace ?

— Non, non, pas du tout. Mais...

Le nouveau venu reporta les yeux sur Jack – des yeux bleus qui ressemblaient beaucoup à ceux de la douairière.

— Qui êtes-vous ?

— Qui êtes-vous, vous ? riposta Jack, à qui il déplut sur-le-champ.

— Je suis Wyndham. Et vous êtes chez moi.

Un cousin, selon toute apparence. Sa nouvelle famille se révélait décidément de plus en plus charmante.

— Ah, dans ce cas, je suis Jack Audley ! Ancienne recrue de l'estimable armée de Sa Majesté, plus récemment sur les routes.

— Qui sont ces Audley ? intervint la douairière. Vous n'êtes pas un Audley. Cela se voit sur votre visage. À votre nez, à votre menton, à tous vos traits excepté les yeux, qui n'ont pas la bonne couleur.

— Pas la bonne couleur ? répéta Jack, feignant d'être blessé. Vraiment ? On m'a toujours dit que les femmes aimaient les yeux verts, poursuivit-il en pivotant vers Mlle Eversleigh. Ai-je été mal informé ?

— Vous êtes un Cavendish ! rugit la douairière. Vous êtes un Cavendish, et j'exige de savoir pourquoi je n'ai pas été avertie de votre existence.

— De quoi diable s'agit-il ? intervint Wyndham.

Jugeant que ce n'était pas à lui de répondre, Jack ne fut pas mécontent de garder le silence.

— Grace ? interrogea Wyndham.

Jack observa l'échange avec intérêt. Ils étaient amis manifestement, mais jusqu'où ?

Mlle Eversleigh déglutit avec une nervosité évidente.

— Votre Grâce, peut-être pourrions-nous nous entretenir en privé ?

— Et nous priver de la suite ? s'indigna Jack. Après tout ce que j'ai subi, franchement...

— Cet homme est ton cousin, annonça la douairière d'un ton coupant.

— C'est le bandit de grand chemin, précisa Mlle Eversleigh.

— Pas ici de mon plein gré, je vous l'assure, précisa Jack, qui se retourna pour montrer ses poignets attachés.

— Votre grand-mère a cru le reconnaître la nuit dernière, reprit Mlle Eversleigh.

— Je l'ai bel et bien reconnu, corrigea la douairière. Il suffit de le regarder !

— Je portais un masque, souligna Jack, qui trouvait injuste d'être considéré comme responsable de tout.

Il regarda le duc presser les mains sur ses tempes à s'en faire éclater le crâne. Puis, d'un geste brusque, il les laissa retomber et hurla :

— Cecil !

Jack s'apprêtait à lancer une remarque malicieuse sur un autre cousin perdu, lorsqu'un valet
de pied – Cecil, probablement – surgit dans le
vestibule, un peu essoufflé.

— Le portrait ! ordonna Wyndham. Le portrait
de mon oncle.

— Celui que nous venons juste de...

— Oui. Dans le salon. Sur-le-champ ! intima-
t-il, avec une telle énergie que Jack lui-même
ouvrit de grands yeux.

C'est alors qu'il vit – non sans déplaisir –
Mlle Eversleigh poser la main sur le bras du duc.

— Thomas, dit-elle d'une voix douce – et
Jack fut surpris qu'elle utilise son prénom –,
laissez-moi vous expliquer, s'il vous plaît.

— Vous étiez au courant ? demanda Wyndham
d'un ton accusateur.

— Oui, mais...

— La nuit dernière, la coupa-t-il d'un ton glacial, vous le saviez ?

La nuit dernière ? Que s'était-il passé la nuit
dernière ?

— Je le savais, mais...

— Cela suffit ! Dans le salon. Tout le monde...

Jack emboîta le pas au duc et, une fois la porte
refermée derrière eux, il lui montra de nouveau
ses mains.

— Vous ne pensez pas que, peut-être, vous
pourriez...

— Pour l'amour du ciel, marmonna Wyndham.

Il fonça vers un secrétaire, et revint armé d'un
coupe-papier en or.

D'un geste sec, il trancha ses liens. Jack baissa
les yeux pour vérifier qu'il ne saignait pas. Pas
une égratignure !

— Bien joué, murmura-t-il.

— Thomas, reprit Mlle Eversleigh, je pense vraiment que vous devriez m'accorder un instant avant...

— Avant quoi ? s'écria Wyndham, en pivotant vers elle avec une fureur que Jack jugea déplacée. Avant que l'on m'informe de l'existence d'un autre cousin perdu de vue, dont la tête serait mise à prix par la Couronne ?

— Pas par la Couronne, à mon humble avis, rectifia Jack, qui veillait sur sa réputation. Par quelques juges, c'est sûr. Et un pasteur ou deux. Bandit de grand chemin n'est généralement pas considéré comme le plus paisible des métiers, ajouta-t-il à l'intention de la vieille dame.

Personne ne parut apprécier sa légèreté, pas même la pauvre Mlle Eversleigh, qui avait réussi à encourir la colère des deux Cavendish. Et ne le méritait pas, de l'avis de Jack, qui détestait les tyrans.

— Thomas, reprit-elle d'un ton implorant, qui valut à Jack de s'interroger une fois de plus sur leurs relations. Votre Grâce, reprit-elle après un coup d'œil nerveux à la douairière, il y a quelque chose que vous devez savoir.

— Certes, riposta Wyndham. L'identité de mes véritables amies et confidentes pour commencer.

Mlle Eversleigh tressaillit comme si on l'avait frappée. Jack décida alors qu'il en avait entendu assez.

— Je suggère que vous vous adressiez à Mlle Eversleigh avec davantage de respect, dit-il d'un ton amène, quoique ferme.

Le duc se tourna vers lui, l'air abasourdi, tandis qu'un silence stupéfait s'abattait sur la pièce.

— Je vous demande pardon ?

À cet instant, Jack haït cet homme et sa morgue aristocratique de toutes ses forces.

— On n'a pas l'habitude d'être traité en homme, n'est-ce pas ? persifla-t-il.

La tension monta d'un cran. Jack aurait dû prévoir ce qui allait suivre quand le visage du duc se tordit de fureur. Soudain, celui-ci s'élança, referma les mains autour de la gorge de Jack, et tous deux s'affalèrent sur le sol.

Maudissant sa sottise, Jack essaya de se dégager alors que le duc le frappait à la mâchoire. Tous les muscles bandés, il redressa le torse en un geste fulgurant et heurta violemment le menton de Wyndham de la tête. Profitant de sa surprise, il roula sur lui et le maintint au sol.

— Ne… me… frappez… plus jamais, gronda-t-il.

Il s'était battu sur des champs de bataille, dans des caniveaux, pour son pays et pour sa vie, et il n'avait jamais supporté qu'un homme frappe le premier.

Le duc lui planta son coude dans l'estomac. Jack s'apprêtait à riposter par un coup de genou dans le bas-ventre lorsque Mlle Eversleigh se jeta dans la mêlée, s'insinuant entre les deux hommes sans le moindre souci des convenances ou de sa sécurité.

— Arrêtez ! Tous les deux !

Jack parvint à détourner le bras de Wyndham juste avant que son poing ne heurte la joue de la jeune femme. Ç'aurait été un accident, bien sûr, mais il aurait dû le tuer ; et cela, pour le coup, aurait été passible de la corde.

— Vous devriez avoir honte ! déclara Mlle Eversleigh en fusillant le duc du regard.

Celui-ci se contenta de hausser un sourcil et dit :

— Si vous pouviez vous écarter de mon… euh…

Il baissa les yeux vers son entrejambe, sur lequel elle était à présent assise.

— Oh !

Elle se releva précipitamment. Jack aurait été tout prêt à défendre son honneur ; sauf qu'il aurait dit la même chose si elle avait été assise sur lui.

— Vous soignez mes blessures ? lui demanda-t-il, suave, vu qu'elle lui tenait toujours le bras.

Il darda sur elle son regard vert, empli d'une séduction délibérée dont il n'ignorait pas le pouvoir irrésistible sur la gent féminine.

Hélas, cette fois, le succès ne fut pas au rendez-vous !

— Vous n'avez pas de blessures, rétorqua-t-elle en le repoussant. Et vous non plus, ajouta-t-elle à l'adresse de Wyndham, qui se relevait à son tour.

À peine fut-il debout que la douairière s'avança et lui donna une claque sur l'épaule.

— Présente-lui tes excuses immédiatement ! Il est invité dans notre maison.

— Dans *ma* maison, rectifia le duc.

Jack observa la vieille dame avec intérêt. Comment allait-elle prendre cette remarque ?

— Il s'agit de ton cousin germain, fit-elle d'un ton pincé. On pourrait penser, vu l'absence de proches, que tu serais heureux de l'accueillir dans notre famille.

— Quelqu'un aurait-il la bonté de m'expliquer comment cet homme se trouve dans mon salon ? articula le duc, qui n'avait pas l'air particulièrement heureux.

Jack attendit que l'une des deux femmes fournisse l'explication demandée. Devant leur silence, il décida d'offrir sa propre version.

— Elle m'a enlevé, expliqua-t-il en désignant la douairière.

Le duc se tourna lentement vers cette dernière.

— Vous l'avez enlevé.

Il s'était exprimé d'une voix neutre, et singulièrement dépourvue d'incrédulité.

— Oui, acquiesça-t-elle, le menton haut. Et je le referais s'il le fallait.

— C'est la vérité, confirma Mlle Eversleigh qui, au grand plaisir de Jack, se tourna ensuite vers lui. Je suis désolée.

— Merci.

Le duc ne parut pas apprécier cet échange, au point que la pauvre Mlle Eversleigh se sentit obligée de défendre son intervention.

— Lady Cavendish l'a *enlevé* ! Et elle m'a forcée à la suivre.

Wyndham l'ignora. Jack commençait vraiment à le trouver détestable.

— Je l'ai reconnu la nuit dernière, expliqua la douairière.

Wyndham la dévisagea.

— Dans l'obscurité ?

— Et malgré son masque, répondit-elle avec fierté. C'est le portrait de son père. Il a sa voix et son rire, notamment.

Jack lui-même ne considérait pas ces éléments comme particulièrement convaincants. Aussi attendit-il avec curiosité la réaction du duc.

— Grand-mère, dit-il, avec une patience remarquable, dut admettre Jack. Je comprends que vous pleuriez toujours votre fils...

— Ton oncle.

— Mon oncle, répéta-t-il avant de se racler la gorge. Mais trente années se sont écoulées depuis sa mort.

— Vingt-neuf, corrigea-t-elle sèchement.

— Cela fait longtemps. Les souvenirs s'estompent.

— Pas les miens, déclara-t-elle avec hauteur. Et certainement pas ceux que j'ai de John. Ton père, oui, j'aurais été plus qu'heureuse de l'oublier complètement et...

— Pour cela, nous sommes d'accord, coupa Wyndham.

Jack ne put que s'interroger : qu'est-ce qui se jouait là ?

Mais Wyndham se détourna avec l'expression d'un homme prêt à étrangler quelqu'un – Jack aurait parié pour la douairière, puisque lui-même avait déjà eu ce plaisir.

— Cecil ! cria-t-il.

— Votre Grâce, fit une voix dans le vestibule.

Deux valets de pied s'encadrèrent sur le seuil, chargés d'un immense tableau qu'ils manœuvraient avec difficulté.

— Posez-le où vous voulez, ordonna le duc.

Non sans quelques grognements, et après avoir failli accrocher ce qui était, selon Jack, un très précieux vase de Chine, les deux hommes parvinrent à trouver un espace libre. Ils posèrent le tableau sur le sol et l'appuyèrent avec précaution contre le mur.

Jack s'avança. Les autres l'imitèrent.

Ce fut Mlle Eversleigh qui prononça les mots la première :

— Oh, mon Dieu !

C'était lui. Enfin, ce n'était pas *lui*, bien sûr, puisqu'il s'agissait de John Cavendish, mort trois décennies plus tôt. Mais, bonté divine, on aurait dit l'homme qui se tenait à côté d'elle.

Grace ne cessait de regarder tour à tour l'homme et le portrait, les yeux de plus en plus écarquillés, et...

— Je constate que tout le monde semble d'accord avec moi, à présent, déclara la douairière avec suffisance.

Thomas se tourna vers M. Audley comme s'il avait vu un spectre.

— Qui êtes-vous donc ? demanda-t-il d'une voix sourde.

Mais M. Audley lui-même avait perdu l'usage de la parole. Pétrifié, le visage blême, les lèvres entrouvertes, il ne parvenait pas à détacher les yeux du tableau.

Grace retint son souffle. Il finirait bien par retrouver l'usage de sa voix et répéterait sûrement ce qu'il lui avait confié la nuit passée : « Mon nom n'est pas Cavendish. Mais il l'a été... autrefois. »

— Mon nom... Mon prénom... balbutia-t-il.

Il déglutit avec peine, et ce fut d'une voix tremblante qu'il poursuivit :

— Mon nom complet est John Rollo Cavendish-Audley.

— Qui sont vos parents ? demanda Thomas.

M. Audley – M. *Cavendish*-Audley – ne répondit pas.

— Qui est votre père ? insista Thomas d'une voix plus forte.

— À votre avis ?

Le cœur battant à tout rompre, Grace regarda Thomas. Il était livide et ses mains tremblaient. Elle eut l'impression d'avoir agi en traître. Elle aurait dû lui parler, l'avertir. Dieu qu'elle avait été lâche !

— Vos parents... Ils étaient mariés ? murmura-t-il.

— Que sous-entendez-vous ? répliqua M. Audley.

L'espace d'un instant, Grace craignit qu'ils n'en viennent de nouveau aux mains. M. Audley lui évoquait un animal sauvage pris au piège, qu'on ne cessait de harceler et qui paraissait sur le point de bondir.

— Je vous en prie, dit-elle, s'interposant de nouveau, il ne sait pas.

M. Audley ignorait ce que cela signifiait, d'être un enfant légitime. Pas Thomas. Et ce dernier paraissait au bord de l'anéantissement.

— Quelqu'un doit expliquer à M. Audley... commença-t-elle.

— Cavendish ! aboya la douairière.

— À M. Cavendish-Audley, reprit Grace, qui ne savait quel nom lui donner sans offenser quelqu'un dans la pièce. Il faut qu'il sache que... que...

Du regard, elle implora leur aide. Il ne lui appartenait tout de même pas de fournir les explications nécessaires, elle qui était la seule, ici, à n'avoir pas de sang Cavendish dans les veines.

Elle finit néanmoins par se tourner vers M. Audley.

— Votre père... l'homme sur ce tableau, si toutefois celui-ci est votre père, était... était le frère aîné du père de Sa Grâce.

Personne ne souffla mot. Elle s'éclaircit la voix avant de poursuivre :

— En conséquence, si... si vos parents étaient légalement mariés...

— Ils l'étaient, confirma sèchement M. Audley.

— Oui, bien sûr. Je veux dire, pas « bien sûr », mais...

— Ce qu'elle veut dire, intervint Thomas d'une voix blanche, c'est que si vous êtes bien le fils légitime de John Cavendish, vous êtes en conséquence duc de Wyndham.

Personne, pas même la douairière, ne sut que dire lorsqu'il énonça cette vérité, ou du moins, cette possible vérité. Les deux hommes – les deux ducs, songea Grace en réprimant un rire nerveux – se contentèrent de se fixer du regard comme s'ils prenaient la mesure l'un de l'autre. Finalement, M. Audley leva une main tremblante, la posa sur le dossier d'une chaise, puis, les jambes apparemment flageolantes, il s'assit.

— Non, dit-il. Non.

— Vous resterez ici jusqu'à ce que cette affaire soit réglée, décréta la douairière.

— Non, répéta M. Audley avec davantage de conviction. Je refuse.

— Vous n'avez pas le choix. Si vous refusez, je remets le voleur que vous êtes aux autorités.

— Vous ne feriez pas cela, balbutia Grace. Monsieur Audley, elle ne le ferait pas. Pas si elle croit que vous êtes son petit-fils.

— Taisez-vous ! gronda la douairière. Je ne sais pas pour qui vous vous prenez, mademoiselle Eversleigh, mais vous ne faites pas partie de cette famille et vous n'avez pas votre place dans cette pièce.

M. Audley se leva. Il avait le dos droit, l'allure fière, et pour la première fois, Grace vit en lui le militaire qu'il disait avoir été. Lorsqu'il prit la parole, ce fut d'une voix tranchante, très différente du débit nonchalant dont il avait usé jusqu'alors.

— Ne vous adressez plus jamais à Mlle Eversleigh de cette manière.

À ces mots, elle sentit fondre quelque chose en elle. Thomas l'avait déjà défendue contre sa grand-mère, et plus souvent qu'à son tour. Mais pas ainsi. Leur amitié avait de l'importance à ses yeux, elle le savait. Toutefois là... là, c'était différent. Elle n'entendait pas seulement les mots, elle les... ressentait.

Alors qu'elle regardait M. Audley, ses yeux descendirent jusqu'à sa bouche. Elle se rappela la douceur de ses lèvres, la tiédeur de son souffle... et sa propre confusion lorsqu'il avait mis fin à ce baiser. Elle n'avait pas initié celui-ci, mais elle avait regretté qu'il prenne fin.

Un silence absolu régnait dans le salon. La douairière avait les yeux écarquillés. Puis, au moment précis où les mains de Grace commençaient à trembler, elle déclara :

— Je suis votre grand-mère.

— Cela reste à prouver, répliqua M. Audley.

Grace en demeura bouche bée. Sa parenté avec la famille était indubitable, surtout lorsqu'on avait le tableau appuyé contre le mur sous les yeux.

— Quoi ? s'exclama Thomas. Êtes-vous en train de me dire, à présent, que vous ne pensez *pas* être le fils de John Cavendish ?

M. Audley haussa les épaules et, en une seconde, il redevint le brigand désinvolte et insouciant.

— Franchement, je ne suis pas certain de souhaiter être admis dans votre charmant petit club.

— Vous n'avez pas le choix, répéta la douairière.

— Elle est si aimante, commenta M. Audley dans un soupir. Si attentionnée... Une vraie grand-mère de conte de fées.

Grace plaqua la main sur sa bouche, sans réussir à étouffer un gloussement. C'était d'une inconvenance totale, pour différentes raisons, mais il lui était impossible de se retenir. Le visage de la douairière s'était empourpré, et elle pinçait les lèvres avec tant de force que les rides de colère remontaient jusqu'à son nez. Thomas lui-même n'avait jamais provoqué chez elle une telle réaction, Dieu sait pourtant qu'il avait essayé.

Grace le regarda. De toutes les personnes présentes, c'était lui qui avait le plus à perdre. Il paraissait à la fois épuisé, déconcerté, furieux et, étonnamment, sur le point de rire.

— Votre Grâce... commença-t-elle.

Elle ne savait pas ce qu'elle voulait lui dire. Sans doute n'y avait-il rien à dire, mais ce silence était tout bonnement insupportable.

Il ne répondit pas, pourtant elle sut qu'il l'avait entendue, car il se raidit davantage. C'est alors que la douairière – quand diable apprendrait-elle à laisser les gens tranquilles ? – lança comme si elle appelait un chien :

— Wyndham !

— Taisez-vous, lui renvoya-t-il à la figure.

Grace aurait voulu poser une main réconfortante sur son bras. Mais quand bien même c'était un ami, Thomas était, et avait toujours été, tellement au-dessus d'elle. En cet instant, elle s'en voulait de ne cesser de penser à l'autre homme, celui qui allait peut-être dépouiller Thomas de tout, y compris de son identité.

Aussi ne bougea-t-elle pas. Et s'en voulut-elle d'autant plus.

Thomas s'adressa alors à M. Audley :

— Vous devriez rester. Nous aurons besoin de...

Grace retint son souffle quand Thomas se racla la gorge.

— Nous allons devoir éclaircir et régler cette affaire.

Tous attendirent la réponse de M. Audley, qui gardait les yeux rivés sur Thomas. Grace priait pour qu'il comprenne combien il avait dû être difficile pour Thomas de s'adresser à lui aussi courtoisement. Il lui répondrait sûrement de la même façon. Elle voulait si désespérément croire en lui. Il l'avait embrassée. Il l'avait défendue. Était-ce trop espérer qu'il soit un chevalier blanc, en dépit des apparences ?

6

Jack s'était toujours targué d'être capable de déceler l'ironie inhérente à n'importe quelle situation. Toutefois, alors qu'il se tenait dans le salon de Belgrave – dans *l'un* des salons, car il devait y en avoir des dizaines –, il ne vit rien d'autre que la réalité froide et nue.

Il avait passé six ans en tant qu'officier dans l'armée de Sa Majesté. S'il avait appris une chose sur les champs de bataille, c'était que le cours de la vie pouvait basculer à tout moment. Un instant d'inattention, une erreur stratégique, et il pouvait perdre une compagnie entière. Mais une fois de retour en Angleterre, il l'avait oublié. Sa vie n'était plus qu'une succession de décisions sans conséquences majeures et de rencontres insignifiantes. Certes, il menait une existence de hors-la-loi, ce qui signifiait que le gibet n'était jamais loin. Ce n'était toutefois pas la même chose. Son existence n'engageait aucune autre vie que la sienne.

Attaquer des voitures n'avait rien de sérieux. C'était plutôt un jeu, qui tentait des hommes trop éduqués et livrés à eux-mêmes. Qui aurait pensé qu'une décision aussi peu importante que de se diriger vers le nord du Lincolnshire, plutôt que vers le sud, le conduirait ici ? Une chose était sûre : sa vie insouciante sur les routes était terminée.

Wyndham serait certainement très heureux qu'il disparaisse, mais la douairière ne se montrerait pas si accommodante. Malgré les protestations de Mlle Eversleigh, Jack ne doutait pas qu'elle emploierait les grands moyens pour le tenir en laisse. Peut-être ne le remettrait-elle pas aux autorités, mais il lui suffirait de raconter que son petit-fils écumait la campagne et attaquait les voyageurs pour qu'il ne puisse plus exercer son métier.

Et s'il était vraiment duc de Wyndham...

Que Dieu leur vienne en aide !

Il en était à espérer que sa tante avait menti. Car personne n'aspirait à une telle responsabilité. Lui moins que quiconque.

— Pourrait-on m'expliquer, s'il vous plaît...

Il prit une profonde inspiration, pressa les doigts sur ses tempes. Un bataillon entier semblait lui marteler le crâne.

— Quelqu'un pourrait-il m'expliquer l'arbre généalogique de la famille ?

Était-il possible que personne, ni sa tante, ni sa mère, ni lui-même, n'ait su que son père était l'héritier d'un duché ?

— J'avais trois fils, commença la douairière d'une voix crispée. Charles était l'aîné, ensuite venait John, et enfin Reginald. Votre père est parti pour l'Irlande juste après le mariage de Reginald avec...

Elle fit une pause, affichant une grimace de dégoût, et ajouta en indiquant Wyndham de la tête :

— Sa mère.

— C'était la fille d'un industriel, précisa ce dernier, le visage inexpressif. Son père possédait des usines, des tas d'usines. C'est nous qui en sommes propriétaires, à présent.

La douairière pinça les lèvres, mais ne commenta pas cette déclaration.

— Nous avons appris que votre père avait trouvé la mort en juillet 1790. Un an après, mon mari et mon fils aîné ont contracté une fièvre mortelle. Je n'ai pas été touchée. Reginald ne vivait plus à Belgrave, il a donc été épargné, lui aussi. À sa mort, Charles n'était pas marié. Reginald est donc devenu duc.

Elle s'interrompit, quoique sans manifester la moindre émotion.

— Ce n'était pas ce qui était prévu, commenta-t-elle simplement.

Tous les yeux se tournèrent vers Wyndham. Qui garda le silence.

— Je vais rester, annonça Jack.

Il n'avait pas tellement le choix, à vrai dire. Et peut-être apprendrait-il une chose ou deux sur son père. Un homme devait savoir d'où il venait, répétait souvent son oncle.

Évidemment, oncle William n'avait jamais rencontré ces Cavendish-là. Le cas échéant, il aurait peut-être tenu un autre discours.

— Très judicieux de votre part, déclara la douairière en frappant ses mains l'une contre l'autre. À présent, nous…

— Mais d'abord, coupa Jack, je dois retourner à l'auberge chercher mes affaires. Aussi modestes soient-elles.

— Fadaises, déclara la douairière, qui jeta un coup d'œil dédaigneux à son costume de voyage. Elles seront remplacées. Par des effets de bien meilleure qualité, dois-je ajouter.

— Je ne vous demande pas votre permission, répliqua Jack d'une voix qu'il s'efforçait de rendre légère.

Il n'aimait pas laisser voir sa colère, laquelle mettait toujours un homme en position désavantageuse.

— Il n'empêche que...

— En outre, poursuivit Jack, je dois une explication à mes associés. Elle n'aura rien à voir avec la vérité, précisa-t-il, ironique, à l'intention de Wyndham – au cas où celui-ci l'aurait soupçonné de vouloir répandre des rumeurs dans le comté.

— Ne disparaissez pas. Je vous assure que vous le regretteriez, l'avertit la douairière.

— Il n'y a pas d'inquiétude à avoir, intervint Wyndham. Qui disparaîtrait alors qu'un duché lui est promis ?

La mâchoire de Jack se durcit. Mais il se força à ne pas relever. Un autre échange de coups de poing lui semblait inutile.

C'est alors que le duc déclara abruptement :

— Je vous accompagne.

Bonté divine, c'était bien la dernière chose dont Jack avait besoin ! Il fit face au duc et arqua un sourcil dubitatif.

— Dois-je m'inquiéter pour ma personne ?

Wyndham se raidit et Jack, entraîné à remarquer les plus infimes détails, vit ses poings se serrer.

Se tournant vers Mlle Eversleigh, il lui adressa son sourire le plus innocent.

— Il risque de perdre jusqu'à son identité à cause de moi. Tout homme raisonnable s'interrogerait sur sa sécurité.

— Non, vous vous trompez ! s'exclama-t-elle. Vous le jugez mal. Le duc...

Elle jeta un regard horrifié à Wyndham quand elle prit conscience de ce qu'elle venait de dire, et tous furent obligés de partager son embarras. Pourtant elle enchaîna, en fille déterminée qu'elle était :

— Je n'ai jamais rencontré d'homme plus honorable. Vous ne risquerez jamais rien avec lui.

Elle s'exprimait d'une voix basse, fervente, les joues empourprées, et une pensée désagréable vint à Jack. Y avait-il quelque chose entre Mlle Eversleigh et le duc ? Ils vivaient sous le même toit – un somptueux château, en l'occurrence –, avec une vieille dame grincheuse pour toute compagnie. Et même si celle-ci n'avait rien de sénile, cela ne devait pas être bien difficile de badiner sous son nez.

Il observa Mlle Eversleigh avec attention. Ses yeux s'attardèrent sur sa bouche. Il s'était lui-même surpris, la nuit précédente, lorsqu'il l'avait embrassée. Ce n'était pas dans ses intentions, et il n'avait certes jamais fait cela lorsqu'il arrêtait une voiture. Cela lui avait pourtant paru la chose la plus naturelle du monde.

L'instant avait été fugace et doux, et il mesurait seulement maintenant à quel point il aurait voulu qu'il se prolonge.

Il regarda Wyndham. La jalousie devait se lire sur son visage, car son tout nouveau cousin lui lança avec une froideur amusée :

— Je vous assure que, quelles que soient les envies violentes qui me taraudent, je n'y succomberai pas.

— C'est une chose terrible à dire, fit remarquer Mlle Eversleigh.

— Mais honnête, reconnut Jack avec un hochement de tête.

Il n'aimait pas cet homme, ce duc qui avait appris en grandissant à considérer le monde comme son domaine privé. Toutefois il appréciait l'honnêteté, d'où qu'elle vînt.

Leurs regards se soutinrent, et ce fut comme s'ils concluaient un accord muet. Ils n'avaient pas à être amis, ni même amicaux. Ils seraient cependant honnêtes.

Ce qui convenait parfaitement à Jack.

D'après les calculs de Grace, les deux hommes auraient dû être de retour quatre-vingt-dix minutes plus tard, deux heures tout au plus. N'ayant pas passé beaucoup de temps en selle, elle n'était pas bon juge, mais elle était à peu près certaine qu'il fallait moins d'une heure pour atteindre le relais de poste. Et si M. Audley devait certes rassembler ses effets, cela ne devrait pas prendre beaucoup de temps. Et...

— Éloignez-vous donc de cette fenêtre, lui intima la douairière.

Agacée, Grace ne put s'empêcher de se mordre la lèvre. Elle prit soin d'afficher un masque placide avant de se retourner.

— Vous pourriez vous rendre utile, ajouta la vieille dame.

Grace balaya la pièce du regard, s'efforçant de décoder l'ordre sous-entendu. La douairière avait toujours quelque chose à l'esprit, et Grace détestait qu'on la force à deviner.

— Voulez-vous que je vous fasse la lecture ?

C'était le plus plaisant de ses devoirs. En ce moment, elles lisaient *Orgueil et préjugés*, que Grace aimait énormément, et que la douairière prétendait ne pas aimer du tout.

Le grognement qu'émit cette dernière était un grognement de refus. Si Grace possédait une bonne maîtrise de ce moyen de communication, elle n'en tirait aucune fierté.

— Je pourrais écrire une lettre, suggéra-t-elle. N'aviez-vous pas prévu de répondre au dernier courrier de votre sœur ?

— Je suis encore capable d'écrire mes propres lettres, répliqua la douairière, alors que toutes deux savaient que son orthographe était désastreuse, et que Grace finissait toujours par réécrire sa correspondance avant de la poster.

Grace prit une profonde inspiration, puis elle expira lentement. Elle n'avait pas assez d'énergie pour démêler l'écheveau compliqué des exigences de la douairière. Pas aujourd'hui.

— J'ai chaud.

Comme Grace gardait un silence prudent, la vieille dame saisit quelque chose sur une petite table proche. Un éventail, constata Grace, accablée, lorsqu'elle l'ouvrit avec un claquement sec.

Après avoir contemplé l'éventail à fond bleu, rehaussé de motifs chinois noirs et or, elle le referma d'un geste tout aussi brutal. Afin de le brandir comme un bâton, de toute évidence.

— Vous pourriez veiller à mon confort.

Grace attendit un instant. Pas plus d'une seconde, mais c'était la seule façon qu'elle avait de se rebeller. Elle ne pouvait pas refuser, elle ne pouvait même pas se permettre de manifester sa répugnance. En revanche, elle pouvait rester immobile, histoire que la douairière s'interroge.

Ensuite, évidemment, elle s'avança et prit place près d'elle.

— Je trouve la température plutôt agréable, fit-elle remarquer.

— C'est parce que vous déplacez l'air avec l'éventail.

Grace observa le visage sillonné de rides. Si certaines étaient dues à l'âge, ce n'était pas le cas de celles autour de la bouche, qui se pinçait en une grimace réprobatrice permanente. Qu'était-il arrivé à cette femme pour qu'elle soit aussi amère ? Était-ce la mort de ses enfants ? La perte de sa jeunesse ? Où était-elle tout simplement née avec un caractère revêche ?

— Que pensez-vous de mon nouveau petit-fils ? demanda-t-elle à brûle-pourpoint.

Grace se figea un instant puis, recouvrant son sang-froid, se remit à l'éventer.

— Je ne le connais pas assez bien pour m'être forgé une opinion, répondit-elle avec circonspection.

— Balivernes. La première impression est toujours la bonne. Vous le savez très bien. Sinon, vous auriez épousé ce repoussant petit cousin, non ?

Grace se remémora Miles, installé comme un coq en pâte dans sa maison natale. Elle devait l'admettre, de temps à autre, la douairière était perspicace.

— Vous avez sûrement quelque chose à dire, mademoiselle Eversleigh.

L'éventail s'agita trois fois avant que Grace se décide à répondre :

— Il semble avoir un sens de l'humour vigoureux.

— Vigoureux, répéta la vieille dame d'un ton curieux, comme si elle testait le mot sur sa langue. Un choix heureux. Je n'y aurais pas pensé, mais l'adjectif est pertinent.

Jamais la douairière n'avait été si proche du compliment.

— Il ressemble à son père, ajouta-t-elle.

— Vraiment ? murmura Grace, qui fit passer l'éventail d'une main dans l'autre.

— Il possède la même légèreté. Mon John n'était pas du genre à prendre les choses au sérieux. Il avait un esprit mordant.

— Je ne dirais pas de M. Audley qu'il est mordant...

— Il ne s'appelle pas M. Audley, et il est mordant. Vous êtes simplement trop éprise pour vous en apercevoir.

— Je ne suis pas éprise, protesta Grace.

— Bien sûr que si. N'importe quelle fille le serait. Il est séduisant en diable. Dommage pour la couleur des yeux, néanmoins.

Grace se retint de souligner que les yeux verts n'avaient rien de rédhibitoire.

— Ce que je suis, c'est épuisée, osa-t-elle répliquer. La journée a été éreintante. La nuit aussi, ajouta-t-elle après réflexion.

La douairière haussa les épaules, puis ramena délibérément la conversation là où elle le souhaitait.

— L'esprit de mon fils était légendaire. Vous ne l'auriez pas considéré comme mordant, lui non plus, mais uniquement parce que John était très intelligent. Il faut être extrêmement brillant pour insulter quelqu'un sans qu'il s'en aperçoive.

— Quel est l'intérêt, dans ce cas ? fit remarquer Grace, qui trouvait le procédé plutôt triste.

La douairière cligna des yeux à plusieurs reprises.

— L'intérêt ? De quoi ?

— D'insulter quelqu'un.

De nouveau, Grace changea de main. Elle secoua les doigts de sa main libre, engourdis d'avoir été crispés sur l'éventail. Comme la duchesse ne manquerait pas de trouver toutes sortes de raisons valables pour justifier que l'on rabaisse quelqu'un, elle prit soin de préciser :

— Plus exactement, d'insulter une personne en s'appliquant à ce qu'elle ne s'en aperçoive pas ?

La vieille dame leva les yeux au ciel.

— C'est une question de fierté, mademoiselle Eversleigh. Je ne m'attends pas que vous compreniez.

— Non, je l'avoue, je ne comprends pas.

— Vous ignorez ce qu'exceller dans un domaine signifie.

La duchesse pinça les lèvres et étira le cou d'un côté, puis de l'autre.

— Je ne vois d'ailleurs pas comment vous le sauriez, conclut-elle.

Une insulte mordante s'il en fut, sauf qu'elle ne paraissait pas en avoir conscience le moins du monde.

Grace préféra ne pas s'appesantir sur l'ironie de la chose.

— Nous vivons en des temps intéressants, mademoiselle Eversleigh, reprit la douairière.

Grace opina en silence, avant de détourner la tête, afin que son interlocutrice, si jamais elle décidait de la regarder, ne voie pas les larmes qui lui embuaient les yeux.

Ses parents n'avaient pas les moyens de voyager, mais ils avaient l'esprit et le cœur aventureux. Chez les Eversleigh, les cartes de pays lointains et les récits de voyages abondaient. Comme si c'était hier, Grace revit ses parents et elle-même assis devant la cheminée, chacun plongé dans un ouvrage. Son père avait levé les yeux de son livre et s'était exclamé :

— N'est-ce pas merveilleux ? En Chine, si vous souhaitez insulter quelqu'un, vous lui dites : « Puissiez-vous vivre en des temps intéressants. »

Soudain, elle ne sut plus si ses larmes étaient de chagrin ou d'hilarité.

— Cela suffit, mademoiselle Eversleigh, déclara la douairière. Je suis suffisamment rafraîchie.

Grace referma l'éventail, puis décida d'aller le poser près de la fenêtre, histoire d'avoir un prétexte pour traverser la pièce. Le crépuscule tombait à peine, et l'on distinguait encore l'extrémité de l'allée. Elle ne savait trop pourquoi elle avait tellement hâte que les deux hommes rentrent. Peut-être simplement pour avoir la preuve qu'ils ne s'étaient pas entretués en route. Elle avait certes défendu le sens de l'honneur de Thomas, mais elle n'avait pas aimé son regard. Et jamais encore elle ne l'avait vu agresser quelqu'un. Quand il s'était jeté sur M. Audley, il semblait prêt à le tuer. Si M. Audley n'avait pas été un combattant aguerri, Thomas l'aurait sans doute grièvement blessé.

— Pensez-vous qu'il va pleuvoir, mademoiselle Eversleigh ?

— Non, répondit Grace en se retournant.

— Le vent se lève.

— Oui.

Grace attendit que la douairière détourne les yeux, pour pivoter de nouveau vers la fenêtre. Évidemment, elle entendit aussitôt :

— J'espère qu'il va pleuvoir.

Une pause. Puis elle se retourna de nouveau.

— Je vous demande pardon ?

— J'espère qu'il va pleuvoir, répéta la vieille dame d'un ton neutre, comme s'il était parfaitement normal de souhaiter la pluie alors que deux hommes étaient dehors.

— Ils seront trempés, observa Grace.

— Cela les obligera à se jauger l'un l'autre. Il le faudra tôt ou tard de toute façon. En outre, chevaucher sous la pluie n'a jamais gêné mon John. Il aimait plutôt cela.

— Ce qui ne signifie pas que M...

— Cavendish, l'interrompit la douairière.

Grace déglutit. Cela l'aidait à ne pas se laisser aller à l'impatience.

— Quelle que soit la manière dont il veut qu'on l'appelle, je ne pense pas que l'on puisse supposer qu'il aime chevaucher sous la pluie uniquement parce que c'était le cas de son père. La plupart des gens n'aiment pas cela.

Apparemment, la duchesse ne jugea pas cette dernière affirmation recevable.

— Je ne sais rien de la mère, il est vrai, admit-elle néanmoins. À cause d'elle, certains traits peuvent avoir été dénaturés.

— Souhaitez-vous du thé, madame ? s'enquit Grace. Je peux sonner pour que l'on en apporte.

— Que savons-nous d'elle, après tout ? continua la douairière. Elle est presque certainement irlandaise, ce qui peut signifier beaucoup de choses, toutes plus horribles les unes que les autres. Nous a-t-il seulement dit son nom ?

— Je ne crois pas, admit Grace dans un soupir.

La question lui étant adressée directement, elle ne pouvait plus feindre de ne pas prendre part à la conversation.

— Seigneur, reprit la douairière avec une expression horrifiée, elle pourrait être *catholique* !

— J'ai rencontré un certain nombre de catholiques, répliqua Grace, puisqu'il était clair qu'elle ne parviendrait pas à la faire changer de sujet. C'est étrange, murmura-t-elle, aucun n'avait de cornes.

— Que dites-vous ?

— Que j'en sais très peu sur la foi catholique, répondit Grace d'un ton léger.

La douairière émit un bruit que Grace peina à identifier, cette fois. On aurait dit un soupir, mais c'était probablement un grognement car la vieille dame déclara ensuite :

— Il va falloir nous en préoccuper. Je suppose que je vais devoir contacter l'archevêque.

— Est-ce un problème ?

La douairière secoua la tête avec dégoût.

— C'est une espèce de fouine, qui prendra ensuite des airs supérieurs avec moi.

Du coin de l'œil, Grace crut distinguer un mouvement à l'extérieur.

— Dieu sait quelle sorte de faveurs il va me demander, marmonna la douairière. Je suppose qu'il me faudra le laisser coucher dans la chambre d'honneur afin qu'il puisse se vanter d'avoir dormi entre les draps de la reine Elizabeth.

— Ils sont de retour, l'informa Grace, comme les deux cavaliers apparaissaient dans l'allée.

Une fois de plus, elle s'interrogea sur le rôle qu'elle était censée jouer dans ce drame. Elle n'appartenait pas à la famille – en cela, la douairière avait raison. Malgré la position relativement élevée qu'elle occupait dans la maison, elle n'avait pas son mot à dire sur les histoires de titres et d'héritage. Elle s'en félicitait, d'ailleurs. Car la douairière n'était jamais plus déplaisante que lorsqu'elle abordait les problèmes dynastiques, et Thomas n'était jamais plus déplaisant que lorsqu'il devait traiter avec sa grand-mère.

Elle aurait dû prendre congé, même si M. Audley avait insisté pour qu'elle soit présente.

Mais elle avait beau se dire qu'il était temps qu'elle s'en aille, qu'elle devait se détourner de la fenêtre et annoncer à la vieille dame qu'elle la laissait s'entretenir avec ses petits-fils en privé, elle ne parvenait pas à bouger. Elle ne cessait d'entendre – non, de ressentir – la voix de M. Audley.

Mlle Eversleigh restera.

Avait-il besoin d'elle ? C'était possible. Il ne savait rien des Wyndham, rien de leur histoire et rien des tensions que celle-ci avait tissées entre eux, telle une toile d'araignée pernicieuse et indéchirable. On ne pouvait attendre qu'il trace seul son chemin dans cette nouvelle vie, du moins, pas d'emblée.

Frissonnant, Grace referma les bras autour de son buste, les yeux fixés sur les hommes qui descendaient de cheval. Que c'était étrange de se sentir utile. Si Thomas aimait à dire qu'il avait besoin d'elle, tous deux savaient que ce n'était pas vrai. Il aurait pu engager n'importe qui pour tenir compagnie à sa grand-mère. Et lui-même n'avait besoin de rien ni de personne. Sûr de lui, fier, résolument indépendant, il n'avait, en vérité, besoin de rien d'autre que d'un coup d'épingle occasionnel pour faire éclater la bulle qui l'entourait. Il en avait conscience, ce qui lui évitait d'être totalement insupportable. Même s'il n'en avait jamais fait mention, Grace savait que c'était la raison pour laquelle ils étaient devenus amis. Elle était peut-être la seule personne, dans le Lincolnshire, à ne pas multiplier les courbettes devant lui, et à ne pas lui dire uniquement ce qu'il souhaitait entendre.

Mais il n'avait pas, à proprement parler, *besoin* d'elle.

Soudain nerveuse en entendant des bruits de pas dans le vestibule, elle se raidit. Elle s'attendait que la douairière lui ordonne de quitter la pièce. Elle se tourna même vers elle avec un haussement de sourcils imperceptiblement provocateur. Toutefois, les yeux rivés sur la porte, cette dernière s'attacha à l'ignorer.

Ce fut Thomas qui entra le premier.

— Wyndham, enfin, dit la vieille dame avec brusquerie.

Elle ne l'appelait jamais autrement que par son titre.

— J'ai fait porter les affaires de M. Audley dans la chambre de soie bleue, annonça-t-il.

Grace coula un regard oblique à la duchesse. La chambre bleue, toute tendue de soie, était l'une des plus jolies chambres d'invités. Ce n'était toutefois ni la plus spacieuse ni la plus luxueuse, même si elle se trouvait sur le même palier que celle de la douairière.

— Excellent choix, déclara celle-ci. Mais je te le répète : Ne l'appelle pas M. Audley en ma présence. Je ne connais pas ces Audley, et je n'ai aucune envie de les connaître.

— Je ne crois pas qu'ils auraient envie de vous connaître non plus, commenta M. Audley, en pénétrant dans la pièce. Mary Audley est la sœur de feu ma mère, poursuivit-il. Elle et son mari, William Audley, m'ont recueilli à la naissance. Ils m'ont élevé comme leur propre enfant et, à ma demande, ils m'ont donné leur nom. Je n'ai aucune envie d'y renoncer.

Il regarda froidement la vieille dame, comme s'il la mettait au défi de répliquer.

À la grande surprise de Grace, celle-ci n'en fit rien.

Il se tourna alors vers Grace et s'inclina avec élégance.

— Vous pouvez m'appeler M. Audley si vous le souhaitez, mademoiselle Eversleigh.

Grace répondit par une révérence. Elle ne savait pas si celle-ci était requise, puisque tout le monde ignorait le véritable rang de M. Audley, mais cela lui semblait poli. Après tout, lui-même l'avait saluée.

Elle jeta un coup d'œil à la douairière, qui la foudroya du regard, puis à Thomas, qui réussissait à paraître à la fois amusé et agacé.

— Elle ne peut pas vous renvoyer parce que vous avez utilisé son nom légal, Grace, déclara-t-il avec cette pointe d'impatience qui lui était coutumière. Le cas échéant, vous vous retirerez avec une rente à vie, et j'enverrai la duchesse vivre dans une propriété éloignée.

M. Audley tourna vers Thomas un regard surpris, puis approbateur, avant de sourire à Grace.

— C'est tentant, murmura-t-il. Jusqu'où peut-elle être envoyée ?

— L'ouest de l'archipel des Hébrides est agréable à cette époque de l'année, répondit Thomas.

— Tu es méprisable, siffla la douairière.

— Pourquoi est-ce que je me retiens ? s'interrogea Thomas à voix haute, avant de s'approcher d'un meuble à alcool et de se servir un verre.

— C'est votre grand-mère, intervint Grace, puisque quelqu'un devait faire entendre la voix de la raison.

— Ah oui, le sang ! soupira Thomas. Il paraît que la voix du sang est la plus forte. Dommage. Vous ne tarderez pas à l'apprendre à vos dépens, ajouta-t-il à l'intention de M. Audley.

Grace s'attendait plus ou moins que ce dernier réagisse à son ton condescendant. Mais il afficha une expression curieusement indifférente. Les deux hommes semblaient avoir bel et bien conclu une espèce de trêve.

— Mon travail ici est terminé, à présent, annonça Thomas en regardant sa grand-mère droit dans les yeux. J'ai ramené le fils prodigue en votre sein aimant, et tout va pour le mieux dans le meilleur des mondes. Pas dans mon monde à moi, certes, ajouta-t-il, mais dans le monde de quelqu'un, j'en suis sûr.

— Pas dans le mien, déclara M. Audley, comme personne ne paraissait enclin à commenter.

Puis il eut ce sourire nonchalant, moqueur, censé rappeler le brigand désinvolte qu'il était.

— Au cas où cela vous intéresserait.

L'air indifférent, Thomas rétorqua :

— Cela ne m'intéresse pas.

Grace tourna les yeux vers M. Audley. Il continuait de sourire. Elle revint à Thomas.

Ce dernier inclina la tête en un salut ironique, avant de vider son verre d'une traite.

— Je sors, dit-il

— Où vas-tu ? demanda la douairière.

Thomas s'arrêta sur le seuil.

— Je n'ai pas encore décidé.

Ce qui signifiait, Grace en était persuadée, n'importe où sauf ici.

7

Jack décida de saisir cette occasion pour partir lui aussi.

Non pas par affection pour le duc. En vérité, il avait suffisamment profité de sa merveilleuse arrogance, et il n'était pas mécontent de le voir quitter la pièce. Cependant, la perspective de rester ici, avec la douairière...

Même la délicieuse compagnie de Mlle Eversleigh n'était pas suffisante pour qu'il en endure davantage.

— Je crois que je vais me retirer moi aussi, annonça-t-il.

— Wyndham ne s'est pas retiré, répliqua la douairière, maussade. Il est sorti.

— Dans ce cas, *moi*, je vais me retirer. Point final.

— Il fait à peine nuit, fit-elle remarquer.

— Je suis fatigué, répliqua Jack, ce qui était la stricte vérité.

— Mon John restait parfois debout jusqu'à l'aube, dit-elle doucement.

Jack soupira. Il ne voulait pas éprouver de compassion pour cette femme si dure, impitoyable et désagréable. Cela étant, elle avait aimé son fils de toute évidence. Et elle l'avait perdu.

Une mère ne devrait pas survivre à ses enfants. Ce n'était pas dans l'ordre naturel des choses.

Alors, au lieu de rappeler que son John n'avait sans doute jamais été enlevé, étranglé, soumis à un chantage et dépouillé de son gagne-pain (fût-il minable), il s'avança vers elle. Puis il déposa sa bague – celle-là même qu'il lui avait arrachée du doigt – sur la table à côté d'elle. La sienne se trouvait dans sa poche. Il n'était pas prêt à lui révéler son existence.

— Votre bague, madame.

Elle hocha la tête et la prit entre ses doigts.

— Que signifie le *D* ? s'enquit-il.

Cette majuscule l'avait toujours intrigué. Autant tirer un renseignement de cette débâcle.

— Debenham. Mon nom de naissance.

Effectivement, il était logique qu'elle ait donné ce bijou de famille à son fils préféré.

— Mon père était le duc de Runthorpe.

— Je n'en suis pas surpris, murmura-t-il – à elle de décider s'il s'agissait d'un compliment. Bonsoir, Votre Grâce, ajouta-t-il en s'inclinant.

La douairière pinça la bouche, manifestement déçue. Puis elle sembla prendre conscience que si une bataille s'était livrée ce jour-là, elle seule en était sortie victorieuse. Aussi répondit-elle d'un ton étonnamment aimable :

— Je demanderai que l'on vous monte votre dîner.

Jack inclina la tête et murmura un remerciement, puis il tourna les talons. C'est alors que la vieille dame ajouta :

— Mlle Eversleigh va vous conduire à votre chambre.

Étonné, il regarda Grace, qui semblait l'être tout autant que lui. Il s'était attendu qu'un valet de pied ou, peut-être, le majordome, l'escorte. C'était donc là une délicieuse surprise.

— Y a-t-il un problème, mademoiselle Eversleigh ? s'enquit la duchesse d'un ton imperceptiblement sarcastique.

— Non, bien sûr.

Bien que voilé, son regard n'était pas entièrement indéchiffrable. Elle était prise de court, visiblement. Sans doute n'avait-elle pas l'habitude que la douairière lui ordonne de s'occuper d'une autre personne qu'elle-même. S'il avait eu le moindre droit sur elle, lui non plus n'aurait pas aimé la partager.

Ses yeux tombèrent de nouveau sur ses lèvres. Il voulait l'embrasser encore. Il rêvait de la toucher – ne serait-ce qu'un simple effleurement de la main, si fugitif qu'il paraîtrait accidentel.

Mais plus que tout, il voulait utiliser son prénom. *Grace.*

Il lui plaisait. Il le trouvait apaisant.

— Vous veillerez à son confort, mademoiselle Eversleigh.

Jack se retourna vers la vieille dame, interloqué.

Assise telle une statue, les mains sagement croisées sur les genoux, elle arborait un vague sourire avec, dans le regard, un mélange de ruse et d'amusement.

Elle lui offrait Grace. C'était clair comme de l'eau de roche : il pouvait user de sa demoiselle de compagnie à son gré.

Bonté divine, dans quel genre de famille était-il tombé ?

— Comme vous voudrez, madame, répondit Mlle Eversleigh.

Jack se sentit alors sali, presque souillé, parce qu'il était à peu près certain que la jeune femme n'avait pas la moindre idée de ce qui se tramait.

C'était un chantage odieux. « Restez cette nuit et vous pouvez avoir la fille. » Il était d'autant plus écœuré qu'il la désirait bel et bien. Il ne voulait cependant pas qu'on la lui offre.

— C'est très aimable à vous, mademoiselle Eversleigh, dit-il.

Il s'était adressé à elle avec une politesse excessive, comme pour pallier la malignité de la duchesse. Au moment où ils atteignaient la porte, il se retourna. Le duc et lui n'avaient que très peu parlé durant leur sortie, mais ils étaient tombés d'accord sur un point.

— Au fait, au cas où quelqu'un poserait une question à mon sujet, je suis un ami de Wyndham. Perdu de vue depuis quelques années.

— Un ami d'université ? suggéra Mlle Eversleigh.

Jack ravala un rire amer.

— Non. Je n'ai pas fréquenté l'université.

— Vous n'êtes pas allé à l'université ? s'étonna la vieille dame. J'avais été amenée à croire que vous aviez reçu une éducation de gentleman.

— Par qui ? demanda Jack avec une affabilité exagérée.

Après avoir bredouillé, elle finit par répondre, les sourcils froncés :

— Cela s'entend dans votre façon de parler.

— Trahi par mon accent, murmura-t-il, avant de hausser les épaules. Des « R » distingués et des « H » correctement aspirés, ajouta-t-il à l'intention de Mlle Eversleigh. Qu'y faire ?

La douairière n'était pas prête à abandonner le sujet.

— Vous avez reçu une bonne éducation, n'est-ce pas ?

Jack fut tenté de prétendre qu'il était allé à l'école au village, ne serait-ce que pour voir sa réaction. Mais parce qu'il éprouvait de la gratitude pour sa tante et son oncle, il choisit de dire la vérité.

— Portora Royal, puis deux mois à Trinity collège – celui de Dublin, pas de Cambridge –, suivis de six années dans l'armée de Sa Majesté. Pour vous protéger, vous, d'une invasion étrangère. Je suis prêt à accepter vos remerciements si vous le souhaitez, conclut-il, la tête inclinée de côté.

La duchesse se contenta de pincer les lèvres d'un air offusqué.

— Non ? C'est drôle comme personne ne semble se soucier de pouvoir encore parler anglais et honorer ce bon roi George.

— Moi, si, déclara Mlle Eversleigh. Euh… merci, murmura-t-elle.

— Je vous en prie.

Hélas, la douairière n'était pas la seule à considérer qu'aucune reconnaissance n'était nécessaire ! Il arrivait qu'on fête les soldats, et il est vrai que l'uniforme constituait un atout pour séduire les femmes, mais personne ne songeait jamais à remercier Jack. Ni, surtout, à remercier les hommes qui étaient restés estropiés ou défigurés.

— Dites à tout le monde que nous faisions de l'escrime ensemble, reprit-il en ignorant délibérément lady Cavendish. C'est aussi plausible qu'autre chose. D'après Wyndham lui-même, il n'est pas mauvais à l'épée ?

— Je l'ignore, répondit Mlle Eversleigh.

Il aurait dû s'en douter. Cela dit, si Wyndham déclarait qu'il n'était pas mauvais à l'épée, cela signifiait certainement qu'il excellait dans cet art. Tous les deux seraient donc bien assortis s'ils devaient corroborer leur mensonge. L'escrime était la meilleure matière de Jack au lycée, et c'était sans doute l'unique raison pour laquelle on l'avait gardé jusqu'à l'âge de dix-huit ans.

— Nous y allons ? souffla-t-il en désignant la porte d'un signe de tête.

— La chambre de soie bleue, lança la vieille dame avec aigreur.

— Elle n'aime pas être laissée en dehors de la conversation, n'est-ce pas ? chuchota Jack afin que seule Mlle Eversleigh l'entende.

Il savait que la proximité de la vieille dame l'empêchait de répondre, mais elle détourna vivement les yeux, comme pour dissimuler son amusement.

— Vous pouvez vous retirer pour la nuit, vous aussi, mademoiselle Eversleigh, déclara la douairière.

Grace pivota, surprise.

— Vous ne souhaitez pas que je vous assiste ? Il est encore tôt.

— Nancy fera l'affaire, répliqua la duchesse avec une crispation des lèvres. Elle n'est pas maladroite avec les boutons et, ce qui est encore plus appréciable, elle ne dit pas un mot. Je trouve que c'est une qualité éminemment précieuse chez une domestique.

Grace, qui se taisait plus souvent qu'à son tour, décida de le prendre comme un compliment, et non comme la critique perfide que c'était censé être.

— Bien sûr, madame, dit-elle en la saluant d'une révérence. Je vous verrai donc demain matin, quand je vous apporterai votre chocolat et le journal.

M. Audley était déjà sur le seuil et, de la main, invitait Grace à le précéder. Elle quitta donc la pièce. Même si elle ne comprenait pas pourquoi la douairière lui donnait congé pour la soirée, elle n'allait pas argumenter davantage.

— Nancy est sa femme de chambre, expliqua-t-elle à M. Audley quand elle l'eut rejoint.

— Je l'avais deviné.

— C'est vraiment curieux. Sa Grâce...

M. Audley attendit qu'elle termine sa phrase, en vain. Elle avait failli avouer que la douairière détestait Nancy. Au point qu'elle ne cessait de se plaindre lorsque celle-ci la remplaçait lors de ses jours de sortie.

— Oui, mademoiselle Eversleigh ? l'encouragea M. Audley.

Elle fut à deux doigts de poursuivre. C'était étrange, non seulement parce qu'elle le connaissait à peine, mais surtout parce que les détails triviaux du fonctionnement de Belgrave ne pouvaient l'intéresser. Même s'il devenait duc...

À cette pensée, son estomac se noua de nouveau. Il était vrai, néanmoins, que Thomas aurait été bien en peine d'identifier une servante quelle qu'elle soit. Et si on lui demandait quelles étaient celles que sa grand-mère n'aimait pas, il répondrait sûrement : « Toutes. »

Ce qui était probablement la vérité, songea Grace avec un sourire ironique.

— Vous souriez, mademoiselle Eversleigh, fit remarquer M. Audley d'un air complice. Dites-moi pourquoi.

— Oh, pour rien ! En tout cas, rien qui soit susceptible de vous intéresser. Les chambres sont par ici, ajouta-t-elle en indiquant le grand escalier de la main.

— Il n'empêche que vous souriiez, insista-t-il en lui emboîtant le pas.

Grace ne put se retenir de sourire de nouveau.

— Je ne l'ai pas nié.

— Une femme qui ne dissimule pas, dit-il d'un ton approbateur. Je me surprends à vous apprécier davantage à chaque minute qui passe.

Grace lui lança un coup d'œil par-dessus son épaule.

— Voilà un commentaire qui ne témoigne pas d'une très haute opinion des femmes.

— Pardonnez-moi. J'aurais dû dire une *personne* qui ne dissimule pas, répliqua-t-il avec un sourire éblouissant. Je ne prétendrai jamais que les femmes et les hommes sont perchangeables, et j'en remercie le ciel, mais en matière d'honnêteté, aucun des deux sexes ne peut se vanter d'être bien noté.

Grace le regarda avec surprise.

— Je ne crois pas qu'on dise « perchangeables ». En fait, je suis même certaine que ce mot n'existe pas.

— Non ?

Il détourna brusquement les yeux. Ce fut très rapide, pas même une seconde, pourtant cela suffit à Grace pour se demander si elle ne l'avait pas embarrassé. Non, c'était impossible. Il était si à l'aise, si disert ! Il ne fallait pas plus d'une journée pour s'en apercevoir. D'ailleurs, son sourire se fit désinvolte, et ce fut l'œil pétillant qu'il déclara :

— Eh bien, il devrait exister.

— Vous inventez souvent des mots ?

Il haussa les épaules, modeste.

— J'essaie de me retenir.

Grace ne dissimula pas son incrédulité.

— C'est vrai, s'écria-t-il, la main sur le cœur. Pourquoi est-ce que personne ne me croit lorsque je dis que je suis un gentleman moral et intègre, qui n'a de cesse d'observer toutes les règles ?

— Peut-être parce que la plupart des gens font votre connaissance alors que vous les obligez à descendre d'une voiture sous la menace d'un pistolet ?

— C'est vrai. Cela fausse la relation, n'est-ce pas ?

En voyant l'étincelle d'humour dans ses yeux émeraude, Grace eut envie de rire. De rire comme elle riait lorsque ses parents étaient encore en vie, lorsqu'elle avait la liberté et le temps de s'amuser des absurdités de l'existence.

C'était presque comme si quelque chose s'éveillait en elle, et la sensation était agréable, délicieuse, même. Elle aurait voulu le remercier, mais il l'aurait prise pour une idiote. Aussi choisit-elle une autre voie.

— Je suis désolée, dit-elle en s'arrêtant au pied de l'escalier.

— Désolée ? répéta-t-il, l'air surpris.

— Oui. Pour… aujourd'hui.

— Pour m'avoir enlevé ?

Il semblait vaguement amusé. Peut-être même condescendant.

— Je n'en avais pas l'intention, souligna Grace.

— Il n'empêche que vous étiez dans la voiture. À mon avis, n'importe quel tribunal vous considérerait comme complice.

— Ce même tribunal qui vous aurait envoyé au gibet ce matin même pour avoir pointé un pistolet chargé sur une duchesse ? riposta-t-elle.

— Tss, tss, je vous ai dit que ce n'était pas un délit passible de la pendaison.

— Non ? murmura-t-elle, imitant à la perfection son propre ton. Eh bien, cela devrait l'être.

— Vous le pensez vraiment ?

— Si « perchangeable » devrait exister, menacer une duchesse d'un pistolet devrait être suffisant pour entraîner la pendaison.

— Vous avez de la repartie, reconnut-il, admiratif.

— Merci. Mais je ne suis pas très entraînée, admit-elle.

— Oui, j'imagine que *Sa Grâce* vous impose le silence ?

— La loquacité n'est pas jugée souhaitable chez une domestique.

— C'est ainsi que vous vous considérez ? Comme une domestique ?

Il avait plongé son regard dans le sien, et la sondait avec une telle intensité que Grace faillit reculer.

Et puis, elle recula. Car s'il découvrait quelque chose en elle, elle n'était pas certaine de vouloir savoir quoi.

— Nous ne devrions pas traîner, reprit-elle en l'invitant à la suivre dans l'escalier. La chambre de soie bleue est charmante. Très confortable et particulièrement claire le matin. Les tableaux qui l'ornent sont superbes. Je suis certaine que vous allez vous y plaire.

Elle parlait à tort et à travers, mais il eut la bonté de ne pas le lui faire remarquer.

— Ce sera sûrement mieux que mon logement actuel, se contenta-t-il de déclarer.

— Oh ! J'avais supposé que...

Elle s'interrompit, trop gênée pour avouer qu'elle l'avait cru sans domicile.

— Une vie de relais de poste et de champs à la belle étoile, dit-il avec un soupir ostensible. Tel est le sort du bandit de grand chemin.

— Vous aimez cela ?

Grace s'étonna d'avoir posé la question, et d'être si curieuse de connaître sa réponse.

— Détrousser des voyageurs ? demanda-t-il avec un grand sourire. Tout dépend de qui se trouve dans la voiture... J'ai beaucoup aimé ne pas vous voler.

— Ne *pas* me voler ?

Grace se retourna alors. Et la glace, qui avait commencé à se fendre, fut officiellement rompue.

— Je ne vous ai rien pris, si je ne m'abuse, argua-t-il avec une parfaite innocence.

— Vous m'avez volé un baiser.

— Il m'a été librement donné, rétorqua-t-il en s'inclinant vers elle

— Monsieur Audley...

— J'aimerais tellement que vous m'appeliez Jack.

— Monsieur Audley, je n'ai pas...

Elle jeta un coup d'œil circulaire, puis reprit dans un chuchotement :

— Je n'ai pas... fait... ce que... vous dites.

— Depuis quand le mot « baiser » est-il si dangereux ?

Grace pinça les lèvres. Il était évident qu'elle n'aurait pas le dessus dans cette conversation.

— Très bien, dit-il. Je ne vous tourmenterai pas.

Ç'aurait été une déclaration généreuse s'il n'avait précisé :

— Aujourd'hui.

Ce qui n'empêcha pas Grace de sourire. En sa présence, il était difficile de s'en abstenir.

Ils avaient atteint le palier. Comme ils se dirigeaient en silence vers l'aile réservée à la famille, Grace s'interrogea sur l'homme à ses côtés. Il n'était peut-être pas allé à l'université, mais, son vocabulaire fantaisiste mis à part, il était de toute évidence extrêmement intelligent. Et son charme était incontestable. Il n'y avait donc aucune raison objective pour qu'il n'ait pas trouvé un emploi rémunéré. Grace ne se voyait toutefois pas lui demander pourquoi il avait choisi d'attaquer les voyageurs. Ils se connaissaient depuis trop peu de temps pour que la question ne paraisse pas impertinente.

L'ironie de la situation ne lui échappa nullement. Qui aurait pensé qu'elle se soucierait de bonnes manières et de convenances face à un voleur ?

— Par ici, dit-elle en l'invitant à bifurquer à gauche.

M. Audley jeta un coup d'œil dans la direction opposée.

— Qui dort là ?

— Sa Grâce le duc.

— Ah... Sa Grâce.

— C'est un homme bien, assura Grace, qui se sentit obligée de défendre Thomas.

S'il ne s'était pas comporté comme il l'aurait dû, c'était compréhensible. Depuis sa naissance, il avait été élevé pour être duc de Wyndham. Et voilà qu'à la suite d'un minuscule caprice du destin, il apprenait qu'il pouvait n'être rien d'autre qu'un simple « M. Cavendish ».

Si M. Audley avait eu une rude journée, celle de Thomas avait dû être bien pire.

— Vous l'admirez, déclara M. Audley.

Était-ce une question ? Grace en doutait. Quoi qu'il en soit, le ton était ironique, comme s'il pensait qu'il s'agissait de naïveté de sa part.

— C'est un homme bien, s'entêta-t-elle. Vous serez d'accord avec moi quand vous le connaîtrez mieux.

— Là, vous ressemblez à une domestique : guindée et loyale.

Elle le foudroya du regard. En pure perte car, déjà, il souriait.

— Allez-vous ensuite défendre la douairière ? Je serais vraiment curieux de voir comment on peut réaliser une telle prouesse.

Il ne s'attendait certainement pas qu'elle réponde. Grace se détourna néanmoins afin qu'il ne la voie pas sourire.

— Moi-même, je n'y suis pas parvenu, poursuivit-il, et on me prête pourtant une langue bien pendue.

Il se pencha vers elle comme pour lui confier un secret.

— C'est mon côté irlandais.

— Vous êtes un Cavendish, souligna-t-elle.

— À moitié seulement. Dieu merci, ajouta-t-il après un instant.

— Ils ne sont pas si mauvais.

— Ils ne sont pas si mauvais ? répéta-t-il en s'esclaffant. Quelle défense vibrante !

Malheureusement, Grace ne trouva rien d'autre à répliquer que :

— La douairière donnerait sa vie pour sa famille.

— Dommage qu'elle ne l'ait pas déjà fait.

Grace le fixa, interloquée.

— J'ai l'impression d'entendre le duc.

— Oui, j'ai remarqué qu'ils avaient des relations tendres et aimantes.

— C'est ici, annonça-t-elle en ouvrant la porte de la chambre.

Elle recula d'un pas. Il n'aurait pas été convenable qu'elle pénètre dans la pièce. Depuis cinq ans qu'elle était à Belgrave, elle n'avait jamais mis le pied dans l'appartement de Thomas. Elle ne possédait pas grand-chose au monde hormis sa réputation et son amour-propre, et elle avait bien l'intention de préserver l'une et l'autre.

M. Audley jeta un regard à l'intérieur.

— Elle est bien bleue !

— Et soyeuse, ajouta Grace, qui ne put s'empêcher de sourire.

— Effectivement. Vous n'entrez pas avec moi ?

— Oh, non !

— Je m'y attendais. Dommage. Je vais être obligé de me prélasser seul dans toute cette splendeur soyeuse.

— La duchesse a raison. Vous n'êtes jamais sérieux.

— Ce n'est pas vrai. Je suis fréquemment sérieux. À vous de découvrir quand.

Il haussa les épaules tout en s'approchant du secrétaire. Du bout des doigts, il suivit le contour du sous-main, puis laissa retomber sa main.

— Je préfère laisser les gens deviner.

Grace se contenta de l'observer tandis qu'il inspectait sa chambre. Elle aurait dû s'en aller. Elle s'étonnait même de n'être pas déjà partie, car toute la journée elle n'avait rêvé que de se glisser dans son lit et de dormir enfin.

Il n'empêche qu'elle resta.

Quel effet cela faisait-il à M. Audley de voir tout cela pour la première fois ? Cela devait lui sembler étrange et écrasant. Elle n'eut pas le cœur de lui avouer que la chambre tendue de soie bleue n'était pas la chambre d'invités la plus prestigieuse, loin de là.

Après s'être arrêté devant un tableau accroché au mur, il le contempla, la tête inclinée de côté.

— C'est une peinture remarquable.

Grace hocha la tête, ouvrit la bouche, puis la referma.

— Vous étiez sur le point de me dire qu'il s'agit d'un Rembrandt.

Cette fois, ce fut de surprise qu'elle ouvrit la bouche. Il n'avait même pas regardé dans sa direction.

— Et celui-ci ? demanda-t-il après avoir porté les yeux sur le tableau voisin. Le Caravage ?

— Je l'ignore, reconnut-elle.

— Pas moi, dit-il d'un ton à la fois impressionné et réticent. C'est un Caravage.

— Vous êtes un connaisseur ?

Grace s'aperçut alors que ses orteils avaient franchi le seuil de la chambre. Pas ses talons, non, qui demeuraient sagement dans le couloir. Mais ses orteils...

Ils frétillaient dans ses souliers, ils aspiraient à l'aventure.

Elle aspirait à l'aventure.

M. Audley s'approcha d'un autre tableau – le mur est de la pièce en était couvert – et murmura :

— Je ne prétends pas être un connaisseur, mais j'aime la peinture, je l'avoue. Elle est facile à lire.

— À *lire* ? répéta Grace, déconcertée, en s'avançant.

Il hocha la tête.

— Oui. Regardez...

Il indiqua une femme dans ce qui semblait être une œuvre de la Renaissance. Elle occupait un somptueux fauteuil capitonné de velours sombre et orné d'épaisses torsades d'or. Peut-être un trône.

— Voyez la manière dont elle baisse les yeux, poursuivit-il. Elle regarde cette autre femme, quoique pas son visage. Elle est jalouse.

— Non, elle n'est pas jalouse, objecta Grace, qui l'avait rejoint. Elle est en colère.

— Oui, bien sûr. Mais elle est en colère parce qu'elle est jalouse.

— D'elle ? demanda Grace en désignant « l'autre » femme, dans le coin du tableau.

Ses cheveux avaient la blondeur des blés, et elle était vêtue d'une fine tunique grecque. L'un de ses seins semblait scandaleusement près de s'en échapper.

— Je ne crois pas. Regardez-la, continua-t-elle en reportant son attention sur la première femme. Elle a tout.

— Sur le plan matériel, oui. Toutefois celle-ci, dit-il, le doigt pointé sur la femme vêtue de la tunique grecque, elle a un mari.

— Comment pouvez-vous savoir qu'elle est mariée ?

Les yeux plissés, Grace se pencha pour observer ses doigts, à la recherche d'une alliance. Mais le travail n'était pas assez fin pour révéler un détail aussi discret.

— Bien sûr qu'elle est mariée. Il suffit de voir son expression.

— Je ne vois rien qui indique sa matrimonie.

— Sa « matrimonie » ? répéta-t-il, le sourcil arqué.

— Je suis à peu près sûre que le mot existe. Plus que « perchangeable », en tout cas. Et si elle est mariée, où donc est son mari ?

— Ici, répondit-il en posant le doigt sur le cadre richement ornementé, juste derrière la femme en tunique grecque.

— Et comment pouvez-vous le savoir ? C'est au-delà de la toile.

— Une fois de plus, il suffit de regarder son visage. Ses yeux. Elle regarde l'homme qui l'aime.

— Pas l'homme qu'elle aime ? hasarda Grace, intriguée.

— Je ne saurais dire.

Ils restèrent un instant silencieux, puis il reprit :

— Il y a un roman entier dans ce tableau. Il suffit de prendre le temps de le lire.

Grace devait admettre qu'il avait raison, et elle en fut troublée. Il n'était pas censé être aussi sensible et perspicace. Pas lui. Pas ce voleur désinvolte et insouciant, incapable d'embrasser une profession digne de ce nom.

— Vous êtes dans ma chambre, fit-il remarquer.

Elle recula. Abruptement.

— Du calme.

Il avait tendu le bras et refermé la main sur son coude. Elle ne pouvait le lui reprocher, car elle avait failli trébucher.

— Merci, souffla-t-elle.

Il ne la lâcha pas.

Elle avait recouvré l'équilibre, et pourtant il ne la lâchait pas.

Et elle ne chercha pas à se libérer.

8

Alors, Jack l'embrassa. Il ne put s'en empêcher.

Il avait la main sur son bras, en sentait la chaleur. Quand il la regarda, elle avait le visage levé vers le sien, et ses yeux bleus, profonds mais sans aucun mystère, le fixaient. En vérité, il lui était impossible, tout bonnement impossible, de faire autrement, à cet instant, que de l'embrasser.

Toute autre chose aurait été dramatiquement déplacée.

Embrasser était un art – il le savait depuis longtemps, et on lui avait dit qu'il y excellait. Or pour ce baiser, avec cette femme – qui aurait vraiment dû être une œuvre d'art –, il était à fleur de peau, car jamais, de toute sa vie, il n'avait désiré une femme comme il désirait Mlle Grace Eversleigh.

Et jamais il n'avait désiré à ce point qu'un baiser touche à la perfection.

Il ne devait pas l'effrayer, mais lui plaire. Il voulait qu'elle le désire et qu'elle ait envie de le *connaître*. Il voulait qu'elle se cramponne à lui, qu'elle ait besoin de lui, qu'elle lui chuchote à l'oreille qu'il était son héros et que jamais elle n'avait envisagé ne serait-ce que de s'approcher d'un autre homme.

Il voulait la goûter, la dévorer, se gorger de ce qui faisait d'elle ce qu'elle était, et voir s'il se transformerait en l'homme qu'il pensait parfois devoir être.

À cet instant, elle était à la fois son salut, sa tentation, et tout ce qui se situait entre les deux.

— Grace, murmura-t-il tout contre sa bouche. Grace, répéta-t-il pour le plaisir.

Le petit gémissement qu'elle laissa échapper lui dit tout ce qu'il avait besoin de savoir.

Il l'embrassa doucement, longuement. Des lèvres et de la langue, il explora chaque recoin de son âme. Puis il désira davantage.

— Grace, dit-il de nouveau, la voix rauque tout à coup.

Ses mains glissèrent dans son dos et il la pressa contre lui afin d'inclure son corps dans leur baiser. Sous sa robe, elle ne portait pas de corset, et il découvrit chacune de ses courbes voluptueuses, dont il suivit les contours.

Ce baiser était une danse de séduction. Et c'est lui qui était séduit.

— Grace…

Et cette fois, elle chuchota :

— *Jack.*

Ce fut sa perte. Son prénom comme un souffle s'échappant de la bouche de Grace, cette syllabe unique et douce, le transperça comme aucun « M. Audley » n'aurait pu le faire.

Son baiser se fit plus insistant, et il plaqua son corps plus étroitement contre le sien, bien trop absorbé par leur étreinte pour se soucier de son sexe dur contre son ventre.

Il lui embrassa la joue, l'oreille, le cou, descendit jusqu'au creux de sa gorge. Sa main qui remontait le long de son buste fit saillir l'un de ses seins, dont le globe arrondi se retrouva tout près de ses lèvres, si tentant...

— Non...

Ce fut à peine un chuchotement, mais accompagné d'un geste qui le repoussait.

Il la fixa, le souffle court. Elle avait l'œil hagard, et ses lèvres paraissaient humides et gonflées. Le corps de Jack frémissait de désir. Il laissa son regard descendre le long de son ventre, comme s'il lui était possible de voir à travers les plis de sa jupe le triangle sombre à la naissance de ses cuisses. Et ce qu'il ressentait, quel que fût son nom, décupla au point d'en être douloureux.

Avec un grognement étranglé, il s'obligea à reporter les yeux sur son visage.

— Mademoiselle Eversleigh, dit-il, parce qu'il fallait dire quelque chose, et qu'il ne voulait en aucun cas présenter des excuses.

— Monsieur Audley, dit-elle à son tour, avant de porter la main à ses lèvres.

Il prit conscience alors, dans un éclair aveuglant de pure terreur, que tout ce qu'il lisait sur son visage reflétait ce que lui-même éprouvait.

Non, c'était impossible. Il venait à peine de la rencontrer et, surtout, il ne pratiquait pas ce que l'on appelle l'Amour, avec son cortège de battements de cœur précipités, de pensées affolées et de désirs incoercibles.

Il aimait les femmes, bien sûr. Il les appréciait, aussi, ce qui le rendait assez unique parmi les hommes. Il aimait leur façon de se mouvoir, les sons qu'elles émettaient – depuis leurs soupirs lorsqu'elles s'abandonnaient entre ses bras jusqu'aux claquements de langue qui marquaient leur désapprobation. Il aimait que chacune ait une odeur différente, des gestes différents, et que, pourtant, quelque chose semblât les rattacher toutes à un même groupe. « Je suis une femme », semblait proclamer l'air autour d'elles. « Je ne suis pas toi. »

Ce dont il rendait grâce au ciel.

Mais il n'avait jamais aimé *une* femme. Et il ne se sentait absolument pas enclin à le faire. Les sentiments ne menaient à rien, et ne donnaient lieu qu'à de multiples contrariétés. Enchaîner les liaisons convenait davantage à sa vie... et à son âme.

Il esquissa un sourire. Le petit sourire auquel on s'attendait d'un homme comme lui, à un moment comme celui-là. Avec, peut-être, une pointe de désinvolture ironique.

— Vous êtes entrée dans ma chambre.

Elle hocha la tête, si lentement qu'il ne fut pas certain qu'elle s'en soit aperçue. Lorsqu'elle répondit, ce fut d'un air un peu hébété, comme si elle se parlait à elle-même.

— Je ne le ferai plus.

— J'espère que si, dit-il en la gratifiant de son sourire le plus désarmant.

Sans lui laisser le temps de deviner son intention, il s'empara de sa main et la porta à ses lèvres.

— Ce fut sans conteste l'accueil le plus plaisant que j'aie reçu à Belgrave, murmura-t-il. J'ai pris beaucoup de plaisir à discuter de ce tableau avec vous, ajouta-t-il sans la lâcher.

C'était la vérité. Il avait toujours préféré les femmes intelligentes.

— Moi aussi.

Elle libéra doucement sa main, et pivota sur les talons. Après avoir fait quelques pas en direction de la porte, elle s'arrêta et se retourna à demi.

— La collection de Belgrave peut rivaliser avec celles des plus grands musées.

— J'ai hâte de la découvrir avec vous.

— Nous commencerons par la galerie.

Il sourit. Elle ne manquait pas d'à-propos. Juste avant qu'elle atteigne la porte, il demanda :

— Y a-t-il des nus ? Simple curiosité de ma part, poursuivit-il, tout innocence, en la voyant se figer.

— Il y en a, répondit-elle, hélas, sans se retourner.

Il aurait donné cher pour voir la couleur de ses joues. Écarlates ou juste roses ?

— Dans la galerie ? risqua-t-il.

— Pas dans la galerie, non.

Cette fois, elle se retourna, juste assez pour qu'il voie l'étincelle qui brillait dans ses yeux.

— C'est une galerie de portraits, précisa-t-elle.

— Je comprends, assura-t-il, affichant la mine grave qui s'imposait. Dans ce cas, pas de nus, s'il vous plaît. J'avoue n'avoir pas très envie de voir grand-père Cavendish en tenue d'Adam.

Elle pinça les lèvres, et il devina que c'était pour se retenir de rire et non parce qu'elle désapprouvait ses propos. Que faudrait-il pour qu'elle éclate ouvertement de rire ?

— Ou – le ciel m'en préserve – la douairière, murmura-t-il.

Cette fois, elle toussota. Il porta la main à son front.

— Mes yeux, gémit-il. Mes yeux !

Comme il avait la main en partie devant les yeux, il l'entendit mais ne la vit pas rire – quoi que son rire tînt surtout du gloussement étranglé.

— Bonne nuit, monsieur Audley.

— Bonne nuit, mademoiselle Eversleigh, dit-il après avoir laissé retomber son bras. Vous verrai-je au petit déjeuner ?

Elle avait atteint le couloir. Elle s'arrêta.

— Sans doute, si vous faites partie des lève-tôt.

— C'est le cas, prétendit-il alors que c'était absolument faux.

— C'est le repas préféré de la douairière, expliqua-t-elle.

— Ce n'est pas le chocolat avec le journal ?

À croire qu'il avait retenu tout ce qu'elle avait dit ce jour-là.

Elle secoua la tête.

— Le chocolat est à 6 heures. Le petit déjeuner est servi à 7.

— Dans la salle du petit déjeuner ?

— Vous savez donc où elle se trouve ?

— Je n'en ai pas la moindre idée, admit-il. Cela semblait logique, c'est tout. Me retrouverez-vous ici afin de m'y conduire ?

— Non. Mais je demanderai que quelqu'un s'en charge.

Sa voix avait pris une inflexion amusée. À moins que ce ne fût de l'exaspération ?

— Dommage, soupira-t-il. Ce ne sera pas la même chose.

— J'espère que non, répliqua-t-elle en refermant la porte.

Puis, à travers le battant, il entendit :

— Parce que j'ai l'intention d'envoyer un valet de pied.

Jack s'esclaffa. Il adorait les femmes qui avaient le sens de l'humour.

À 6 heures, le lendemain matin, Grace entra dans la chambre de lady Cavendish, suivie d'une servante chargée d'un plateau.

La douairière était réveillée, ce qui n'avait rien de surprenant. Elle se réveillait toujours tôt, que le soleil brille en été ou qu'il fasse encore nuit noire en hiver. Grace, de son côté, aurait volontiers dormi jusqu'à midi si on le lui avait permis. Depuis son arrivée à Belgrave, elle ne tirait pas les rideaux de sa chambre afin que les rayons du soleil, lorsqu'il y en avait, l'arrachent au sommeil.

Hélas, ce n'était pas très efficace, pas plus que la sonnerie du réveil posé sur sa table de nuit. Elle avait pensé qu'elle s'adapterait au rythme de la douairière au bout d'un certain temps. Mais, apparemment, son horloge interne se rebellait. Signe, sans doute, de son refus d'admettre qu'elle était, et serait à jamais, demoiselle de compagnie auprès de la duchesse douairière de Wyndham.

Grace se félicitait d'avoir tissé des liens avec les servantes. Chaque matin, l'une d'elles se glissait dans sa chambre et la secouait jusqu'à ce qu'elle marmonne :

— Assez...

La déclaration de M. Audley l'avait surprise. Spontanément, elle ne l'aurait pas classé dans la catégorie des lève-tôt.

— Bonjour, Votre Grâce, dit-elle en s'approchant des fenêtres pour tirer les lourds rideaux de velours.

Le temps était couvert, avec un léger brouillard, mais le soleil semblait essayer de percer. Les nuages se dissiperaient peut-être dans l'après-midi.

Adossée à ses oreillers, la douairière se tenait très droite, royale sous le dais richement orné de son lit à baldaquin. Elle avait déjà terminé sa série d'exercices matinaux, qui consistaient en une flexion des doigts, suivie d'un étirement des orteils, puis d'une rotation de la tête de droite à gauche.

— Mon chocolat, ordonna-t-elle sèchement.

— Tout de suite, madame.

Grace s'approcha du bureau sur lequel la servante avait déposé le plateau avant de s'éclipser.

— Prenez garde, il est chaud.

La douairière attendit que Grace arrange le plateau sur ses genoux, puis déplie le journal.

Celui-ci ne datait que de deux jours – trois jours étaient la règle, dans la région –, et il avait été soigneusement repassé par le majordome.

— Mes lunettes.

Grace les avait déjà dans la main.

Après les avoir perchées sur l'extrémité de son nez, la duchesse but son chocolat à petites gorgées précautionneuses tout en parcourant le journal.

Grace avait pris sa place habituelle, sur la chaise inconfortable du bureau. Ce n'était pas l'emplacement le plus judicieux car la vieille dame était aussi exigeante le matin que le reste de la journée ; Grace aurait donc à multiplier les allers-retours jusqu'au lit. Mais elle n'était plus autorisée à s'asseoir *à côté* du lit. La douairière s'était plainte : elle avait l'impression qu'elle essayait de lire par-dessus son épaule.

Ce qui était le cas, évidemment. Désormais, une servante déposait le journal dans la chambre de Grace une fois que la douairière en avait fini avec celui-ci. Il ne datait que de deux jours et demi lorsque Grace le lisait, soit douze heures plus tôt que la moyenne dans le comté. C'était étrange, vraiment, ces détails qui vous donnaient un sentiment de supériorité.

— Hmm.

Grace inclina la tête, mais s'abstint de poser une question, sachant que la douairière n'y répondrait pas.

— Il y a eu un incendie à Howath Hall.

— J'espère qu'il n'y a pas eu de blessés, fit Grace, qui ne situait pas vraiment cette propriété.

La douairière lut quelques lignes.

— Seulement un valet de pied, répondit-elle. Et deux servantes. Oh... le chien est mort ! Cela, c'est terrible.

Grace garda le silence. Elle se sentait incapable d'engager la conversation tant qu'elle n'avait pas bu sa tasse de chocolat. En général, ce n'était pas avant le petit déjeuner, à 7 heures.

Il lui suffit d'y penser pour que son estomac se mette à gargouiller. Pour quelqu'un qui n'était pas du matin, elle en était venue à se délecter des mets servis au petit déjeuner. Si seulement les œufs et les harengs avaient pu figurer aussi au menu du dîner, ç'aurait été le paradis.

Elle jeta un coup d'œil à l'horloge. Encore cinquante-cinq minutes. M. Audley était-il réveillé ?

Sans doute. Les personnes matinales ne se levaient pas dix minutes seulement avant le petit déjeuner.

À quoi ressemblait-il, les yeux ensommeillés et les cheveux en bataille ?

— Quelque chose ne va pas, mademoiselle Eversleigh ? s'enquit la douairière avec irritation.

— Je vous demande pardon, madame ?

— Vous avez... *couiné*, dit-elle d'un ton dégoûté, comme si une odeur nauséabonde émanait de ce mot.

— Je suis désolée, madame, fit Grace, qui baissa les yeux sur ses mains, croisées sur ses genoux.

Elle sentit ses joues devenir brûlantes. En dépit du peu de lumière et de sa vue basse, la duchesse n'allait pas manquer de remarquer sa rougeur.

Grace s'exhorta à ne plus penser à M. Audley, surtout à peine vêtu. Dieu seul sait quel bruit inconvenant elle serait capable d'émettre la prochaine fois.

Mais il était incontestablement bel homme. Elle s'en était rendu compte alors même qu'elle ne voyait que le bas de son visage. Ses lèvres paraissaient toujours prêtes à sourire. Lui arrivait-il seulement de se renfrogner ? Et ses yeux... Elle ne les avait pas vraiment distingués, cette première nuit, et c'était sans doute une bonne chose. Car jamais elle n'en avait vu de cette couleur émeraude – ils surpassaient en éclat les pierres précieuses de la douairière.

— Mademoiselle Eversleigh !

Grace se redressa vivement.

— Madame ?

La douairière fixa sur elle un regard peu amène.

— Vous avez grogné.

— Moi ?

— Douteriez-vous de mon ouïe ?

— Bien sûr que non, madame.

La vieille dame abhorrait l'idée qu'elle puisse être touchée par les désagréments liés à l'âge. Grace s'éclaircit la voix.

— Je vous demande pardon, madame. Je ne m'en suis pas aperçue. Je dois avoir... euh... respiré fort.

— Respiré fort, répéta la vieille dame, qui parut trouver cela aussi consternant que son « couinement ».

— Je crains d'avoir une pointe de congestion, murmura Grace en posant la main sur sa poitrine.

Les narines frémissantes, la douairière baissa les yeux sur sa tasse.

— J'ose espérer que vous n'avez pas respiré au-dessus de mon chocolat.

— Oh, non, madame ! Ce sont toujours les servantes de la cuisine qui montent votre plateau.

Se désintéressant du sujet, la duchesse reporta son attention sur son journal. De nouveau, Grace se surprit à penser à M. Audley.

— Mademoiselle Eversleigh !

Grace se leva. Cela devenait ridicule.

— Oui, madame ?

— Vous avez soupiré.

— J'ai soupiré ?

— Le niez-vous ?

— Non, répondit Grace. C'est-à-dire que... je n'ai pas remarqué que je soupirais, mais c'est tout à fait possible.

La douairière agita la main.

— Vous êtes vraiment irritante, ce matin.

Grace sentit son regard s'éclairer. Peut-être allait-elle la renvoyer plus tôt que d'habitude.

— Asseyez-vous, mademoiselle Eversleigh, lui intima la douairière qui, les lèvres pincées, reposa son journal. Parlez-moi de mon petit-fils.

De nouveau, les joues de Grace s'empourprèrent.

— Je vous demande pardon ?

— Vous l'avez accompagné jusqu'à sa chambre, la nuit dernière, que je sache ?

— Oui, madame. Comme vous me l'aviez ordonné.

— Alors ? Qu'a-t-il dit ? Je suis impatiente de savoir quelle sorte d'homme c'est. Il se peut fort bien que l'avenir de la famille repose entre ses mains.

C'est avec un sentiment de culpabilité que Grace songea à Thomas, qu'elle avait quasiment oublié durant les douze dernières heures. Si quelqu'un était taillé pour être duc, c'était bien lui. Personne ne connaissait les affaires de Wyndham mieux que lui, pas même la douairière.

— Je vous demande pardon, Votre Grâce, mais n'est-ce pas un peu prématuré ?

— Vous défendez mon autre petit-fils ?

Grace ouvrit de grands yeux. Il y avait une malveillance certaine dans le ton de la duchesse.

— Je considère Sa Grâce comme un ami, répondit-elle avec circonspection. Jamais je ne lui souhaiterais le moindre mal.

— Pfff ! Si M. Cavendish – et ne vous avisez pas de l'appeler M. Audley – est réellement le fils légitime de mon John, je ne vois pas en quoi vous souhaiteriez du mal à Wyndham. En vérité, il devrait même être reconnaissant.

— De se voir dépouillé de son titre ?

— D'avoir eu la chance d'en profiter aussi longtemps. Si monsieur... Oh, bonté divine, je vais l'appeler John !

« Jack », corrigea Grace *in petto*.

— Si John est vraiment le fils légitime de mon John, Wyndham n'a jamais eu aucun droit sur le titre. On peut donc difficilement prétendre qu'il en a été dépouillé.

— Sauf qu'on lui a dit depuis sa naissance que le titre lui revenait.

— Ce n'est certes pas ma faute, déclara la douairière avec mépris. Et on ne peut pas dire que cela remonte à sa naissance.

— Non, reconnut Grace, car Thomas n'avait hérité du titre qu'à l'âge de vingt ans, à la mort de son père. Mais il savait depuis sa naissance qu'il lui reviendrait un jour, ce qui est à peu près pareil.

La douairière grommela, comme elle en avait l'habitude lorsqu'on lui opposait un argument qu'elle ne savait contredire. Elle finit par foudroyer Grace du regard et, attrapant son journal, elle le déplia d'un coup sec devant son visage.

Grace en profita pour s'adosser – oh, à peine ! – à sa chaise. Elle n'osa toutefois pas fermer les yeux.

Comme elle s'y attendait, à peine dix secondes s'écoulèrent avant que la duchesse rabatte le journal sur le lit et lui demande d'un ton sec :

— Pensez-vous qu'il fera un bon duc ?

— M. Au... euh, notre invité ? rectifia Grace à temps.

Une acrobatie verbale qui fit lever les yeux au ciel à la vieille dame.

— Appelez-le M. Cavendish. C'est son nom.

— Mais ce n'est pas ainsi qu'il souhaite être appelé.

— Je me moque comme d'une guigne de la manière dont il souhaite être appelé. Il est celui qu'il est. Comme nous tous, ajouta la douairière après avoir avalé une longue gorgée de chocolat. Et c'est une bonne chose.

Grace se garda de répliquer. Elle n'avait enduré que trop souvent les discours de la duchesse sur l'ordre naturel de l'humanité pour se le voir infliger une nouvelle fois.

— Vous n'avez pas répondu à ma question, mademoiselle Eversleigh.

Grace prit un instant pour réfléchir à sa réponse.

— En toute sincérité, je ne saurais le dire, madame. Nous ne le connaissons que depuis trop peu de temps.

C'était vrai en grande partie. Il était difficile d'envisager qu'un autre que Thomas puisse porter le titre de duc de Wyndham. Et M. Audley, malgré – ou à cause – de son humour et de sa gentillesse foncière, semblait manquer d'un certain sérieux. Il était intelligent, certainement, mais possédait-il la perspicacité et le jugement nécessaires pour diriger un domaine de la taille de Wyndham ? Si Belgrave était la résidence principale de la famille, celle-ci avait aussi d'innombrables possessions, à la fois en Angleterre et à l'étranger. Thomas employait au moins une douzaine de secrétaires et d'intendants pour l'aider à gérer ce patrimoine. Sans jouer les propriétaires absents, au contraire. Il avait dû fouler à peu près chaque arpent des terres de Belgrave. Et Grace remplaçait assez souvent la duchesse dans ses devoirs de châtelaine pour savoir que Thomas connaissait le nom de presque tous ses métayers.

Un investissement remarquable de la part de quelqu'un qu'on avait élevé en lui rappelant sans cesse le rang des Wyndham. Qui, dans la hiérarchie des hommes, se situaient juste en dessous du roi, et bien au-dessus du reste de l'humanité.

Thomas se plaisait à offrir l'image d'un mondain sophistiqué, un peu blasé, mais il était bien davantage que cela. Sans doute était-ce la raison pour laquelle il assumait si parfaitement ses responsabilités.

Et la raison pour laquelle il était tellement injuste de la part de la douairière de le traiter avec un tel manque de considération. Il fallait certes éprouver soi-même des sentiments pour être capable de prêter attention à ceux des autres ; il n'empêche que, avec son petit-fils, la douairière allait bien au-delà de son égoïsme habituel.

Grace ignorait si Thomas était rentré la nuit passée. Si ce n'était pas le cas… eh bien, elle ne pouvait l'en blâmer.

— Du chocolat, mademoiselle Eversleigh.

Grace se releva, saisit le pot qu'elle avait laissé sur la table de nuit et remplit la tasse de la douairière.

— De quoi avez-vous parlé la nuit dernière ?

— Je me suis retirée tôt, répondit Grace, feignant de ne pas comprendre. Avec votre très généreuse permission.

Alors que la vieille dame fronçait les sourcils, Grace pivota pour aller reposer le pot sur la table, et prit tout son temps pour mener à bien cette opération.

— A-t-il parlé de moi ?

— Euh... pas beaucoup.

— Pas beaucoup ou pas du tout ?

Grace se résigna à se retourner. D'expérience, elle savait que la douairière n'allait pas tarder à se mettre en colère.

— Je suis sûre qu'il a fait allusion à vous.

— Qu'a-t-il dit ?

Bonté divine ! Comment était-elle censée raconter qu'il l'avait traitée de vieille chouette ? Ou peut-être pire ?

— Je ne me rappelle pas précisément, madame. Je suis vraiment désolée. Je n'avais pas compris que vous souhaitiez que je retienne ses paroles.

— Eh bien, la prochaine fois, souvenez-vous-en, marmonna la duchesse.

Elle reporta les yeux sur son journal, puis regarda la fenêtre, les lèvres si pincées que sa bouche ne formait plus qu'une ligne. Immobile, les mains croisées sur les genoux, Grace attendit patiemment tandis qu'elle s'agitait, se redressait, buvait une gorgée de chocolat, grinçait des dents... Elle fut la première surprise d'éprouver une pointe de pitié pour elle.

— Il me fait penser à vous, déclara-t-elle sans réfléchir.

La douairière fixa sur elle un regard ravi.

— Vraiment ? De quelle manière ?

Grace ressentit comme un grand vide dans l'estomac, sans qu'elle sache s'il fallait l'attribuer à la joie si peu habituelle qui éclairait le visage de la douairière, ou au fait qu'elle se trouvait à court de réponse.

— Enfin, pas complètement, bien sûr... il y a cependant quelque chose dans l'expression.

Hélas, après quelques secondes, elle comprit que la vieille dame en attendait davantage !

— Ses sourcils ! déclara-t-elle, saisie d'une brusque inspiration. Il a la même manière de hausser les sourcils que vous.

— Comme cela ? demanda la douairière en arquant démesurément son sourcil gauche.

— Oui, plus ou moins. Mais les siens sont...

Grace esquissa un geste embarrassé au niveau de ses propres sourcils.

— Plus fournis ?

— Oui.

— Eh bien, c'est un homme. Peut-il bouger les deux ?

— Les deux, madame ? répéta Grace, perplexe.

La douairière se mit à hausser alternativement l'un et l'autre sourcil. Gauche, droite, gauche, droite. Un spectacle vraiment étrange.

— Je l'ignore, se hâta de dire Grace pour qu'elle cesse.

— C'est très étonnant, conclut la douairière en ramenant ses sourcils à leur juste place – d'où ils ne bougeraient plus, espéra Grace. Mon John n'y parvenait pas.

— L'hérédité est une chose mystérieuse. Mon père ne pouvait pas faire ceci...

Grace saisit son pouce et le tira en arrière jusqu'à ce qu'il touche son avant-bras.

— ... mais il disait que son père en était capable.

— Oh ! s'écria la douairière en tournant la tête d'un air dégoûté. Arrêtez cela tout de suite !

Grace sourit puis, avec une douceur angélique, reprit :

— Dans ce cas, vous ne souhaiterez pas voir ce que je peux faire avec mon coude...

— Seigneur, non ! maugréa la douairière, qui agita la main en direction de la porte. Je n'ai plus besoin de vous. Allez prendre votre petit déjeuner.

— Dois-je envoyer Nancy pour vous aider à vous habiller ?

La duchesse poussa un soupir résigné, comme écrasée par le poids d'une existence de privilèges aristocratiques.

— Oui, acquiesça-t-elle avec morosité. Ne serait-ce que parce que je ne peux supporter de regarder votre pouce.

Grace gloussa. Elle devait se sentir particulièrement audacieuse, parce qu'elle ne tenta même pas de s'en cacher.

— Est-ce de moi que vous riez, mademoiselle Eversleigh ?

— Bien sûr que non !

— N'ayez pas l'outrecuidance de penser que vous pourriez un jour rire *avec* moi.

— Je riais, c'est tout, madame, déclara Grace, incapable de s'empêcher de sourire. Cela m'arrive parfois.

— Je n'en ai jamais été témoin, rétorqua la douairière, comme si la chose était proprement inimaginable.

Grace ravala les trois répliques qui lui vinrent aussitôt à l'esprit :

C'est parce que vous n'écoutez pas, Votre Grâce.

C'est parce que j'ai rarement l'occasion de rire en votre présence.

Ou encore

Et après ?

Elle continua donc de sourire, et même chaleureusement. C'était étrange pour quelqu'un qui avait passé tant de temps à ravaler des reparties, ce qui lui avait toujours laissé un goût amer dans la bouche.

Pas cette fois, cependant. Cette fois, elle se sentait légère. Sans contraintes. Si elle ne pouvait pas dire ce qu'elle pensait, peu importait. Tant de choses l'attendaient, ce matin !

Le petit déjeuner, du bacon et des œufs, des kippers, des tartines grillées, aussi, avec du beurre et de la confiture, et...

Et lui.

M. Audley.

Jack.

9

Jack tituba hors de son lit quatorze minutes précisément avant 7 heures. Se réveiller avait été une entreprise ardue. Après le départ de Mlle Eversleigh, la veille au soir, il avait sonné une servante pour lui recommander de frapper à sa porte à 6 h 15. Puis, alors qu'elle partait, il s'était ravisé. Elle devait frapper six coups énergiques à l'heure dite, puis douze coups supplémentaires quinze minutes plus tard.

Jack se connaissait suffisamment pour savoir qu'il ne sortirait pas du lit à la première sommation.

La servante avait été également avertie que, s'il n'apparaissait pas à la porte dans les dix secondes suivant la deuxième série de coups, elle devait entrer dans la chambre et ne pas la quitter avant de s'être assurée qu'il était bien réveillé.

Enfin, elle s'était vu promettre un shilling si elle ne soufflait mot à quiconque de l'opération.

— Je le saurai, l'avait-il prévenue avec son sourire le plus désarmant. Les bavardages me reviennent toujours aux oreilles.

C'était la vérité. Peu importait la maison ou l'établissement : les servantes lui racontaient toujours tout. Il ne cessait de s'étonner des distances qu'on pouvait parcourir grâce à un simple sourire ou à une moue charmeuse.

Malheureusement pour lui, son plan si soigneusement conçu n'eut pas le résultat escompté.

Ce ne fut pas la faute de la servante, qui exécuta sa tâche à la perfection. À 6 h 15 précises, six coups vigoureux furent frappés à la porte. Jack parvint à ouvrir un œil aux deux tiers, ce qui lui suffit pour voir l'heure au réveil.

À 6 h 30, il ronflait de nouveau, et s'il n'entendit que sept des douze coups, la pauvre fille n'était certainement pas en cause. Sa persévérance était même digne d'admiration car elle essuya successivement un « Non ! » hargneux, suivi de « Allez-vous-en ! Encore dix minutes ! J'ai dit : encore dix minutes ! » et, enfin, « Vous n'avez donc pas une fichue casserole à nettoyer ? ».

Quinze minutes avant 7 heures, alors qu'il gisait sur le ventre, à moitié hors du lit, il parvint enfin à ouvrir les yeux. Elle était là, assise toute droite dans un fauteuil, à l'autre extrémité de la chambre.

— Euh... Mlle Eversleigh est-elle réveillée ? marmonna-t-il en se frottant les yeux.

— Depuis 6 h 40, monsieur.

— Et plus joyeuse qu'un oiseau moqueur, je parie.

Comme la servante gardait le silence, Jack inclina la tête, soudain plus alerte.

— Pas si joyeuse que cela ?

Ainsi, Mlle Eversleigh n'était pas matinale... Il trouva aussitôt l'aube plus souriante.

— Elle n'est quand même pas comme vous, finit par admettre la servante.

Jack posa les pieds par terre et bâilla.

— Il faudrait qu'elle soit morte pour y parvenir.

La jeune fille s'esclaffa, ce qui ravit Jack. S'il parvenait à faire rire les servantes, la maison était à lui. Le monde appartenait à celui qui savait mettre les servantes dans sa poche – il l'avait appris à l'âge de six ans, au grand dam de sa famille.

— Jusqu'à quelle heure dormirait-elle si vous ne la réveilliez pas ?

— Oh, ça, je ne peux pas vous le dire ! répliqua la jeune fille en rougissant.

Jack ne voyait pas en quoi les habitudes de sommeil de Mlle Eversleigh relevaient de la confidence. Il apprécia néanmoins la loyauté de la domestique. Ce qui ne signifiait pas, bien sûr, qu'il n'userait pas de tous les moyens en sa possession pour en apprendre davantage.

— Et si je vous demandais quel est son jour de congé ? lança-t-il d'un ton désinvolte.

La servante secoua la tête d'un air apitoyé.

— La douairière ne lui donne jamais son jour de congé.

— Jamais ? répéta Jack, surpris.

Sa grand-mère toute neuve était exigeante, vaniteuse, et dotée d'un grand nombre d'autres défauts exaspérants, mais il lui avait semblé que, dans le fond, elle était plutôt équitable.

— Simplement des après-midi, expliqua la servante.

Elle se pencha alors en avant, non sans avoir au préalable regardé à gauche et à droite, comme s'il pouvait y avoir dans la chambre une personne susceptible de l'entendre.

— Je crois que c'est juste parce qu'elle sait que Mlle Eversleigh a du mal à se lever le matin.

Voilà qui ressemblait bien à la douairière.

— Du coup, elle a le double d'après-midi, poursuivit la servante. Alors, en fin de compte, ça revient au même.

— C'est quand même une honte, déclara Jack.

— Oui, ce n'est pas juste.

— Pas du tout juste.

— Surtout que Mlle Eversleigh est tellement gentille avec nous, continua la servante d'une voix de plus en plus animée. Elle n'oublie jamais notre anniversaire, et elle nous offre des cadeaux en disant que c'est la douairière, mais on sait toutes que c'est elle.

Comme elle levait les yeux vers lui, Jack la gratifia d'un hochement de tête encourageant.

— Et tout ce qu'elle veut, la pauvre, c'est une matinée tous les quinze jours pour dormir jusqu'à midi.

— Elle l'a dit ?

— Juste une fois, admit la servante. Je ne pense pas qu'elle s'en rappelle. Elle était très fatiguée. Je crois que la douairière l'avait gardée très tard le soir. Il m'a fallu deux fois plus de temps que d'habitude pour la réveiller.

Jack hocha la tête avec compassion.

— La douairière ne dort jamais, poursuivit la jeune fille.

— Jamais ?

— Eh bien, sûrement qu'elle doit dormir. Mais vraiment pas beaucoup.

— J'ai connu un vampire comme ça...

— La pauvre Mlle Eversleigh, elle est obligée de s'adapter à son emploi du temps.

Jack continua à hocher la tête, puisque cela semblait marcher.

— Mais elle ne se plaint pas, poursuivit la servante, manifestement désireuse de la défendre. Elle ne se plaindrait jamais de Sa Grâce.

— Jamais ? releva Jack qui, s'il vivait à Belgrave depuis aussi longtemps que Grace, se plaindrait quarante-huit heures par jour.

La servante secoua la tête avec une piété qui n'aurait pas été déplacée chez la femme d'un pasteur.

— Mlle Eversleigh n'est pas du genre à bavarder.

Jack fut sur le point de lui dire que tout le monde bavardait et, tout en s'en défendant, adorait cela. Il ne voulait toutefois pas qu'elle interprète son propos comme une critique de son comportement présent, aussi se contenta-t-il de déclarer :

— C'est tout à fait admirable.

— Pas avec les domestiques, en tout cas, précisa la servante. Peut-être avec ses amies.

— Ses amies ?

Jack traversa la chambre en chemise de nuit. On avait déposé à son intention, sur un fauteuil, des vêtements fraîchement lavés et repassés. Un coup d'œil lui suffit pour constater qu'ils étaient de qualité.

Ils appartenaient sûrement à Wyndham, car tous les deux étaient de la même taille. Le duc savait-il que sa garde-robe avait été mise à contribution ? Sans doute pas.

— Les demoiselles Elizabeth et Amelia Willoughby, répondit la servante. Elles vivent de l'autre côté du village. Dans l'autre grande maison. Mais attention, hein, pas aussi grande qu'ici.

— Non, bien sûr que non, murmura Jack.

Il pressentait que cette servante, dont il devait impérativement découvrir le nom, allait devenir sa préférée. C'était un puits de renseignements et, pour en profiter, il suffisait de la laisser se reposer quelques instants dans un fauteuil confortable.

— Leur père est le comte de Crowland, poursuivit-elle alors que Jack entrait dans le cabinet de toilette pour s'habiller.

Certains auraient sans doute refusé de porter les vêtements du duc après l'altercation de la veille, Jack, lui, jugea préférable de se montrer pragmatique. Comme il doutait de convaincre Mlle Eversleigh de s'abandonner entre ses bras – du moins, aujourd'hui –, il lui fallait s'habiller. Et ses propres vêtements étaient plutôt élimés et poussiéreux.

En outre, cet emprunt irriterait peut-être Sa Grandeur, ce qui ne lui déplairait pas.

— Mlle Eversleigh réussit-elle à voir les demoi-selles Willoughby souvent ?

Les culottes qu'il venait d'enfiler lui allaient à la perfection. Quelle chance !

— Non. Encore qu'elles étaient là hier.

Mais bien sûr. C'étaient les deux blondes qu'il avait vues avec Grace sur le perron. Il aurait dû deviner qu'elles étaient sœurs. Il s'en serait sans doute aperçu s'il était parvenu à s'arracher à la contemplation de Mlle Eversleigh suffisamment longtemps pour voir au-delà de la couleur de leurs cheveux.

— Lady Amelia sera notre prochaine duchesse, précisa la servante.

Jack cessa de boutonner la chemise en lin extraordinairement bien coupée de Wyndham.

— Ah bon ? J'ignorais que le duc était fiancé.

— Lady Amelia était encore un bébé. On aura un mariage bientôt, je pense. Il faudrait, franchement. Elle n'est plus toute jeune. Je ne pense pas que ses parents accepteront d'attendre encore longtemps.

Jack avait jugé les deux sœurs plutôt jeunes, mais il est vrai qu'il était à bonne distance.

— Je crois qu'elle a vingt et un ans. Lady Amelia.

— Si vieille que cela ? murmura-t-il, ironique.

— Moi, j'ai dix-sept ans, dit la servante dans un soupir.

Jack choisit de garder le silence, faute de savoir si elle souhaitait paraître plus vieille ou plus jeune que son âge.

Quand il sortit du cabinet de toilette en ajustant sa cravate, la jeune fille bondit sur ses pieds.

— Oh, mais je ne devrais pas bavarder !

Jack lui adressa un signe de tête rassurant.

— Je ne dirai pas un mot. Vous avez ma parole.

Elle s'élança vers la porte, puis fit volte-face.

— Je m'appelle Bess, précisa-t-elle en esquissant une révérence. Je suis à votre service si vous avez besoin de quelque chose.

Jack ne put s'empêcher de sourire, car il y avait quelque chose de rafraîchissant dans sa proposition énoncée en toute innocence.

Une minute après son départ, un valet de pied se présenta, comme promis par Mlle Eversleigh, pour l'escorter jusqu'à la salle du petit déjeuner. Il était loin d'être aussi bavard que Bess – les valets de pied n'étaient jamais loquaces, du moins avec lui –, aussi le trajet s'effectua-t-il en silence.

Un trajet qui leur prit cinq minutes, nota Jack. Si, de loin, Belgrave lui avait semblé gigantesque, l'intérieur était un véritable labyrinthe. Il était persuadé de n'en avoir pas encore vu le dixième, mais avait déjà compté trois escaliers. Le château comportait aussi des tourelles, qu'il avait aperçues de l'extérieur, et certainement des oubliettes.

Tout château qui se respecte devait avoir des oubliettes, songea-t-il en tournant pour la sixième fois au moins depuis qu'il avait quitté sa chambre. Il demanderait à Grace de les lui montrer, ne serait-ce que parce qu'il était sûr de ne pas trouver d'œuvres de grands maîtres accrochées aux murs des cachots.

Il faillit tressaillir lorsqu'il frôla un Greco. Il avait beau être amateur d'art, trop, c'était trop ! Même son cabinet de toilette était tapissé, des boiseries jusqu'au plafond, de tableaux inestimables. Celui qui avait décoré cette pièce avait cependant un penchant consternant pour les cupidons. Franchement, il aurait dû y avoir une limite au nombre d'Amours grassouillets, armés d'arcs et de carquois, qu'on pouvait accrocher dans une seule pièce.

Ils bifurquèrent une dernière fois, et Jack faillit soupirer de bonheur lorsque les odeurs familières d'un petit déjeuner anglais lui chatouillèrent les narines. Le valet de pied s'étant effacé devant une porte ouverte, il en franchit le seuil, le corps frémissant d'une impatience inhabituelle. Hélas, Mlle Eversleigh n'était pas encore arrivée !

Un coup d'œil à l'horloge lui apprit que 7 heures sonneraient dans une minute. Jamais, sans doute, il ne s'était levé aussi tôt depuis son départ de l'armée.

Le buffet était déjà dressé. Il s'empara donc d'une assiette, la remplit copieusement et s'installa à table. Cela faisait un certain temps qu'il n'avait pas eu un petit déjeuner dans une maison convenable. Ces derniers temps, il prenait ses repas dans des auberges ou dans des chambres de location, et avant cela, sur les champs de bataille. S'asseoir ainsi avec une assiette richement garnie lui parut presque décadent.

— Café, thé ou chocolat, monsieur ?

Du chocolat ? Il n'en avait pas bu depuis si longtemps ! Ce fut tout juste s'il n'éprouva pas un frisson de plaisir anticipé. Lorsqu'il eut fait part de sa préférence, le valet de pied s'approcha d'une autre table sur laquelle s'alignaient trois pots élégants. Avec leur long bec verseur courbe, ils évoquaient une flottille de cygnes. Un instant plus tard, le domestique déposait devant Jack une tasse fumante. Il s'empressa d'y ajouter trois cuillères de sucre et une giclée de lait.

Il y avait décidément des avantages à vivre dans le luxe, songea-t-il après avoir bu la première, et divine, gorgée.

Il avait presque terminé son assiette lorsqu'il entendit un bruit de pas. Quelques instants plus tard, Mlle Eversleigh apparut. Elle était vêtue d'une stricte robe blanche – non, pas blanche ; plutôt de la couleur de la crème qui surnage au-dessus du lait frais. Cette teinte s'accordait à merveille avec les moulures en plâtre qui ornaient le chambranle. Il ne manquait à la jeune femme qu'un ruban jaune en rappel de la couleur des murs – étonnamment vive et gaie pour une demeure aussi imposante – et il aurait juré que la pièce n'avait été décorée qu'en vue de cet instant précis.

Il se leva et s'inclina poliment.

— Mademoiselle Eversleigh, murmura-t-il.

Il aima la voir rougir. Juste un peu, ce qu'il jugea tout à fait favorable. Une rougeur trop prononcée aurait signifié qu'elle était embarrassée.

Alors qu'un subtil rosissement trahissait son impatience à le revoir. Et, peut-être, le reproche qu'elle s'adressait à elle-même, ce qui était encore mieux.

— Du chocolat, mademoiselle Eversleigh ? demanda le valet.

— Oh, oui, s'il vous plaît, Graham ! répondit-elle.

Puis, lorsqu'elle s'assit en face de Jack avec une assiette presque aussi pleine que la sienne, elle soupira d'aise.

— Vous ne prenez pas de sucre ? s'étonna-t-il.

Il n'avait jamais rencontré de femmes – et très peu d'hommes, d'ailleurs – qui apprécient le cacao non sucré. Lui-même ne le supportait pas.

— Pas le matin. J'ai besoin qu'il soit pur.

Il l'observa avec intérêt et, pour être honnête, une bonne dose d'amusement, tandis qu'elle humait son breuvage, puis en avalait une gorgée. Elle ne lâcha pas sa tasse avant de l'avoir vidée. Graham, qui devait connaître ses préférences, se précipita pour la lui remplir sans même avoir été sollicité.

De toute évidence, Mlle Eversleigh n'était pas du matin.

— Cela fait longtemps que vous êtes descendu ? finit-elle par demander à Jack.

— Pas longtemps, non, répondit-il en jetant un coup d'œil de regret sur son assiette presque vide. J'ai appris à manger rapidement, dans l'armée.

— Par nécessité, je suppose, dit-elle, avant d'attaquer ses œufs brouillés.

Il acquiesça d'un léger signe de la tête.

— La douairière sera bientôt là, ajouta-t-elle.

— Ah ! J'en déduis que nous devons apprendre à converser rapidement, également, si nous voulons avoir des échanges intéressants avant l'arrivée de lady Cavendish.

— Ce n'est pas exactement ce que j'ai dit, mais...

Elle avala une gorgée de chocolat, ce qui ne suffit pas à dissimuler son sourire.

— ... cela s'en rapproche.

— Les choses que nous devons apprendre à faire rapidement, soupira-t-il.

Elle releva la tête, la fourchette à mi-chemin de sa bouche, les joues écarlates. Un petit morceau d'œuf retomba dans son assiette.

— Ce n'est pas à *cela* que je faisais allusion, se défendit-il, enchanté de la direction prise par ses pensées. Juste ciel, je ne ferais jamais *cela* rapidement.

Elle entrouvrit les lèvres – elles ne formèrent toutefois pas un « O » parfait, mais plutôt un ovale charmant.

Les paupières à demi baissées, il ajouta :

— À moins, bien sûr, d'y être obligé. Si j'avais à choisir entre la rapidité et l'abstinence...

— Monsieur Audley !

Il s'adossa à sa chaise avec un sourire satisfait.

— Je me demandais quand vous me réprimanderiez.

— Pas assez vite, marmonna-t-elle.

Jack saisit son couteau et sa fourchette, et coupa un morceau de bacon. Il était épais, rosé et cuit à la perfection.

— Nous en revenons donc à mon incapacité à être sérieux, dit-il avant de porter la bouchée à ses lèvres, de la mastiquer et de l'avaler.

— Mais vous avez prétendu que ce n'était pas vrai.

Elle s'inclina par-dessus la table. D'un mouvement à peine esquissé, qui semblait néanmoins signifier : « Je vous regarde. »

Ce fut tout juste si Jack ne frissonna pas. Il aimait qu'elle le regarde.

— Vous avez dit, poursuivit-elle, que vous étiez fréquemment sérieux, et qu'il me revenait de deviner à quel moment.

— J'ai vraiment dit cela ?

— Quelque chose d'approchant, en tout cas.

— Eh bien, dans ce cas, qu'en pensez-vous ? demanda-t-il en se penchant à son tour. Suis-je sérieux en ce moment ?

L'espace d'un instant, il crut qu'elle allait lui répondre. Mais non. Elle se redressa en affichant un petit sourire innocent.

— Je ne saurais vraiment pas le dire.

— Vous me décevez, mademoiselle Eversleigh.

Son sourire se fit serein comme elle reportait son attention sur son assiette.

— Il me serait impossible de porter un jugement sur un sujet aussi peu approprié à mes oreilles, murmura-t-elle.

Il éclata de rire.

— Vous avez un sens de l'humour vraiment retors, mademoiselle Eversleigh !

Elle parut apprécier le compliment. Mais avant qu'elle puisse répondre – si, toutefois, elle en avait eu l'intention –, la douairière fit son entrée, suivie de deux servantes visiblement harassée.

— Qu'est-ce qui vous fait rire ? demanda-t-elle sans préambule.

— Rien de particulier, répondit Jack, désireux d'épargner à Grace la corvée de faire la conversation.

Après cinq années au service de la douairière, la pauvre méritait un répit.

— Je profitais simplement de la délicieuse compagnie de Mlle Eversleigh.

La vieille dame leur jeta un regard acerbe, avant d'ordonner :

— Mon assiette !

Alors que l'une des servantes se précipitait vers le buffet, sa maîtresse l'arrêta.

— Mlle Eversleigh va s'en occuper.

Grace se leva sans mot dire, tandis que la douairière se tournait vers Jack.

— C'est la seule capable de faire les choses correctement.

Elle secoua la tête avec un petit soupir irrité, déplorant manifestement le manque d'intelligence commun à tous les domestiques.

Jack garda le silence. Le moment était aussi bien choisi qu'un autre pour invoquer l'axiome préféré de sa tante : « Si tu ne peux pas dire quelque chose de gentil, ne dis rien. »

Il était pourtant tentant de dire quelque chose de gentil au sujet des domestiques.

Grace revint avec une assiette pleine. Elle la posa devant la douairière, puis la tourna légèrement de manière à ce que les œufs soient à 9 heures, au plus près de la fourchette.

Jack observa son manège, d'abord curieux, puis impressionné. L'assiette avait été divisée en six portions égales, comportant chacune un mets différent. Aucun aliment ne débordait sur son voisin, pas même la sauce hollandaise, répandue sur les œufs avec une précision admirable.

— Un chef-d'œuvre, déclara-t-il.

Grace lui coula un regard qu'il n'eut aucune difficulté à interpréter.

— Est-ce un cadran solaire ? s'enquit-il innocemment.

— De quoi parlez-vous ? grommela la douairière en s'emparant de sa fourchette.

— Non ! Ne le détruisez pas ! s'écria-t-il, se retenant à grand-peine de rire.

Ce qui n'empêcha pas la vieille dame de transpercer un quartier de pomme cuite.

— Comment avez-vous pu faire une chose pareille ? protesta-t-il, alors que Grace, qui s'était assise, se détournait ostensiblement.

— De quoi diable parlez-vous ? demanda de nouveau la duchesse. Mademoiselle Eversleigh, pourquoi regardez-vous la fenêtre ? De quoi parle-t-il ?

Grace pivota sur sa chaise, la main sur la bouche.

— Je l'ignore, madame.

— Je pense que vous le savez, répliqua la vieille dame, les yeux étrécis.

— Je vous assure que je ne sais jamais de quoi il parle.

— Jamais ? releva Jack. Quelle remarque hâtive ! Nous venons juste de faire connaissance.

— J'ai l'impression que cela fait très longtemps, pourtant, répliqua Grace.

— Pourquoi ai-je l'impression que l'on vient de m'insulter ? murmura-t-il, songeur.

— Si vous avez été insulté, vous ne deviez pas vous interroger, lâcha sèchement la douairière.

Grace se tourna vers elle, quelque peu surprise.

— Ce n'est pas ce que vous avez dit hier.

— Qu'a-t-elle dit, hier ?

— C'est un Cavendish, se contenta de répondre la douairière.

Ce qui, à ses yeux, expliquait sans doute tout. Mais, apparemment, elle ne faisait pas confiance aux capacités de déduction de Grace, car elle ajouta sur ce ton qu'on utilise avec les enfants :

— Nous sommes différents.

— Les règles ne s'appliquent donc pas, déclara Jack avec un haussement d'épaules.

Puis, dès que la douairière eut détourné les yeux, il adressa un clin d'œil à Grace.

— Qu'a-t-elle dit hier ? demanda-t-il de nouveau.

Grace n'était pas certaine de pouvoir le lui expliquer de manière adéquate, tant ce sentiment lui était étranger, mais elle pouvait difficilement ignorer une question qu'il lui avait posée à deux reprises.

— Qu'il y a un art de l'insulte, et que le sommet est atteint lorsque la personne insultée ne s'en rend pas compte.

Elle se tourna vers la douairière afin de voir si celle-ci jugeait nécessaire de la corriger.

— Cela ne s'applique pas lorsqu'on est *l'objet* de l'insulte, précisa celle-ci avec condescendance.

— Ne serait-ce pas de l'art de la part de l'autre personne ? hasarda Grace.

— Bien sûr que non. Et pourquoi m'en soucierais-je si c'était le cas ? déclara la duchesse avec un reniflement dédaigneux, avant de retourner à son assiette. Je n'aime pas ce bacon.

— Vos conversations sont-elles toujours aussi... obliques ? intervint Jack.

— Non, répondit Grace avec honnêteté. Ces deux derniers jours ont été exceptionnels.

Personne ne jugea nécessaire d'ajouter quoi que ce soit, sans doute parce que tout le monde était d'accord. Ce fut Jack qui rompit le silence en déclarant à la douairière :

— J'ai trouvé ce bacon délicieux.

À quoi elle rétorqua :

— Wyndham est rentré ?

— Je ne crois pas, répondit Grace, qui tourna la tête vers le valet de pied. Graham ?

— Non, mademoiselle, Sa Grâce n'est pas à la maison.

La douairière pinça les lèvres, l'air mécontent.

— C'est un manque total d'égard de sa part.

— Il est encore tôt, fit remarquer Grace.

— Il n'a pas prévenu qu'il s'absenterait toute la nuit.

— Le duc est-il habituellement censé soumettre son emploi du temps à sa grand-mère ? murmura Jack.

Il était manifestement désireux de jeter de l'huile sur le feu. Grace lui lança un regard irrité, auquel il répondit par un sourire. Il était de plus en plus évident qu'il prenait beaucoup de plaisir à la provoquer. Elle s'abstint cependant d'en tirer des conclusions. Ne se plaisait-il pas à provoquer tout le monde ?

— Je suis certaine qu'il ne va pas tarder à rentrer, dit-elle à la douairière.

L'irritation de celle-ci ne se dissipa pas pour autant.

— J'avais espéré qu'il serait là afin que nous puissions nous entretenir franchement. Mais je suppose que nous devrons nous passer de lui.

— Croyez-vous que cela soit sage ? demanda Grace sans réfléchir.

La douairière lui adressa un regard cinglant en réponse à son impertinence, mais elle refusa de regretter ses paroles. Il n'était pas juste de parler de l'avenir en l'absence de Thomas.

— Valets ! Laissez-nous et fermez la porte derrière vous, ordonna la vieille dame.

Puis elle ajouta à l'adresse de M. Audley :

— J'ai beaucoup réfléchi.

— Je pense vraiment que nous devrions attendre le duc, insista Grace.

Il y avait une pointe de panique dans sa voix, et elle n'était pas sûre d'en connaître la raison. Peut-être était-ce parce que Thomas était celui qui avait rendu sa vie supportable ces cinq dernières années. Sans lui, elle aurait oublié jusqu'au son de son propre rire.

Elle aimait bien M. Audley. Elle l'aimait même beaucoup trop, pour être tout à fait honnête. Mais elle ne laisserait pas lady Cavendish dépouiller Thomas de ses droits en faveur de son autre petit-fils autour de la table du petit déjeuner.

— *Mademoiselle Eversleigh...* articula la douairière d'un ton qui ne présageait rien de bon.

— Je suis d'accord avec Mlle Eversleigh, coupa M. Audley avec calme. Nous devrions attendre le duc.

La douairière n'attendit personne. Arborant une expression où le défi le disputait à l'intransigeance, elle annonça :

— Nous allons nous rendre en Irlande. Dès demain si possible.

10

Confronté à une annonce déplaisante, Jack avait coutume de sourire. C'est ainsi qu'il réagissait aussi devant une bonne nouvelle, bien sûr, mais n'importe qui était capable de sourire, dans ce cas. En revanche, il fallait du talent pour le faire lorsque, par exemple, on vous ordonnait de nettoyer un pot de chambre, ou de risquer votre vie en vous glissant derrière les lignes ennemies pour évaluer le nombre de soldats.

Il y parvenait, le plus souvent. Excréments ou déplacements risqués parmi les Français, il accueillait son ordre de mission avec un bon mot ironique et un sourire nonchalant.

C'était un trait qu'il n'avait pas eu besoin de cultiver. En fait, la sage-femme qui l'avait mis au monde avait juré, jusqu'à sa mort, que c'était le seul bébé qu'elle avait jamais vu sortir du ventre de sa mère le sourire aux lèvres.

Depuis toujours, il détestait les conflits. Ce qui rendait le choix de ses professions – soldat, puis bandit de grand chemin – plutôt intéressant. Mais tirer sur un ennemi anonyme ou confisquer le collier d'une aristocrate trop bien nourrie ne s'apparentait pas, à ses yeux, à un conflit.

Le conflit était personnel. Il pouvait s'agir de la trahison d'une maîtresse, de l'injure faite par un ami, de deux frères se disputant les faveurs paternelles, d'une parente pauvre contrainte de ravaler sa fierté. Il impliquait du mépris, une repartie cinglante, et il vous laissait déconcerté, vous demandant si vous aviez offensé ou déçu quelqu'un.

Jack avait découvert que, dans quasiment cent pour cent des cas, un grand sourire et une remarque enjouée étaient capables de désamorcer n'importe quelle situation. Ou d'amener un changement de sujet. En conséquence, il était très rarement obligé de discuter de questions qu'il n'avait pas choisies.

Il n'empêche que cette fois, face à cette annonce inattendue, il ne put que fixer la douairière sans trouver autre chose à dire que :

— Je vous demande pardon ?

— Nous devons aller en Irlande, répéta-t-elle, de ce ton péremptoire avec lequel elle avait dû, *elle*, venir au monde. Nous n'aurons pas le fin mot de cette affaire tant que nous ne nous serons pas rendus sur le lieu du mariage. Je suppose que les églises irlandaises tiennent des registres ?

Bonté divine, pensait-elle donc que tous les Irlandais étaient analphabètes ? Jack s'obligea à déglutir et à desserrer les dents.

— Certes.

— Bien. Nous trouverons la personne qui a célébré cette union et nous demanderons à voir le registre. Il n'y a pas d'autre solution.

Jugeant l'affaire réglée selon ses vœux, la douairière se concentra sur son petit déjeuner.

Sous la table, Jack serra les poings. Il avait l'impression que le sang allait lui jaillir de tous les pores de sa peau.

— Vous ne préféreriez pas envoyer quelqu'un ? demanda-t-il.

— À qui voulez-vous que je fasse confiance pour une affaire d'une telle importance ? Non, il faut que ce soit moi. Ainsi que vous, évidemment, et Wyndham, qui voudra certainement voir la preuve de ses propres yeux.

Le Jack normal n'aurait jamais laissé passer cette déclaration sans la commenter d'un ironique : « On peut le supposer. »

Mais le Jack qui essayait désespérément d'imaginer un moyen d'aller en Irlande sans que sa tante, son oncle, ou l'un de ses cousins le voient ne put que se mordre la lèvre.

— Monsieur Audley ? chuchota Grace.

Il se refusa à la regarder, car elle aurait lu sur son visage bien plus que ce que la duchesse y lirait jamais.

— Oui, sans doute devons-nous y aller, finit-il par acquiescer d'un ton brusque.

Que pouvait-il dire d'autre ? « Je suis vraiment désolé, mais je ne peux pas me rendre en Irlande vu que j'ai tué mon cousin » ?

Même s'il ne fréquentait plus la bonne société depuis longtemps, il était à peu près certain que ce ne serait pas considéré comme un sujet convenable pour le petit déjeuner.

Oui, il savait qu'il n'avait pas appuyé sur la détente d'un pistolet ; oui, il savait qu'il n'avait pas obligé Arthur à entrer dans l'armée en même temps que lui ; et oui, il savait – et c'était le pire de tout – que jamais sa tante ne lui imputerait sa mort.

Mais il connaissait Arthur. Et Arthur le connaissait, mieux que quiconque. Il connaissait ses points forts et, plus important encore, ses points faibles. Aussi, quand il avait fini par renoncer à des études universitaires désastreuses et s'était engagé dans l'armée, Arthur avait-il refusé de le laisser partir seul.

Et tous deux savaient pourquoi.

— Il est peut-être ambitieux d'espérer partir demain, fit remarquer Grace. Il vous faudra réserver des places sur le bateau et...

— Bah ! fit la douairière. Le secrétaire de Wyndham s'en chargera. Il est grand temps qu'il mérite ses gages. Si nous ne partons pas demain, ce sera après-demain au plus tard.

— Souhaitez-vous que je vous accompagne ? s'enquit Grace.

Au moment où Jack s'apprêtait à s'exclamer : « Diable oui, sinon je n'y vais pas ! », lady Cavendish la dévisagea avec hauteur.

— Évidemment. Vous ne pensez pas que je vais accomplir un tel voyage sans une compagne ? Je ne peux pas emmener de femme de chambre, à cause des commérages. J'aurai donc besoin de quelqu'un pour m'aider à ma toilette.

— Vous savez que je ne suis pas très adroite pour vous coiffer.

À sa grande consternation, Jack s'esclaffa. Ce fut un rire bref, un poil nerveux, mais suffisant pour que les deux femmes interrompent leur conversation et se tournent vers lui.

Enfer et damnation, comment allait-il s'expliquer ? « Ne faites pas attention à moi, je riais simplement du grotesque de la situation. Vous vous préoccupez de cheveux, moi de la mort de mon cousin. »

— Ma coiffure vous amuse ? demanda sèchement la douairière.

Jack, qui n'avait absolument rien à perdre, haussa les épaules.

— Un peu.

Elle laissa échapper une exclamation indignée. Quant à Grace, elle le foudroya du regard.

— La coiffure des femmes m'amuse toujours, précisa-t-il. Tant de travail, alors que tout ce dont on rêve, c'est de voir leurs cheveux flotter librement.

Toutes deux parurent se détendre. Son commentaire était peut-être un peu osé, mais il ôtait à sa remarque tout caractère personnel. Après lui avoir coulé un dernier regard irrité, la vieille dame se tourna de nouveau vers Grace.

— Vous pourriez passer la matinée avec Maria. Elle vous montrera comment procéder. Cela ne doit pas être très difficile. Vous vous exercerez sur l'une des filles de cuisine. Je suis certaine qu'elle en sera ravie.

Avec un manque flagrant d'enthousiasme, Grace hocha la tête.

— Bien sûr, murmura-t-elle.

— Veillez cependant à ce que le travail en cuisine n'en souffre pas, continua la douairière, avant de manger son dernier quartier de pomme cuite. Une coiffure élégante sera un dédommagement suffisant.

— Pour quoi ? voulut savoir Jack.

Lorsqu'elle se tourna vers lui, son nez lui parut encore plus pointu que d'ordinaire.

— Un dédommagement pour quoi ? insista-t-il.

Après l'avoir étudié encore un instant, la douairière jugea sans doute préférable de l'ignorer, car elle revint à Grace.

— Vous pourrez commencer à préparer mes bagages lorsque vous en aurez terminé avec Maria. Veillez à trouver une histoire plausible pour justifier notre absence. Un rendez-vous de chasse en Écosse devrait faire l'affaire, poursuivit-elle avec un geste désinvolte. Dans les Borders, bien sûr. Personne ne vous croira si vous dites que je pars dans les Highlands.

Grace eut à peine le temps d'acquiescer que la duchesse enchaîna, l'air satisfait :

— Un endroit hors des sentiers battus, néanmoins. Car il ne faudrait pas qu'une de mes amies ait l'idée de venir me voir.

— Vous avez beaucoup d'amis ? demanda Jack, d'un ton si poli qu'elle allait se demander toute la journée si elle devait se sentir offensée.

— Sa Grâce est très admirée, dit aussitôt Grace, en demoiselle de compagnie accomplie qu'elle était.

Jack décida de ne pas faire de commentaire. Après lui avoir jeté un regard furieux, Grace demanda à la douairière :

— Êtes-vous déjà allée en Irlande ?

— Bien sûr que non. Pourquoi diantre aurais-je fait une chose pareille ? répondit la vieille dame, le visage pincé.

— Il paraît que l'Irlande a un effet apaisant sur l'humeur, déclara Jack.

— Jusqu'à présent, je ne suis pas très impressionnée par son influence sur les manières.

— Vous me trouvez impoli ?

— Je vous trouve impertinent.

Laissant échapper un soupir attristé, Jack dit à Grace :

— Et moi qui pensais être le petit-fils prodigue, incapable de faire la moindre erreur.

— Tout le monde fait des erreurs, riposta la douairière. L'important, c'est qu'elles ne soient pas graves.

— J'aurais pensé que l'important, c'était que l'on s'emploie à les réparer.

— On peut aussi commencer par les éviter, répliqua-t-elle avec colère.

Jack se pencha en avant, à présent intéressé.

— Quelle est donc la si grande erreur de mon père ?

— Il est mort.

Elle s'était exprimée d'un ton si amer, si froid qu'il entendit Grace prendre une brève inspiration.

— Vous ne pouvez pas lui reprocher cela, murmura Jack. Une tempête, un bateau qui prend l'eau...

— Il n'aurait jamais dû rester aussi longtemps en Irlande. Il n'aurait même jamais dû y aller. On avait besoin de lui ici.

— Surtout vous, lâcha Jack à voix basse.

Le visage de la douairière perdit un peu de sa dureté et, l'espace d'un instant, il crut voir ses yeux s'embuer. Mais si émotion il y eut, elle fut vite surmontée, et la vieille dame planta sa fourchette dans son bacon.

— Tout le monde avait besoin de lui.

Grace se leva abruptement.

— Je vais aller voir Maria, Votre Grâce, si cela ne vous ennuie pas.

Jack se leva aussitôt. Il était hors de question qu'il reste seul avec la douairière.

— Je crois que vous m'avez promis une visite du château, murmura-t-il.

Grace les regarda tous les deux alternativement. Lady Cavendish finit par agiter la main.

— Oh, emmenez-le ! Mieux vaut qu'il voie ce dont il hérite avant notre départ. Vous pourrez avoir votre séance avec Maria plus tard. Moi, j'attends Wyndham.

Au moment où ils atteignaient la porte, ils l'entendirent ajouter à voix basse :

— Dans la mesure où c'est encore son nom.

Grace était trop furieuse pour attendre M. Audley, comme la politesse l'aurait exigé. Elle avait déjà traversé la moitié du hall lorsqu'il la rejoignit.

— Est-ce une visite ou une course ? demanda-t-il, affichant ce sourire à présent familier.

Cette fois, cependant, il ne réussit qu'à la faire sortir de ses gonds.

— Pourquoi la tourmentez-vous ? Quel intérêt, vraiment ?

— Vous parlez de mon commentaire sur sa coiffure ?

Il lui adressa l'un de ces regards faussement innocents qu'elle trouvait d'autant plus exaspérant qu'il savait pertinemment à quoi elle faisait allusion, bien sûr.

— De tout ! Nous prenions un petit déjeuner tout à fait agréable, et vous...

— Vous preniez peut-être un petit déjeuner tout à fait agréable, coupa-t-il d'un ton étonnamment coupant. Je m'entretenais avec Méduse.

— Il n'empêche que vous n'aviez pas besoin d'aggraver les choses en la provoquant.

— N'est-ce pas ce que fait sa sainteté ?

— De quoi parlez-vous ? demanda Grace, interloquée.

— Pardon, le duc, corrigea-t-il avec un haussement d'épaules. Je n'avais pas remarqué qu'il tenait sa langue en sa présence. Mon intention était de l'imiter.

— Monsieur Aud...

— Ah, je me serais trompé ! Il n'est donc pas saint ? Simplement parfait ?

Grace ne put que le dévisager d'un air ébahi. Qu'avait donc fait Thomas pour mériter un tel mépris ? En tout état de cause, c'était lui qui aurait eu toutes les raisons d'être d'humeur sombre. D'ailleurs, il l'était probablement. Mais au moins avait-il eu la décence de ne pas la leur infliger.

— Sa Grâce, devrais-je dire, n'est-ce pas ? continua M. Audley, toujours aussi sarcastique. Je ne manque pas d'éducation au point de ne pas connaître l'étiquette.

— Je ne vous ai jamais accusé de manquer d'éducation. La douairière non plus, me semble-t-il. Elle va être difficile toute la journée, à présent.

— Elle n'est pas difficile, habituellement ?

Elle l'aurait volontiers frappé. Bien sûr que la duchesse était habituellement difficile. Il le savait. Qu'avait-il à gagner en le faisant remarquer, sinon accentuer le côté sarcastique de son personnage ?

— Elle sera pire, riposta-t-elle. Et c'est moi qui paierai.

— Dans ce cas, je vous présente mes excuses, dit-il en s'inclinant d'un air penaud.

Grace se sentit brusquement mal à l'aise. Non parce qu'elle croyait qu'il se moquait d'elle, mais, bien plutôt parce qu'elle était certaine que ce n'était pas le cas.

— Ce n'est pas grave, marmonna-t-elle. Ce n'est pas à vous de vous inquiéter de ma situation.

— Wyndham s'en inquiète ?

Quand Grace releva les yeux, elle se retrouva prisonnière de son regard direct.

— Non, souffla-t-elle. Enfin, si, mais…

En vérité, non. Thomas était intervenu, à plusieurs reprises, lorsqu'il trouvait qu'elle était traitée de manière injuste, mais il ne tenait jamais sa langue face à sa grand-mère juste pour préserver la paix. Et Grace n'aurait jamais envisagé de le lui demander. Ou de lui reprocher d'agir ainsi.

C'était le duc. Quels que fussent leurs liens d'amitié, elle ne pouvait lui parler ainsi.

Alors que M. Audley était…

Elle ferma les yeux un instant et tourna la tête pour qu'il ne lise pas son trouble sur son visage. Pour le moment, M. Audley n'occupait pas un rang beaucoup plus élevé que le sien. Toutefois la voix de la douairière, basse et menaçante, résonnait toujours à ses oreilles.

Dans la mesure où c'est encore son nom.

Elle parlait de Thomas, bien sûr. Mais la contrepartie était évidente. Si Thomas n'était pas Wyndham, dans ce cas, M. Audley l'était.

Et cet homme qui l'avait embrassée à deux reprises, et qui lui avait fait rêver à quelque chose au-delà des murs de ce château, incarnerait alors ce château. Un duché ne se limitait pas à quelques mots ajoutés à la suite d'un nom. C'était affaire de terres, d'argent, d'histoire même de l'Angleterre. Et s'il était une chose que Grace avait apprise durant ces cinq années passées à Belgrave, c'était que les aristocrates différaient du reste de l'humanité. Ils étaient mortels, certes, ils saignaient et pleuraient comme tout un chacun, mais dans leurs veines coulait un sang qui les distinguait des autres.

Ils n'étaient pas supérieurs pour autant, contrairement à ce que prétendait la douairière, juste différents, car modelés par la conscience qu'ils avaient de leur histoire et de leur rang.

Si M. Audley était un enfant légitime, cela faisait de lui le duc de Wyndham. Et d'elle une vieille fille qui avait eu la présomption de rêver.

Grace prit une ample inspiration puis, s'étant ressaisie, elle se tourna de nouveau vers lui.

— Quelle partie du château aimeriez-vous voir, monsieur Audley ?

Il dut sentir que ce n'était pas le moment de la harceler car il répondit gaiement :

— Toutes, bien sûr. Mais j'imagine que c'est un peu ambitieux pour une simple matinée. Par où suggérez-vous que nous commencions ?

— La galerie de peinture ? proposa Grace, puisqu'il s'était montré très intéressé par les tableaux dans sa chambre.

— Pour contempler les visages amicaux de mes ancêtres supposés ?

Ses narines frémirent et, un instant, on eût dit qu'il avait avalé quelque chose de désagréable.

— Non, merci, sans façon, poursuivit-il. Je crois que j'ai eu mon content d'ancêtres pour la matinée.

— Ceux-là sont des ancêtres morts, murmura Grace, surprise de se montrer aussi effrontée.

— Ce sont ceux que je préfère, mais pas ce matin.

— Je pourrais vous montrer les jardins, dit-elle en remarquant les rayons de soleil qui baignaient le hall.

— Je ne suis pas vêtu en conséquence.

— Le jardin d'hiver ?

— En été ?

Elle attendit un instant, puis lui demanda :

— Vous aviez un endroit particulier en tête ?

— Beaucoup, répondit-il aussitôt, hélas, votre réputation en sortirait en lambeaux.

— Monsieur Aud...

— Jack, lui rappela-t-il.

Et d'un coup l'espace entre eux parut rétrécir.

— Vous m'avez appelé « Jack », la nuit dernière.

Grace ne bougea pas, même si elle mourait d'envie de reculer. Il n'était pas assez près pour l'embrasser, ni même pour lui frôler accidentellement le bras de sa main. Mais elle n'arrivait plus à respirer, et son cœur avait entamé une chamade effrénée.

Elle sentit que sa langue formait son prénom... *Jack*. Pourtant elle fut incapable de le prononcer. L'image du duc qu'il était peut-être était trop fraîche dans son esprit.

— Monsieur Audley, dit-elle en s'efforçant à la sévérité, en pure perte.

— J'ai le cœur brisé, déclara-t-il, avec la dose de légèreté idéale pour qu'elle se reprenne. Mais je continuerai, aussi douloureux que cela puisse être.

— Oui, vous paraissez désespéré, murmura-t-elle.

Il arqua un sourcil.

— Ai-je perçu une pointe de sarcasme ?

— Juste un soupçon.

— Cela vaut mieux parce que je vous assure qu'à l'intérieur, je me meurs, prétendit-il en se frappant la poitrine.

Grace ravala un éclat de rire, qui se transforma en ricanement. Avec qui que ce soit d'autre, elle aurait été embarrassée. Mais il l'avait mise de nouveau à l'aise, et elle se surprit à sourire. Se rendait-il compte à quel point ce pouvoir d'infuser de la bonne humeur dans n'importe quelle conversation constituait un véritable talent ?

— Venez avec moi, monsieur Audley, lui dit-elle en l'invitant d'un geste à la suivre. Je vais vous montrer ma pièce préférée entre toutes.

— Y a-t-il des cupidons ?

— Pardon ?

— J'ai été attaqué par une armée de cupidons, ce matin. Dans mon cabinet de toilette.

De nouveau, Grace sourit.

— C'est vrai, j'avais oublié. Il y en a un peu trop, n'est-ce pas ?

— À moins que l'on n'ait un penchant pour les bébés nus.

Une fois de plus, le rire étouffé de Grace se transforma en ricanement.

— Vous avez quelque chose dans la gorge ? demanda-t-il.

Elle lui répondit d'un coup d'œil ironique, avant d'expliquer :

— Je crois que le cabinet de toilette a été décoré par l'arrière-grand-mère du duc actuel.

— Je me doutais que ce n'était pas par la douairière. Elle ne semble pas du genre à apprécier les chérubins.

Cette fois, Grace rit ouvertement.

— Enfin ! J'ai bien cru que vous alliez vous étouffer à force de vous retenir.

— Vous aussi, vous semblez avoir retrouvé votre bonne humeur, souligna-t-elle.

— Pour cela, il suffisait de me soustraire à sa présence.

— Mais vous n'avez rencontré la douairière qu'hier. J'imagine que vous avez vécu des moments désagréables avant.

— Je suis heureux depuis le jour de ma naissance, assura-t-il avec un immense sourire.

— Allons, monsieur Audley !

— Je n'avoue jamais que je suis d'humeur sombre.

— Vous vous contentez de la subir ?

— Exactement.

Tandis qu'ils se dirigeaient vers l'arrière de la maison, M. Audley tenta de lui extorquer des informations sur leur destination.

— Je ne vous dirai rien, déclara Grace en s'efforçant de contenir son excitation qui allait grandissant. Avec des mots, cela paraîtrait banal.

— C'est juste un autre salon ?

Aux yeux de n'importe qui, peut-être, mais à ceux de Grace, il était magique.

— Au passage, combien y en a-t-il, des salons ?

— Je ne sais pas exactement, avoua-t-elle après avoir renoncé à compter mentalement. Il y en a trois que la douairière privilégie, alors nous n'utilisons que rarement les autres.

— Ils sont poussiéreux et sentent le moisi ?

— Ils sont nettoyés tous les jours, répliqua-t-elle avec un sourire.

— Évidemment.

Il regarda autour de lui, et elle prit conscience qu'il ne semblait pas impressionné par la magnificence des lieux, juste... amusé.

Non, pas amusé. En proie à une incrédulité ironique, plutôt, comme s'il s'interrogeait sur la possibilité de se faire enlever par une autre duchesse douairière. Dotée d'un château plus petit, peut-être.

— Un penny pour vos pensées, mademoiselle Eversleigh. Encore que je sois persuadé qu'elles valent une livre.

— Et même plus, lança Grace par-dessus son épaule.

L'humeur allègre de M. Audley était contagieuse, et elle se sentait l'âme d'une coquette. C'était d'une nouveauté déconcertante. Et très agréable.

— Le prix est trop élevé, je le crains. Je ne suis qu'un pauvre voleur.

— Est-ce que cela ne fait pas de vous un voleur raté ?

— Touché ! Mais faux. Ma carrière a été des plus lucratives. L'existence de voleur sied parfaitement à mes talents.

— Vos talents consistent à brandir un pistolet et à dépouiller des femmes de leurs bijoux ?

— J'use de charme pour les obtenir, corrigea-t-il, l'air offensé. Ayez la bonté de faire la distinction.

— Oh, je vous en prie !

— Vous, je vous ai charmée.

— Certainement pas ! protesta-t-elle, indignée.

Il s'approcha et, sans lui laisser le temps de s'écarter, il lui saisit la main et la porta à ses lèvres.

— Rappelez-vous la nuit en question, mademoiselle Eversleigh. Le clair de lune, la brise…

— Il n'y avait pas de brise.

— Vous gâchez mon souvenir, marmonna-t-il.

— Il n'y avait pas de brise, s'entêta-t-elle. Vous embellissez la rencontre.

— Pouvez-vous m'en blâmer ? Je ne sais jamais qui va sortir de la voiture, ajouta-t-il avec un sourire espiègle. La plupart du temps, c'est une vieille peau.

Sur le point de lui demander si « vieille peau » se référait à un homme ou à une femme, Grace se ravisa. Elle ne voulait pas l'encourager. En outre, il lui tenait toujours la main, dont il caressait la paume du pouce, et elle prit conscience que cette familiarité amoindrissait sévèrement son sens de la repartie.

— Où m'emmenez-vous, mademoiselle Eversleigh ?

Son souffle tiède lui caressa la peau. Il lui embrassa de nouveau la main, et un frisson d'excitation lui courut le long du bras.

— C'est juste après le coin, souffla-t-elle, sa voix l'ayant apparemment abandonnée.

Il se redressa, sans pour autant lui lâcher la main.

— Montrez le chemin, mademoiselle Eversleigh.

Elle s'exécuta. Aux yeux de quiconque, il s'agissait d'un simple salon décoré dans des tons crème et or, avec quelques touches discrètes de vert pastel. Mais l'emploi du temps que la douairière lui infligeait avait permis à Grace d'entrer dans cette pièce, orientée à l'est, alors que le soleil se levait tout juste à l'horizon.

L'air chatoyait alors, doré par la lumière matinale, et quand les rayons du soleil se déversaient par les fenêtres, le monde semblait étinceler. Au milieu de la matinée, ce ne serait plus qu'une pièce luxueusement décorée ; au lever du jour, en revanche, alors que les alouettes chantaient, l'atmosphère était de pure magie.

S'il ne le percevait pas...

Grace ne savait trop ce que cela signifierait, mais ce serait à coup sûr une déception. C'était une petite chose, qui n'avait d'importance que pour elle, et cependant...

Elle voulait qu'il perçoive la simple magie de la clarté matinale, la beauté et la grâce de la seule pièce de Belgrave dont elle pouvait presque imaginer qu'elle était à elle.

— Nous y sommes presque, annonça-t-elle, le souffle un peu court.

La porte du salon était ouverte et, alors qu'ils s'approchaient, elle vit danser les grains de poussière dans la lumière oblique qui ruisselait sur le sol lisse.

— Y a-t-il un chœur privé ? demanda-t-il, taquin. Une ménagerie fantastique ?

— Rien d'aussi ordinaire. Fermez les yeux, à présent.

Se plaçant face à elle, il lui prit les mains et les posa sur ses yeux. Elle se retrouva douloureusement près de lui, les bras tendus, son corsage frôlant presque son habit élégamment coupé. Il serait si facile de s'incliner vers lui, de laisser retomber ses mains et de fermer les paupières en lui offrant son visage. Il l'embrasserait, et elle perdrait le souffle, la volonté, jusqu'au désir d'être elle-même.

Elle voulait se fondre en lui, devenir une partie de lui. Le plus étrange, c'était qu'à cet endroit, à cet instant, avec la lumière dorée qui se déversait sur eux, cela semblait la chose la plus naturelle du monde.

Mais il avait les yeux fermés et, pour lui, la magie n'était pas complète. Sinon, s'il avait ressenti tout ce qui flottait autour d'elle, à travers elle, il n'aurait jamais dit d'une voix résolument charmeuse :

— C'est là ?

— Presque.

Elle aurait dû se féliciter que le charme ait été rompu, et être soulagée de n'avoir pas fait quelque chose qu'elle était sûre de regretter.

Mais ce n'était pas le cas.

Elle voulait les regrets. Et même désespérément. Elle voulait faire ce qu'elle ne devrait pas faire, et laisser les souvenirs la réchauffer la nuit, dans son lit.

Elle n'était cependant pas assez brave pour provoquer sa propre chute. Alors, elle le guida vers le seuil et ordonna à voix basse :

— Ouvrez les yeux.

11

Ce que Jack vit lui coupa le souffle.

— Personne d'autre que moi ne vient ici, murmura Grace. Je ne sais pas pourquoi. L'hiver, surtout, c'est magique, poursuivit-elle d'une voix un peu hésitante. Je ne m'explique pas pourquoi. Je pense que le soleil est plus bas. Et avec la neige...

Ce devait être la lumière, et la manière dont celle-ci ondulait lorsque le soleil traversait le verre irrégulier des fenêtres anciennes. C'était sûrement la lumière, et la manière dont elle tombait sur *elle*.

Le cœur de Jack se serra. Un désir irrésistible le submergea, le frappa avec la violence d'un coup de poing. Il se retrouva incapable d'articuler un mot alors que...

— Jack ? chuchota-t-elle, ce qui suffit à mettre fin à sa transe.

— Grace.

Juste un mot, mais qui était une bénédiction. Ce qu'il ressentait allait au-delà du désir, c'était une chose indéfinissable, inexplicable, vivante, qui pulsait en lui et qu'elle seule pouvait dompter. S'il ne pouvait pas la prendre dans ses bras, s'il ne la touchait pas à cet instant précis, quelque chose en lui mourrait.

Pour un homme qui essayait de voir l'existence à travers le prisme de l'ironie et des mots d'esprit, rien n'aurait pu être plus terrifiant.

Il tendit les bras pour l'attirer à lui, sans douceur ni délicatesse, tant son besoin d'elle était désespéré.

— Grace, répéta-t-il, parce que c'est ce qu'elle était pour lui.

Il ne pouvait pas croire qu'il ne la connaissait que depuis vingt-quatre heures. Elle était sa Grace, sa grâce, et il avait l'impression qu'elle avait toujours été en lui, attendant qu'il ouvre enfin les yeux et la découvre.

Il referma les mains autour de son visage. Alors qu'elle était un trésor sans prix, il ne parvenait pas à la toucher avec le respect qu'elle méritait. Ses doigts étaient maladroits, son corps brutal et frémissant. Il aurait voulu se noyer dans ses yeux, si bleus, si clairs, s'abîmer en elle et y rester.

Il posa ses lèvres sur les siennes, et il fut perdu. Rien n'existait plus que cette femme, à cet instant, et peut-être pour l'éternité.

— Jack, soupira-t-elle.

Et des vagues de désir déferlèrent en lui, à l'entendre prononcer son prénom.

— Grace, répéta-t-il, parce qu'il avait peur de dire autre chose.

Pour la première fois de sa vie, il craignait que les mots ne le trahissent. Et s'il ne disait pas ce qu'il fallait ? Si ses paroles étaient trop lourdes de signification ? Ou pas assez ? Alors, elle saurait – si par miracle ce n'était pas déjà le cas – qu'elle l'avait ensorcelé.

Il l'embrassa avec toute la passion qui le dévorait. Ses mains glissèrent le long de son dos, et lorsqu'elles se posèrent sur les rondeurs de ses fesses, il ne put s'empêcher de la plaquer plus fermement contre lui. Il était plus excité qu'il ne l'avait jamais été, et rien d'autre n'importait plus que de la sentir contre lui, tout contre lui.

— Grace, dit-il encore en posant l'une de ses mains sur son décolleté, à l'endroit où le tissu dévoilait sa peau.

Elle tressaillit, et il se figea, incapable d'imaginer comment il parviendrait à se détacher d'elle. Mais elle couvrit sa main de la sienne et chuchota :

— J'ai été surprise.

Ce ne fut qu'alors qu'il recommença à respirer.

Les doigts tremblants, il suivit le bord délicatement festonné de son corsage. Il perçut les battements accélérés de son pouls et le bruit, pourtant presque imperceptible, de son souffle lorsqu'elle prit une brusque inspiration.

— Vous êtes si belle, murmura-t-il.

Le plus étonnant, c'était qu'il ne regardait même pas son visage mais sa peau, dont la blancheur exquise se teintait d'un rose léger lorsque ses doigts l'effleuraient.

Lentement, il inclina la tête et posa les lèvres au creux de sa gorge. Elle étouffa un petit cri, ou peut-être était-ce un gémissement, et sa tête bascula en arrière en un acquiescement silencieux. Nouant les bras autour de son cou, elle enfouit les doigts dans ses cheveux. Il la souleva alors dans ses bras et l'emporta à l'autre extrémité de la pièce, près de la fenêtre, où se trouvait une large banquette basse, baignée par la lumière magique qui les avait séduits tous les deux.

Il l'y déposa et, agenouillé près d'elle, il se contenta de la contempler. Puis, doucement, il lui caressa la joue. Elle avait les yeux levés vers lui, et il y lut de l'émerveillement, une attente et, oui, un peu de nervosité.

Mais il y vit surtout de la confiance. Elle le désirait, lui et personne d'autre. Elle n'avait jamais été embrassée, il en était certain. Elle aurait pu, pourtant. Une femme possédant sa beauté n'atteignait pas son âge sans avoir repoussé de multiples avances.

C'était lui qu'elle attendait.

Il s'inclina pour l'embrasser tandis que sa main descendait le long de son épaule, vers sa hanche. Elle lui rendit son baiser avec une passion qui le laissa haletant de désir.

— Grace, Grace, gémit-il contre sa bouche.

Sa main trouva le bas de sa robe, glissa sous l'étoffe et se referma sur sa cheville fine. Puis remonta jusqu'à son genou… plus haut… N'y tenant plus, Jack rejoignit la jeune femme sur la banquette, s'allongea à demi sur elle.

Quand il pressa les lèvres contre son cou, il la sentit reprendre brusquement son souffle. Pourtant elle ne se déroba pas. Elle ne posa pas sa main sur la sienne pour l'arrêter. Elle ne fit rien d'autre que chuchoter son prénom en se cambrant sous lui.

Elle ne pouvait pas savoir ce que ce mouvement signifiait, ni l'effet qu'il provoquait en lui, mais cette pression contre son ventre, si légère fût-elle, exacerba son ardeur.

Il promena les lèvres le long de son cou, jusqu'à la douce rondeur de sa poitrine, où elles s'immobilisèrent à l'endroit qu'il avait caressé un instant plus tôt. Jack s'écarta imperceptiblement. Il voulait glisser les doigts à l'intérieur de son corsage afin de libérer son sein de sa prison d'étoffe.

Toutefois, au moment où il atteignait sa destination, où, peau contre peau, il sentait la pointe durcie de son sein contre sa paume, Grace poussa un cri de surprise et de consternation mêlées.

— Non, je ne peux pas !

Avec des gestes saccadés, elle se remit debout et rajusta sa robe. Ses mains tremblaient violemment et, quand il croisa son regard, ce fut comme si un couteau le transperçait.

Ce n'était pas de la répulsion qu'il y lut, ni de la crainte, mais de l'angoisse.

— Grace, qu'est-ce qui ne va pas ?

Il s'était avancé vers elle, mais elle recula.

— Je suis désolée. Je... je n'aurais pas dû. Pas maintenant. Pas tant que...

— Pas tant que quoi ? dit-il lorsqu'elle plaqua la main sur sa bouche. Grace, de quoi parlez-vous ?

— Je suis désolée, répéta-t-elle. Je dois m'en aller.

Elle esquissa une révérence de pure forme, puis s'élança hors de la pièce. Il resta seul, les yeux fixés sur l'embrasure vide de la porte, à tenter de comprendre ce qui venait de se passer.

Ce fut au moment où, à son tour, il franchissait le seuil du salon qu'il se rendit compte qu'il ignorait complètement comment regagner sa chambre.

Grace traversa le château en alternant marche, et pas rapides, et course, de manière à atteindre sa chambre le plus vite possible sans renoncer complètement à sa dignité. Si des domestiques l'aperçurent – et ce fut probablement le cas, vu qu'ils semblaient s'activer partout dans la maison –, ils ne durent pas manquer de s'interroger sur la cause de sa détresse.

La douairière, qui la croyait occupée à faire visiter la maison à M. Audley, ne l'attendait pas. Elle avait donc au moins une heure devant elle.

Sitôt dans sa chambre, elle se laissa tomber sur son lit. Elle aurait voulu se cacher sous les couvertures, mais elle se contenta de demeurer assise, les yeux rivés sur le mur. Seigneur, qu'avait-elle fait ? Si elle n'avait pas recouvré ses esprits, si elle ne s'était pas souvenue de celui qu'il était peut-être, elle l'aurait laissé continuer. Elle avait voulu ce qui devait arriver avec une ferveur choquante.

Quand il lui avait pris la main pour l'attirer à lui, il avait réveillé quelque chose en elle. En vérité, cela remontait même à l'avant-veille. Lorsqu'elle se tenait près de la voiture, au clair de lune, un sentiment inconnu s'était épanoui, et maintenant...

Il n'existait pas de moyen de revenir en arrière. On ne pouvait pas *ne pas* avoir été embrassée une fois la chose faite.

Avec un rire nerveux, elle enfouit son visage entre ses mains. Aurait-elle pu faire pire choix pour tomber amoureuse ? Non, elle n'était pas amoureuse, se hâta-t-elle de corriger. Elle n'était cependant pas sotte au point de ne pas avoir conscience de son inclination. Si elle s'abandonnait... Si elle le laissait faire...

Elle tomberait amoureuse.

Que le ciel lui vienne en aide ! S'il était un bandit de grand chemin, elle serait la compagne d'un hors-la-loi. S'il était le véritable duc de Wyndham, cela signifiait...

Elle se mit à rire parce que, vraiment, c'était drôle. Il fallait que ce soit drôle, sans quoi ce serait tragique. Et en cet instant, elle n'était pas en état de le supporter.

Elle était peut-être en train de tomber amoureuse du duc de Wyndham... Lequel était son employeur, le propriétaire du château dans lequel elle vivait, et d'un rang tellement au-dessus du sien que l'écart était incommensurable.

Et, pour que le désastre soit complet, il y avait Amelia. Thomas et elle ne s'accordaient pas, certes, mais elle était fondée à penser qu'elle deviendrait duchesse de Wyndham en se mariant. Grace n'imaginait même pas combien elle paraîtrait grossière et opportuniste, aux yeux de la famille Willoughby, si on la voyait se jeter à la tête du nouveau duc.

Fermant les yeux, elle effleura ses lèvres du bout des doigts. Si elle respirait assez profondément, elle parvenait à se détendre un peu. Et elle sentait presque la présence de Jack, la chaleur de sa peau.

C'était à la fois horrible et... merveilleux.

Quelle sotte elle était !

Après s'être allongée, elle souffla longuement. Dire qu'elle avait aspiré à un changement, à quelque chose qui briserait la monotonie de ses journées auprès de la douairière ! La vie n'était-elle pas ironique, quelquefois ? Quant à l'amour...

L'amour était la plus cruelle des plaisanteries.

— Lady Amelia demande à vous voir, mademoiselle Eversleigh.

Grace se redressa brusquement et se frotta les yeux. Elle avait dû s'endormir, ce qui ne lui arrivait quasiment jamais durant la journée.

— Lady Amelia ? répéta-t-elle, surprise. Avec lady Elizabeth ?

— Non, mademoiselle. Elle est seule.

— C'est curieux, murmura Grace, qui se leva et s'étira discrètement. Dites-lui que j'arrive, s'il vous plaît.

Dès que la servante fut sortie, elle s'approcha de son miroir pour se recoiffer. C'était encore pire que ce qu'elle craignait. Fallait-il attribuer ses cheveux ébouriffés à sa petite sieste... ou à M. Audley ?

Au souvenir de ce dernier, elle se sentit rougir, et elle poussa un soupir. Après avoir arrangé sa coiffure, elle quitta sa chambre d'un pas rapide et décidé, les épaules rejetées en arrière, comme si cela suffisait pour tenir ses inquiétudes à distance.

Ou, en tout cas, pour donner l'impression que tout allait bien.

Elle s'étonnait qu'Amelia soit venue à Belgrave sans Elizabeth. Il lui semblait que cela n'était encore jamais arrivé. Peut-être avait-elle eu, initialement, l'intention de rendre visite à Thomas ? Mais Grace soupçonnait ce dernier de n'être pas encore rentré.

Elle descendit l'escalier en hâte, puis se dirigea vers le salon de réception. Cependant, à peine avait-elle fait une dizaine de pas qu'on l'attrapa par le bras et la tira dans une pièce adjacente.

— Thomas !

C'était bel et bien Thomas, pourtant Grace demeura interdite. L'œil gauche poché, les paupières rougies, il paraissait hagard, et jamais elle ne l'avait vu aussi débraillé. Sa chemise était chiffonnée, il n'avait plus de cravate, et ses cheveux étaient hirsutes.

— Que vous est-il arrivé ?

Plaçant l'index sur ses lèvres, il referma la porte.

— Vous attendiez quelqu'un d'autre ? demanda-t-il.

Grace ne put s'empêcher de rougir. De fait, quand elle avait senti une main masculine se refermer sur son bras et l'entraîner, elle avait cru qu'il s'agissait de M. Audley.

Sa rougeur s'accrut lorsqu'elle découvrit qu'elle était déçue.

— Non, bien sûr que non, assura-t-elle en hâte.

Elle n'aurait cependant pas juré qu'elle l'avait convaincu. Après avoir jeté un coup d'œil circulaire pour vérifier qu'ils étaient seuls, elle poursuivit :

— Que se passe-t-il ?

— J'avais besoin de vous parler avant que vous voyiez lady Amelia.

— Ah... Vous savez donc qu'elle est ici ?

— C'est moi qui l'ai amenée.

Grace écarquilla les yeux. Lui ? Dans cet état, et après avoir passé la nuit dehors ? Un coup d'œil à l'horloge lui apprit qu'il n'était même pas midi. Quand diable avait-il pu rencontrer Amelia ? Et où ?

Et pourquoi ?

— C'est une longue histoire, reprit-il, devançant toute question. Disons simplement qu'elle vous informera que vous étiez à Stamford ce matin, et que vous l'avez invitée à revenir avec vous à Belgrave.

Grace haussa les sourcils. S'il lui demandait de mentir, l'affaire devait être sérieuse.

— Thomas, beaucoup de gens savent que je n'étais pas à Stamford ce matin.

— Oui, mais sa mère ne figure pas parmi eux.

Grace hésita. Devait-elle être choquée ou ravie ? Avait-il compromis Amelia ? Sinon, pourquoi auraient-ils besoin de mentir à sa mère ?

— Euh, Thomas... commença-t-elle, hésitante, permettez-moi d'avancer que, vu le nombre de fois où la cérémonie a été reportée, lady Crowland serait enchantée d'apprendre...

— Pour l'amour du ciel, il ne s'agit nullement de cela, marmonna-t-il. Amelia m'a aidé à rentrer alors que j'étais...

Stupéfaite, elle le vit rougir. *Thomas* rougissait !

— ... que je n'étais pas en état.

Grace se retint de sourire. Thomas s'était autorisé à perdre son impassibilité coutumière ? L'image ne manquait pas de piquant.

— C'était tout à fait charitable de sa part, dit-elle d'un ton peut-être un peu trop guindé – elle ne put s'en empêcher.

Il la foudroya du regard, et elle dut lutter pour ne pas éclater de rire.

— Avez-vous... euh... envisagé un brin de toilette ?

— Non ! Il me plaît assez d'avoir l'air d'un imbécile débraillé.

Grace tressaillit. Mais, déjà, il poursuivait d'un air terriblement déterminé :

— À présent, écoutez-moi. Amelia répétera ce que je viens de vous dire. Il est toutefois impératif que vous ne lui parliez pas de M. Audley.

— Je n'en ai jamais eu l'intention. Ce n'est pas mon rôle.

— Bien.

— Mais elle voudra savoir pourquoi vous étiez... c'est-à-dire...

— Vous l'ignorez. Contentez-vous de lui dire cela. Pourquoi soupçonnerait-elle que vous en savez davantage ?

— Elle sait que je vous considère comme un ami, répondit Grace. En outre, je vis ici. Les domestiques sont toujours au courant de tout. Elle le sait aussi.

— Vous n'êtes pas une domestique, maugréa-t-il.

— Si, inutile de biaiser, répliqua-t-elle, presque amusée. La seule différence, c'est qu'on me permet de porter des vêtements plus raffinés et, à l'occasion, de m'entretenir avec les invités. Mais, je vous l'assure, j'ai connaissance de tous les commérages qui circulent dans la maison.

Pendant quelques secondes, il se contenta de l'observer comme s'il s'attendait qu'elle s'esclaffe et dise : « Je plaisantais ! » Il finit par marmonner quelque chose qu'elle n'était pas censée comprendre, très certainement. Qu'elle ne comprit du reste pas.

— Pour moi, Grace, reprit-il, le regard plongé dans le sien, pourrez-vous dire simplement que vous ne savez rien, s'il vous plaît ?

Elle ne l'avait jamais vu si près de supplier, et elle en resta déconcertée et très embarrassée.

— Bien sûr, répondit-elle aussitôt. Vous avez ma parole.

Il eut un bref hochement de tête.

— Amelia doit vous attendre.

— Oui. Oui, j'y vais.

Grace se hâta vers la porte. La main sur la poignée, elle hésita, pivota pour regarder Thomas.

Il n'était pas lui-même. En soi, cela n'avait rien d'étonnant, car les événements de ces deux derniers jours avaient été pour le moins inimaginables. Il n'empêche qu'elle était inquiète.

— Vous êtes sûr que cela va aller ?

Elle regretta aussitôt sa question. L'expression de Thomas se transforma, son visage parut se tordre, et elle se demanda s'il allait se mettre à rire ou à pleurer. Elle refusait d'être témoin de l'un ou de l'autre.

— Non, ne répondez pas, murmura-t-elle avant de quitter la pièce.

12

Jack finit par retrouver sa chambre à coucher. Il y serait sans doute encore paisiblement endormi s'il n'avait voulu retrouver Grace pour le petit déjeuner. Pourtant, lorsqu'il s'allongea sur le lit pour un petit somme réparateur, le sommeil se refusa à lui.

Il en fut irrité au plus haut point. Il s'était longtemps targué d'être capable de dormir sur commande – un don fort utile durant ses années dans l'armée. Aucun soldat ne parvenait à avoir un sommeil suffisant et de qualité, et ses camarades n'avaient cessé de lui envier sa faculté de s'adosser à un arbre, de fermer les yeux et de s'endormir dans les trois minutes qui suivaient.

Mais ce n'était manifestement pas le cas aujourd'hui, alors qu'il avait pourtant troqué un tronc d'arbre noueux contre le plus moelleux des matelas.

Il ferma les yeux, il prit, comme à l'accoutumée, plusieurs inspirations profondes, et… rien.

Rien, hormis Grace.

Il aurait aimé pouvoir dire qu'elle le hantait, mais ç'aurait été un mensonge. Ce n'était pas sa faute à elle s'il était un imbécile. Pour dire la vérité, ce n'était pas juste qu'il la désirait follement. S'il ne parvenait pas à la chasser de son esprit, c'était parce qu'il ne le voulait pas. Car s'il cessait de penser à Grace, il lui faudrait commencer à songer à d'autres choses. En premier lieu, à la possibilité d'être le duc de Wyndham.

La possibilité, vraiment ? C'était une certitude. Jack savait que ses parents avaient été mariés. Il ne restait plus qu'à retrouver le registre paroissial.

Il ferma les yeux et s'efforça de juguler le sentiment de terreur qui l'envahissait. Il aurait dû mentir et prétendre que ses parents n'avaient jamais été mariés. Mais, bon sang, il ignorait alors les conséquences de sa réponse. Personne ne l'avait prévenu qu'on le sacrerait duc ! À ce moment-là, il en voulait à la douairière, qui l'avait enlevé, et à Wyndham, qui le contemplait comme s'il n'était digne que d'être balayé avec la poussière du tapis.

Aussi, quand ce dernier avait dit, de son ton hautain, condescendant : « Si vos parents étaient légalement mariés… », il avait répliqué sans réfléchir. Ces gens n'avaient pas plus de valeur que lui ou que quiconque. Rien ne les autorisait à dénigrer ses parents.

Il était trop tard, à présent. Même s'il essayait de revenir sur ses paroles, la douairière n'aurait de cesse de se rendre en Irlande, à la recherche des preuves du mariage.

Elle le voulait pour héritier, cela au moins, c'était clair. Même s'il était difficile d'imaginer qu'elle puisse éprouver des sentiments, elle avait apparemment adoré son deuxième fils.

Son père.

Et même si la douairière ne lui avait pas manifesté d'affection particulière, à lui – non qu'il eût fait beaucoup d'efforts pour la gagner –, elle le préférait manifestement à son autre petit-fils. Encore que Jack n'avait pas la moindre idée de ce qui avait pu se passer entre eux pour justifier une telle inimitié.

Renonçant à tout espoir de dormir, il se releva et s'approcha de la fenêtre. Le soleil était déjà haut dans le ciel, et soudain, il fut pris d'une envie irrépressible d'être dehors ou plutôt, hors de Belgrave. Non sans s'étonner qu'on puisse avoir cette impression d'étouffement dans un bâtiment aussi vaste.

Il traversa sa chambre et attrapa son manteau élimé, qu'il enfila avec satisfaction par-dessus les vêtements élégants empruntés à Wyndham. Il aurait presque souhaité croiser la douairière, juste pour qu'elle le voie dans ses atours usés et poussiéreux.

Presque.

Il gagna le grand hall – le seul endroit qu'il était capable de retrouver sans escorte – au pas de charge. Ses bottes martelaient le sol de marbre de manière irritante. Le moindre bruit semblait éveiller un écho dans cette maison. Elle était trop grande, trop impersonnelle, trop...

— Thomas ? fit une voix féminine, qui n'était pas celle de Grace.

Une voix jeune, cependant, et incertaine. Il s'immobilisa.

— Est-ce que... Oh, pardonnez-moi ! Je suis désolée.

C'était effectivement une jeune femme, de taille moyenne, blonde, avec de beaux yeux noisette. Elle se tenait près de la porte du salon où on avait traîné Jack la veille. Une rougeur délicieuse teintait ses joues semées de taches de rousseur. Comme toutes les femmes, elle les détestait certainement. Mais cela ne l'empêchait pas de posséder un vrai charme, et s'il n'avait été aussi obsédé par Grace, il aurait flirté avec elle.

— C'est moi qui suis désolé de vous décevoir, murmura-t-il en lui adressant un sourire impudent.

Il ne s'agissait pas de flirt. C'était sa manière de s'entretenir avec toutes les femmes. La différence était dans l'intention.

— Non, répliqua-t-elle avec vivacité, bien sûr que non. L'erreur est de mon fait. J'étais assise là-bas, expliqua-t-elle en indiquant le salon, et j'ai cru voir passer le duc.

Ce devait être la fiancée. Intéressant. Pourquoi Wyndham traînait-il les pieds pour conclure le mariage ?

— Capitaine Jack Audley, à votre service, mademoiselle, dit-il avec un salut.

Il y avait longtemps qu'il ne s'était pas présenté en usant de son grade, mais cela lui sembla la chose à faire.

Elle exécuta une révérence polie.

— Lady Amelia Willoughby.

— La fiancée de Wyndham.

— Vous le connaissez donc ? Oui, évidemment, puisque vous êtes invité ici. Oh, vous devez être son partenaire d'escrime !

— Il vous a parlé de moi ? demanda Jack, de plus en plus intéressé.

— Pas beaucoup, admit-elle.

Elle battit des paupières, et son regard s'arrêta sur un point situé sous l'un des yeux de Jack. Il comprit qu'elle regardait sa joue, encore marquée par l'altercation qu'il avait eue, la veille, avec son fiancé.

— Oh, cela ! murmura-t-il en feignant un léger embarras. C'est impressionnant, mais pas grave.

À son expression, il devina qu'elle avait envie de l'interroger. Avait-elle vu l'œil au beurre noir de Wyndham ? Le cas échéant, sa curiosité devait être extrême.

— Dites-moi, lady Amelia, continua-t-il sur le ton de la conversation, de quelle couleur est-elle aujourd'hui ?

— Votre joue ? demanda-t-elle avec une certaine surprise.

— Oui. Avez-vous remarqué que les ecchymoses ont tendance à empirer au fil des jours ? Hier, la mienne tirait vers un pourpre presque royal, avec une nuance de bleu. Je n'ai pas vérifié dans le miroir aujourd'hui. Est-elle toujours aussi séduisante ? demanda-t-il en tournant la tête pour qu'elle la voie mieux.

Elle ouvrit de grands yeux, l'air interdit. Peut-être n'avait-elle pas l'habitude que des hommes flirtent avec elle ? Honte à Wyndham ! Il lui avait rendu un très mauvais service.

— Euh, non, répondit-elle. Je ne dirai pas qu'elle est séduisante.

— Vous n'êtes pas du genre à mâcher vos mots, n'est-ce pas ? répliqua-t-il en riant.

— Je crains que ces nuances de bleu dont vous étiez si fier n'aient tourné au vert.

Il s'inclina vers elle avec un sourire engageant.

— Pour être assorties à mes yeux ?

— Non, répondit-elle, apparemment indifférente à son charme. Pas avec le pourpre qui le recouvre. Il est plutôt horrible.

— Le pourpre mélangé au vert, cela donne… ?

— Quelque chose de très peu appétissant.

Jack rit de nouveau.

— Vous êtes adorable, lady Amelia. Mais je suis certain que votre fiancé vous le répète à la moindre occasion.

Elle ne répondit pas. Ce qui était normal car, en acquiesçant, elle aurait trahi une certaine vanité, et en niant, elle révélait la négligence de Wyndham à son égard.

— Vous l'attendez ? demanda-t-il.

Il était temps de mettre un terme à cette conversation. Lady Amelia était charmante, et Jack admettait qu'il trouvait assez divertissant de faire sa connaissance sans que Wyndham soit au courant, mais il était encore irrité, et il aspirait à passer un peu de temps à l'extérieur.

— Non, je suis là pour… Je suis là pour voir Mlle Eversleigh, acheva-t-elle après s'être éclairci la voix.

Grace ?

Qui prétendait qu'un homme ne pouvait pas respirer quelques bouffées d'air dans un salon ? Après tout, il suffisait d'entrouvrir une fenêtre.

— Vous connaissez Mlle Eversleigh ? s'enquit lady Amelia.

— Bien sûr. Elle est délicieuse.

— Oui.

Elle observa un bref silence, suffisant pour que Jack s'interroge sur sa signification, avant d'ajouter :

— Tout le monde l'admire.

Jack fut titillé par l'envie de semer le trouble dans l'existence de Wyndham. Il lui suffirait de murmurer : « Vous devez trouver difficile qu'une femme aussi jolie que Mlle Eversleigh réside ici, à Belgrave. » Mais comme Grace en pâtirait tout autant que le duc, il préféra s'abstenir.

— Mlle Eversleigh est une de vos relations ? se contenta-t-il de demander.

— Oui. Je veux dire, non… Elle est davantage que cela puisque nous nous connaissons depuis l'enfance. Elle est très amie avec ma sœur aînée.

— Avec vous aussi, sûrement.

— Bien sûr. Mais davantage avec ma sœur. Voyez-vous, elles ont le même âge.

— Ah, la plaie d'être la plus jeune !

— Vous parlez d'expérience ?

— Pas du tout, répliqua-t-il avec un grand sourire. J'étais celui qui martyrisait les petits.

Il repensa à sa vie chez les Audley. Edward avait six mois de moins que lui, et Arthur était né dix-huit mois plus tard. Le pauvre était banni de la plupart de leurs escapades. N'était-il pas étrange qu'au bout du compte, ce soit avec Arthur qu'il ait noué les liens les plus forts ?

Tous deux possédaient une sensibilité et une perspicacité hors du commun. Jack avait toujours été doué pour lire dans les pensées des gens. Par obligation. C'était parfois le seul moyen d'obtenir des informations.

Mais quand il était un jeune garçon, il considérait Arthur comme un petit morveux assommant. Ce n'est que lorsque tous deux étaient entrés à Portora Royal qu'il s'était aperçu que, comme lui, Arthur voyait tout.

Et bien qu'il n'en eût jamais rien dit, Arthur avait tout vu *en lui*.

Le moment était cependant mal choisi pour s'appesantir sur le passé alors qu'il se trouvait en compagnie d'une charmante demoiselle et qu'une autre n'allait pas tarder à les rejoindre. Il battit donc le rappel de souvenirs plus heureux et reprit :

— J'étais l'aîné de quatre. Par le plus grand des hasards, sans doute, mais j'aurais été fort malheureux de ne pas être le chef.

— Je suis la deuxième de cinq, répliqua lady Amelia en souriant. Je suis donc à même de comprendre vos sentiments.

— Cinq ! Toutes des filles ?

— Comment le savez-vous ?

— Je n'en avais aucune idée, avoua-t-il en toute honnêteté. L'image me paraissait séduisante, c'est tout. Ç'aurait été dommage de la gâcher avec un mâle.

— Êtes-vous toujours aussi beau parleur, capitaine Audley ?

— Uniquement quand le sujet m'inspire, assura-t-il en affichant son sourire le plus ravageur.

— Amelia !

Tous les deux se retournèrent. Grace venait d'entrer.

— Monsieur Audley ? fit-elle, l'air surpris.

— Oh, je suis désolée ! dit lady Amelia en se tournant vers lui. Je croyais que c'était *capitaine* Audley.

— Ça l'est aussi, dit-il avec un haussement d'épaules. Cela dépend de mon humeur.

Il salua Grace.

— Je considère comme un privilège de vous revoir si vite, mademoiselle Eversleigh.

Comme elle rougissait, il se demanda si lady Amelia avait remarqué son trouble.

— Je ne m'attendais pas à vous trouver ici, dit Grace après avoir esquissé une révérence.

— Vous n'aviez aucune raison de vous y attendre. Je sortais pour marcher un peu lorsque lady Amelia m'a intercepté.

— J'ai cru qu'il s'agissait de Wyndham, intervint lady Amelia. N'est-ce pas étrange ?

— Certes, répondit Grace, visiblement mal à l'aise.

— Je ne devais pas faire très attention, d'où ma méprise, continua lady Amelia. Je n'ai vu M. Audley que du coin de l'œil lorsqu'il est passé devant la porte ouverte.

— Voilà qui explique tout, n'est-ce pas, mademoiselle Eversleigh ? fit remarquer Jack.

— En effet, confirma Grace, avant de jeter un coup d'œil par-dessus son épaule.

— Vous attendez quelqu'un ? s'enquit Jack.

— Non, je pensais simplement que Sa Grâce aurait peut-être aimé se joindre à nous. C'est-à-dire... puisque sa fiancée est là.

— Il est donc rentré ? murmura Jack. Je l'ignorais.

— C'est ce que l'on m'a dit, mais je ne l'ai pas vu.

Jack fut persuadé que Grace mentait, même s'il n'en comprenait pas la raison.

— Hélas, cela fait un moment qu'il est absent ! dit-il.

Grace déglutit avec peine.

— Je crois que je devrais aller le chercher.

— Mais vous venez juste d'arriver !

— Néanmoins...

— Nous allons sonner pour qu'on le prévienne.

Jack n'avait pas l'intention de permettre à Grace de saisir ce prétexte pour s'enfuir. En outre, il était assez curieux d'observer la réaction du duc lorsqu'il le découvrirait en compagnie des deux femmes. Il traversa donc la pièce et tira sur le cordon de sonnette.

— Voilà. C'est fait.

Avec un sourire contraint, Grace se dirigea vers le sofa.

— Je crois que je vais m'asseoir.

— Moi aussi, dit aussitôt lady Amelia.

Elle se précipita à sa suite et s'assit juste à côté de Grace, le dos raide et l'air tout aussi embarrassée.

Jack ne put résister à son envie de les taquiner.

— Quel gracieux tableau vous offrez, toutes les deux. Et moi qui n'ai pas mes pinceaux...

— Vous peignez, monsieur Audley ? demanda lady Amelia.

— Hélas, non ! Mais je n'excluais pas de prendre quelques leçons. C'est un noble passe-temps pour un gentleman, vous ne trouvez pas ?

— Si, tout à fait.

Un lourd silence s'abattit. Lady Amelia finit par décocher un coup de coude discret à Grace.

— M. Audley est un grand amateur d'art, déclara cette dernière.

— Dans ce cas, vous devez apprécier votre séjour à Belgrave, dit lady Amelia en affichant un intérêt poli.

Combien de temps lui avait-il fallu pour maîtriser cette expression ? Étant fille de comte, elle devait faire face à quantité d'obligations mondaines. Offrir un visage placide et réservé, sans être inamical, lui était sûrement utile.

— J'attends avec impatience de voir les collections de peinture, répliqua Jack. Mlle Eversleigh a consenti à me les montrer.

Lady Amelia se tourna vers Grace, dans la mesure où leur étroite proximité le lui permettait.

— C'est très gentil de ta part, Grace.

Cette dernière marmonna une vague réponse.

— Nous prévoyons d'éviter les cupidons, précisa Jack.

— Les cupidons ? répéta lady Amelia, tandis que Grace détournait les yeux.

— J'ai découvert que je ne les aimais pas beaucoup.

Lady Amelia l'observa avec un curieux mélange d'irritation et d'incrédulité. Après avoir jeté un coup d'œil à Grace pour voir sa réaction, Jack reprit :

— Vous ne me semblez pas d'accord, lady Amelia.

— Qu'y a-t-il à ne pas aimer chez les cupidons ?

Jack se percha sur le bras du sofa qui faisait face au leur.

— Vous ne les trouvez pas dangereux ?

— Des bébés potelés ?

— Dotés d'armes fatales, lui rappela-t-il.

— Ce ne sont pas de *vraies* flèches.

Il fit une nouvelle tentative pour attirer Grace dans la conversation.

— Qu'en pensez-vous, mademoiselle Eversleigh ?

— Je n'accorde guère de pensées aux cupidons.

— Et pourtant, nous en avons déjà parlé à deux reprises, vous et moi.

— Parce que vous avez abordé le sujet.

Jack expliqua à lady Amelia :

— Mon cabinet de toilette en est inondé.

— Tu étais dans son cabinet de toilette, Grace ?

— Pas avec lui ! précisa cette dernière, presque acerbe. Mais j'ai déjà vu cet endroit, bien sûr.

Jack retint un sourire, tout en s'interrogeant : pourquoi prenait-il tant de plaisir à provoquer les gens ?

— Pardon, marmonna Grace, manifestement embarrassée d'être sortie de ses gonds.

— Monsieur Audley, commença lady Amelia avec détermination.

— Oui, lady Amelia ?

— Trouveriez-vous impoli que Mlle Eversleigh et moi marchions un peu dans le salon ?

— Non, pas du tout, assura-t-il, même s'il était visible qu'elle-même jugeait cela grossier.

Quant à lui, il était sincère. Si les jeunes femmes souhaitaient échanger des confidences, il n'y trouvait rien à redire. En outre, il aimait beaucoup regarder Grace se mouvoir.

— Je vous remercie de vous montrer si compréhensif, dit lady Amelia qui, après avoir glissé son bras sous celui de Grace, l'invita à se lever en même temps qu'elle. J'ai besoin de me dégourdir les jambes, et je crains que vous ne fassiez de trop grandes enjambées pour une femme.

Jack s'émerveilla qu'elle puisse prononcer une telle phrase sans s'étrangler. Pourtant il se contenta de sourire, et les suivit des yeux tandis qu'elles s'approchaient de la fenêtre. Et se retrouvaient hors de portée de voix.

13

Grace se laissa entraîner par Amelia. Dès qu'elles eurent traversé la pièce, celle-ci commença à raconter à voix basse, mais avec volubilité, les événements de la matinée, puis l'aide requise par Thomas, avant d'évoquer sa mère.

Grace se contentait de hocher la tête tout en tournant sans cesse les yeux vers la porte. Thomas allait arriver d'un instant à l'autre et, même si elle ignorait comment empêcher ce qui serait sûrement une rencontre désastreuse, elle ne parvenait pas à penser à autre chose.

Amelia continua de chuchoter avec véhémence sans que Grace lui prête attention, jusqu'au moment où elle entendit :

— ... je te supplie de ne pas me contredire.

— Bien sûr que non, assura Grace, certaine qu'Amelia lui présentait la même requête que Thomas quelques minutes plus tôt.

Dans le cas contraire, elle n'avait pas la moindre idée de ce dont il s'agissait lorsqu'elle ajouta :

— Tu as ma parole.

Au point où elle en était, cependant, elle n'était pas certaine de s'en soucier.

Elles continuèrent de déambuler autour de la pièce, se taisant lorsqu'elles passèrent devant

M. Audley. Celui-ci leur adressa un signe de tête entendu accompagné d'un sourire.

Dès qu'elles se furent éloignées, Amelia recommença à chuchoter. C'est alors qu'un bruit de pas sonore retentit dans le vestibule. Grace se retourna à demi – ce n'était qu'un valet qui passait, chargé d'une malle.

Elle avala sa salive. Seigneur, la douairière avait déjà pris ses dispositions pour leur voyage en Irlande, et Thomas n'était même pas au courant ! Comment avait-elle pu omettre de lui en parler lors de leur conversation ?

Elle s'aperçut qu'elle avait oublié Amelia, qui lui tenait pourtant toujours le bras.

— Désolée, dit-elle en hâte, car elle soupçonnait que c'était à elle de parler. Tu as dit quelque chose ?

— Non, répondit Amelia en secouant la tête.

Grace était à peu près certaine qu'il s'agissait d'un mensonge, mais elle n'avait pas envie d'argumenter.

D'autres pas résonnèrent dans le vestibule.

— Excuse-moi, dit-elle.

Elle se précipita vers la porte ouverte. Plusieurs domestiques traversaient le vestibule, manifestement requis pour les préparatifs du départ. Grace revint vers Amelia et lui reprit le bras.

— Ce n'était pas le duc.

— Quelqu'un va quelque part ? s'enquit Amelia alors que deux valets passaient devant la porte, l'un portant une malle, l'autre un carton à chapeau.

— Non, répondit Grace.

Toutefois, comme elle détestait mentir, et qu'elle y parvenait très mal, elle ajouta :

— C'est-à-dire que… je suppose que quelqu'un s'en va, mais j'ignore qui.

Ce qui était également un mensonge, hélas ! Elle adressa à Amelia un sourire qui se voulait guilleret,

— Grace, tout va bien ? murmura celle-ci avec inquiétude.

— Oh, non ! Je veux dire, oui. Tout va bien.

De nouveau, elle tenta un sourire guilleret, mais craignit d'avoir échoué encore plus lamentablement que la première fois.

— Grace, es-tu amoureuse de M. Audley ? lui demanda alors Amelia, et il y avait dans son ton une malice aussi nouvelle que déconcertante.

— Non !

Aïe, elle avait parlé trop fort. Et impossible de ne pas regarder M. Audley, car elles se trouvaient en face de lui. Il releva la tête, l'air perplexe. Dès qu'elle le put, Grace se tourna vers Amelia.

— Je viens juste de le rencontrer, reprit-elle dans un chuchotement furieux. Hier. Non, le jour d'avant.

Oh, Seigneur, quelle bécasse ! Elle secoua la tête et regarda droit devant elle.

— Je ne me souviens plus.

— Tu as rencontré de curieux messieurs, ces derniers temps, fit remarquer Amelia.

— Que veux-tu dire ?

— M. Audley… la taquina-t-elle. Le bandit italien…

— Amelia !

— Ah oui, c'est vrai, tu as dit qu'il était écossais ! Ou irlandais. Tu n'étais pas certaine. Au fait, ajouta-t-elle, les sourcils froncés, d'où est originaire M. Audley ? Lui aussi a une pointe d'accent.

— Je ne sais pas.

Que diable fabriquait Thomas ? Grace redoutait son arrivée, mais attendre en sachant qu'elle était imminente la mettait sur des charbons ardents.

C'est alors qu'Amelia lança :

— Monsieur Audley !

Atterrée, Grace détourna les yeux.

— Grace et moi nous demandions d'où vous étiez originaire, poursuivit Amelia. Vos intonations ne me sont pas familières.

— D'Irlande, lady Amelia. Un peu au nord de Dublin.

— D'Irlande ! Juste ciel, vous venez de loin.

Elles avaient terminé le tour de la pièce. Grace resta debout tandis qu'Amelia retournait s'asseoir. Elle se dirigea ensuite, le plus discrètement possible, vers la porte.

— Comment trouvez-vous le Lincolnshire, monsieur Audley ? demanda Amelia.

— Très surprenant.

— Surprenant ?

Grace jeta un coup d'œil dans le vestibule, tout en écoutant l'échange entre son amie et M. Audley.

— Pas exactement ce que j'attendais, répondit M. Audley, et elle n'eut aucun mal à imaginer le sourire amusé qui accompagnait cette déclaration.

— Vraiment ? Et à quoi vous attendiez-vous ? Nous sommes plutôt civilisés dans ce coin d'Angleterre, je vous assure.

— Très civilisés, murmura-t-il. Un peu trop à mon goût, pour être franc.

— Voyons, monsieur Audley, que voulez-vous dire ?

Grace n'entendit pas sa réponse. Thomas venait de s'engager dans le vestibule. Il était impeccable et tout, en lui, respirait de nouveau l'autorité ducale.

— Veuillez m'excuser ! lança-t-elle par-dessus son épaule.

Elle s'élança dans le hall en faisant signe à Thomas, pour ne pas alerter Amelia et M. Audley.

— Grace, dit-il en s'approchant à grandes enjambées, qu'est-ce que cela signifie ? Penrith me dit qu'Amelia est ici et souhaite me voir ?

Il ne ralentit pas l'allure en la rejoignant. Elle comprit alors qu'elle était censée lui emboîter le pas.

— Thomas, attendez ! chuchota-t-elle en le retenant par le bras.

Il se tourna vers elle, un sourcil formant un arc hautain.

Elle l'entraîna loin de la porte du salon.

— M. Audley est là ! Dans le salon.

Thomas jeta un coup d'œil vers ledit salon, puis revint à Grace, manifestement perplexe.

— Avec Amelia !

Le masque impassible du duc vola en éclats.

— Bon sang ! jura-t-il. Pourquoi ?

— Je ne sais pas, rétorqua Grace avec irritation. Pourquoi diable le saurait-elle ?

— Il était là quand je suis arrivée. Amelia dit qu'elle l'a vu passer devant la porte et qu'elle a cru que c'était vous.

Grace perçut le frémissement qui le parcourut.

— Qu'a-t-il dit ?

— Je l'ignore. Je n'étais pas là. Et il m'était difficile d'interroger Amelia en sa présence.

— Oui, bien sûr.

Elle attendit en silence qu'il dise autre chose. Il se pinça l'arête du nez comme s'il avait la migraine. Parce qu'elle ne voulait pas être celle qui n'apportait que de mauvaises nouvelles, elle murmura :

— Je suis à peu près certaine qu'il n'a pas révélé son...

Seigneur, comment dire cela ?

— ... son identité, acheva-t-elle avec une grimace.

Thomas lui jeta un regard proprement terrible.

— Ce n'est pas ma faute, se défendit-elle.

— Je n'ai rien dit de tel.

Et, sans ajouter un mot, il se dirigea vers le salon.

À l'instant où Grace s'était élancée hors de la pièce, Jack et lady Amelia n'avaient plus échangé une parole. C'était comme s'ils avaient conclu un accord tacite : le silence régnerait tandis qu'ils essaieraient tous deux d'entendre ce qui se disait dans le hall.

Jack s'était toujours considéré comme plus doué que la moyenne dans l'art de surprendre les conversations. Mais il ne réussit pas à distinguer le moindre chuchotement. Ce qui ne l'empêcha pas d'avoir son idée sur les propos échangés. Grace prévenait Wyndham que le diabolique M. Audley avait planté ses griffes dans la charmante et innocente lady Amelia. Wyndham allait jurer – entre ses dents, bien sûr, car il n'aurait jamais la vulgarité de le faire devant une dame –, et il exigerait de savoir ce qui avait été dit.

Jack aurait trouvé l'épisode fort distrayant s'il n'y avait eu ce matin, Grace, et leur baiser.

Il voulait retrouver la femme qu'il avait tenue dans ses bras. Et non celle qui avait arpenté la pièce avec lady Amelia, en le lorgnant comme s'il était susceptible de partir avec l'argenterie.

Peut-être aurait-il dû s'en amuser, et même s'en féliciter. Au moins, cela trahissait un certain intérêt de sa part, à défaut d'autre chose.

Pour la première fois, cependant, la conquête d'une femme ne s'apparentait pas à un jeu. Peu lui importait l'excitation de la poursuite, le plaisir de l'anticipation, et la satisfaction de parvenir à ses fins tambour battant.

Il la voulait, tout simplement. Peut-être même pour toute la vie.

Il coula un regard à lady Amelia. Penchée en avant, elle inclinait imperceptiblement la tête de côté,

— Vous ne pourrez pas les entendre, dit-il.

Le regard qu'elle lui décocha valait son pesant d'or. Il était d'une fausseté totale.

— Oh, inutile de prétendre que vous n'essayiez pas ! Pour ma part, je le reconnais.

— Très bien.

Elle laissa s'écouler un moment avant de demander :

— À votre avis, de quoi parlent-ils ?

Ah, la curiosité perdrait cette jeune femme, plus intelligente qu'il n'y paraissait au premier abord. Jack haussa les épaules.

— C'est difficile à dire. Je ne prétendrai jamais comprendre le fonctionnement d'un esprit féminin, et encore moins celui de notre très estimable hôte.

Elle lui jeta un regard aigu.

— Vous n'aimez pas le duc ?

— Je n'ai pas dit cela.

Mais tous les deux savaient, évidemment, que ce n'en était pas moins le cas.

— Combien de temps restez-vous à Belgrave ? s'enquit-elle.

— Pressée de vous débarrasser de moi, lady Amelia ?

— Bien sûr que non. J'ai vu des domestiques qui transportaient des malles. Je pensais qu'il s'agissait peut-être des vôtres.

Jack s'efforça de conserver un visage neutre. Pourquoi était-il si surpris que la vieille chouette ait déjà entamé ses préparatifs ?

— Je suppose qu'elles appartiennent à la douairière, répondit-il.

— Elle part en voyage ?

Il faillit rire en voyant son expression pleine d'espoir.

— En Irlande, répondit-il distraitement.

Il s'en mordit aussitôt la langue. Cette femme était peut-être la dernière personne à devoir être mise au courant.

Ou peut-être le méritait-elle plus que quiconque. Une sainte ! C'était ce qu'elle serait, aux yeux de Jack, si elle persistait dans son intention d'épouser Wyndham. Il ne pouvait rien imaginer de plus déplaisant que de passer sa vie avec un tel donneur de leçons, arrogant de surcroît.

Comme s'il suffisait d'y penser pour qu'il apparaisse, l'arrogant en question s'encadra sur le seuil.

— Lady Amelia, salua-t-il.

Il s'immobilisa un instant dans toute sa ducale splendeur – son œil au beurre noir excepté. Jack constata, non sans satisfaction, qu'il était même encore plus effrayant que la veille.

— Votre Grâce, répondit la jeune fille.

— Quel plaisir de vous voir, ajouta-t-il lorsqu'il l'eut rejointe. Je vois que vous avez fait la connaissance de notre invité.

— Oui. M. Audley est plutôt divertissant.

— Plutôt, en effet, acquiesça Wyndham, avec l'air de celui qui vient de manger un radis.

Jack avait toujours détesté les radis.

— Je suis venue voir Grace, poursuivit lady Amelia.

— Oui, bien sûr, dit Wyndham.

— Hélas, intervint Jack, que cet échange laborieux amusait beaucoup, j'ai trouvé mademoiselle avant !

La réponse de Wyndham fut un dédain glacial. Que Jack accueillit avec un grand sourire, convaincu que cela irriterait l'homme plus que tout ce qu'il aurait pu dire.

— En vérité, c'est moi qui ai trouvé M. Audley, déclara lady Amelia. Je l'ai aperçu dans le vestibule et je l'ai pris pour vous.

— Stupéfiant, non ? murmura Jack, qui ajouta à l'adresse de la jeune femme : nous ne nous ressemblons pourtant pas du tout.

— Non, confirma sèchement Wyndham. Du tout.

— Qu'en pensez-vous, mademoiselle Eversleigh ? s'enquit Jack en se levant.

Il semblait être le seul à avoir remarqué qu'elle était entrée.

— Le duc et moi avons-nous des traits en commun ?

Elle ouvrit la bouche, et fit une pause avant de répondre :

— Je crains de ne pas vous connaître suffisamment pour émettre un jugement pertinent, monsieur Audley.

— Bien dit, approuva Jack. Dois-je en déduire, dans ce cas, que vous connaissez assez bien le duc ?

— Je travaille pour sa grand-mère depuis cinq ans. Durant cette période, j'ai eu la chance de découvrir et d'apprécier le caractère de Sa Grâce.

— Lady Amelia, puis-je vous raccompagner chez vous ? suggéra Wyndham, manifestement désireux de couper court à cette conversation.

— Déjà ? s'étonna Jack, uniquement pour l'agacer.

— Ma famille m'attend, intervint lady Amelia, alors qu'elle n'avait fait aucune allusion en ce sens avant la proposition de Wyndham.

— Nous allons donc partir immédiatement, déclara Wyndham en offrant son bras à sa fiancée.

— S'il vous plaît, Votre Grâce ! fit Grace

Jack se retourna.

— J'aurais voulu vous dire un mot, continua-t-elle. Avant que vous ne… partiez. Si cela ne vous dérange pas.

Après avoir présenté ses excuses, Wyndham la suivit dans le hall. S'ils étaient visibles depuis le salon, il était difficile, voire impossible, d'entendre leur échange.

— De quoi peuvent-ils donc s'entretenir ? demanda Jack à lady Amelia.

— Je n'en ai pas la moindre idée, répondit-elle, un peu crispée.

— Moi non plus, assura-t-il d'un air désinvolte, juste pour prendre le contre-pied de son attitude.

C'est alors qu'une exclamation retentit :

— En Irlande !

C'était Wyndham, bien sûr. Jack se pencha pour mieux voir, mais le duc prit Grace par le bras et l'entraîna hors de leur vue. Et hors de portée de leurs oreilles.

— Nous avons notre réponse.

— Il ne peut pas être bouleversé parce que sa grand-mère quitte le pays, commenta lady Amelia. Je pense plutôt qu'il donnerait une grande fête.

— À mon avis, Mlle Eversleigh lui a appris qu'il était requis pour accompagner sa grand-mère.

— En Irlande ? Non, dit-elle en secouant la tête, vous devez vous tromper.

Il haussa les épaules avec une indifférence affectée.

— Peut-être. Je ne suis qu'un nouveau venu, ici.

— Hormis le fait que je suis incapable d'imaginer une raison pour laquelle la douairière souhaiterait se rendre en *Irlande* – non pas que je n'aimerais pas voir votre beau pays, mais il ne me semble pas devoir lui plaire, car je l'ai entendue dénigrer le Northumberland, la région des lacs et l'Écosse dans sa totalité...

Elle s'interrompit, sans doute pour reprendre son souffle, avant de conclure :

— L'Irlande me semble un choix étonnant.

Il hocha la tête, puisque c'était ce qu'elle semblait attendre de lui.

— Mais, vraiment, qu'elle puisse souhaiter que Sa Grâce vienne avec elle n'a aucun sens, reprit-elle. Ils ne tiennent pas à la compagnie l'un de l'autre.

— Comme cela est poliment dit, lady Amelia. Y a-t-il quelqu'un qui tienne à leur compagnie ?

Elle écarquilla les yeux, interloquée. Peut-être aurait-il dû se contenter de s'en prendre à la douairière. Sur ces entrefaites, Wyndham rentra dans le salon, l'air furieux et plus arrogant que jamais.

— Amelia, je crains de ne pas pouvoir vous raccompagner, dit-il d'un ton brusque. Je vous présente mes excuses.

— Cela ne fait rien, assura-t-elle, comme si elle pouvait dire quoi que ce soit d'autre.

— Je prendrai les dispositions nécessaires pour votre retour. Peut-être aimeriez-vous choisir un livre dans la bibliothèque ?

— Vous pouvez lire dans une voiture ? demanda Jack.

— Pas vous ?

— Oh, que si ! Je peux à peu près tout faire dans une voiture. Ou avec une voiture, ajouta-t-il avec un sourire à l'intention de Grace, qui se tenait sur le seuil.

Après l'avoir foudroyé du regard, Wyndham prit sa fiancée par le bras.

— Ce fut un plaisir de vous rencontrer, monsieur Audley, déclara lady Amelia.

— Oui, apparemment, vous partez.

— Amelia ! fit le duc d'un ton impérieux en l'entraînant hors du salon.

Jack alla jeter un coup d'œil dans le couloir, mais Grace avait disparu. Et peut-être cela valait-il mieux.

Il regarda la fenêtre. Le ciel s'obscurcissait, la pluie paraissait imminente.

Une promenade s'imposait. La pluie serait froide. Et mouillée. Précisément ce dont il avait besoin.

14

Après cinq années passées à Belgrave, Grace avait pris conscience de ce que pouvaient accomplir un peu de prestige et beaucoup d'argent. Elle fut néanmoins étonnée par la rapidité avec laquelle leur voyage fut organisé. En l'espace de trois jours, un yacht privé fut réservé pour les transporter de Liverpool à Dublin. Le bateau resterait ensuite à quai jusqu'à ce qu'ils soient prêts à rentrer en Angleterre – et peu importait le temps que cela prendrait.

L'un des secrétaires de Thomas avait été dépêché en Irlande pour préparer leur séjour. Grace avait eu pitié du pauvre homme qui avait été forcé d'écouter, puis de répéter deux fois les instructions multiples, et minutieusement détaillées, de la douairière. Grace était accoutumée à ses manières, mais le secrétaire, habitué à traiter avec un employeur bien plus raisonnable, avait paru sur le point de fondre en larmes.

Seuls les meilleurs établissements devaient accueillir les voyageurs et, bien sûr, lesdits voyageurs s'attendaient qu'on leur attribue les meilleures chambres dans chacun desdits établissements.

Si celles-ci étaient déjà réservées, les aubergistes devaient prendre leurs dispositions pour installer les autres voyageurs ailleurs. Comme l'expliqua la vieille dame à Grace, c'était pour prévenir ce genre de problème qu'elle aimait envoyer quelqu'un en éclaireur. Il était plus poli d'avertir les aubergistes qu'ils auraient à reloger leurs autres clients.

Aux yeux de Grace, il aurait été plus poli de ne pas mettre à la porte des gens dont le seul crime était d'avoir réservé une chambre avant les Cavendish. Mais la douairière n'allait pas changer ses habitudes ; et puis, elle s'était déjà lancée dans les instructions suivantes, qui concernaient la propreté, la nourriture et les dimensions des essuie-mains. Grace ne put qu'adresser un sourire compatissant au pauvre secrétaire.

Elle-même passait ses journées à parcourir le château, non seulement pour préparer le voyage, mais aussi pour transmettre des messages importants aux trois habitants de la maison qui semblaient déterminés à s'éviter.

La vieille dame était aussi grincheuse et exigeante que d'ordinaire, avec toutefois un soupçon d'agitation sous-jacente que Grace trouvait déconcertante. Elle était *excitée* à la perspective de ce voyage, elle que rien n'excitait jamais. Il y avait de quoi désarçonner la plus chevronnée des demoiselles de compagnie.

C'était d'autant plus étrange qu'elle ne semblait pas apprécier énormément M. Audley, et n'éprouvait manifestement aucun respect pour lui. Il lui rendait la pareille... multipliée par dix. À cet égard, il ressemblait beaucoup à Thomas.

Selon Grace, les deux hommes auraient pu devenir grands amis en d'autres circonstances.

Cependant, si les échanges de Thomas avec sa grand-mère étaient francs et directs, M. Audley se montrait beaucoup plus retors. Il ne cessait de provoquer la douairière, si subtilement, cependant, que Grace n'était sûre de rien jusqu'au moment où elle surprenait son sourire secret.

Car il y avait toujours un sourire secret, à elle seule destinée.

Le simple fait d'y penser lui fit refermer les bras autour de son buste, comme pour le retenir. Quand il lui souriait, non seulement elle voyait son sourire, mais elle le *ressentait*. Il lui faisait le même effet qu'un baiser, et son corps réagissait d'une manière identique : son estomac effectuait une petite cabriole et le rouge lui montait aux joues. En public, elle ne perdait pas contenance parce qu'elle était entraînée. Elle parvenait même à lui répondre à sa manière, en incurvant imperceptiblement les lèvres et en soutenant son regard différemment. Elle savait qu'il le remarquait car il voyait tout. S'il aimait jouer les obtus, ses dons d'observation dépassaient l'entendement.

Durant ces quelques jours, la détermination de la douairière à dépouiller Thomas de son titre pour le donner à M. Audley ne faiblit pas, bien au contraire. Lorsqu'elle évoquait le but de leur voyage, ce n'était jamais *si* le mariage était prouvé, mais *quand* il le serait. Elle se préoccupait déjà de la meilleure façon d'annoncer ce changement de duc à la bonne société.

Elle ne se montrait pas non plus particulièrement discrète sur le sujet. N'avait-elle pas évoqué – devant Thomas – la nécessité de rédiger à nouveau de multiples contrats afin d'y porter le prénom correct ? Elle était allée jusqu'à lui demander si, à son avis, tous les papiers qu'il avait signés en tant que duc avaient une existence légale.

En s'abstenant de l'étrangler sur-le-champ, Thomas avait fait preuve, selon Grace, d'un sang-froid remarquable.

— Le cas échéant, s'était-il contenté de répondre, ce ne sera plus vraiment mon problème.

Après une parodie de salut devant sa grand-mère, il était sorti.

Grace ne s'expliquait pas son propre étonnement devant l'attitude odieuse de la duchesse. Ce n'était pas comme si celle-ci avait coutume de se soucier des sentiments d'autrui. Il n'empêche... Les circonstances pouvaient être qualifiées d'extraordinaires, et même Augusta Cavendish aurait pu voir ce qu'il y avait de blessant à évoquer devant Thomas la manière dont elle organiserait son humiliation publique.

Quant à Thomas, il n'était pas lui-même. Il buvait trop, et quand il n'était pas cloîtré dans son bureau, il arpentait les couloirs tel un lion en cage. Grace s'efforçait de l'éviter, en partie à cause de son humeur épouvantable, mais, surtout, parce qu'elle se sentait coupable et déloyale d'apprécier autant M. Audley.

M. Audley... Elle passait trop de temps avec lui, elle le savait et ne pouvait pourtant pas s'en empêcher.

Cela dit, la faute ne lui était pas totalement imputable. La douairière ne cessait de la charger de commissions à son intention.

Entre Liverpool ou Holyhead, quel port choisir pour leur départ ? Jack – la vieille dame se refusait toujours à l'appeler M. Audley, et il se refusait à répondre au nom de Cavendish – le saurait certainement...

À quelles conditions météorologiques pouvaient-ils s'attendre ? Que Grace aille trouver Jack et lui demande son opinion...

Était-il possible d'obtenir une tasse de thé correct en Irlande ? Qu'en serait-il une fois qu'ils auraient quitté les environs de Dublin ? Sitôt que Grace avait été de retour avec un « oui » et un « pour l'amour du ciel ! » (corrigé pour en ôter tout blasphème), elle avait dû retourner le voir afin de s'assurer qu'il était capable de juger de la qualité d'un thé.

Elle aurait dû trouver embarrassant de lui poser ce genre de question, mais ils en étaient au point qu'ils éclataient de rire à la simple vue l'un de l'autre. C'était toujours ainsi, à présent. Il souriait, elle répondait à son sourire. Et elle constatait qu'elle s'aimait davantage lorsqu'elle avait des raisons de sourire.

La douairière venait de lui ordonner d'aller le trouver, une fois de plus, pour un compte rendu détaillé de l'itinéraire qu'ils se proposaient d'emprunter en Irlande. Bien qu'étonnée, car elle pensait que tout était déjà planifié, Grace s'exécuta sans mot dire. Elle n'allait pas se plaindre d'une tâche qui la soustrayait non seulement à la présence de la douairière, mais lui permettait de bénéficier de celle de M. Audley.

« De Jack », chuchota-t-elle pour elle seule. Il était Jack, et son prénom, fringant et désinvolte, lui convenait à la perfection. « John » était compassé, et « M. Audley » trop formel. Elle voulait qu'il soit Jack, même si elle ne s'était pas autorisée à l'appeler ainsi depuis leur baiser.

Il ne cessait de la taquiner à ce sujet. Cependant, il avait beau insister, essayer de l'enjôler, la menacer de ne plus répondre si elle n'utilisait pas son prénom, elle restait inébranlable. Car si elle commençait, elle craignait de ne plus pouvoir revenir en arrière. Et elle se trouvait déjà en si grand péril de perdre son cœur pour toujours.

C'était un risque qu'elle n'excluait pas ; cela arriverait si elle n'y prenait garde. En fermant les yeux, elle pouvait imaginer un avenir avec lui, des enfants, et des rires en cascade.

Mais pas ici. Pas à Belgrave, s'il devenait duc. Elle voulait retrouver Sillsby. Pas la maison elle-même, bien sûr, mais les sensations. L'atmosphère chaleureuse, et le jardin potager que sa mère ne se jugeait pas trop grande dame pour entretenir ; les soirées dans le salon – le salon unique, qui n'avait pas besoin d'être désigné par une couleur, un tissu ou sa situation dans la maison ; la lecture commune au coin du feu, où elle lirait à voix haute les passages qui l'amusaient et rirait quand son mari ferait la même chose.

C'était à cela qu'elle aspirait, et lorsqu'elle avait le courage d'être honnête avec elle-même, elle s'avouait que c'était avec lui qu'elle le souhaitait.

Sauf qu'elle n'était pas souvent honnête avec elle-même. À quoi bon ? Il ignorait qui il était, comment aurait-elle su à quoi rêver ?

Elle se protégeait, entourait son cœur d'une armure en attendant d'avoir une réponse.

Parce que s'il était duc de Wyndham, alors elle était une idiote.

Belgrave avait beau être une demeure magnifique, Jack préférait de beaucoup passer du temps à l'extérieur. Et maintenant que son cheval logeait dans les écuries des Wyndham, où il appréciait certainement les carottes en abondance et la chaleur, il avait pris l'habitude de monter chaque matin.

Ce qui n'était pas fondamentalement différent de sa routine précédente. En général, il se retrouvait à chevaucher tôt le matin. La différence, c'était qu'alors il se rendait dans un endroit ou, à l'occasion, en fuyait un autre. À présent, il sortait pour le plaisir et pour faire de l'exercice. La vie de gentleman était étrange. La fatigue physique était le résultat d'un comportement organisé et non, comme pour le reste de la société, d'une honnête – ou malhonnête – journée de travail.

En ce quatrième jour à Belgrave, il regagnait la maison, revigoré par la piquante morsure du vent après une chevauchée à travers champs.

Tandis qu'il gravissait les marches du perron, il se surprit à regarder autour de lui dans l'espoir d'apercevoir Grace. Même s'il était hautement improbable qu'elle soit dehors, il espérait toujours. Sa simple vue suffisait à provoquer un picotement dans sa poitrine. La moitié du temps elle ne le voyait même pas, ce qui ne le dérangeait pas. La regarder vaquer à ses occupations lui plaisait.

Et s'il l'observait assez longtemps, ce qui était souvent le cas, elle finissait toujours par sentir sa présence, et par se retourner.

Il essayait alors de jouer les séducteurs, et de la couver d'un regard brûlant destiné à la faire fondre de désir.

Mais il n'y parvenait jamais car, dès qu'elle se tournait vers lui, il n'était plus capable que de sourire comme un idiot énamouré. Il aurait été dégoûté de lui-même si elle ne lui avait pas rendu son sourire, ce qui ne manquait jamais de transformer le chatouillement dans sa poitrine en quelque chose d'encore plus pétillant et léger.

Après avoir poussé la porte de Belgrave, il s'arrêta un instant dans le hall, le temps de s'habituer à la brusque absence de vent. Il jeta un coup d'œil circulaire, et en fut récompensé.

— Mademoiselle Eversleigh ! appela-t-il, car elle se trouvait à l'autre extrémité de l'immense vestibule, sans doute lancée par la douairière dans une autre quête ridicule.

— Bonjour, monsieur Audley, le salua-t-elle, le sourire aux lèvres, en se dirigeant vers lui.

Il se débarrassa de son manteau, certainement subtilisé dans la garde-robe ducale, et le tendit à un valet. Une fois de plus, il s'émerveilla de la capacité des domestiques à apparaître au moment précis où l'on avait besoin d'eux.

Grace le rejoignit avant même qu'il ait ôté ses gants.

— Vous avez fait une promenade à cheval ?

— Oui, la matinée était parfaite pour monter.

— Même avec ce vent ?

— C'est encore mieux avec du vent.

— J'en déduis que vous avez retrouvé votre cheval.

— En effet. Lucy et moi formons une bonne équipe.

— Vous montez une jument ?

— Un hongre.

Elle ouvrit de grands yeux, quoique plus curieux que surpris.

— Vous avez appelé votre hongre Lucy ?

Il haussa les épaules.

— C'est l'une de ces histoires qui perdent beaucoup à être racontées.

En vérité, s'y mêlaient boisson, trois paris successifs, et un penchant pour la contradiction dont il n'était pas persuadé d'être très fier.

— Je n'ai pas grand-chose d'une cavalière, dit-elle sur le ton de la simple constatation.

— Par choix ou à cause des circonstances ?

— Un peu des deux.

Elle afficha un air songeur, comme si elle ne s'était jamais posé la question.

— Il faudra que vous m'accompagniez, un jour.

— Je ne pense pas que les chutes fassent partie de mes attributions de demoiselle de compagnie, répliqua-t-elle avec une grimace.

Jack en doutait presque. L'attitude de la douairière envers Grace le laissait perplexe. Elle paraissait pousser cette dernière dans sa direction chaque fois que l'occasion s'en présentait, un peu comme un fruit mûr brandi sous son nez pour l'inciter à rester. Il jugeait le procédé consternant, mais il n'était pas prêt à se priver du plaisir de la compagnie de Grace uniquement pour contrarier la vieille chouette.

— Toutes les demoiselles de compagnie dignes de ce nom vont se promener à cheval avec les invités, rétorqua-t-il.

— Vraiment ? fit-elle, dubitative.

— Oui, en tout cas, dans mon imagination.

Elle secoua la tête sans même essayer de dissimuler son sourire.

— Monsieur Audley...

Il coula un regard furtif à droite, puis à gauche, et chuchota :

— Je crois que nous sommes seuls.

— Ce qui signifie... ? répliqua Grace en s'inclinant vers lui.

— Que vous pouvez m'appeler Jack.

Elle fit mine d'y réfléchir, avant de déclarer :

— Non, je ne pense pas.

— Je ne le dirai à personne.

— Mmm... fit-elle, le nez froncé. Non.

— Cela vous est arrivé une fois.

Elle pinça les lèvres – pour se retenir de rire, manifestement.

— C'était une erreur.

— *Effectivement !*

Grace se retourna en étouffant un cri. Thomas !

— D'où diable sort-il ? murmura M. Audley.

Du petit salon, songea Grace, atterrée. La porte se trouvait juste derrière eux. Thomas y passait souvent du temps, à lire ou à rédiger sa correspondance. Il aimait la lumière de l'après-midi, disait-il.

Sauf que ce n'était pas l'après-midi. Et qu'il sentait le cognac.

— Une agréable conversation, commenta-t-il d'une voix traînante. Pas la première, je suppose.

— Vous nous espionniez ? demanda Jack. Honte à vous.

— Votre Grâce, je...

— C'est « Thomas », coupa-t-il, vous ne vous rappelez pas ? Vous avez utilisé *mon* prénom plus d'une fois.

Grace sentit ses joues s'empourprer. À l'évidence, il avait surpris la plus grande partie de leur conversation.

— S'il en est ainsi, j'insiste pour que vous m'appeliez Jack, déclara ce dernier, qui ajouta à l'adresse de Thomas : ce n'est que justice.

Le duc garda le silence, mais son expression suffit à trahir sa pensée. M. Audley déclara ensuite :

— Je vous appellerai Grace.

— Vous n'en ferez rien ! aboya Thomas.

— Prend-il toujours les décisions pour vous ? s'enquit M. Audley, plus calme que jamais.

— Nous sommes chez moi, répliqua Thomas.

— Peut-être plus pour longtemps, murmura M. Audley.

Grace bondit en avant, certaine que Thomas allait lui sauter à la gorge. En fait, il se contenta de ricaner – un ricanement qui sonnait affreusement.

— Pour votre gouverne, dit-il en regardant M. Audley droit dans les yeux, elle ne vient pas avec la maison.

Grace en demeura interdite.

— Qu'entendez-vous exactement par là ? demanda M. Audley, d'une voix si égale, si délibérément polie, qu'il était impossible de ne pas en percevoir le tranchant sous-jacent.

— Vous le savez très bien.

— Thomas, tenta d'intervenir Grace.

— Oh, nous en sommes de nouveau à « Thomas » ?

— Je crois qu'il a un faible pour vous, mademoiselle Eversleigh, observa M. Audley d'un ton presque joyeux.

— Ne soyez pas ridicule, répliqua-t-elle.

C'était faux, bien sûr. Si Thomas avait vraiment... Eh bien, il avait eu des années pour se déclarer. Non que cela les aurait menés où que ce soit.

Croisant les bras, le duc fixa sur M. Audley un regard propre à faire détaler la plupart des hommes. Mais celui-ci se contenta de sourire, avant de déclarer :

— Je ne voudrais surtout pas vous empêcher de vaquer à vos occupations.

C'était un renvoi, dont la formulation élégante ne masquait pas l'insolence. Grace n'en crut pas ses oreilles : personne ne s'adressait ainsi au duc de Wyndham.

Pourtant, Thomas sourit en retour.

— Ah, maintenant, ce sont *mes* occupations ?

— Tant que la maison vous appartient.

— Il ne s'agit pas simplement d'une maison, Audley.

— Parce que vous croyez que je ne le sais pas ?

Personne ne répondit. Il avait riposté d'une voix sourde, tendue et... effrayée.

— Veuillez m'excuser, lâcha finalement Thomas.

Il tourna les talons, rentra dans le petit salon dont il referma la porte d'un geste ferme.

Grace fixa le battant durant ce qui lui parut une éternité. Puis elle se tourna vers M. Audley.

— Vous n'auriez pas dû le provoquer.

— Parce que c'est moi qui l'ai provoqué ?

— Vous comprenez, j'en suis sûre, à quel point sa situation est difficile.

— Contrairement à la mienne, rétorqua-t-il d'une voix qu'elle ne lui avait jamais entendue. J'adore positivement l'idée d'avoir été enlevé et retenu contre mon gré.

— Personne ne braque un pistolet sur votre tête que je sache.

— C'est ce que vous pensez ?

Le ton était sarcastique et son regard trahissait son incrédulité devant sa naïveté.

— En fait, articula-t-elle, je pense que vous n'en voulez même pas.

Comment avait-elle pu ne pas s'en apercevoir plus tôt ? Cela sautait pourtant aux yeux.

— Je ne veux pas de quoi ?

— Du titre.

— C'est le titre qui ne veut pas de moi, riposta-t-il, glacial.

Consternée, Grace le regarda tourner les talons à son tour, et sortir.

15

Alors qu'il errait dans Belgrave, durant une tempête qui l'avait obligé à demeurer à l'intérieur, Jack avait déniché une collection de livres d'art. La tâche n'avait pas été aisée : le château abritait deux bibliothèques séparées, riches d'au moins cinq cents volumes chacune. Ayant toutefois remarqué que les livres d'art étaient souvent plus grands que la moyenne, il s'était concentré sur les rayonnages garnis des reliures les plus hautes. Il avait sorti ces livres, les avait feuilletés et, après quelques tâtonnements et erreurs, il avait trouvé ce qu'il cherchait.

Il ne tenait cependant pas à rester dans la bibliothèque. Être environné de tous ces livres lui paraissait toujours oppressant. Il avait donc transporté ceux qui semblaient les plus prometteurs dans la pièce qu'il privilégiait désormais : le salon crème et or, à l'arrière du château. Dans sa pensée, cet endroit était indissolublement lié à Grace.

C'était là qu'il s'était réfugié après sa rencontre embarrassante avec cette dernière. Il n'aimait pas perdre son sang-froid – pire, il détestait cela.

Il passa là plusieurs heures, ne se levant que pour se dégourdir les jambes. Il était plongé dans le dernier volume – une étude sur le style rococo français – lorsqu'un valet passa devant la porte ouverte, s'arrêta, puis revint sur ses pas.

Jack haussa un sourcil interrogateur. Le jeune homme ne pipa mot, mais repartit dans la direction d'où il était venu.

Deux minutes plus tard, comme il l'espérait, Jack entendit un pas léger. Il fit mine d'être absorbé dans sa lecture.

— Oh, vous lisez ! fit Grace, l'air surpris.

Il tourna la page avec soin.

— Cela m'arrive.

Il devina qu'elle levait les yeux au ciel tout en franchissant le seuil du salon.

— Je vous ai cherché partout.

Il releva alors la tête, le sourire aux lèvres.

— Et pourtant, j'étais là.

Elle s'était immobilisée, les mains serrées l'une contre l'autre. Jack se reprocha d'être responsable de sa nervosité.

Il inclina la tête en un geste d'invite, tout en désignant la chaise près de lui.

— Que lisez-vous ? demanda-t-elle en s'avançant.

Il tourna le livre vers le siège vide.

— Regardez.

Au lieu de s'asseoir, elle s'appuya sur le bord de la table et se pencha.

— Un livre d'art, constata-t-elle.

— Mon second sujet de prédilection.

Elle lui jeta un regard entendu.

— Vous souhaitez que je vous demande ce qu'est le premier, je suppose.

— Suis-je donc à ce point prévisible ?

— Vous ne l'êtes que lorsque vous le souhaitez.

Il soupira, feignant la consternation.

— Hélas, cela ne marche pas ! Puisque vous ne me demandez pas quel est mon sujet préféré.

— Parce que je suis presque certaine que la réponse sera fort inconvenante, répondit-elle en s'asseyant.

Il plaqua la main sur son cœur, le temps de recouvrer ses esprits. Il était plus facile de jouer les bouffons – personne n'attendait d'eux qu'ils se montrent sérieux.

— Je suis blessé ! Je vous promets que je n'avais absolument pas l'intention de déclarer que mon sujet préféré était la séduction, ou l'art du baiser, ou la manière idéale d'ôter son gant à une dame, voire la manière idéale d'enlever...

— Arrêtez !

— Ce que j'allais dire, reprit-il en s'efforçant de paraître navré, c'est que mon sujet préféré, ces derniers temps, c'est vous.

Leurs regards se croisèrent, l'espace d'un instant seulement. Grace baissa vivement les yeux sur ses mains croisées sur la table. Il l'observa, fasciné par les émotions qui se succédaient sur son visage.

— Je n'aime pas cette peinture, déclara-t-elle assez soudainement.

Jack dut reporter les yeux sur le livre pour voir à quel tableau elle faisait allusion. Il représentait un homme et une femme assis dans l'herbe. La femme était de dos et semblait repousser l'homme. Jack ne connaissait pas bien cette œuvre, mais il lui sembla reconnaître le style.

— Le Boucher ?

— Oui... Non, corrigea-t-elle, après s'être penchée. *Jean-Antoine Watteau*, lut-elle. *Le Faux Pas*.

À son tour, il s'inclina.

— Désolé, dit-il. Je venais juste de tourner la page. Je trouve qu'il ressemble davantage à un Boucher, cependant. Pas vous ?

— Je ne connais pas assez bien l'un ou l'autre pour avoir une opinion. Je n'ai pas beaucoup étudié la peinture – ou les peintres – lorsque j'étais enfant. Mes parents ne s'intéressaient pas énormément à l'art.

— Comment est-ce possible ?

Sa remarque la fit sourire, de ce sourire qui était presque un rire.

— Ce n'est pas qu'ils ne s'y intéressaient pas, mais ils avaient d'autres centres d'intérêt. Je crois qu'ils auraient par-dessus tout aimé voyager. Tous deux adoraient les cartes et les atlas de toutes sortes.

Jack ne put retenir une grimace.

— Je déteste les cartes.

— Vraiment ?

Cet aveu la laissa visiblement stupéfaite, avec, peut-être, une pointe d'amusement.

— Vous, un bandit de grand chemin !

— Quel est le rapport ?

— Vous avez besoin de savoir où vous allez, non ?

— Pas autant que de savoir où je suis allé. Il vaut mieux, ajouta-t-il, sentant sa perplexité, que j'évite certaines parties du pays. Tout le Kent, sans doute, pour être honnête.

Elle battit des paupières avant de répliquer :

— C'est l'un de ces moments où je ne suis pas certaine que vous soyez sérieux.

— Oh, je le suis, assura-t-il. Hormis, peut-être, l'allusion au Kent. Il se peut que je me sois montré modeste.

240

— Modeste ?

— Mieux vaut que j'évite tout le sud de l'Angleterre.

— Juste ciel…

L'exclamation était si caractéristique d'une jeune femme bien élevée qu'il faillit s'esclaffer.

Après avoir marqué une pause, elle avoua :

— Je ne crois pas avoir jamais connu d'homme prêt à admettre ses difficultés à lire une carte.

— Je vous ai dit que j'étais particulier.

— Oh, arrêtez !

Elle ne le regardait pas, du moins pas directement. Aussi ne s'aperçut-elle pas que son expression avait changé. Raison pour laquelle, sans doute, elle enchaîna sur le même ton alerte :

— Je dois dire que cela complique les choses. La douairière m'a demandé de solliciter votre aide pour établir notre trajet, une fois que nous aurons débarqué à Dublin.

— Cela, j'en suis capable, assura-t-il avec un geste désinvolte de la main.

— Sans carte ?

— Nous faisions régulièrement ce trajet lorsque j'étais au collège.

Elle le regarda avec un sourire presque nostalgique, comme si elle pouvait voir ses souvenirs.

— Je parie que vous n'étiez pas responsable de classe, lâcha-t-elle.

Il arqua un sourcil.

— Savez-vous que la plupart des gens verraient là une insulte ?

— Mais pas vous ! rétorqua-t-elle, l'œil brillant de malice.

Elle avait raison, bien sûr, mais il n'était pas question de le reconnaître.

— Et qu'est-ce qui vous fait croire cela ?

— Vous n'auriez jamais voulu l'être.

— Trop de responsabilités ? hasarda-t-il.

Elle ouvrit la bouche, et il comprit qu'elle avait failli dire oui. Ses joues se colorèrent, et elle détourna les yeux un instant avant de répondre :

— Vous êtes trop rebelle. Vous n'auriez pas voulu avoir de comptes à rendre à l'administration.

— À *l'administration* ! répéta-t-il sans parvenir à dissimuler son amusement.

— Ne vous moquez pas de mon choix de mots.

— Eh bien, j'espère que vous avez conscience de vous adresser à un ex-officier de l'armée de Sa Majesté.

— J'aurais dû dire que vous aimez *jouer* les rebelles. Mais je vous soupçonne d'être, au fond, tout aussi conventionnel que n'importe lequel d'entre nous.

Un silence, puis :

— J'espère, articula-t-il, que vous avez conscience de vous adresser à un bandit de grand chemin de Sa Majesté.

Il avait eu toutes les peines du monde à conserver un visage grave. Ce fut un soulagement lorsque Grace, après un instant de stupéfaction, éclata de rire. Il n'aurait pu maintenir cette expression offensée, digne de Wyndham, une seconde de plus.

— Vous êtes terrible, dit-elle après s'être essuyé les yeux.

— Je fais de mon mieux, assura-t-il, modeste.

Rieuse, elle répliqua en agitant l'index :

— Voilà pourquoi vous ne serez jamais responsable de classe.

— Grands dieux, je l'espère bien ! Ce serait un peu déplacé à mon âge.

Pour ne rien dire du souvenir abominable qu'il gardait de l'école. Il lui arrivait encore d'en rêver. Environ une fois par mois, il se réveillait avec, à l'esprit, l'une de ces visions éprouvantes où il se retrouvait au collège – une situation plutôt absurde, à vingt-huit ans. C'était toujours plus ou moins la même chose : il consultait son emploi du temps et s'apercevait qu'il avait oublié d'assister au cours de latin pendant un semestre entier ; ou bien il se présentait à un examen sans pantalon.

Le sport et le dessin étaient les seules matières dont il se souvenait avec plaisir. Pour le sport, c'était facile, il lui suffisait de regarder un jeu pendant une minute pour que son corps sache instinctivement comment bouger. Quant au dessin… Eh bien, s'il n'excellait pas dans l'exécution, il avait toujours adoré étudier les œuvres. Pour toutes les raisons qu'il avait évoquées avec Grace le premier soir, à Belgrave.

Son regard tomba sur le livre ouvert sur la table.

— Pourquoi ce tableau vous déplaît-il ? demanda-t-il.

Celui-ci ne figurait pas parmi ses favoris, mais il ne lui trouvait rien de rédhibitoire.

— Elle ne l'aime pas, déclara Grace, les yeux rivés sur le livre.

Jack la regardait, et fut surpris de lui voir le front plissé. Inquiétude ? Colère ? Il n'aurait su dire.

— Elle ne veut pas de ses attentions, enchaîna-t-elle, et pourtant, il insiste. Voyez son visage…

Jack étudia l'image. Il pensait comprendre ce que voulait dire Grace. La reproduction n'était pas excellente, et il était difficile de savoir jusqu'à quel point elle reflétait le tableau original. Mais il était vrai qu'il y avait quelque chose d'insidieux dans l'expression de l'homme. Cependant...

— N'est-ce pas plutôt le sujet du tableau qui ne vous plaît pas, et non le tableau lui-même ?

— Quelle différence cela fait-il ?

Jack réfléchit. Cela faisait longtemps qu'il n'avait pas débattu avec quelqu'un d'un problème qu'on pouvait qualifier d'intellectuel.

— Peut-être que l'artiste souhaitait provoquer cette réaction, et que son intention était de décrire précisément ce genre de scène. Ce qui ne signifie pas qu'il la cautionne.

— Certes.

Elle pinça les lèvres, avec un durcissement des commissures que Jack ne lui avait jamais vu. Cela ne lui plut pas. Non seulement cette expression la vieillissait, mais elle semblait mettre en évidence un chagrin profondément enfoui. Cette bouche serrée, résignée, donnait l'impression que Grace ne serait plus jamais heureuse. Pire, qu'elle l'avait accepté.

— Vous n'êtes pas obligée de l'aimer, dit-il doucement.

Sa bouche s'adoucit, mais son regard demeura voilé.

— Non, en effet, dit-elle avant de tourner la page. J'ai entendu parler de M. Watteau, évidemment, et c'est sans doute un artiste éminent, cependant... Oh !

Jack souriait déjà car, contrairement à elle, il regardait le livre lorsqu'elle avait tourné la page.

— Oh, mon...

— Cette fois, c'est un Boucher, déclara-t-il d'un ton appréciateur.

— Ce n'est pas... Jamais je n'ai...

Elle avait les yeux écarquillés et la bouche entrouverte. Quant à ses joues... Elles donnèrent à Jack l'envie irrésistible de l'éventer.

— C'est Marie-Louise O'Murphy, précisa-t-il.

Elle lui jeta un regard horrifié.

— Vous la connaissez ?

À son corps défendant, Jack éclata de rire.

— Tous les collégiens la connaissent. Ou plutôt, connaissent son portrait, corrigea-t-il. Je crois qu'elle est morte récemment. N'ayez crainte, elle était, hélas, assez vieille pour être ma grand-mère.

Il contempla avec affection la femme du tableau, allongée sur un divan dans une attitude provocante. Merveilleusement, glorieusement, complètement nue, elle était couchée sur le ventre, le dos légèrement cambré tandis qu'elle se penchait pour regarder par-dessus l'accoudoir du divan. Elle était peinte de côté, ce qui n'empêchait pas d'avoir une vue scandaleuse sur ses fesses et ses jambes...

Ce souvenir arracha à Jack un soupir heureux. La voluptueuse jeune femme avait les cuisses largement écartées, et il était certain de n'avoir pas été le seul collégien à s'imaginer se logeant entre elles.

De nombreux jeunes garçons avaient perdu leur virginité (en rêve, mais quand même...) avec Marie-Louise O'Murphy. Cette dame s'était-elle jamais rendu compte des services qu'elle rendait ?

Il releva les yeux. Grace regardait toujours la peinture. Peut-être, du moins l'espérait-il, avec une excitation grandissante...

— Vous n'aviez jamais vu ce tableau ? murmura-t-il.

Elle secoua la tête, à peine. Elle paraissait fascinée.

— C'était la maîtresse du roi de France, expliqua Jack. On prétend qu'après avoir vu l'un de ses portraits par Boucher – pas celui-ci, je pense, peut-être une miniature –, il a décidé qu'elle serait à lui.

Grace ouvrit la bouche, mais aucun son n'en sortit.

— Elle a grandi à Dublin, paraît-il. Dans la rue. Il est difficile d'imaginer que ce nom de O'Murphy puisse venir d'ailleurs. Nous étions toujours si fiers d'annoncer qu'elle était l'une des nôtres, avoua-t-il avec un sourire nostalgique.

Il se leva pour se placer derrière Grace. Penché par-dessus son épaule, il savait que lorsqu'il parlerait, ses mots tomberaient sur sa peau tels des baisers.

— C'est un tableau plutôt provocant, non ?

Grace semblait toujours ne savoir que dire. Mais peu importait à Jack. L'observer en train de regarder ce tableau était bien plus érotique que la peinture elle-même, découvrait-il.

— J'ai toujours voulu voir l'original, poursuivit-il. Je crois qu'il est en Allemagne, à présent. Peut-être à Munich. Hélas, mes voyages ne m'ont jamais conduit jusque-là !

— Je n'ai jamais rien vu de tel, chuchota Grace.

— Il procure des sensations, n'est-ce pas ?

Comme elle hochait la tête, il s'interrogea. S'il avait toujours rêvé de se loger entre les cuisses de Mlle O'Murphy, Grace se demandait-elle, en cet instant, ce que c'était que d'être la jeune femme ? S'imaginait-elle alanguie sur le sofa, offerte au regard d'un homme ?

À son regard à *lui*. Car jamais il ne permettrait que quiconque la voie ainsi.

Le silence était tel que Jack entendait son propre souffle, de plus en plus erratique.

Et celui de Grace, léger mais qui s'accélérait à chaque inspiration.

Il la désirait. Désespérément. Il la voulait étendue devant lui comme la fille du tableau, il voulait lui ôter ses vêtements, dévoiler son corps et vénérer chaque centimètre carré de son corps.

Il sentait quasiment entre ses mains le poids délicat de ses cuisses tandis qu'il les ouvrait, et la chaleur musquée qui en émanait lorsqu'il s'approchait pour un baiser.

— Grace, souffla-t-il.

Les yeux toujours fixés sur le tableau, elle passa la pointe de sa langue sur ses lèvres pour les humecter. Comment aurait-elle pu savoir quel effet cela lui fit ?

Il tendit le bras, lui effleura les doigts.

— Dansez avec moi, murmura-t-il.

Ayant refermé la main autour de son poignet, il tira doucement pour l'inciter à se lever.

— Il n'y a pas de musique, chuchota-t-elle.

Elle se leva pourtant sans offrir la moindre résistance, sans même une imperceptible hésitation.

Il prononça alors les mots que son cœur lui soufflait.

— Nous la ferons nous-mêmes.

À plusieurs reprises, elle avait eu la possibilité de refuser. Lorsque la main de Jack avait touché la sienne, lorsqu'il l'avait invitée à se lever. Et, bien sûr, lorsqu'il l'avait invitée à danser malgré l'absence de musique.

Or, elle n'en avait rien fait. Elle en était incapable.

Elle se retrouva dans ses bras, et ils valsèrent au rythme de la mélodie qu'il fredonnait. Ce n'était pas un enlacement qui aurait été autorisé dans une salle de bal. Jack la tenait bien trop serrée et, à chaque pas, il semblait l'enlacer encore plus étroitement, jusqu'au moment où leurs corps se fondirent l'un dans l'autre.

— Grace, fit-il d'une voix rauque, qui se transforma en gémissement avant de s'achever par un baiser.

Elle le lui rendit. Dieu du ciel, jamais elle n'avait rien désiré autant que cet homme en cet instant. Elle voulait qu'il l'enveloppe, qu'il l'engloutisse ; elle voulait se perdre en lui, s'allonger et lui offrir son corps, lui chuchoter : « Tout, tout ce que tu veux. »

Parce qu'il savait certainement ce dont elle avait besoin.

Le portrait de cette femme, la maîtresse du roi français, l'avait ensorcelée. Il n'y avait pas d'autre explication. Elle rêvait d'être nue, étendue sur un divan, et de sentir le damas contre son ventre tandis qu'un souffle d'air frais lui caressait le dos.

Elle voulait savoir ce que l'on éprouvait à être ainsi allongée sous le regard brûlant d'un homme.

Sous son regard à lui. Uniquement.

— Jack, chuchota-t-elle en se pressant contre lui.

Il lui fallait le sentir, éprouver la chaleur et la force de son corps, et pas seulement la caresse de ses lèvres.

Il vacilla, comme surpris par sa fougue. Se ressaisissant, il ferma la porte d'un coup de pied, puis plaqua Grace contre le mur sans rompre un instant leur baiser.

La bouche de Jack se fit avide, se promena sur sa joue et son cou. Haletante, elle rejeta la tête en arrière et se cambra pour presser ses seins contre son torse dur.

Ce n'était pas leur premier contact intime, mais celui-ci était différent. Auparavant, elle voulait que Jack l'embrasse. Elle voulait *être* embrassée.

À présent, en revanche... c'était comme si tous les rêves et les désirs réprimés revenaient en force, la transformant en une créature passionnée, impétueuse et farouche. Elle était si lasse de regarder la vie s'écouler autour d'elle.

— Jack... Jack...

Elle semblait incapable de dire autre chose alors qu'il tirait sur l'encolure de son corsage avec les dents tout en déboutonnant prestement le dos de sa robe.

Ce n'était pas juste. Elle aussi voulait être active.

— À moi, murmura-t-elle.

Ses mains, qui avaient éprouvé le soyeux de ses cheveux, descendirent jusqu'à son torse, puis elle se laissa glisser le long du mur, l'entraînant avec elle. Dès qu'ils furent sur le sol, elle entreprit de déboutonner sa chemise de ses doigts fébriles avant d'en écarter les pans.

L'espace d'un instant, elle se contenta de l'admirer, le souffle coupé. Elle ne respira de nouveau que lorsque, ayant posé la main sur sa poitrine, elle perçut les battements précipités de son cœur. Elle se risqua alors à le caresser, s'émerveillant de la douceur de sa peau nue.

— Grace… fit Jack en refermant durement sa main sur la sienne.

Ses doigts tremblaient.

Elle scruta son visage, attendant qu'il poursuive. D'un seul regard, il pouvait la séduire. Une caresse, et elle s'abandonnerait. Avait-il la moindre idée du pouvoir qu'il exerçait sur elle ?

— Grace, répéta-t-il d'une voix sourde. Je ne serai bientôt plus capable d'arrêter.

— Peu m'importe.

— Ne dis pas cela.

— Je te désire. Je veux que cela arrive.

Il paraissait souffrir. Et cette souffrance était partagée.

Il lui étreignit la main et tous deux se figèrent, les yeux dans les yeux. Ce fut à cet instant qu'elle l'aima. Elle ignorait ce qu'il lui avait fait, mais elle était transformée. Et c'était pour cela qu'elle l'aimait.

— Je ne veux pas. Pas comme cela, murmura-t-il.

« Alors comment ? » aurait-elle voulu demander. Toutefois, comme elle recouvrait peu à peu ses esprits, elle fut obligée de convenir qu'il avait raison. Elle possédait peu de choses de valeur en ce monde : les boucles d'oreilles en perles de sa mère, la bible familiale, les lettres d'amour échangées par ses parents. Mais elle avait son corps et sa fierté, et elle ne pouvait se permettre de les offrir à un homme qui n'était pas destiné à devenir son mari.

Or, tous deux savaient que s'il s'avérait être le duc de Wyndham, il ne pourrait pas l'épouser. Même si elle ne connaissait pas les détails de son éducation, il était évident qu'il n'ignorait rien des lois de l'aristocratie. Il devait savoir ce que l'on attendait de lui.

Il encadra son visage de ses mains et la dévisagea avec une tendresse qui lui coupa le souffle. Puis il la fit pivoter afin de reboutonner sa robe.

— Dieu m'est témoin que c'est la chose la plus difficile que j'aie jamais faite dans ma vie, articula-t-il.

Elle trouva la force de sourire. Ou du moins de ne pas pleurer.

Dans la soirée, Grace se rendit dans le salon rose afin d'aller chercher du papier à lettres pour la douairière. Laquelle douairière avait, sur un coup de tête, décidé d'écrire à sa sœur, la grande-duchesse de ce petit pays européen dont Grace ne parvenait pas à prononcer le nom (ni même à se le rappeler).

L'entreprise était plus laborieuse qu'il n'y paraissait, car la vieille dame aimait composer ses lettres à voix haute, et débattait indéfiniment sur chaque tournure de phrase. Témoin silencieux, Grace devait alors se concentrer pour mémoriser chaque mot. En effet, il lui faudrait ensuite recopier la missive pour donner aux griffonnages de lady Cavendish une allure un peu plus nette et ordonnée.

La chose était pudiquement passée sous silence. En vérité, la seule fois que Grace avait proposé d'écrire la missive, elle avait suscité une telle indignation qu'elle évitait désormais toute allusion. Cependant, vu que la dernière lettre de la grande-duchesse commençait par des félicitations louangeuses sur la toute nouvelle lisibilité de l'écriture de sa sœur, la douairière ne devait pas être totalement inconsciente du stratagème.

Toutes deux se gardaient cependant d'aborder le sujet.

Ce soir, Grace n'était pas mécontente d'avoir cette tâche à accomplir. Souvent, cela lui donnait la migraine, aussi essayait-elle d'exécuter la copie lorsque le soleil était encore haut et qu'elle pouvait profiter de la lumière naturelle. Toutefois, une entreprise exigeant toute sa concentration était exactement ce dont elle avait besoin maintenant. Quelque chose qui l'empêche de penser à... Eh bien, à tout.

À M. Audley ; à Thomas et à la culpabilité qu'elle éprouvait ; à M. Audley ; au portrait de cette femme ; à M. Audley ; *Jack...*

Elle ne put retenir un soupir exaspéré. Pour l'amour du ciel, qui tentait-elle de tromper ? Elle savait pertinemment à quoi elle se refusait de penser. À elle-même.

De nouveau, elle soupira. Peut-être devrait-elle s'exiler dans ce pays au nom imprononçable ? Qui sait, on y parlait peut-être anglais ? Elle se demanda si la grande-duchesse Margareta (née Margaret, mais surnommée Maggs, lui avait dit la douairière) avait aussi mauvais caractère que sa sœur.

Cela semblait improbable.

Néanmoins, en tant que membre de la famille royale, Maggs avait sans doute le pouvoir de faire tomber les têtes. Ils avaient, paraît-il, des mœurs encore un peu féodales, là-bas.

Décidant qu'elle se plaisait là où elle vivait, Grace ouvrit le premier tiroir du secrétaire avec une détermination renouvelée. Elle n'y trouva rien d'autre qu'une plume qui paraissait ne pas avoir servi depuis le dernier roi George.

Elle tâtonnait au fond du second tiroir lorsqu'elle entendit des pas.

Tournant la tête, elle découvrit Thomas sur le seuil. Il semblait patraque, et ses yeux étaient injectés de sang, nota-t-elle.

Elle réprima une nouvelle vague de culpabilité. Thomas était un homme bon. Elle déplorait d'être tombée amoureuse de son rival. Ou plutôt, elle déplorait que M. Audley fût son rival. À vrai dire, c'était toute cette maudite situation qu'elle déplorait.

— Grace, dit-il simplement.

Elle déglutit. Cela faisait un certain temps qu'ils ne s'étaient pas entretenus amicalement. Non pas que leurs relations aient été, à proprement parler, inamicales. Mais y avait-il plus affreux que cette politesse circonspecte ?

— Bonsoir, Thomas. J'ignorais que vous étiez encore debout.

— Il n'est pas si tard, fit-il remarquer avec un haussement d'épaules.

— Certes. Votre grand-mère est couchée, mais elle ne dort pas encore.

— Votre travail n'est jamais terminé, n'est-ce pas ? dit-il en pénétrant dans le salon.

— Non.

Grace faillit soupirer puis, refusant de s'apitoyer sur elle-même, expliqua :

— J'étais à court de papier à lettres.

— De la correspondance en retard ?

— Celle de votre grand-mère. Moi, je n'ai personne avec qui correspondre.

Juste ciel, était-ce vrai ? Cela ne lui avait encore jamais traversé l'esprit, mais avait-elle écrit une seule lettre depuis cinq ans qu'elle était ici ?

— Je suppose qu'une fois Elizabeth Willoughby mariée et partie...

Elle s'interrompit. Elle trouvait plutôt triste que le départ prochain d'une amie constitue la seule occasion d'écrire une lettre.

— ... elle me manquera.

— Oui, acquiesça Thomas d'un ton distrait.

Elle ne pouvait le lui reprocher, vu la situation où il se trouvait.

— Vous êtes des amies proches, n'est-ce pas ?

Grace hocha la tête tout en fouillant dans le troisième tiroir. Enfin ! Elle en retira un petit tas de feuilles vierges, puis annonça :

— Je dois aller écrire les lettres de votre grand-mère, à présent.

— Elle ne les écrit donc pas elle-même ? s'étonna-t-il.

Grace réprima un rire.

— Elle croit les écrire. En vérité, son écriture est tellement épouvantable que personne ne serait capable de la déchiffrer. Moi-même, j'ai du mal. Je finis souvent par improviser une partie du texte lorsque je le recopie.

Elle posa les feuillets sur le secrétaire, et les tapota d'un côté et de l'autre pour en faire une pile bien nette. Lorsqu'elle releva la tête, Thomas s'était approché, l'air grave.

— Je dois vous présenter mes excuses, Grace.

Elle ne voulait pas d'excuses alors qu'elle-même éprouvait une telle culpabilité.

— Pour cet après-midi ? dit-elle d'un ton un peu trop léger. Non, s'il vous plaît, ne dites pas de sottises. La situation est terrible, et personne ne peut vous reprocher de…

— Pour beaucoup de choses, la coupa-t-il.

Il la regardait d'une manière si étrange qu'elle se demanda s'il avait bu. S'il avait abusé de l'alcool, ces derniers temps, elle s'était abstenue de le lui faire remarquer car, sincèrement, c'était un miracle qu'il ne se soit pas laissé aller à davantage d'excès vu les circonstances.

— Je vous en prie, murmura-t-elle, soucieuse de mettre un terme à la discussion. Je ne vois rien que vous auriez à vous faire pardonner, mais je vous assure que s'il y avait quelque chose, j'accepterais vos excuses de tout cœur.

— Merci.

Puis, sans transition, il enchaîna :

— Nous partons pour Liverpool dans deux jours.

Grace hocha la tête. Il aurait dû se douter qu'elle était au courant de leurs projets.

— Je suppose que vous avez beaucoup à faire avant notre départ, dit-elle.

— Quasiment rien.

Il y avait quelque chose de terrible dans sa voix, presque comme s'il la mettait au défi de lui demander ce que cela signifiait. Et il y avait certainement une signification à cela, parce que Thomas avait toujours énormément à faire, qu'il parte en voyage ou pas.

— Dans ce cas, cela doit vous changer agréablement, risqua-t-elle.

Il s'inclina légèrement, et elle perçut des effluves d'alcool dans son haleine. Pauvre Thomas ! Elle souffrait pour lui. Elle aurait voulu lui dire : « Moi non plus, je ne veux pas de cette situation. Je veux que vous restiez duc, que Jack soit un simple M. Audley, et que toute cette histoire se termine. »

Mais elle ne pouvait prononcer ces mots à voix haute. Déjà, Thomas la fixait de ce regard pénétrant si particulier, comme s'il connaissait tous ses secrets.

— Je m'entraîne, voyez-vous, déclara-t-il.

— Vous vous entraînez ?

— À vivre sans rien faire. Je devrais peut-être prendre exemple sur votre M. Audley.

— Ce n'est pas *mon* M. Audley, rétorqua-t-elle aussitôt, même si, elle le savait, il n'avait dit cela que pour la provoquer.

— Il n'a aucune inquiétude à avoir, poursuivit Thomas, ignorant sa protestation. Je laisse les affaires en ordre. Tous les contrats ont été revus, et les chiffres de chaque colonne, jusqu'à la dernière, pointés. S'il mène le domaine à la faillite, il ne pourra s'en prendre qu'à lui-même.

— Thomas, arrêtez, dit-elle, incapable d'en supporter davantage. Ne parlez pas ainsi. Nous ignorons si c'est vraiment lui, le duc.

— Allons donc, Grace, nous savons tous deux ce que nous allons trouver en Irlande.

— Non, s'entêta-t-elle.

Mais sa voix sonnait faux, y compris à ses propres oreilles. Elle se sentait vide, avec l'impression de devoir se tenir parfaitement immobile pour ne pas s'effondrer.

Il la contempla longuement, puis :

— Vous l'aimez ?

Grace sentit le sang se retirer de son visage.

— Vous l'aimez ? répéta Thomas, d'une voix stridente cette fois. Audley.

— Je sais de qui vous parlez ! répliqua-t-elle sans réfléchir.

— Je n'en doute pas.

Grace s'obligea à desserrer les poings. Le papier à lettres était certainement inutilisable car elle l'avait entendu se froisser dans sa main.

Pour passer en quelques secondes de la contrition à la provocation odieuse, Thomas devait souffrir abominablement. Mais, bonté divine, elle aussi souffrait !

— Depuis combien de temps êtes-vous ici ? demanda-t-il soudain.

Elle recula un peu et détourna légèrement la tête. Il la regardait si bizarrement.

— À Belgrave ? dit-elle. Cinq ans.

— Et durant tout ce temps, je n'ai pas... Je me demande pourquoi, acheva-t-il en secouant la tête.

Que voulait-il dire ? Malgré elle, Grace esquissa un autre pas en arrière et heurta le secrétaire.

— Thomas... de quoi parlez-vous ?

La question parut l'amuser.

— Si seulement je le savais !

Et alors qu'elle essayait de trouver une repartie adéquate, il lâcha un rire amer.

— Qu'allons-nous devenir, Grace ? Nous sommes condamnés, vous savez. Vous comme moi.

Oui, elle le savait, mais en entendre la confirmation était terrible.

— J'ignore de quoi vous parlez, prétendit-elle.

— Oh, allons, Grace, vous êtes bien trop intelligente pour cela !

— Je dois y aller.

Il lui bloquait le passage.

— Thomas, je...

C'est alors qu'il l'embrassa. Quand sa bouche se posa sur la sienne, l'estomac de Grace se contracta. Non parce que son baiser était répugnant, mais à cause du choc. Depuis cinq ans qu'elle était à Belgrave, il n'avait jamais fait la moindre allusion à...

— Arrêtez ! ordonna-t-elle en se dégageant. Pourquoi faites-vous cela ?

— Je ne sais pas, avoua-t-il avec un haussement d'épaules impuissant. Je suis là, vous êtes là...

— Je m'en vais.

Il avait toujours la main sur son bras. Il fallait qu'il la lâche. Elle aurait pu s'écarter, car son étreinte était légère. Il fallait toutefois que ce soit sa décision à lui. Pour son propre bien.

— Ah, Grace, murmura-t-il, l'air défait, je ne suis plus Wyndham ! Nous le savons tous les deux.

Après avoir de nouveau haussé les épaules, il leva la main en signe de capitulation.

— Thomas ? souffla-t-elle.

— Pourquoi ne pas m'épouser lorsque tout ceci sera terminé ? suggéra-t-il abruptement.

— Quoi ? s'exclama-t-elle, effarée. Thomas, vous êtes fou !

Mais elle savait ce qu'il voulait vraiment dire. Un duc ne pouvait pas épouser Grace Eversleigh. En revanche s'il n'était pas duc... S'il n'était qu'un simple M. Cavendish... Pourquoi pas ?

Un goût amer lui emplit la bouche. Il n'avait pas eu l'intention de l'insulter ; du reste, elle ne se sentait pas insultée. Elle connaissait le monde dans lequel elle vivait, les règles qui le gouvernaient et la place qu'elle y occupait.

Jack ne serait jamais à elle. Pas s'il était duc.

— Qu'en dites-vous, Grace ? reprit Thomas.

Il lui prit le menton, et l'obligea à le regarder.

Peut-être, songea-t-elle. Serait-ce une si mauvaise chose ? Elle ne pourrait pas rester à Belgrave, c'était certain. Et peut-être qu'elle apprendrait à l'aimer. Elle l'aimait déjà beaucoup, en tant qu'ami.

Il s'inclina pour l'embrasser de nouveau et, cette fois, elle se laissa faire, priant pour que son cœur se mette à cogner dans sa poitrine, que son pouls s'emballe, que cet endroit secret, entre ses cuisses...

Si seulement elle éprouvait les mêmes sensations que lorsque Jack la touchait !

Mais elle ne ressentit rien d'autre que le réconfort chaleureux de l'amitié. Ce qui, après tout, n'était pas la pire chose au monde.

— Je ne peux pas, avoua-t-elle en détournant le visage.

Elle avait envie de pleurer. Puis elle pleura bel et bien, parce que Thomas, le menton appuyé sur sa tête, la consolait comme un frère.

Son cœur se tordit, et elle l'entendit murmurer :

— Je sais.

16

Jack ne dormit pas bien, cette nuit-là. Irritable, de mauvaise humeur, il préféra se dispenser de petit déjeuner pour ne pas avoir à discuter avec les personnes présentes. Il sortit directement faire sa désormais quotidienne promenade à cheval.

C'était l'une des principales qualités des chevaux : ils ne s'attendaient pas qu'on leur fasse la conversation.

Il ne savait absolument pas ce qu'il était censé dire à Grace lorsqu'il la reverrait. « Quel plaisir de vous embrasser. Je regrette que nous ne soyons pas allés plus loin. »

C'était la vérité, même s'il avait lui-même mis un terme à leur étreinte. Il avait désiré Grace, douloureusement, toute la nuit.

Peut-être allait-il devoir l'épouser.

Jack s'arrêta net. D'où cette pensée lui était-elle venue ? « De ta conscience », lui souffla une petite voix agaçante – sans doute celle de sa conscience, justement.

Nom de nom ! Il avait vraiment besoin d'une bonne nuit de sommeil. Jamais sa conscience ne s'était exprimée aussi bruyamment.

Mais pouvait-il l'épouser ? Il n'avait pas le choix s'il voulait partager son lit. Grace n'était pas le genre de femme avec qui on badinait. Non pas à cause de sa naissance, même s'il s'agissait d'un élément à prendre en compte. C'était simplement dû… à elle. À sa manière d'être, à sa dignité rare, à son humour discret.

Quelle chose curieuse que le mariage. Non pas qu'il n'y ait jamais songé. Mais il ne restait jamais assez longtemps au même endroit pour nouer des liens durables. En outre, en raison de sa profession, ses revenus étaient irréguliers. Il n'imaginait pas demander à une femme de faire sa vie avec un bandit de grand chemin.

Sauf qu'il n'était plus un bandit. La douairière y avait veillé.

— Adorable Lucy, murmura-t-il en flattant l'encolure de son cheval avant de mettre pied à terre.

Sans doute aurait-il dû donner un nom masculin à ce pauvre animal. Cela faisait toutefois si longtemps qu'ils étaient ensemble qu'un changement paraissait difficile.

« Mon attachement le plus durable », se dit-il alors qu'il regagnait la maison. Pathétique. Lucy était le prince des chevaux, certes, mais cela restait un cheval.

Qu'avait-il à offrir à Grace ? Il leva les yeux vers le château, qui le dominait tel un monstre de pierre, et faillit rire. Un duché, peut-être. Mais, bonté divine, il n'en voulait pas ! C'était trop.

Et s'il n'était pas duc de Wyndham ? Il l'était, bien sûr, puisqu'il était persuadé que ses parents étaient mariés. Et s'il n'y avait pas de preuve ? S'il y avait eu un incendie dans l'église ? Une inondation ? Des souris ? Les souris grignotaient le papier, non ? Et si une souris – non, une légion de souris s'était attaquée au registre de la paroisse ?

Cela pouvait arriver.

Mais qu'aurait-il à offrir à Grace s'il n'était pas duc ?

Rien du tout. Un cheval nommé Lucy, et une grand-mère qui, il en était de plus en plus convaincu, avait été engendrée par Satan. Il ne possédait pas de talents particuliers. Il lui serait difficile de faire état de ses succès sur les routes pour obtenir un emploi honnête. Et il ne retournerait pas dans l'armée. Même s'il s'agissait d'une situation respectable, cela l'obligerait à demeurer loin de sa femme la plupart du temps.

Wyndham lui ferait sans doute cadeau d'un petit domaine à la campagne, le plus loin possible de Belgrave. Jack accepterait, bien sûr, car il n'était pas du genre à cultiver une fierté mal placée. Mais que connaissait-il aux domaines campagnards ? Il avait grandi dans l'un d'eux, quoique sans jamais se soucier de la manière dont il était dirigé. Son expérience se bornait à nettoyer la stalle de son cheval et à flirter avec les servantes. Ce n'était pas suffisant pour tirer un revenu décent d'un domaine.

Et puis, il y avait Belgrave. Seigneur, s'il se pensait incapable d'administrer correctement une petite propriété rurale, que diable ferait-il avec *cela* ? Pour ne rien dire de la dizaine d'autres possessions, au bas mot, détenues par les Cavendish. La douairière en avait fait la liste lors d'un dîner. Jack n'osait imaginer la montagne de papiers qu'il serait obligé de parcourir. Des contrats, des livres de comptes, des devis, des lettres... Il avait mal au crâne rien que d'y penser.

Et cependant, s'il refusait le duché, s'il parvenait à trouver un moyen de tout arrêter avant d'être englouti… qu'aurait-il à offrir à Grace ?

Son estomac protestait contre l'absence de petit déjeuner, aussi grimpa-t-il en hâte les marches du perron. Une certaine effervescence régnait dans le hall, où les domestiques vaquaient à leurs occupations quotidiennes. Son entrée passa donc quasiment inaperçue, ce qui l'arrangeait. Il venait d'enlever ses gants et se frottait les mains pour les réchauffer quand il aperçut Grace à l'autre extrémité du vestibule.

Elle ne paraissait pas l'avoir vu, aussi se dirigea-t-il vers elle. Toutefois, alors qu'il passait devant l'un des salons, il entendit des voix. Incapable de réprimer sa curiosité, il s'arrêta et jeta un coup d'œil à l'intérieur.

— Lady Amelia ? dit-il, surpris.

Elle se tenait un peu raide, les mains serrées devant elle. Comment le lui reprocher ? Lui aussi aurait été tendu et crispé s'il avait dû épouser Wyndham.

— Je ne savais pas que vous nous gratifiiez de votre charmante présence, continua-t-il en entrant dans la pièce.

C'est alors qu'il vit Wyndham. Comment faire autrement ? Le duc émettait un son macabre. Presque un rire.

Un homme plus âgé, de taille moyenne et doté d'une panse confortable, se tenait à côté de lui. Il avait tout de l'aristocrate, même si son visage hâlé indiquait qu'il passait beaucoup de temps au grand air.

Lady Amelia toussota, puis déclara, l'air embarrassé :

— Père... puis-je vous présenter M. Audley ?
C'est un invité de Belgrave. J'ai fait sa connaissance quand je suis venue rendre visite à Grace.

— Où est donc Grace ? s'enquit Wyndham.

Bien qu'étonné par son ton excédé, Jack répondit :

— Dans le hall, en fait. Je passais...

— Cela, j'en suis sûr, coupa Wyndham sans même le regarder. Bon, ajouta-t-il en se tournant vers lord Crowland, vous vouliez connaître mes intentions.

Ses intentions ? Jack s'avança dans la pièce car cela ne pouvait être qu'intéressant.

— Ce n'est peut-être pas le meilleur moment, objecta lady Amelia.

— Non, reconnut Wyndham avec une solennité inattendue. Mais il se pourrait que ce soit le seul.

Alors que Jack s'interrogeait sur cette déclaration, Grace fit son apparition.

— Vous souhaitiez me voir, Votre Grâce ?

Un instant, Wyndham parut confondu.

— Je parle fort à ce point ?

Grace indiqua le vestibule.

— Le valet de pied vous a entendu...

Ah oui, il y avait pléthore de valets à Belgrave !
À se demander comment la douairière pouvait croire une seconde possible de garder le secret sur son voyage en Irlande.

Wyndham ne fit pas de commentaire. Il se contenta d'inviter Grace à entrer.

— Venez donc, mademoiselle Eversleigh. Prenez un siège pour assister à cette farce.

Jack commença à éprouver un certain malaise. Il ne connaissait pas bien son nouveau cousin, il ne le souhaitait pas, d'ailleurs, mais son comportement n'était pas habituel. Le duc se montrait excessivement théâtral. C'était un homme au bord du gouffre et prêt à basculer. Étant passé par là, Jack était à même d'en reconnaître les signes.

Devait-il intervenir ? Il aurait pu faire un commentaire inepte, histoire de dissiper la tension. Ce serait peut-être utile, et cela confirmerait certainement ce que Wyndham pensait déjà de lui : qu'il n'était qu'un bouffon, un vagabond qu'il ne fallait pas prendre au sérieux.

Finalement, Jack décida de tenir sa langue.

Il suivit Grace des yeux lorsqu'elle traversa la pièce pour aller s'asseoir près de la fenêtre. Leurs regards se croisèrent, très brièvement. Elle paraissait aussi perplexe que lui, et beaucoup plus inquiète.

— J'exige de savoir ce qui se passe, déclara lord Crowland.

— Bien sûr, répondit Wyndham. Quelle grossièreté de ma part... Où sont donc passées mes bonnes manières ?

Jack jeta un coup d'œil oblique à Grace. Elle avait porté la main à sa bouche.

— Nous avons eu une semaine assez palpitante à Belgrave, poursuivit Wyndham. Au-delà de ce que j'aurais jamais pu imaginer.

— Que voulez-vous dire ? demanda sèchement lord Crowland.

— Ah, oui ! Il faut sans doute que vous sachiez que cet homme...

Thomas fit un geste en direction de Jack.

— ... que cet homme, donc, est mon cousin. Et qu'il pourrait même être le duc de Wyndham. Nous n'en sommes pas encore certains, conclut-il avec un haussement d'épaules.

Un silence, puis :

— Oh, mon Dieu !

C'était lady Amelia, qui avait blêmi.

— Le voyage en Irlande ? reprit son père.

— ... doit permettre de prouver sa légitimité, confirma Wyndham, avant d'ajouter avec une jovialité sinistre : Nous allons bien nous amuser. D'autant que ma grand-mère fait partie du voyage.

Jack s'efforça de dissimuler sa consternation. Grace, quant à elle, fixait un regard horrifié sur le duc.

— Nous irons avec vous, décréta lord Crowland, qui affichait une expression lugubre.

Sa fille fit mine de se lever.

— Père ?

Il ne tourna même pas la tête vers elle.

— Reste en dehors de cela, Amelia.

— Je vous assure que nous tâcherons d'obtenir une réponse le plus vite possible, continua Wyndham, et que nous vous en ferons part sur-le-champ.

— Il s'agit de l'avenir de ma fille ! rappela Crowland avec emportement. Je veux être là pour examiner les papiers.

L'expression de Wyndham se fit menaçante, et ce fut d'une voix dangereusement sourde qu'il répliqua :

— Vous pensez que nous essayons de vous tromper ?

— Je ne cherche qu'à m'assurer que les droits de ma fille sont respectés.

— Père, s'il vous plaît, intervint de nouveau Amelia.

S'étant approchée de Crowland, elle posa la main sur son bras.

— Je vous en prie, donnez-moi juste un instant.

— Je t'ai dit de ne pas t'en mêler ! hurla son père en se dégageant si brusquement qu'elle faillit perdre l'équilibre.

Jack s'avança pour lui venir en aide, mais Wyndham le devança.

— Excusez-vous auprès de votre fille.

— De quoi… de quoi diable parlez-vous ? demanda Crowland, si surpris qu'il en bredouillait.

— Présentez-lui vos excuses ! rugit Wyndham.

— Votre Grâce, intervint Amelia, qui s'efforçait de se glisser entre les deux hommes, je vous en prie, ne jugez pas mal mon père. Les circonstances sont exceptionnelles.

— Personne ne le sait mieux que moi, répliqua Wyndham, sans quitter Crowland des yeux. Présentez vos excuses à Amelia ou je vous fais jeter dehors.

Pour la première fois, Jack l'admira. Il avait déjà admis qu'il le respectait, mais ce n'était pas la même chose. Si, à son humble avis, Wyndham était un type assommant, tout ce qu'il faisait, depuis les décisions qu'il prenait jusqu'aux actions qu'il entreprenait, c'était pour les autres. Wyndham constituait son unique préoccupation – pas la personne, mais ce que ce nom représentait en termes d'héritage. Il était impossible de ne pas respecter un tel homme.

Le cas présent était différent. Le duc ne défendait pas ses gens, mais une seule personne, ce qui était bien plus difficile.

Et pourtant, la chose paraissait lui être aussi naturelle que de respirer.

— Je suis désolé, finit par marmonner lord Crowland, de l'air de celui qui ne comprend pas ce qui vient de lui arriver. Amelia, tu sais que je...

— Je le sais, coupa-t-elle.

Lord Crowland désigna alors Jack d'un geste brusque de la main.

— Qui est cet homme ?

Jack se tourna vers Wyndham et, d'un haussement de sourcil, lui signifia qu'il pouvait répondre.

— C'est le fils du frère aîné de mon père.

— Charles ? hasarda Amelia.

— John.

— Vous en êtes certain ? insista lord Crowland, s'adressant toujours à Wyndham.

Celui-ci haussa simplement les épaules.

— Allez jeter un coup d'œil à son portrait si vous voulez.

— Mais son nom...

— Était Cavendish à la naissance, intervint Jack. J'ai été inscrit à l'école sous le nom de Cavendish-Audley. Vous pouvez consulter les registres.

— Ici ? s'enquit Crowland.

— À Enniskillen. Je ne suis venu en Angleterre qu'après avoir servi dans l'armée.

— Je suis convaincu qu'il est de notre famille par le sang, déclara Wyndham. Reste à déterminer s'il l'est aussi par la loi.

Jack lui lança un regard étonné. C'était la première fois que le duc reconnaissait publiquement, à voix haute, leur lien de parenté.

Le comte ne fit pas de commentaire. Ou plutôt, il grommela :

— C'est un désastre.

Puis il s'approcha de la fenêtre, et un silence pesant s'abattit sur le salon.

Ce fut lui qui le rompit, d'une voix basse et furieuse :

— J'ai signé le contrat en toute bonne foi. Il y a vingt ans.

Personne ne souffla mot. Il se retourna alors brusquement.

— Vous comprenez ? aboya-t-il en foudroyant Wyndham du regard. Votre père est venu me trouver avec ses projets, et j'ai accepté parce que je vous croyais l'héritier en titre du duché. Amelia devait être duchesse. Duchesse ! Vous croyez que j'aurais accepté de donner ma fille si j'avais su que vous n'étiez rien d'autre que… que…

« Que quelqu'un comme moi », aurait voulu dire Jack. Mais, pour une fois, le moment et l'endroit lui parurent mal choisis pour une plaisanterie.

C'est alors que Wyndham – que Jack se surprit à vouloir appeler *Thomas* – regarda le comte droit dans les yeux.

— Vous pouvez m'appeler M. Cavendish, si vous pensez que cela peut vous aider à vous accoutumer à l'idée.

C'était exactement ce que Jack aurait voulu dire s'il avait été à la place de Thomas, et si la réplique lui était venue à l'esprit.

Ignorant le sarcasme, le comte, tremblant de rage contenue, riposta :

— Je ne permettrai pas que ma fille soit lésée ! Si vous ne prouvez pas que vous êtes légalement duc de Wyndham, vous pouvez considérer les fiançailles comme nulles et non avenues.

— À votre guise.

Ce fut tout ce que Thomas répliqua. Rien n'indiquait qu'il souhaitait se battre pour garder sa fiancée.

Jack coula un regard à cette dernière, puis détourna la tête. Il y avait certaines émotions dont un gentleman ne devait pas être témoin.

Mais il se retrouva nez à nez avec le comte.

— Si la chose est avérée, si vous êtes le duc de Wyndham, alors c'est *vous* qui l'épouserez, déclara lord Crowland, le doigt pointé sur sa poitrine.

Il en fallait beaucoup pour que Jack se retrouve sans voix. En l'occurrence, ce fut le cas.

Il finit par émettre un son étranglé, avant d'être capable d'articuler :

— Oh, non !

— Oh, si, rétorqua Crowland. Vous l'épouserez, dussé-je vous menacer de mon tromblon jusqu'à l'autel.

— Père, s'écria lady Amelia, vous ne pouvez pas faire cela !

— Ma fille est fiancée au duc de Wyndham, reprit Crowland, sans lui prêter la moindre attention. Et c'est le duc de Wyndham qu'elle épousera.

— Je ne suis pas duc de Wyndham, répliqua Jack, se ressaisissant.

— Pas encore. Peut-être jamais. Mais je serai présent quand la vérité sera révélée. Et je m'assurerai qu'elle épouse l'homme qu'il faut.

Jack prit un instant pour jauger lord Crowland. Ce n'était pas un homme faible, et si, contrairement à Wyndham, il n'exsudait pas le pouvoir hautain, il avait manifestement conscience de sa valeur et de sa place dans la société. Il ne permettrait pas que sa fille subisse un préjudice quelconque.

Jack le comprenait. Aurait-il une fille qu'il réagirait sans doute de la même façon. Mais pas, espérait-il, aux dépens d'un innocent.

Il regarda Grace fugitivement, et eut le temps de lire dans son regard l'horreur muette que lui inspirait cette scène.

Il ne renoncerait pas à elle. Pas à cause d'un satané titre, et certainement pas pour honorer le contrat de fiançailles d'un autre.

— C'est de la folie, dit-il, non sans incrédulité.

Il jeta un coup d'œil circulaire : personne n'allait donc prendre sa défense ?

— Je ne la connais même pas, ajouta-t-il.

— Ce n'est pas vraiment un problème, grommela Crowland.

— Vous êtes fou ! Je ne l'épouserai pas.

Il se tourna vers lady Amelia, et le regretta aussitôt.

— Je vous demande pardon, mademoiselle, murmura-t-il. Cela n'a rien de personnel.

Elle hocha nerveusement la tête. Ce n'était ni un oui ni un non, juste la réaction de quelqu'un qui n'est plus capable de rien d'autre.

Jack en eut le cœur serré.

« Non, tenta-t-il de se convaincre, cela ne relève pas de ta responsabilité. Ce n'est pas à toi de réparer ce gâchis. »

Autour de lui, personne ne prononça un mot pour le soutenir. De la part de Grace, il le comprenait, car sa position ne lui permettait pas d'intervenir. Mais Wyndham, bon sang ? Il se moquait donc que Crowland essaie de refourguer sa fiancée à un autre ?

Le duc demeurait pourtant silencieux, aussi immobile qu'une statue, affichant une expression que Jack aurait été bien en peine d'interpréter.

— Je n'ai pas accepté cette union, se défendit-il. Je n'ai pas signé de contrat.

— Lui non plus, répliqua Crowland en désignant Wyndham. En revanche, son père, si.

— En son nom ! s'écria Jack.

— C'est là que vous faites erreur, monsieur Audley. Aucun nom n'a été inscrit sur le contrat. Ma fille, Amelia Honoria Rose, doit épouser le septième duc de Wyndham.

— Vraiment ? intervint enfin Thomas.

— Vous n'avez pas lu le contrat ? s'étonna Jack.

— Non. Je n'en ai jamais vu la nécessité.

— Bonté divine, je n'ai jamais vu une telle bande d'abrutis ! s'exclama Jack.

Personne ne le contredit. En désespoir de cause, il se tourna vers Grace, qui paraissait être la dernière personne encore douée de bon sens dans cette pièce. Hélas, elle se refusa à croiser son regard.

C'en était assez. Il devait mettre un terme à cette mascarade.

— Monsieur, je n'épouserai pas votre fille, articula-t-il en regardant lord Crowland droit dans les yeux.

— Vous l'épouserez !

Ce n'était pas Crowland, mais Thomas qui avait parlé ainsi. Il traversait à présent la pièce à grands pas, les yeux brûlants d'une rage à peine contenue. Il ne s'arrêta que lorsqu'ils furent quasiment nez à nez.

— Pardon ? fit Jack, certain d'avoir mal entendu.

— Cette femme, dit Thomas en indiquant Amelia, se prépare depuis sa naissance à être duchesse de Wyndham. Je ne tolérerai pas que vous fassiez de sa vie un désastre.

Lord Crowland et Grace s'étaient figés. Quant à lady Amelia, elle paraissait sur le point de s'effondrer.

— Je me suis bien fait comprendre ?

Jack étant Jack, il se contenta d'arquer les sourcils, et d'esquisser un sourire dont il savait pertinemment qu'il manquait de sincérité. Il fixa Thomas sans ciller.

— Non. Non, je ne comprends pas, répondit-il avec un haussement d'épaules. Désolé.

Thomas le dévisagea en silence, puis :

— Je crois que je vais vous tuer.

Laissant échapper un cri perçant, lady Amelia se rua vers Thomas et lui agrippa le bras.

— Vous pouvez me voler ma vie, gronda-t-il, vous pouvez me voler jusqu'à mon nom, mais Dieu m'est témoin que vous ne volerez pas les siens !

— Elle a un nom, répliqua Jack. C'est Willoughby. Et elle est fille de comte, pour l'amour du ciel ! Elle trouvera quelqu'un d'autre.

— Si vous êtes duc de Wyndham, reprit Thomas avec fureur, vous honorerez vos engagements.

— Si je suis duc de Wyndham, vous ne pourrez pas m'imposer ma conduite.

— Amelia, dit Thomas avec un calme mortel, lâchez-moi le bras.

Elle le tira davantage en arrière.

— Je ne crois pas que ce soit une bonne idée.

Lord Crowland choisit cet instant pour s'interposer entre eux.

— Messieurs, messieurs, tout cela n'est qu'hypothétique pour le moment. Peut-être devrions-nous attendre jusqu'à...

C'est alors que Jack entrevit son salut.

— De toute manière, je ne serais pas le septième duc.

— Je vous demande pardon ? dit Crowland, comme si Jack n'était qu'un importun, et non l'homme qu'il essayait de contraindre à épouser sa fille.

— Je ne serais pas le septième, répéta Jack.

Il s'efforçait fébrilement de se rappeler les détails de l'histoire familiale appris au cours des derniers jours.

— N'est-ce pas ? dit-il en se tournant vers Thomas. Parce que votre père était le sixième duc. Sauf qu'il ne l'était pas. L'aurait-il été ? Si je l'étais ?

— De quoi diable parlez-vous ? s'énerva Crowland.

Mais Jack vit que Thomas comprenait parfaitement. D'ailleurs, il déclara :

— Votre père est mort avant son propre père. Si vos parents étaient mariés, c'est vous qui auriez hérité à la mort du cinquième duc, éliminant mon père – et moi-même – de la succession.

— Ce qui fait de moi le numéro six, conclut Jack.

— En effet.

— Dans ce cas, je ne suis pas lié par ce contrat. Aucun tribunal ne reconnaîtrait sa validité. Je doute du reste qu'elle serait reconnue quand bien même je serais le septième duc.

— Ce n'est pas à un tribunal que vous devez faire appel, riposta Thomas, mais à votre responsabilité morale.

— Je n'ai rien demandé, répliqua Jack.

— Moi non plus, lui rappela Thomas à mi-voix.

Jack ne put rien ajouter. Il avait l'impression que sa voix était prisonnière dans sa poitrine, qu'elle cognait et s'étranglait faute d'air. Il faisait de plus en plus chaud dans la pièce ; sa cravate l'étouffait et, à cet instant où le contrôle de sa vie lui échappait, il n'eut plus qu'une certitude : il lui fallait sortir.

Il chercha Grace du regard. Elle était à présent à côté d'Amelia et lui tenait la main.

Il ne renoncerait pas à elle. C'était impossible. Pour la première fois de sa vie, il avait trouvé quelqu'un qui remplissait tous les espaces vides dans son cœur.

Il ne savait pas qui il serait, une fois qu'ils seraient allés en Irlande et que chacun aurait trouvé ce qu'il cherchait. Toutefois, duc, bandit, soldat ou vaurien, il la voulait à son côté.

Il l'aimait.

Il l'aimait !

Il y avait certes un million de raisons pour lesquelles il ne la méritait pas. Et il était peut-être fiancé à Amelia. Il n'était probablement pas assez intelligent pour comprendre toutes les subtilités juridiques du contrat – en tout cas pas sans l'avoir eu en main, avec quelqu'un pour lui en traduire les termes.

Il allait néanmoins se conduire en parfait égoïste, et épouser Grace.

Il lui fallait savoir qui il était, certes. Mais, plus important, il ne pouvait l'épouser avant d'avoir expié ses péchés.

Et cela, il ne pouvait le faire qu'en Irlande.

17

Cinq jours plus tard, en mer...

Ce n'était pas la première fois que Jack traversait la mer d'Irlande. Ni même la deuxième ou la troisième. Il se demandait cependant si son malaise le quitterait un jour. Parviendrait-il jamais à regarder les eaux sombres et tumultueuses sans penser à son père disparaissant dans leurs profondeurs ?

Avant même de rencontrer les Cavendish, alors que l'image de son père était peu présente à son esprit, il n'aimait pas cette traversée.

Et pourtant, il se tenait là, appuyé au bastingage. Il ne pouvait s'en empêcher. Quand il était sur l'eau, il lui fallait être dehors et contempler les flots.

La mer était calme, cette fois, mais cela ne contribuait que peu à le réconforter. Non qu'il craignît pour sa propre vie. Simplement, cela lui semblait macabre de voguer ainsi sur la tombe de son père. Il avait hâte de reposer le pied sur la terre ferme. Cette terre dût-elle être l'Irlande.

La dernière fois qu'il était rentré chez lui...

Jack pinça les lèvres, et ferma les yeux. La dernière fois qu'il était rentré chez lui, c'était pour ramener le corps d'Arthur.

Ç'avait été la pire épreuve qu'il ait jamais eue à affronter. Pas simplement parce que son cœur se brisait un peu plus à chaque lieue parcourue, ni même parce qu'il redoutait l'arrivée à la maison. Comment faire face à son oncle et à sa tante alors qu'il leur ramenait leur fils mort ?

Comme si cela ne suffisait pas, transporter un corps de France en Angleterre, puis en Irlande, s'était révélé une entreprise particulièrement difficile. Il lui avait fallu trouver un cercueil, et il avait découvert combien la chose était ardue en pleine guerre. « Problème d'offre et de demande », avait constaté l'un de ses amis, après l'échec de leur première tentative. Les corps jonchaient les champs de bataille, si nombreux qu'un cercueil devenait un luxe.

Pourtant il avait fini par avoir gain de cause. Il avait suivi à la lettre les instructions données par l'entrepreneur des pompes funèbres : remplir le cercueil de sciure et le sceller avec du goudron. L'odeur avait cependant fini par filtrer si bien que lorsqu'il avait atteint l'Irlande, aucun cocher n'avait voulu se charger d'une telle cargaison. Il avait dû acheter une voiture pour ramener son cousin chez lui.

Ce voyage avait aussi transformé radicalement son existence. L'armée ayant refusé de lui accorder le congé nécessaire pour ramener le corps, il avait été obligé de vendre sa commission. C'était certes un prix modeste à payer pour rendre ce dernier service à sa famille. Mais cela l'avait obligé à renoncer à une situation qui, en fin de compte, lui convenait parfaitement.

Ses années d'école avaient été une catastrophe. S'il avait réussi à se débrouiller, c'était en grande partie grâce à Arthur qui, voyant ses difficultés, lui avait apporté une aide discrète quoique constante.

Quant à l'université... Bonté divine, il n'arrivait toujours pas à croire qu'on l'avait encouragé à s'y inscrire. Il savait que ce serait un désastre. Hélas, la tradition l'exigeait : les garçons de Portora Royal allaient à l'université.

Sauf qu'en l'absence d'Arthur, son cadet d'un an et demi, il n'avait pas eu l'ombre d'une chance. Ne pas être à la hauteur aurait été trop humiliant, et il s'était arrangé pour se faire renvoyer. Non qu'il fallût beaucoup d'imagination pour agir d'une manière jugée indigne d'un étudiant de Trinity College.

Il était donc rentré à la maison, soi-disant en disgrâce. On avait alors suggéré qu'il aurait peut-être sa place dans l'armée. Ce qui s'était avéré une excellente idée. Enfin un endroit où il pouvait réussir et s'épanouir sans livres, sans papiers et sans plumes ! Ce n'était pas qu'il n'était pas intelligent. Simplement, il haïssait livres, papiers et plumes. Ils lui flanquaient la migraine.

Tout cela appartenait désormais au passé. Or voilà qu'il revenait en Irlande pour la première fois depuis les obsèques d'Arthur. Et qu'il était peut-être duc de Wyndham, ce qui lui assurerait une vie entière de livres, de papiers et de plumes. Et de migraines.

Il jeta un coup d'œil à sa gauche. Thomas se tenait à la proue du bateau en compagnie d'Amelia, à qui il montrait quelque chose du doigt, probablement un oiseau. Amelia souriait. Pas un grand sourire, suffisant toutefois pour apaiser un peu les remords que Jack éprouvait pour avoir refusé de l'épouser. Mais qu'aurait-il pu faire d'autre ? Tout le monde s'attendait donc qu'il se pâme en déclarant : « Oh oui, donnez-moi qui vous voulez ! Je serai à l'église, et reconnaissant par-dessus le marché. »

Il n'avait certes rien à reprocher à lady Amelia. En vérité, on pouvait tomber beaucoup plus mal s'agissant d'un mariage forcé. Et s'il n'avait pas rencontré Grace, peut-être n'aurait-il pas refusé cette union.

Il se retourna en entendant des pas derrière lui. Comme appelée par ses pensées, Grace était là. Elle avait enlevé son chapeau et la brise lui ébouriffait les cheveux.

— C'est vraiment agréable de prendre l'air, dit-elle en s'accoudant au bastingage à côté de lui.

Il acquiesça d'un signe de tête. Il ne l'avait pas beaucoup vue durant le voyage. La douairière ayant décidé de rester cloîtrée dans sa cabine, Grace avait été requise pour lui tenir compagnie. Elle ne se plaignait jamais. Certes, c'était là son travail et il était normal qu'elle s'en acquitte. Il n'empêche que Jack n'imaginait guère place moins enviable. Lui, en tout cas, n'y aurait pas fait long feu.

Mais bientôt, elle serait libre. Ils seraient mariés, et Grace n'aurait même pas à revoir la douairière si tel était son désir. Peu importait à Jack que la vieille chouette fût sa grand-mère. C'était une femme hargneuse et égoïste, et il entendait bien ne plus lui parler, une fois cette affaire terminée.

Si jamais il était duc, peut-être qu'il achèterait cette ferme dans les Hébrides extérieures et qu'il l'y expédierait ? Et s'il ne l'était pas, il prendrait Grace par la main, et ils quitteraient Belgrave sans un regard en arrière.

C'était un rêve plutôt plaisant.

— C'est étonnant, non, que nous semblions aller aussi vite ? observa Grace, songeuse.

— Le vent est favorable, fit remarquer Jack après avoir levé les yeux vers les voiles.

— Je sais. C'est logique, bien sûr. C'est juste que je n'étais encore jamais montée sur un bateau, avoua-t-elle en se tournant vers lui avec un sourire.

— Jamais ? répéta-t-il, surpris.

— Jamais sur un bateau comme celui-là, précisa-t-elle. Mes parents m'ont emmenée un jour canoter sur un lac, mais c'était pour le plaisir.

De nouveau, elle fixa les flots.

— Je n'avais jamais vu un bateau fendre ainsi l'eau. Cela donne envie de se pencher et d'y tremper les doigts.

— Elle est froide.

— Certainement. Il n'empêche que j'aimerais quand même la toucher, dit-elle, avant de rejeter la tête en arrière, comme pour offrir son visage au vent.

Jack haussa les épaules. Il aurait dû se montrer plus loquace, surtout avec elle, mais il croyait distinguer, à l'horizon, la ligne sombre de la terre, et son estomac se contractait douloureusement.

— Ça va ? s'enquit Grace.

— Très bien.

— Vous êtes un peu pâle. Auriez-vous le mal de mer ?

Si seulement ! Il ne souffrait jamais du mal de mer. Uniquement du mal de terre. Il ne voulait pas retourner là-bas. Cette nuit, il s'était réveillé en nage sur son étroite couchette.

Il n'avait pas le choix, il le savait. Ce qui ne l'empêchait pas d'avoir envie de prendre la fuite.

Une exclamation étouffée lui fit lever les yeux. Grace tendait le bras, le visage rayonnant d'excitation.

C'était peut-être le plus beau spectacle qu'il eût jamais vu.

— Est-ce Dublin ? demanda-t-elle. Là-bas ?

— C'est le port. La ville elle-même est davantage à l'intérieur des terres.

Elle se tordit le cou, ce qu'il aurait trouvé amusant – il était impossible de distinguer quoi que ce soit à cette distance – s'il n'avait été d'humeur aussi morose.

— Il paraît que c'est une ville très agréable.

— Elle offre beaucoup de divertissements.

— Hélas, je ne pense pas que nous y passerons beaucoup de temps !

— Non. La douairière est pressée d'arriver à Butlersbridge.

— Pas vous ?

Il prit une profonde inspiration et se frotta les yeux. Il était fatigué, anxieux, accablé par l'impression d'être conduit à l'échafaud.

— Non. Pour être honnête, je resterais volontiers ici, sur ce bateau, accoudé à ce bastingage, jusqu'à la fin de mes jours.

Comme elle tournait vers lui un regard sombre, il ajouta doucement :

— Avec vous. À ce bastingage, avec vous.

Quand il reporta les yeux sur la mer, le port de Dublin n'était plus un simple point à l'horizon. Bientôt, il pourrait distinguer les entrepôts et les bateaux. À sa gauche, Thomas et Amelia bavardaient. Eux aussi regardaient le port, qui semblait se rapprocher à vue d'œil.

Jack déglutit avec peine. Le nœud dans son estomac semblait se resserrer. Bonté divine, c'en était presque drôle. Il était là, de retour en Irlande, obligé d'affronter la famille à laquelle il avait causé tant de tort des années auparavant, et risquant de se découvrir détenteur d'un titre de duc qu'il était totalement incapable d'assumer. Pour couronner le tout, il devait affronter ces épreuves en compagnie de la douairière !

Il aurait voulu rire. Parce que c'était drôle, non ?

Sauf qu'il était incapable de rire. Il fixa les yeux sur Dublin, qui se profilait de plus en plus nettement.

Il était trop tard pour rire.

Quelques heures plus tard, au Queen's Arms, Dublin

— Il n'est pas trop tard !

— Il est 19 heures passées, fit remarquer Grace en s'efforçant de garder son calme. Nous sommes tous fatigués et affamés, la nuit ne va pas tarder à tomber et nous ne connaissons pas la route.

— Lui la connaît, répliqua la douairière en désignant Jack du menton.

— Je suis fatigué et affamé, riposta ce dernier. Et, grâce à vous, je ne parcours plus les routes au clair de lune.

Grace se mordit la lèvre. Ils voyageaient depuis trois jours, et on aurait presque pu suivre leur progression à l'aune de son irritabilité. À chaque lieue qui les rapprochait de l'Irlande, l'humeur de Jack s'assombrissait un peu plus. Silencieux, fermé, il ne ressemblait plus à l'homme qu'elle connaissait.

À l'homme dont elle était tombée amoureuse.

Ils avaient atteint le port de Dublin en fin d'après-midi. Cependant, le temps de rassembler leurs bagages et de se rendre en ville, il était quasiment l'heure du dîner. Grace n'avait guère mangé durant la traversée et, revenue sur une surface qui ne se dérobait pas sous ses pieds, elle mourait de faim. Elle n'avait vraiment aucune envie de partir sur-le-champ pour Butlersbridge, le petit village du comté de Cavan où Jack avait grandi.

Mais la douairière se montrait entêtée, comme à son habitude, essayant de leur imposer à tous son rythme et son itinéraire.

— Vous ne désirez donc pas que cette affaire soit réglée une bonne fois pour toutes ? demanda-t-elle à Jack.

— Pas vraiment, répliqua-t-il avec insolence. Et certainement pas autant qu'une part de tourte à la viande et une chope de bière.

Le regard qu'il posa sur le reste du groupe semblait hanté, et le cœur de Grace se serra. Hanté par quoi ? s'interrogea-t-elle.

Quels démons l'attendaient ici ? Pourquoi n'était-il pas revenu depuis si longtemps ? Il avait eu une enfance merveilleuse, lui avait-il dit, il adorait sa famille adoptive et ne l'aurait pour rien au monde échangée contre une autre. N'était-ce pas ce dont tout le monde rêvait ? Ne souhaitait-il pas les revoir ? Ne se rendait-il donc pas compte de la chance qu'il avait d'avoir un foyer où retourner à sa guise ?

Grace aurait tout donné pour avoir cela.

— Si vous voulez bien m'excuser, mademoiselle Eversleigh, lady Amelia, ajouta-t-il en inclinant la tête avec courtoisie.

Toutes deux le saluèrent d'une révérence.

— Je ne peux que lui donner raison, murmura Thomas. Dîner semble être une bien meilleure idée que de passer la nuit sur les routes.

Comme sa grand-mère le foudroyait du regard, il ajouta, sarcastique :

— Non pas que je tente de différer l'inévitable. Mais même les ducs-bientôt-déchus ont faim, parfois.

Lord Crowland s'esclaffa.

— Là, il vous a mouchée, Augusta, lança-t-il, jovial, avant de se diriger vers le comptoir de l'auberge.

— Je prendrai mon repas dans ma chambre, annonça la douairière d'un ton de défi, comme si elle s'attendait à des protestations – qui ne vinrent pas. Mademoiselle Eversleigh, j'ai besoin de vous !

Avec un soupir las, Grace lui emboîta le pas.

— Non, dit Thomas.

La vieille dame se pétrifia.

— Non ? répéta-t-elle, glaciale.

Grace se retourna pour regarder Thomas. Pourquoi cette réaction ? L'ordre de lady Cavendish n'avait rien d'inhabituel. Après tout, elle avait été engagée pour accomplir ce genre de tâche.

Thomas toisa sa grand-mère, un sourire imperceptiblement moqueur aux lèvres.

— Grace dînera avec nous. Dans la salle à manger.

— C'est ma demoiselle de compagnie, siffla la douairière.

— Plus maintenant.

Grace retint son souffle. Entre Thomas et sa grand-mère, les échanges n'étaient jamais cordiaux, mais cette fois, il s'agissait d'autre chose. Thomas paraissait presque s'amuser.

— Comme je n'ai pas encore été déchu de mon titre, reprit-il, savourant manifestement chaque mot, je me suis octroyé la liberté de prendre quelques dispositions de dernière minute.

— De quoi diable parles-tu ?

— Grace, vous êtes officiellement dégagée de tout devoir envers ma grand-mère, annonça Thomas en tournant vers elle un regard affectueux. Quand vous retournerez en Angleterre, vous trouverez l'acte de propriété d'un cottage à votre nom, ainsi qu'une somme suffisante pour assurer votre subsistance jusqu'à la fin de vos jours.

— Tu... tu es fou ? balbutia lady Cavendish.

Quant à Grace, elle ne put que dévisager Thomas, les yeux écarquillés.

— J'aurais dû faire cela depuis longtemps, poursuivit-il. Mais j'étais trop égoïste. Je ne supportais pas l'idée de vivre avec elle – de la tête, il désigna sa grand-mère – sans vous pour faire tampon.

— Je ne sais pas quoi dire, murmura Grace, stupéfaite.

— Normalement, je vous conseillerais un « merci », mais comme c'est moi qui vous remercie, un simple « Vous êtes un prince parmi les hommes » devrait suffire.

— Vous êtes un prince parmi les hommes, répéta Grace avec un sourire tremblant.

— C'est toujours agréable à entendre, admit Thomas. À présent, voulez-vous vous joindre à nous pour dîner ?

Grace se tourna vers la douairière, dont le visage était rouge de colère.

— Espèce de petite traînée profiteuse ! cracha-t-elle. Vous croyez que je ne voie pas clair dans votre jeu ? Pensez-vous que je vous autoriserai à remettre les pieds chez moi ?

Grace la fixa, abasourdie.

— Je m'apprêtais à vous dire que je resterais à votre service jusqu'à la fin de ce voyage, déclara-t-elle. Car je n'aurais jamais envisagé de quitter une place sans un avertissement en bonne et due forme. Je viens toutefois de me raviser.

Elle se tourna alors vers Amelia, en prenant soin de dissimuler ses mains dans les plis de sa jupe. Elle tremblait de tout son corps, sans savoir si c'était le choc ou la joie.

— Puis-je partager ta chambre, ce soir ? demanda-t-elle à la jeune fille – il était hors de question qu'elle reste avec la douairière.

— Bien sûr, répondit Amelia, qui s'empressa de passer son bras sous le sien. Allons dîner.

Ce fut, décréta Grace ensuite, la plus délicieuse tourte à la viande qu'elle eût jamais mangée.

Quelques heures plus tard, alors qu'Amelia dormait, Grace se tenait devant la fenêtre de la chambre.

Elle n'avait pas réussi à trouver le sommeil, son esprit ressassant les événements de la soirée. En outre, elle se demandait où Jack était allé. Il n'était pas dans la salle à manger lorsque Thomas, Amelia et elle s'y étaient rendus, et personne ne semblait savoir ce qu'il était devenu.

Pour ne rien arranger, Amelia ronflait !

Grace prenait plaisir à la vie nocturne de Dublin. Ils n'étaient pas logés au cœur de la cité, mais la rue était cependant animée, entre les habitants qui vaquaient à leurs occupations et les nombreux voyageurs qui entraient dans le port ou en sortaient.

Cette toute nouvelle sensation de liberté était étrange. Elle avait encore du mal à croire qu'elle était dans cette chambre, à partager un grand lit avec Amelia, et non recroquevillée dans un fauteuil inconfortable au chevet de la douairière.

Le dîner avait été joyeux. Thomas semblait d'excellente humeur. S'il n'avait pas reparlé de son don généreux, Grace savait ce qui l'avait motivé. Si Jack s'avérait être le véritable duc, ce dont Thomas était à l'évidence persuadé, alors elle ne pourrait rester à Belgrave.

Comment aurait-elle pu supporter d'avoir le cœur brisé un peu plus chaque jour, durant le reste de son existence ?

Thomas savait qu'elle était amoureuse de Jack. Elle ne le lui avait pas avoué, mais il la connaissait suffisamment pour l'avoir deviné. Qu'il ait agi avec une telle générosité alors qu'elle aimait l'homme qui provoquerait vraisemblablement sa chute...

Elle en avait les larmes aux yeux chaque fois qu'elle y pensait.

Ainsi donc, elle était indépendante. Une femme indépendante ! Elle ne se lassait pas de se le répéter. Elle dormirait jusqu'à midi tous les jours, dévorerait des livres, savourerait le plaisir de s'adonner à la paresse, du moins pendant quelques mois. Après quoi, elle chercherait un moyen d'employer son temps utilement, en s'occupant d'œuvres de charité, par exemple. Et puis, elle aimerait apprendre l'aquarelle.

Une existence parfaite ! Mais... solitaire.

Non, se morigéna-t-elle, elle se ferait des amies. Elle en avait déjà beaucoup dans la région, et elle était heureuse de ne pas quitter le Lincolnshire, quand bien même elle risquait de croiser parfois le chemin de Jack. Elle connaissait tout le monde, et tout le monde la connaissait. Sa réputation ne souffrirait pas du fait qu'elle vivrait seule dans sa propre maison. Elle allait pouvoir mener une existence paisible et respectable.

Mais solitaire.

Non, pas solitaire ! Puisqu'elle aurait de l'argent, elle pourrait rendre visite à Elizabeth dans le Sud, lorsque celle-ci aurait épousé son comte. Et puis, elle s'inscrirait à l'un de ces clubs féminins que sa mère aimait tant. Ses membres se rencontraient tous les mardis après-midi pour discuter art, littérature et nouvelles du jour. Prétendument. Car lorsque les réunions avaient lieu à Sillsby, Grace avait entendu bien trop d'éclats de rire pour croire que les dames se cantonnaient à ces sujets.

Elle ne serait pas solitaire. Elle s'y refusait.

Elle jeta un coup d'œil à Amelia, qui ronflait doucement. Pauvre Amelia. Grace avait souvent envié les sœurs Willoughby dont la place dans la société était assurée. Filles de comte, issues d'une lignée impeccable, elles étaient en outre richement dotées. C'était curieux de se dire qu'à présent son avenir à elle était si bien tracé alors que celui d'Amelia n'avait plus rien de sûr.

Grace s'était rendu compte que son amie ne contrôlait pas davantage son destin qu'elle-même. Son père lui avait choisi un mari avant même qu'elle sache parler. Comment pouvait-il être certain, en regardant le nourrisson qu'elle était alors, qu'une existence de duchesse lui conviendrait ?

Toute la vie d'Amelia s'était construite dans la perspective de ses noces avec Thomas. Et même si, finalement, elle n'épousait aucun des deux ducs de Wyndham, elle serait toujours forcée de se plier à la volonté de son père.

Au moment où elle se retournait vers la fenêtre, Grace entendit du bruit dans le couloir. Un bruit de pas masculins. Incapable de s'en empêcher, elle se précipita vers la porte, qu'elle entrouvrit pour jeter un coup d'œil à l'extérieur.

C'était Jack. En tenue de voyage défraîchie, les traits tirés, l'air si abattu qu'elle en eut le cœur serré, il plissait les yeux pour tenter de localiser sa chambre.

Grace-la-demoiselle-de-compagnie se serait peut-être discrètement retirée dans sa chambre, mais Grace-la-femme-financièrement-indépendante fit preuve de plus d'audace, et franchit le seuil de la chambre en l'appelant à voix basse.

Quand il la vit, une flamme s'alluma dans son regard, et elle se rappela, un peu tard, qu'elle était en chemise de nuit. Celle-ci n'avait rien d'indécent. Grace était même plus couverte que si elle avait porté une robe du soir. Elle n'en referma pas moins les bras autour de son buste avant de s'avancer vers lui.

— Où étiez-vous ? chuchota-t-elle.

— Par-ci par-là, répondit-il avec un haussement d'épaules. Un petit retour dans le passé.

— Vraiment ?

— Non, admit-il. J'étais de l'autre côté de la rue. Je mangeais ma tourte à la viande.

— Et vous buviez votre pinte de bière ? dit-elle en riant tout bas.

— J'en ai même bu deux.

Le sourire qu'il esquissa alors, à la fois penaud et espiègle, réussit presque à chasser la lassitude de son visage.

— Elle me manquait.

— La bière irlandaise ?

— En comparaison, ce qu'on sert en Angleterre, c'est du pipi de chat.

Une bienfaisante chaleur se répandit en elle. Il y avait de l'humour dans les yeux de Jack, pour la première fois depuis plusieurs jours. Et puis, alors qu'elle croyait que ce serait une torture d'être près de lui, d'entendre sa voix, de voir son sourire, étrangement elle ne ressentait que de la joie. Et du soulagement.

Elle ne supportait pas qu'il soit malheureux. Pour son bien à lui, elle voulait qu'il soit lui-même.

— Vous ne devriez pas être dans le couloir dans cette tenue, fit-il remarquer.

— Non, reconnut-elle en secouant la tête.

Avec une grimace, il baissa les yeux sur sa clé.

— Je n'arrive pas à trouver ma chambre.

Grace lui prit la clé des mains et la leva à la hauteur de ses yeux.

— *Numéro 14*, lut-elle. C'est vrai qu'on n'y voit pas très clair. C'est par là, ajouta-t-elle en indiquant la direction. Je suis passée devant tout à l'heure.

— Vous avez une chambre convenable ? s'enquit-il. Assez grande pour la douairière et vous ?

Grace en resta bouche bée. Il n'était pas au courant. Elle avait oublié qu'il était déjà parti lorsque Thomas avait annoncé qu'il lui avait fait don du cottage.

— Je ne suis pas avec la douairière, répliqua-t-elle, incapable de dissimuler son excitation. Je...

— Quelqu'un vient, coupa-t-il dans un chuchotement.

Effectivement, un bruit de pas et de voix provenait de l'escalier. Comme il commençait à la pousser dans sa chambre, elle résista.

— Non, je ne peux pas. Amelia est là.

— Amelia ? Pourquoi serait-elle...

Il marmonna alors quelque chose, puis lui saisit la main et l'entraîna à sa suite dans le couloir. Jusqu'à la chambre n° 14.

18

— Trois minutes, annonça Jack en refermant la porte.

Parce que, honnêtement, il ne pensait pas être capable de résister plus longtemps. Pas alors que Grace était en chemise de nuit. Une horreur en coton épais, boutonnée jusqu'au menton, mais une *chemise de nuit* néanmoins.

— Vous n'allez jamais croire ce qui est arrivé... commença Grace.

— Normalement, c'est une excellente entrée en matière. Toutefois, après ce qui s'est passé ces deux dernières semaines, j'avoue être prêt à croire à peu près tout.

Il sourit en haussant les épaules. Deux pintes d'une bonne bière irlandaise l'avaient un peu rasséréné.

Grace lui raconta alors la plus incroyable des histoires. Thomas lui avait fait don d'un cottage et d'un revenu. Elle était désormais une femme indépendante, à jamais débarrassée de la douairière.

Jack alluma une lampe. Il éprouvait une pointe de jalousie. Pas parce que ces dons lui venaient d'un autre homme. Elle les avait plus que mérités. Cinq années au service de lady Cavendish...

Seigneur, elle aurait dû recevoir un titre en son nom propre ! Personne n'avait jamais fait davantage pour l'Angleterre.

Non, la jalousie de Jack était tout simplement due à la joie qu'il entendait dans sa voix. Puis, lorsqu'il eut allumé la lampe, à la joie qu'il vit dans ses yeux. Il ne lui semblait pas normal que quelqu'un d'autre puisse en être à l'origine.

Il lui revenait, à lui et à lui seul, de lui faire briller les yeux et de faire naître ce sourire.

— Je devrai quand même vous accompagner dans le comté de Cavan, poursuivit-elle. Je ne peux pas rester ici toute seule, et je ne voudrais pas abandonner Amelia. C'est très difficile pour elle aussi, vous savez.

Jack hocha la tête. En vérité – et c'était égoïste de sa part –, il n'avait guère pensé à Amelia.

— La situation risque d'être un peu tendue avec lady Cavendish, poursuivit Grace. Elle était furieuse.

— Je l'imagine aisément, murmura Jack.

— Oh, j'en doute ! répliqua-t-elle. C'était extraordinaire, même pour elle.

— Je me demande si je suis désolé ou soulagé d'avoir manqué cela.

— Il valait mieux que vous ne soyez pas là. Elle s'est montrée assez méchante.

Il s'apprêtait à faire remarquer que cela n'avait rien que de très habituel lorsque le visage de Grace s'illumina brusquement.

— Et vous savez quoi ? Je m'en moque !

Elle s'esclaffa, comme si elle ne parvenait pas à croire à sa chance.

Jack ne put que sourire, car le bonheur de Grace était contagieux. Il n'avait pas l'intention de vivre loin d'elle, et il supposait que Thomas ne lui avait pas offert ce cottage pour qu'elle y vive en tant que Mme Jack Audley. Mais il comprenait sa joie. Pour la première fois depuis des années, Grace avait quelque chose à elle.

— Je suis désolée, dit-elle, sans réussir toutefois à réprimer son sourire. Je ne devrais pas être ici. Je n'avais pas l'intention de vous attendre, mais j'étais tellement excitée ! Et je voulais tout vous raconter parce que je savais que vous comprendriez.

Et tandis qu'elle se tenait devant lui, l'œil brillant, il sentit ses démons le quitter un à un, jusqu'à ce qu'il ne soit plus qu'un homme face à la femme qu'il aimait. Dans cette chambre, à cette minute, peu lui importait d'être de retour en Irlande, ou d'avoir de multiples raisons de se ruer vers le port pour embarquer sur le premier bateau venu.

Dans cette chambre, à cette minute, rien d'autre ne comptait qu'elle.

— Grace, murmura-t-il.

Il leva la main, la posa sur sa joue. Elle s'appuya contre sa paume et il sut qu'il était perdu. Quelle que fût la force qu'il croyait posséder, quelle que fût sa volonté d'agir convenablement... tout avait disparu.

— Embrasse-moi, chuchota-t-il.

Comme elle ouvrait de grands yeux, il répéta :

— Embrasse-moi.

Elle en avait envie. Il le lisait dans son regard, le sentait dans l'air.

Il s'inclina un peu, puis un peu plus... Quoique pas suffisamment pour que leurs lèvres se touchent.

— Embrasse-moi, dit-il une dernière fois.

Elle se hissa sur la pointe des pieds jusqu'à ce que sa bouche frôle la sienne.

Puis elle recula.

— Jack ?

— Je...

Il faillit le dire. Les mots étaient là, sur ses lèvres. *Je t'aime.*

Mais, sans pouvoir expliquer comment, il savait que s'il les prononçait maintenant, s'il formulait à voix haute ce que le cœur de Grace avait déjà deviné, elle s'enfuirait, effrayée.

— Reste avec moi, murmura-t-il.

Il en avait assez d'agir noblement. L'actuel duc de Wyndham pouvait bien passer sa vie à faire uniquement ce qu'il jugeait convenable, lui-même ne parvenait pas à se montrer si désintéressé.

— Je ne devrais pas. Oh, Jack, souffla-t-elle, alors qu'il lui embrassait une main, puis l'autre.

Il les porta toutes deux à ses lèvres, puis les pressa contre son visage afin de humer son odeur.

Comme elle regardait vers la porte, il insista :

— Reste avec moi.

Puis il lui prit le menton, lui leva doucement le visage et déposa un baiser léger sur ses lèvres.

— Reste.

Dans ses yeux, il vit le débat qui l'agitait. Les lèvres frémissantes, elle détourna la tête.

— Si... si je reste... commença-t-elle d'une voix tremblante.

Il lui effleura de nouveau le menton, sans toutefois ramener son visage vers lui. Il attendit qu'elle revienne d'elle-même.

— Si je reste...

Elle ferma les yeux comme pour rassembler son courage.

— Peux-tu... Y a-t-il un moyen d'être sûr qu'il n'y aura pas de bébé ?

Pris de court, Jack demeura sans voix. Puis il hocha la tête, parce que, oui, il pouvait être sûr qu'il n'y aurait pas de bébé. Il avait passé sa vie d'adulte à éviter les bébés.

Mais c'était alors avec des femmes qu'il n'aimait pas, qu'il n'avait pas l'intention d'adorer et de vénérer sa vie durant. L'idée d'avoir un enfant avec Grace l'enflamma soudain tel un rêve magique et scintillant. Il voyait la famille qu'ils formeraient, les rires, les taquineries... C'était ainsi qu'il avait vécu son enfance, bruyante et chahuteuse, à courir dans les champs avec ses cousins, à pêcher dans les ruisseaux et à revenir toujours bredouille. Les repas n'étaient jamais guindés. L'étiquette qui présidait à ceux de Belgrave les lui rendait aussi exotiques qu'un banquet chinois.

Tout cela, il le voulait avec elle. Mais il ne s'en était pas rendu compte avant cet instant.

— Grace, dit-il en pressant ses mains entre les siennes, cela n'a pas d'importance. Je t'épouserai. Je *veux* t'épouser.

Elle secoua la tête avec force, presque frénétiquement.

— Non. C'est impossible. Tu ne le pourras pas si tu deviens duc.

— Si.

Et puis, bon sang, il y avait des choses qui ne souffraient pas d'être gardées pour soi !

— Je t'aime. Je t'aime ! Je n'ai jamais dit cela à une autre femme, et je ne le dirai jamais plus.

C'est toi que j'aime, Grace Eversleigh, et je veux t'épouser.

Elle ferma les yeux ; son expression était presque douloureuse.

— Jack, tu ne peux pas...

— Si, je le peux. Et je le ferai.

— Jack...

— Je suis fatigué que tout le monde me dicte ma conduite ! s'emporta-t-il et, lui lâchant les mains, il se mit à arpenter la chambre. Tu ne comprends pas que je me moque de ce maudit duché, et encore plus de la douairière. Il n'y a que toi qui comptes, Grace. Toi.

— Jack, si tu es duc de Wyndham, on attendra de toi que tu épouses une femme de haut rang.

Il jura entre ses dents.

— À t'entendre, on dirait que tu es une putain sur les docks.

Choquée, Grace chercha son regard tout en s'exhortant à la patience.

— Je sais exactement ce que je suis. Une jeune femme sans revenus, de bonne famille mais de naissance obscure. Mon père était un gentleman-farmer, ma mère, la fille d'un gentleman-farmer. Nous ne sommes pas apparentés à l'aristocratie. Ma mère était la cousine germaine d'un baronnet, mais cela s'arrête là.

Il la regarda comme s'il n'avait pas entendu un seul mot de ce qu'elle venait de dire. Ou, plutôt, comme s'il avait entendu mais pas écouté.

Non, songea Grace, désespérée, il avait écouté, mais il n'avait pas entendu ! Il se contenta en effet de répondre :

— Je m'en moque.

— Tu es bien le seul. Et si tu es duc, cela provoquera une tempête. Le scandale sera énorme.

— Cela m'est égal.

— Cela ne devrait pas l'être !

Elle s'interrompit et s'obligea à respirer. Elle aurait voulu se prendre la tête entre les mains et la presser jusqu'à ce que ses ongles lui entrent dans le crâne. Tout – n'importe quoi – pour soulager l'insupportable frustration qui la rongeait. Pourquoi n'écoutait-il pas ? Pourquoi était-il incapable de comprendre que...

— Grace...

— Non ! l'interrompit-elle, peut-être plus violemment qu'il n'était nécessaire. Tu devras agir avec circonspection si tu veux être accepté par la société. Tu ne seras peut-être pas obligé d'épouser Amelia, mais il faudra que ce soit quelqu'un comme elle. Une femme issue du même milieu. Sinon...

— Tu m'écoutes ? dit-il en la saisissant par les épaules. Je me moque du « sinon ». Je n'ai pas besoin d'être accepté par la société. Je n'ai besoin que de toi, que je vive dans un château, une masure, ou n'importe quoi entre les deux.

— Jack...

Dieu qu'il était naïf ! Cela le lui rendait plus cher encore, et elle aurait presque pleuré de joie en constatant qu'il l'aimait assez pour croire qu'il pouvait braver les conventions. Sauf qu'il ne savait pas. Il n'avait pas vécu à Belgrave pendant cinq ans. Il ne s'était pas rendu à Londres avec la douairière, et n'avait pas vu ce que cela signifiait d'être membre d'une telle famille. Elle, si. Elle avait regardé, elle avait observé, et elle savait exactement ce que l'on attendait du duc de Wyndham. Il était exclu que la duchesse soit une simple roturière du voisinage, du moins s'il souhaitait être pris au sérieux.

— Jack, reprit-elle, je voudrais...

— Est-ce que tu m'aimes ? la coupa-t-il.

Grace fut changée en statue. Il la contemplait d'un regard si intense qu'elle ne pouvait ni respirer ni esquisser le moindre geste.

— Est-ce que tu m'aimes ?

— Cela n'a pas...

— Est-ce... que... tu... m'aimes ?

Elle ferma les paupières. Elle ne voulait pas répondre car ce serait sa perte. Elle serait incapable de lui résister – de résister à ses paroles, à ses lèvres. Si elle lui accordait cela, ses ultimes défenses tomberaient.

Il lui encadra le visage de ses mains, et l'embrassa avec une tendresse déchirante.

— Grace, est-ce que tu m'aimes ?

— Oui, souffla-t-elle. Oui.

— Alors, rien d'autre ne compte.

Elle ouvrit la bouche pour essayer une dernière fois de lui faire entendre raison. Mais déjà il l'embrassait avec une ardeur qui la chamboulait.

— Je t'aime, murmura-t-il en faisant pleuvoir des baisers sur ses joues, ses sourcils, ses oreilles. Je t'aime.

— Jack...

Elle sentait le désir s'emparer d'elle. Elle ne savait pas de quoi demain serait fait, pourtant, à cet instant, elle était prête à prétendre qu'elle ne s'en souciait pas. Dès lors que...

À son tour, elle prit son visage entre ses mains.

— Promets-moi, dit-elle d'une voix tendue. S'il te plaît, promets-moi que... qu'il n'y aura pas de bébé.

Une flamme jaillit dans ses yeux, juste avant qu'il abaisse les paupières. Il finit par dire :

— Je te promets d'essayer.

— *D'essayer ?*

— Je ferai ce qu'il faut. Ce n'est toutefois pas absolument infaillible.

— Merci, murmura-t-elle avant de frôler ses lèvres des siennes.

— Et je te promets une autre chose, répliqua-t-il en l'enlaçant. Tu auras un jour un bébé. Le nôtre. Et je t'épouserai. Peu importe qui je suis et quel est mon nom, je t'épouserai.

Grace n'avait plus envie d'argumenter. Plus maintenant, alors qu'il la soulevait dans ses bras et l'emportait vers le lit. À peine l'eut-il déposée sur le couvre-lit qu'il se débarrassa de son manteau, déboutonna sa chemise et la fit passer par-dessus sa tête.

Puis il s'allongea à demi sur elle, et l'embrassa comme si sa vie en dépendait.

— Bonté divine, murmura-t-il, cette chose est hideuse.

Grace ne put retenir un gloussement comme il s'attaquait aux boutons de sa chemise de nuit. Laissant échapper un grognement contrarié, il finit par en empoigner les deux pans avec l'intention manifeste de forcer l'ouverture, et au diable les boutons !

— Non, Jack, ne fais pas cela ! protesta-t-elle en riant.

Elle ne savait pas pourquoi elle trouvait cela si amusant. Perdre sa virginité était pourtant censé être une affaire sérieuse, dont dépendait sa vie future. Mais une telle joie bouillonnait en elle qu'elle avait du mal à la contenir. Surtout lorsque Jack s'acharnait à exécuter une tâche aussi simple, et qu'il échouait lamentablement.

— Tu es sûre ? dit-il avec une expression de frustration presque comique. Parce que je suis à peu près certain de rendre service à l'humanité tout entière en détruisant cette chose.

Elle se retint de rire.

— C'est ma seule chemise de nuit.

— Es-tu en train de me dire que si je la déchire, tu devras dormir nue durant tout le reste du voyage ?

D'un geste déterminé, elle repoussa ses mains.

— Non !

— Mais c'est tellement tentant !

— Jack…

Il s'assit sur les talons, la couvant d'un regard où le désir le disputait à l'amusement. Un frisson la parcourut.

— Très bien, concéda-t-il, je te laisse faire.

Mais il la contemplait d'un regard si brûlant de passion qu'elle se figea. Comment pourrait-elle être assez effrontée pour se déshabiller devant lui ? Pour dévoiler *elle-même* son corps ?

Lentement, les doigts tremblants, elle atteignit le premier bouton. Elle ne le voyait pas, car il était trop haut, presque sous son menton. Cependant ses doigts exécutèrent machinalement les gestes familiers et le bouton céda bien vite.

— Un autre, murmura Jack d'une voix un peu rauque.

Elle obéit.

— Un autre.

Le petit jeu se poursuivit jusqu'à ce qu'elle atteigne le bouton entre ses seins. Jack tendit alors les mains, et écarta sa chemise de nuit. Celle-ci n'était pas suffisamment déboutonnée pour qu'il dévoile sa poitrine, mais Grace sentit l'air frais sur sa peau, et la caresse de son souffle lorsque Jack s'inclina pour déposer un baiser sur sa gorge.

— Tu es belle, chuchota-t-il.

Quand il s'attaqua aux boutons qui restaient, il parvint, cette fois, à les défaire sans mal. Puis il prit la main de Grace et, la tirant légèrement, il l'invita à s'asseoir. Elle s'exécuta, ferma les yeux.

Le tissu glissa sur sa peau ; ses sensations semblaient décuplées par les ténèbres.

Ou peut-être était-ce simplement parce qu'elle savait que Jack la regardait...

Était-ce comparable à ce que ressentait cette femme ? Celle du tableau ? Elle devait avoir une certaine expérience lorsqu'elle avait posé pour M. Boucher, mais, pour elle aussi, il avait dû y avoir une première fois. Avait-elle également fermé les yeux afin de *sentir* un regard d'homme sur son corps ?

Les doigts de Jack suivirent les contours de son visage, puis la ligne de son cou jusqu'au creux de l'épaule. Il s'y arrêta, juste un instant, et elle retint son souffle dans l'attente de ce qui allait suivre.

— Pourquoi fermes-tu les yeux ? murmura-t-il.

— Je ne sais pas.

— Tu as peur ?

— Non.

Elle attendit, sur le qui-vive. Et tressaillit légèrement lorsque, du bout des doigts, il effleura le côté de son sein.

Presque malgré elle, elle se cambra. C'était étrange. Car elle n'y avait jamais pensé : elle ne s'était jamais demandé comment elle réagirait si des mains masculines la caressaient ainsi. À présent que le moment était arrivé, cependant, elle savait exactement ce qu'elle attendait de lui.

Elle voulait qu'il referme ses mains sur ses seins, qu'il en recueille la rondeur au creux de ses paumes, qu'il en caresse les pointes durcies.

Elle aspirait à ce qu'il la touche, et cette exigence se répandait en elle. De ses seins, elle avait gagné son ventre, puis l'endroit secret, au creux de ses cuisses. Elle éprouvait une brûlure, un fourmillement et une avidité désespérée... *là*.

C'était sans aucun doute la plus étrange et la plus irrésistible des sensations. Impossible de l'ignorer ; du reste, elle ne le voulait pas. Il fallait qu'elle s'y abandonne, que Jack lui montre comment étancher cette soif qui paraissait inextinguible.

— Jack... gémit-elle.

Il referma alors les mains sur ses seins. Puis il l'embrassa.

Elle rouvrit brusquement les yeux.

Il avait aspiré la pointe d'un sein entre ses lèvres et elle dut plaquer la main sur sa bouche pour ne pas crier de plaisir. Jamais elle n'aurait imaginé... Elle avait cru savoir ce qu'elle désirait, mais cela...

Elle plongea les doigts dans les cheveux de Jack, s'y cramponna. C'était une torture divine, et elle avait quasiment perdu le souffle lorsqu'il posa sa bouche sur la sienne.

— Grace... Grace... murmurait-il telle une litanie.

Elle avait l'impression qu'il l'embrassait partout – sur la bouche, sur l'oreille, dans le cou – et c'était peut-être le cas. Quant à ses mains, elles exécutaient une danse incessante, vertigineuse, allant de ses épaules à ses hanches, jusqu'au moment où l'une d'elles glissa le long de sa jambe, entraînant sa chemise de nuit.

Grace aurait dû être embarrassée, or il n'en était rien. Pas avec Jack. Pas quand il la regardait avec un tel mélange d'amour et de dévotion.

Il l'aimait. Il le lui avait dit, et elle l'avait cru. Et maintenant, elle l'éprouvait dans sa chair. Elle sentait sa chaleur, elle voyait la passion qui brillait dans ses yeux. Et elle comprenait à présent comment une femme pouvait se perdre. Comment résister ? Comment aurait-elle pu lui résister ?

Il se leva, le souffle court, et commença à déboutonner sa braguette avec fébrilité. Il était déjà torse nu, et Grace ne cessait de se répéter : « Dieu qu'il est beau ! Comment un homme peut-il être aussi beau ? » Il n'avait pas mené une existence oisive, cela se voyait. Il avait un corps élancé, musclé, marqué de quelques cicatrices.

— Tu as reçu une balle ? demanda-t-elle en repérant une trace blanche, un peu fripée, sur le haut de son bras.

— Un artilleur français, confirma-t-il tout en se débarrassant de son pantalon. J'ai eu de la chance, ajouta-t-il avec un sourire en coin, il n'était pas très doué.

Cela n'aurait pas dû être aussi amusant. Mais cette précision lui ressemblait tellement. À la fois terre à terre, désinvolte et ironique. Grace lui rendit son sourire.

— Moi aussi, j'ai failli mourir.

— Vraiment ?

— D'une fièvre.

Il fit la grimace.

— Je déteste les fièvres.

— Je détesterais recevoir une balle.

— Je ne le recommande pas, répliqua-t-il, le regard espiègle.

Elle éclata alors de rire, vaincue par le ridicule de la situation. Il se tenait nu devant elle – visiblement très excité – et ils comparaient les désagréments des blessures par balles et des fièvres.

Il revint sur le lit et s'allongea sur elle.

— Grace ? murmura-t-il.

— Oui ?

— Je me porte très bien, maintenant, déclara-t-il avec un sourire carnassier.

Ce fut leur dernier échange. Quand il l'embrassa, ce fut avec une intensité et une ferveur dont elle savait qu'elles les mèneraient jusqu'à l'assouvissement. Elle éprouvait un désir identique au sien, une même faim qui exigeait d'être satisfaite, et quand il insinua la jambe entre les siennes, elle s'ouvrit à lui spontanément, sans réserve et sans peur.

Pendant combien de temps l'embrassa-t-il ? Elle n'aurait su le dire. Ses baisers avaient un goût d'éternité. C'était comme si elle était née pour cet instant, avec cet homme. Comme si, le jour de sa naissance, il avait été prévu que le 28 octobre 1819 elle serait dans la chambre numéro 14 du Queen's Arms, et qu'elle se donnerait à John Augustus Cavendish-Audley.

Cela *devait* arriver.

S'accrochant à ses épaules, elle lui rendit ses baisers avec une ardeur équivalente. Et puis, au moment où elle pensait ne pas pouvoir en supporter davantage, il glissa la main entre ses cuisses. Le geste avait été plein de délicatesse, elle faillit néanmoins pousser un cri de stupeur et d'émerveillement mêlés.

— Jack... hoqueta-t-elle.

Impossible de rester silencieuse sous le déferlement de sensations provoquées par ce simple effleurement. Elle se tordit, haletante, comme sa caresse se faisait plus insistante. Et soudain, elle se rendit compte qu'il ne se contentait plus de la toucher, mais qu'il avait insinué un doigt en elle, l'explorant si intimement qu'elle en eut le souffle coupé.

Elle sentit ses muscles se contracter autour de son doigt, avides d'en avoir plus. Elle ne savait que faire, ne savait plus rien sinon qu'elle le désirait. Elle le voulait, lui, et quelque chose que lui seul pouvait lui donner.

Il changea de position, et ses doigts la quittèrent. Son corps se souleva, et tandis que Grace scrutait son visage, elle eut l'impression, qu'il luttait contre une force irrésistible. Il se tenait au-dessus d'elle, en appui sur les avant-bras. Elle s'apprêtait à murmurer son prénom lorsqu'elle le sentit se positionner à l'orée de sa féminité. Puis il appuya doucement.

Leurs regards s'aimantèrent.

— Chuut, murmura-t-il. Attends simplement...
Je te promets...

— Je n'ai pas peur, assura-t-elle.

De nouveau, il esquissa un sourire en coin.

— Moi, si.

Elle aurait souhaité lui demander ce qu'il voulait dire, et pourquoi il souriait, mais il accentua sa poussée. Son corps s'ouvrit à lui et ce fut la chose la plus étrange et la plus surprenante qu'elle puisse imaginer. Il était en elle. Qu'une personne puisse en pénétrer ainsi une autre lui semblait presque inconcevable. Ils étaient unis. Grace ne voyait pas d'autre image pour décrire ce qu'ils vivaient.

— Je te fais mal ? s'inquiéta-t-il.

Elle secoua la tête.

— J'aime cela.

Avec un grondement, il donna un coup de reins. L'impression d'écartèlement fut accompagnée d'un flot de sensations. Elle cria son prénom en s'accrochant à ses épaules. Et ne tarda pas à trouver le rythme ancestral, ondulant avec lui jusqu'à ne plus faire qu'un. Le corps tendu sous les assauts répétés d'un plaisir qui allait croissant. Et soudain...

Elle vola en éclats. Littéralement. Le dos arqué, elle laissa échapper un gémissement, presque un cri. Quand elle finit par retomber sur terre, et qu'elle fut de nouveau capable de respirer, elle s'étonna d'être encore entière. Un corps pouvait donc éprouver cela, et vivre ensuite pour recommencer ?

Sans prévenir, Jack se retira brusquement et se détourna en gémissant, le corps secoué de spasmes. Et elle n'entendit pas simplement son cri lorsqu'il jouit, elle le ressentit, sur sa peau, dans son corps, et jusque dans son cœur.

Il demeura immobile tandis que son souffle reprenait peu à peu un rythme normal. Puis il roula sur le dos et l'attira entre ses bras. Murmurant son prénom, il déposa un baiser sur le sommet de son crâne. Puis un autre, et encore un autre.

Et lorsqu'elle plongea dans le sommeil, ce fut avec la voix de Jack qui chuchotait son prénom.

Jack sut à quel moment précis elle s'endormit. Il n'aurait su dire pourquoi, car la respiration de Grace était déjà lente et profonde, et son corps s'était depuis longtemps détendu.

Pourtant, quand le sommeil l'emporta, il le sut.

Il l'embrassa une dernière fois, sur la tempe. Et, contemplant son visage serein, il murmura :

— Je t'épouserai, Grace Eversleigh.

Peu importait qui il était. Il ne la laisserait pas partir.

19

Jack gardait un souvenir précis du trajet jusqu'à Butlersbridge. Les arbres, les oiseaux, le vert intense de l'herbe qui ondulait sous la brise... C'était le paysage et les sons de son enfance. Rien n'avait changé.

Ç'aurait dû être un réconfort. Ça ne l'était pas.

Quand il avait ouvert les yeux, ce matin-là, Grace avait déjà quitté son lit pour regagner sa chambre. Sa déception avait été grande, bien sûr. Réveillé par le désir et son amour pour elle, il n'aspirait qu'à la reprendre dans ses bras.

Mais il avait compris. Une femme, même financièrement indépendante, ne pouvait agir aussi librement qu'un homme. Grace devait veiller à sa réputation. Thomas et Amelia ne diraient jamais de mal d'elle, en revanche Jack ne connaissait pas suffisamment lord Crowland pour prédire sa réaction si l'on surprenait Grace dans son lit. Quant à la douairière...

Il allait sans dire qu'elle détruirait Grace à la première occasion.

Les voyageurs – sauf lady Cavendish, au grand soulagement de tous – se retrouvèrent dans la salle à manger de l'auberge pour le petit déjeuner. Jack savait que, au moment où Grace entrerait dans la salle, son regard trahirait ses sentiments. Est-ce qu'il en serait toujours ainsi ? Est-ce qu'en la voyant il ressentirait toujours cet élan violent et indescriptible ?

Il ne s'agissait pas simplement de désir, mais de quelque chose de bien plus puissant. C'était de l'amour. L'Amour avec un A majuscule, calligraphié avec des volutes, des cœurs, des fleurs et tout ce que les angelots – oui, ces énervants petits cupidons – jugeaient nécessaire pour l'orner.

L'amour. Ce ne pouvait être que cela. Il voyait Grace et la joie jaillissait. Pas simplement sa joie à lui, mais la joie de tous. Celle de l'inconnu assis à côté de lui comme de la connaissance qu'il apercevait de l'autre côté de la salle. Il devinait cette joie, il la ressentait.

C'était à la fois stupéfiant et intimidant. Il suffisait que Grace le regarde pour qu'il soit un homme meilleur.

Et elle croyait qu'il laisserait qui que ce soit les séparer ! Non, cela n'arriverait pas. Jamais.

Durant le petit déjeuner, elle ne l'évita pas vraiment – trop nombreux furent les regards et les sourires secrets qu'ils échangèrent. Elle veilla cependant à ne pas rechercher sa compagnie, et il n'eut pas l'occasion de lui parler une seule fois. De toute manière, même si elle n'avait pas fait preuve d'autant de discrétion, il n'aurait pu l'approcher. En effet, sitôt le petit déjeuner fini, Amelia glissa sa main dans celle de Grace et ne la lâcha plus.

L'union fait la force, songea Jack. Les deux jeunes femmes allaient être enfermées toute la journée dans la voiture avec la douairière. Face à une telle épreuve, lui-même aurait saisi la première main secourable venue.

Profitant du beau temps, les trois hommes partirent à cheval. À la première halte, quand il fallut abreuver les chevaux, lord Crowland décida de s'installer dans la voiture. Mais au bout d'une demi-heure, il en redescendit en titubant. Effectuer le trajet à cheval, déclara-t-il, serait moins épuisant que de voyager avec la douairière.

— Vous abandonnez votre fille à la langue de vipère de lady Cavendish ? s'enquit Jack.

Crowland ne tenta même pas de se chercher des excuses.

— Je n'ai pas dit que j'étais fier de moi.

— Les Hébrides extérieures, intervint Thomas. Je vous le dis, Audley, c'est la clé de votre bonheur. Les Hébrides extérieures.

— Les Hébrides extérieures ? répéta Crowland, qui regarda alternativement les deux hommes en quête d'explication.

— Elles sont presque aussi éloignées que les îles Orkneys, déclara Thomas avec bonne humeur. Et leur nom est plus amusant à prononcer.

— Vous avez des possessions là-bas ? s'enquit Crowland.

— Pas encore, répondit Thomas, avant de jeter un coup d'œil à Jack. Vous pourriez peut-être restaurer un couvent. Un endroit entouré de murs infranchissables.

Jack se surprit à trouver l'image irrésistible.

— Comment avez-vous fait pour vivre avec elle aussi longtemps ? demanda-t-il à Thomas.

— Je l'ignore, avoua ce dernier.

Jack se rendit soudain compte qu'ils discutaient comme si tout était déjà décidé, comme s'il avait déjà hérité du titre de duc. Et Thomas ne paraissait pas en souffrir. Au contraire, on aurait dit qu'il attendait avec impatience sa dépossession imminente.

Il reporta les yeux sur la voiture. Grace lui avait répété à plusieurs reprises qu'elle ne pourrait pas l'épouser s'il devenait duc. Or il n'imaginait pas s'en sortir sans elle. Il n'était pas préparé – c'était un euphémisme – aux devoirs attachés au titre, alors que ceux-ci n'avaient aucun secret pour elle. Ne vivait-elle pas à Belgrave depuis cinq ans ? Elle devait savoir comment le domaine était dirigé. Elle connaissait les noms de tous les domestiques et même, avait-il cru remarquer, la date de leur anniversaire.

Elle était bonne et gracieuse. Elle possédait un sens de la justice inné, un jugement sans défaut, et elle était bien plus intelligente que lui.

Il ne pouvait imaginer duchesse plus parfaite.

Sauf qu'il ne voulait pas être duc.

Il avait ruminé cette possibilité un nombre incalculable de fois, s'était rappelé toutes les raisons pour lesquelles il ferait un très mauvais duc de Wyndham. Mais l'avait-il clamé haut et fort ?

Il se tourna vers Thomas, qui regardait le soleil, la main en visière au-dessus des yeux.

— Il doit être midi passé, déclara lord Crowland. N'allons-nous pas nous arrêter pour déjeuner ?

Jack haussa les épaules d'un air indifférent.

— Dans l'intérêt des demoiselles, ajouta Crowland.

Comme un seul homme, tous trois jetèrent un coup d'œil à la voiture par-dessus leur épaule.

Jack crut voir Crowland esquisser une grimace.

— Ce n'est pas très gai, là-dedans, dit-il à voix basse. La douairière, précisa-t-il quand Jack haussa un sourcil. Amelia m'a supplié de lui prêter mon cheval lorsque nous nous arrêterons pour les faire boire.

— Ce serait trop cruel pour Grace, fit remarquer Jack.

— C'est ce que j'ai dit à Amelia.

— Alors que vous quittiez la voiture en courant, murmura Thomas en esquissant un sourire.

Crowland inclina la tête.

— Je ne prétendrai pas le contraire.

— Et je ne peux pas vous le reprocher.

Jack écoutait la conversation d'une oreille distraite. Ils étaient, estimait-il, à mi-chemin de Butlersbridge, et il éprouvait une difficulté croissante à apprécier l'humour des échanges saugrenus.

— Il y a une clairière à environ un quart de lieue d'ici, dit-il. L'endroit se prête bien à un pique-nique.

Ses deux compagnons acquiescèrent et, quelques minutes plus tard, ils s'arrêtaient. Sitôt descendu de cheval, Jack se dirigea vers la voiture. Un valet aidait les dames à descendre. Grace étant la dernière, il lui fut facile de se placer devant la portière de manière à lui prendre la main lorsqu'elle sortirait.

— Merci, monsieur Audley, dit-elle.

Elle s'exprimait avec la politesse attendue, mais ses yeux brillaient d'une chaleur secrète.

— Je vous en prie, mademoiselle Eversleigh.

Il posa les yeux sur sa bouche. Les commissures se relevaient très légèrement. Elle se retenait visiblement de sourire.

— Je mangerai dans la voiture ! lança la douairière. Seuls les barbares mangent par terre.

Jack se frappa la poitrine en souriant jusqu'aux oreilles.

— Je suis fier d'être un barbare ! clama-t-il avant d'ajouter à l'adresse de Grace : Et vous ?

— Très fière.

Après avoir fait une fois le tour de la clairière – pour se dégourdir les jambes, déclara-t-elle – la vieille dame disparut de nouveau dans la voiture.

— Cela va être difficile pour elle, commenta Jack, qui l'avait suivie des yeux.

Grace, qui examinait l'intérieur du panier à pique-nique, releva la tête.

— Difficile ?

— Il n'y a plus personne à harceler dans la voiture, expliqua-t-il.

— Elle a l'impression que nous nous sommes tous ligués contre elle, je crois.

— C'est le cas.

Une ombre passa dans le regard de Grace.

— Oui, mais...

Ah, non ! Il n'allait pas l'écouter fournir des excuses à la douairière.

— Ne me dis pas que tu éprouves de la compassion pour elle, murmura-t-il après s'être assuré que personne ne les entendait.

— Non, répondit Grace, je n'irais pas jusque-là. Cependant...

— Tu as le cœur beaucoup trop tendre.

Elle sourit d'un air contrit.

— Peut-être.

Avant d'étaler les couvertures sur le sol, Jack s'arrangea pour que Grace et lui soient assis un peu à l'écart des autres. Ce ne fut pas très difficile. Amelia prit place à côté de son père, qui paraissait lancé dans un discours. Quant à Thomas, il s'était éloigné, probablement en quête d'un arbre qui avait besoin d'être arrosé.

— Est-ce la route que tu empruntais lorsque tu te rendais au collège de Dublin ? demanda Grace, tout en s'emparant d'une tranche de pain garnie de fromage.

— Oui.

Il avait tenté d'apparaître indifférent, mais il avait manifestement échoué, car, lorsqu'il se risqua à la regarder, elle l'observait de cette manière qui le troublait toujours.

— Pourquoi ne veux-tu pas rentrer chez toi ?

Il fut sur le point de lui dire qu'elle avait une imagination trop vive. Ou, parce qu'il fallait vraiment qu'il endosse de nouveau son personnage, de répondre quelque chose d'à la fois subtil et extravagant, impliquant le soleil, les oiseaux qui s'égosillaient et le lait de la tendresse humaine. Le genre de déclaration qui l'avait sorti de situations bien plus délicates que celle-ci.

À cet instant, toutefois, il n'avait ni l'énergie ni la volonté nécessaires.

D'autant que Grace n'aurait pas été dupe. Elle le connaissait trop bien. La plupart du temps, du moins l'espérait-il, elle aimait en lui sa légèreté et sa désinvolture. Mais pas lorsqu'il essayait de dissimuler la vérité.

Ou de *se* dissimuler la vérité.

— C'est compliqué, finit-il par dire, parce que cela, au moins, ce n'était pas un mensonge.

Elle hocha la tête et revint à son repas. Il s'attendait à une autre question. Voyant qu'elle ne venait pas, il prit une pomme.

À présent, elle découpait un morceau de poulet rôti, les yeux rivés sur ses couverts. Jack faillit parler, se ravisa, puis approcha la pomme de sa bouche. Il ne croqua pas dedans.

— Cela fait cinq ans, lâcha-t-il.

Grace leva les yeux.

— Que tu n'es pas rentré chez toi ? Cela fait longtemps, observa-t-elle comme il acquiesçait.

— Très longtemps.

— Trop ?

Les doigts de Jack se crispèrent sur la pomme.

— Non.

Elle mangea en silence avant de le regarder de nouveau.

— Veux-tu que je te coupe cette pomme ?

Jack la lui tendit machinalement.

— J'avais un cousin, tu sais, s'entendit-il dire, stupéfait.

Il n'avait pas eu l'intention de parler d'Arthur. Ces cinq dernières années, il s'était efforcé de ne pas penser à lui, et il faisait tout pour que son visage ne soit pas le dernier qu'il voie le soir, avant de s'endormir.

— Je croyais que tu en avais trois.

Grace ne le regardait pas. Son attention semblait exclusivement absorbée par la pomme qu'elle l'épluchait.

— Il n'y en a plus que deux.

— Je suis désolée, souffla-t-elle.

— Arthur est mort en France.

Les mots semblaient rouillés. En vérité, cela faisait longtemps qu'il n'avait pas prononcé le nom d'Arthur. Cinq ans, probablement.

— Il était là-bas avec toi ?

Il hocha la tête. Elle baissa les yeux sur sa pomme, la contemplant comme si elle ignorait quoi en faire.

— Tu ne vas pas dire que ce n'était pas ma faute ?

Jack détesta le son de sa voix, creuse, sarcastique, douloureuse et désespérée. Comment avait-il pu dire une chose pareille ?

— Je n'y étais pas, répondit-elle. Je ne peux imaginer comment cela aurait pu être ta faute. Mais je n'y étais pas, répéta-t-elle.

Elle se pencha par-dessus leurs assiettes et posa sa main sur la sienne.

— Vous étiez proches ?

Il détourna la tête et feignit de s'absorber dans la contemplation des arbres.

— Pas tellement lorsque nous étions jeunes. Une fois au collège, en revanche... nous nous sommes trouvé de nombreux points communs.

Elle lui pressa brièvement les doigts, puis se redressa.

— Perdre quelqu'un que l'on aime est une terrible épreuve.

Une fois certain qu'ils resteraient secs, il reporta les yeux sur elle.

— Quand tu as perdu tes parents...

— Ç'a été horrible.

Ses lèvres frémirent aux commissures – un mouvement presque imperceptible qui trahissait une émotion contenue.

— Je n'ai pas pensé en mourir, continua-t-elle à voix basse, mais je ne savais pas comment je survivrais.

— Je regrette de...

À vrai dire, il ne savait pas ce qu'il regrettait. De ne pas avoir été là pour elle ? À quoi aurait-il servi ? Il y a cinq ans, lui aussi était brisé.

— C'est la douairière qui m'a sauvée. N'est-ce pas drôle ? dit-elle avec un sourire narquois.

— Allons donc ! La douairière ne fait rien par bonté de cœur.

— Je n'ai pas dit pourquoi. Simplement, qu'elle l'a fait. J'aurais été obligée d'épouser mon cousin si elle ne m'avait pas accueillie.

Jack lui prit la main et la porta à ses lèvres.

— Je suis heureux que tu n'en aies rien fait.

— Moi aussi, admit-elle sans la moindre trace de tendresse. Il est abominable.

Jack rit tout bas.

— Et moi qui espérais que tu étais soulagée de m'avoir attendu.

Elle libéra sa main en lui adressant un regard malicieux.

— Tu n'as pas rencontré mon cousin.

Il finit par prendre un quartier de pomme et mordit dedans.

— Nous ne manquons pas de parents odieux, toi et moi.

Grace pinça les lèvres, l'air songeur. Puis regarda en direction de la voiture.

— Je devrais aller la voir.

— Non, tu ne dois rien du tout.

Grace soupira. Elle ne voulait pas éprouver de compassion pour la douairière, surtout après ce que celle-ci lui avait dit la veille. Mais sa conversation avec Jack avait réveillé des souvenirs, et lui avait rappelé tout ce qu'elle devait à la vieille dame.

— Elle est toute seule, argua-t-elle.

— Elle mérite d'être seule.

Il avait dit cela avec beaucoup de conviction, et plus qu'une pointe de surprise, comme s'il ne parvenait pas à croire que le sujet pouvait prêter à discussion.

— Personne ne mérite d'être seul.

— Tu crois vraiment ce que tu dis ?

Elle n'y croyait pas, mais...

— Je veux y croire.

Alors qu'il l'observait d'un air dubitatif, Grace commença à se relever. Elle regarda autour d'elle pour s'assurer que personne ne risquait d'entendre, avant de dire :

— Tu n'aurais pas dû m'embrasser la main alors qu'on pouvait nous voir.

Une fois debout, elle s'éloigna sans lui laisser une chance de répliquer.

— Tu as fini de déjeuner ? lui lança Amelia au passage.

— Oui. Je vais voir si lady Cavendish n'a besoin de rien.

Amelia la regarda comme si elle était devenue folle.

— Tout le monde mérite une seconde chance, fit valoir Grace avec un haussement d'épaules. Et cela, ajouta-t-elle pour elle-même, j'y crois vraiment.

Elle s'arrêta devant la voiture. Sans marche-pied, elle ne pouvait y monter, et les valets s'étaient volatilisés, aussi appela-t-elle :

— Votre Grâce ! Votre Grâce !

Comme elle ne recevait pas de réponse, elle haussa la voix :

— Madame !

Le visage courroucé de la douairière s'encadra derrière la fenêtre.

— Que voulez-vous donc ?

Grace s'exhorta à mettre à profit tous les dimanches matin qu'elle avait passés à l'église.

— Je voulais savoir si vous aviez besoin de quelque chose, Votre Grâce.

— Pourquoi ? demanda la vieille dame d'un ton soupçonneux.

— Parce que je suis gentille, rétorqua Grace, non sans impatience.

Puis elle croisa les bras et attendit. La duchesse la regarda de haut pendant quelques instants.

— Selon mon expérience, finit-elle par déclarer, les personnes gentilles n'ont nul besoin de se vanter de l'être.

Grace lui aurait volontiers demandé quelle expérience elle avait des personnes gentilles, vu que, selon sa propre expérience, la plupart d'entre elles la fuyaient.

Mais ç'aurait été méchant.

Elle prit une profonde inspiration. Rien ne l'obligeait à aider la douairière d'aucune façon. Elle menait sa vie comme elle l'entendait, désormais, et n'avait plus à s'inquiéter de perdre sa place.

Mais, comme elle l'avait fait remarquer, elle était gentille. Et elle avait l'intention de le rester, même si ses conditions de vie s'étaient améliorées.

Elle s'était occupée de la douairière ces cinq dernières années parce qu'elle y était forcée, et non parce qu'elle en avait envie. À présent... eh bien, elle n'en avait toujours pas envie. Elle le ferait pourtant. Quels qu'aient été les motifs de lady Cavendish à l'époque, elle lui avait épargné un mariage malheureux. Et pour cela, Grace était prête à lui consacrer une heure. Plus important encore, elle pouvait *choisir* de lui consacrer une heure.

Et cela faisait toute la différence.

— Madame ? dit-elle.

Elle n'ajouta rien. C'était à la douairière de décider, maintenant.

— Oh, très bien ! grommela-t-elle. Si vous avez l'impression de le devoir.

Grace s'appliqua à afficher un visage serein lorsque lord Crowland, qui avait surpris la dernière partie de la conversation, l'aida à grimper dans la voiture – non sans lui avoir chuchoté qu'elle était folle.

Après s'être assise à sa place attitrée, dos à la route et aussi loin que possible de la douairière, Grace croisa les mains sur ses genoux. Elle ne savait pas combien de temps elles resteraient ainsi, les autres ne semblant pas disposés à reprendre la route.

La vieille dame regardait par la fenêtre. De temps à autre, Grace lui coulait un regard de biais mais, toujours droite et raide, celle-ci s'obstinait à détourner la tête.

Au cinquième coup d'œil, cependant, Grace se retrouva sous le feu de son regard.

— Vous m'avez déçue, lâcha-t-elle.

Grace se figea, mais garda le silence. Il était exclu qu'elle présente des excuses pour avoir eu l'audace de saisir la chance qui lui était offerte d'être heureuse.

— Vous n'étiez pas censée partir.

— Je n'étais qu'une domestique, madame.

— Vous n'étiez pas censée partir, répéta la douairière.

Cette fois, quelque chose parut trembler en elle. Pas son corps. Et pas sa voix non plus.

Son *cœur*, comprit brusquement Grace, non sans stupéfaction. Le cœur de la vieille dame tremblait.

— Il n'est pas ce que j'espérais.

Peinant à suivre sa pensée, Grace cligna des yeux.

— M. Audley ?

— Cavendish, corrigea la douairière sèchement.

— Vous ignoriez son existence, fit remarquer Grace avec toute la douceur dont elle était capable. Comment auriez-vous pu espérer quoi que ce soit ?

La douairière ne répondit pas. Du moins, pas à cette question.

— Savez-vous pourquoi je vous ai prise chez moi ?

— Non, murmura Grace.

La douairière garda les lèvres serrées un moment avant d'articuler :

— Ce n'était pas juste. Personne ne devrait être seul en ce monde.

— Non, dit de nouveau Grace, et elle y croyait de tout son cœur.

— C'était pour nous deux. D'une chose terrible, j'ai fait une bonne chose. Pour nous deux.

Elle plongea alors son regard dans celui de Grace.

— Vous n'étiez pas censée partir !

N'en croyant pas ses oreilles, Grace s'entendit dire :

— Je viendrai vous rendre visite, si vous le souhaitez.

Lady Cavendish déglutit, puis regarda droit devant elle.

— Ce serait acceptable, déclara-t-elle.

L'arrivée d'Amelia épargna à Grace la peine de poursuivre. La jeune fille les informa qu'ils allaient repartir d'un instant à l'autre. Et en effet, à peine se fut-elle assise que la voiture s'ébranla.

Personne ne parla. Et c'était mieux ainsi.

Quelques heures plus tard, Grace ouvrit les yeux.

— Tu t'es endormie, murmura Amelia, avant de poser l'index sur ses lèvres en indiquant la douairière, qui s'était également assoupie.

Grace dissimula un bâillement derrière sa main, puis demanda :

— À ton avis, dans combien de temps arriverons-nous ?

— Je ne sais pas. Peut-être une heure. Ou deux.

Avec un soupir, Amelia s'adossa à la banquette et ferma les paupières. Elle avait l'air fatigué. Ils étaient tous fatigués. Et inquiets.

— Que feras-tu ? demanda Grace à brûle-pourpoint.

— Je l'ignore, avoua Amelia, sans ouvrir les yeux.

Ce n'était pas vraiment une réponse, cela dit, la question était un peu directe.

— Tu sais ce qui est le plus drôle ? reprit soudain Amelia.

— Non.

— Je ne cesse de me dire que ce n'est pas juste, que je devrais avoir le choix, qu'il n'est pas normal que je sois donnée et échangée comme une simple marchandise. Mais ensuite, je m'interroge. En quoi est-ce différent, aujourd'hui ? J'ai été donnée à Wyndham il y a des années, et je n'ai jamais élevé la moindre protestation.

— Tu n'étais qu'un bébé, répliqua Grace.

— Il n'empêche que j'ai eu des années pour me rebeller.

— Amelia...

— Je suis la seule à blâmer.

— Ce n'est pas vrai.

Amelia finit par ouvrir les yeux. Un œil, en tout cas.

— Tu dis cela comme cela.

— Non. Je le pourrais, admit Grace, mais il se trouve que je dis la vérité. Ce n'est pas ta faute. Ce n'est la faute de personne, franchement. Je le regrette. Ce serait tellement plus facile.

— D'avoir quelqu'un à blâmer ?

— Oui.

— Je ne veux pas l'épouser, souffla alors Amelia.

— Thomas ?

S'ils étaient fiancés depuis longtemps, il est vrai qu'ils ne semblaient pas éprouver une grande affection l'un pour l'autre.

— Non, répondit Amelia en l'observant avec curiosité. M. Audley.

— Vraiment ?

— Tu sembles stupéfaite.

— Non, bien sûr que non, se hâta d'assurer Grace.

Que pouvait-elle dire à Amelia ? Qu'elle était si désespérément amoureuse de Jack qu'il lui semblait impossible qu'une autre ne veuille pas de lui ?

— C'est juste qu'il est très séduisant, improvisa-t-elle.

Amelia eut un petit haussement d'épaules.

— Je le suppose.

Elle le *supposait* ? Ne l'avait-elle donc jamais vu sourire ?

— Tu ne le trouves pas un peu *trop* charmeur ? s'enquit Amelia.

— Non !

Grace baissa vivement les yeux, car son « non » était sorti comme un cri du cœur. Amelia le perçut sans doute ainsi, car elle demanda d'un ton insidieux :

— Grace Eversleigh, auriez-vous un faible pour M. Audley ?

— Je... je... bredouilla-t-elle.

— J'ai raison ! triompha Amelia.

— Cela n'a pas d'importance, répliqua Grace.

Qu'était-elle censée dire ? Et à Amelia, qui plus est, qui était supposée – ou pas – l'épouser !

— Bien sûr que si, rétorqua celle-ci. C'est réciproque ?

Grace aurait voulu se cacher dans un trou de souris.

— Inutile de répondre, enchaîna Amelia, l'air de beaucoup s'amuser. Je le lis sur ton visage. Eh bien, il est encore plus hors de question que je l'épouse.

Grace déglutit, un goût amer dans la bouche.

— Tu ne devrais pas le refuser à cause de moi.

— Je te demande pardon ? s'exclama Amelia.

— S'il est duc, je ne pourrai pas devenir sa femme.

— Pourquoi ?

Grace essaya de sourire, car c'était vraiment gentil de la part d'Amelia de ne pas tenir compte de leur différence d'origine. Mais elle n'y parvint pas.

— S'il est duc, il faudra qu'il épouse une femme de son rang. Une femme comme toi.

— Oh, ne sois pas ridicule ! s'esclaffa Amelia. Ce n'est pas comme si tu avais grandi dans un orphelinat.

— Le scandale s'annonce déjà énorme. Il ne faut pas qu'il y ajoute par son mariage.

— Il y ajouterait s'il épousait une actrice. Tu susciteras des commérages pendant une semaine, et ce sera fini.

Grace en doutait, mais elle ne vit pas l'intérêt d'argumenter.

— J'ignore ce que pense M. Audley, déclara alors Amelia, ni quelles sont ses intentions, mais s'il est prêt à tout affronter par amour, tu devrais l'être aussi.

Grace la dévisagea, déconcertée. D'où Amelia tenait-elle une telle sagesse ? Quand avait-elle cessé d'être la petite sœur d'Elizabeth pour devenir... elle-même ?

— Sois une femme courageuse, Grace, conclut-elle en lui pressant la main.

Puis elle sourit et, murmurant quelque chose pour elle-même, elle se tourna vers la fenêtre.

Grace demeura songeuse. Amelia avait-elle raison ? Ou était-ce juste qu'elle n'avait jamais dû affronter la moindre épreuve ? C'était facile de parler de courage lorsqu'on n'avait jamais fait face au désespoir.

Que se passerait-il vraiment si une femme comme elle épousait un duc ? La mère de Thomas n'appartenait pas à l'aristocratie, toutefois, quand elle avait épousé son père, il n'était que le troisième dans la lignée, et personne ne s'attendait qu'elle devienne duchesse. Elle avait été horriblement malheureuse.

Cela dit, les parents de Thomas ne s'aimaient pas. Ils ne se supportaient même pas, d'après ce qu'elle avait entendu.

Elle aimait Jack. Et il l'aimait.

Néanmoins, tout serait tellement plus simple s'il s'avérait ne pas être le fils légitime de John Cavendish.

Amelia la tira brusquement de ses pensées en chuchotant :

— Nous pourrions blâmer la douairière. Tu as dit toi-même que ce serait plus facile si on pouvait blâmer quelqu'un, expliqua-t-elle, comme Grace la dévisageait avec perplexité.

Celle-ci regarda alors la vieille dame. Elle ronflait doucement, la tête inclinée de côté dans un angle inconfortable. Même dans le sommeil son visage restait crispé et revêche.

— C'est certainement davantage sa faute que celle de n'importe qui d'autre, insista Amelia.

— En l'occurrence, je ne peux pas te donner tort, avoua Grace.

Le regard perdu au loin, Amelia ne répondit pas. Puis, alors que Grace pensait qu'elle s'en tiendrait là, elle lâcha :

— Je ne me sens pas mieux pour autant.

— De faire porter le blâme à la douairière ?

— Oui, acquiesça Amelia, dont les épaules s'affaissèrent. Toute cette histoire demeure horrible.

— Abominable, renchérit Grace.

Amelia tourna la tête et la regarda droit dans les yeux.

— Bougrement affreuse.

— Amelia ! s'exclama Grace.

Le front plissé, la jeune fille demanda :

— J'ai utilisé ce juron à bon escient ?

— Je l'ignore.

— Oh, ne me dis pas que tu n'as jamais pensé à des mots aussi peu convenables !

— Peut-être, mais je ne les *dirais* pas.

Le regard que lui jeta Amelia était une provocation non déguisée.

— Il n'empêche que tu l'as pensé.

Grace ne put s'empêcher de sourire.

— C'est une sacrée honte, chuchota-t-elle.

— Une fichue saleté, si tu veux le savoir, riposta Amelia, si vite que Grace devina qu'elle gardait ce juron en réserve.

— J'ai un avantage, tu sais, la prévint-elle, malicieuse.

— Lequel ?

— J'ai accès au langage des domestiques, moi.

— Tu ne vas quand même pas prétendre que les femmes de chambre de Belgrave parlent comme des harengères ?

— Pas les femmes de chambre. Mais les valets, parfois.

— Devant toi ?

— Pas exprès, admit Grace. Toutefois cela arrive.

— Très bien, déclara Amelia, les yeux pétillants. Fais de ton pire.

Après avoir réfléchi un instant, Grace jeta un coup d'œil à la douairière pour s'assurer qu'elle dormait toujours, puis elle se pencha pour chuchoter à l'oreille d'Amelia.

Quand elle eut terminé, cette dernière la dévisagea, les yeux ronds.

— Je ne suis pas certaine de savoir ce que cela signifie.

— Moi non plus, pour être franche.

— En tout cas, cela semble affreux.

— Bougrement affreux, répliqua Grace avec un sourire, et elle tapota la main d'Amelia.

Celle-ci soupira.

— Une sacrée honte.

— Nous nous répétons, fit remarquer Grace.

— Je sais, rétorqua Amelia avec une pointe de frustration. Mais à qui la faute ? Pas à nous. Nous avons été trop protégées.

— Alors ça, c'est vraiment une sacrée honte.

— Une fichue saleté, si tu veux savoir.

— Sapristi, de quoi parlez-vous donc ?

Grace ravala sa salive, puis coula un regard à Amelia, qui fixait la douairière, à présent réveillée, avec une expression horrifiée qui devait refléter la sienne.

— Alors ? insista lady Cavendish.

— De rien, assura Grace d'un ton dégagé.

Après l'avoir dévisagée d'un air mauvais, la vieille dame se tourna vers Amelia.

— Et vous, lady Amelia ! Où donc est passée votre éducation ?

— Je n'en sais fichtre rien, rétorqua Amelia en haussant les épaules.

Grace en éprouva un tel choc qu'elle laissa échapper une exclamation accompagnée de quelques postillons. N'était-ce pas ironique que, crachant sur la douairière pour la première fois, ce fût par accident ?

— Vous êtes répugnante, siffla la vieille dame. Je n'arrive pas à croire que j'aie envisagé de vous pardonner.

— Cessez de vous en prendre à elle, intervint Amelia, à la grande surprise de Grace.

— Je vous demande pardon ?

— J'ai dit : cessez de vous en prendre à Grace.

— Qui vous autorise à me donner des ordres ? Pour qui donc vous prenez-vous ?

Médusée, Grace crut voir Amelia changer sous ses yeux.

— Pour la future duchesse de Wyndham, d'après ce qu'on m'a dit, riposta la jeune fille.

Grace demeura bouche bée, partagée entre l'ébahissement et l'admiration.

— Parce que sinon, poursuivit Amelia avec dédain, que diable ferais-je ici, en pleine campagne irlandaise ?

Les yeux de Grace allèrent de l'une à l'autre pendant ce qui sembla être un interminable moment.

— Abstenez-vous toutes les deux d'ouvrir de nouveau la bouche, finit par déclarer la douairière. Je ne supporte pas le son de vos voix.

Elles se turent donc jusqu'à la fin du trajet. Lady Cavendish y compris.

20

À l'extérieur de la voiture, l'atmosphère était considérablement moins tendue. Les trois hommes n'avançaient jamais de front. De temps à autre, l'un d'eux accélérait ou ralentissait l'allure, un cheval dépassait l'autre, des saluts polis étaient échangés. Il arrivait qu'ils commentent le temps. Lord Crowland semblait s'intéresser aux oiseaux de la région.

Thomas ne disait pas grand-chose. Mais à un moment où Jack se rapprochait de lui, il n'en crut pas ses oreilles. Il sifflait !

— Vous êtes heureux ? ne put-il s'empêcher de lui demander.

Thomas tourna la tête, surpris.

— Moi ? Oui, je le suppose, répondit-il. La journée est plutôt belle, non ?

— Plutôt belle, en effet.

— Aucun de nous n'est coincé dans la voiture avec cette épouvantable vieille chouette, déclara Crowland, qui les avait rejoints. Nous devrions tous être heureux. Pardon, ajouta-t-il après réflexion car, après tout, l'épouvantable vieille chouette en question était la grand-mère de ses deux compagnons.

— Aucun pardon n'est nécessaire en ce qui me concerne, assura Thomas. Je suis entièrement d'accord.

Jack ne put éviter de s'interroger. Que la conversation ne cesse de revenir à la chance qu'ils avaient de ne pas être avec la douairière devait avoir une signification. C'était tout de même étrange...

— Est-ce que je serai obligé de vivre avec elle ? demanda-t-il abruptement.

— Les Hébrides extérieures, mon vieux, rappela Thomas avec un grand sourire. Les Hébrides extérieures.

— Pourquoi n'en avoir rien fait vous-même ?

— Oh, croyez-moi, je le ferai si, par hasard, j'ai encore un quelconque pouvoir sur elle demain ! Sinon...

Il haussa les épaules avant de poursuivre :

— J'aurai besoin de m'occuper, non ? J'ai toujours souhaité voyager. Je pourrais peut-être devenir votre éclaireur. Je m'amuserai comme un fou à rechercher l'endroit le plus reculé et le plus froid de l'île.

— Pour l'amour du ciel, arrêtez de parler ainsi !

Jack refusait que tout soit prédéterminé et organisé. Thomas devrait se battre pour conserver sa place dans le monde, et non la céder avec insouciance, non ?

Lui-même n'en voulait pas. Ce qu'il voulait ? Grace, être libre, et surtout, à cet instant précis, être ailleurs. N'importe où.

Thomas lui adressa un regard curieux, mais s'abstint de tout commentaire. Et Jack ne prononça plus un mot tandis qu'ils traversaient Pollamore, et la ville de Cavan, puis entraient enfin dans Butlersbridge.

La nuit était tombée depuis longtemps, pourtant il reconnut chaque boutique, chaque enseigne, chaque arbre. Il y avait l'auberge *Derragarra*, où il s'était saoulé le jour de ses dix-sept ans ; il y avait le boucher, le forgeron, et – mais oui ! – le moulin derrière lequel il avait volé son premier baiser.

Cela signifiait que, dans cinq minutes, non quatre, il serait à la maison.

La *maison*.

Un mot qu'il n'avait pas prononcé depuis des années parce qu'il n'avait plus de signification pour lui. Il avait vécu dans des auberges, des garnis, et parfois même à la belle étoile. Il avait sa bande d'amis disparates, qui allaient et venaient. Ils se réunissaient pour voler, plus par commodité qu'autre chose. Tout ce qu'ils avaient en commun, c'était un passé dans l'armée, et la volonté de donner une partie de leur butin à ceux qui étaient rentrés de la guerre en moins bon état qu'eux.

Au fil des ans, Jack avait offert de l'argent à des hommes privés de leurs jambes, à des femmes privées de mari, à des enfants privés de père. Personne ne lui demandait jamais d'où provenait cet argent. Il supposait que son maintien et son accent étaient ceux d'un gentleman, et que cela suffisait. Les gens voyaient ce qu'ils voulaient bien voir. Alors, quand un ancien officier arrivait avec des présents, personne n'avait envie de lui poser de questions.

Durant toute cette période, il n'avait rien dit, pas même son nom. À qui aurait-il pu parler ?

Mais maintenant, il y avait Grace.

Elle approuverait, songea-t-il avec un sourire. Peut-être pas les moyens, mais la fin. La vérité, c'était qu'il n'avait jamais rien dérobé qu'à ceux qui paraissaient avoir les moyens. Et il avait toujours pris soin de voler davantage aux plus agaçantes de ses victimes.

De tels scrupules ne lui auraient pas évité le gibet, ils lui avaient toutefois permis de mieux accepter la profession qu'il s'était choisie.

Il entendit un cheval galoper, tourna la tête et découvrit Thomas qui chevauchait à sa hauteur.

— Nous y sommes presque ? s'enquit-il.

— Oui, c'est juste après le tournant.

— Ils ne vous attendent pas, n'est-ce pas ?

— Non.

Thomas avait trop de tact pour l'interroger plus avant. Il fit même ralentir sa monture pour laisser Jack à ses pensées.

C'est alors qu'elle apparut. Cloverhill. Exactement comme il se la rappelait, sauf que, peut-être, la vigne recouvrait davantage la façade de brique. Toutes les pièces étaient éclairées et une lumière chaude se déversait par les fenêtres. Même si les seuls bruits étaient ceux de la voiture et des chevaux, Jack aurait juré entendre des rires et des exclamations joyeuses.

Bonté divine, il avait cru que tout cela lui manquait, mais ce qu'il ressentait allait bien au-delà. C'était une douleur qui pulsait dans sa poitrine ; un grand vide ; un sanglot à jamais coincé dans sa gorge.

Son foyer !

Il aurait voulu s'arrêter pour prendre le temps de contempler la gracieuse vieille maison, mais déjà la voiture se rapprochait. Il ne pouvait tenir tout le monde à l'écart pendant qu'il s'abandonnait à la nostalgie.

Il voulait à tout prix éviter que la douairière ne fasse irruption la première dans la maison, ce dont il la jugeait capable. Il s'avança donc jusqu'au perron, mit pied à terre et grimpa les marches. Il ferma alors les yeux et prit une profonde inspiration. Puis, rassemblant son courage, il souleva le heurtoir de cuivre et le laissa retomber.

Personne ne répondit, ce qui ne le surprit pas. Il était tard, on ne les attendait pas, et le majordome s'était peut-être retiré pour la nuit. Il y avait tant de bonnes raisons pour lesquelles ils auraient dû prendre des chambres au village et ne venir à Cloverhill qu'au matin. Il ne voulait pas...

La porte s'ouvrit. Jack croisa les mains dans le dos pour en dissimuler le tremblement.

Il vit d'abord la lumière de la bougie, puis l'homme qui la tenait, voûté et ridé.

— Monsieur Jack ?

— Bonsoir, Wimpole, dit-il.

Seigneur, le vieux majordome devait approcher les quatre-vingts ans. Sa tante le garderait, bien sûr, aussi longtemps qu'il souhaiterait travailler. C'est-à-dire, connaissant Wimpole, jusqu'au jour de sa mort.

— Nous ne vous attendions pas.

Jack essaya de sourire.

— Eh bien, vous savez combien j'aime les surprises.

— Entrez ! Entrez ! Oh, monsieur Jack, Mme Audley sera si heureuse de vous voir ! Tout comme...

Wimpole s'interrompit et, plissant les yeux, il jeta un coup d'œil dans la cour.

— J'ai amené quelques invités, expliqua Jack.

La douairière était déjà descendue de voiture, et c'était au tour de Grace et d'Amelia. Thomas retenait sa grand-mère par le bras, avec fermeté, semblait-il, pour permettre à Jack d'avoir quelques instants à lui. Mais elle montrait déjà des signes d'indignation.

— Wimpole ? fit une voix féminine. Qui vient à cette heure ?

Jack se raidit, à peine capable de respirer. C'était sa tante Mary. Elle paraissait être la même. Comme s'il n'était jamais parti...

Sauf que s'il n'était jamais parti, il n'aurait pas la bouche sèche, et son cœur ne tambourinerait pas ainsi dans sa poitrine. Et, surtout, il ne serait pas aussi terrifié. Il était mort de peur à l'idée de voir la seule personne qui l'avait aimé sa vie entière, de tout son cœur et sans condition.

— Wimpole ? Je...

Elle était apparue à l'angle du couloir et le regardait comme si elle voyait un fantôme.

— Jack ?

— En chair et en os.

Il s'était efforcé d'adopter un ton jovial, en vain. Au plus profond de lui, il avait envie de pleurer. Sur ce perron, devant tout le monde, il sentait les larmes lui gonfler le cœur, prêtes à jaillir.

— Jack ! s'écria sa tante en se jetant à son cou. Oh, Jack, mon petit garçon ! Tu nous as tellement manqué !

Elle l'étreignit, l'embrassant comme une mère embrasse son fils.

Comme elle aurait dû pouvoir embrasser Arthur.

— C'est si bon de vous voir, tante Mary, murmura Jack.

Il l'enlaça et enfouit le visage au creux de son cou, parce qu'elle était bel et bien sa mère. Dieu qu'elle lui avait manqué ! À cet instant, il ne voulait plus penser qu'il lui avait infligé le pire chagrin qu'on puisse imaginer. Il aspirait simplement à être dans ses bras.

— Oh, Jack, répéta-t-elle, souriant à travers ses larmes, je devrais te fouetter pour être resté absent si longtemps ! Pourquoi as-tu fait une chose pareille ? Tu ne sais donc pas combien nous nous sommes inquiétés ? Comment...

— Hem, hem...

Mary s'interrompit et tourna la tête, les mains encadrant toujours le visage de Jack. Lady Cavendish avait gravi le perron et se tenait derrière lui.

— Vous devez être la tante, dit-elle.

Mary ouvrit de grands yeux, et mit quelques instants à répondre :

— Oui. Et vous êtes... ?

— Tante Mary, intervint Jack en hâte, je crains de devoir vous présenter à la duchesse douairière de Wyndham.

Mary exécuta une révérence, puis s'écarta pour laisser entrer la douairière.

— La *duchesse* de Wyndham ? répéta-t-elle en regardant Jack d'un air effaré. Juste ciel, tu aurais pu nous prévenir !

Jack eut un sourire contraint.

— C'est mieux ainsi, je vous assure.

Comme le reste des voyageurs s'était avancé, Jack acheva les présentations en s'efforçant d'ignorer la pâleur grandissante de sa tante tandis qu'il nommait le duc de Wyndham, puis le comte de Crowland.

— Jack, chuchota-t-elle, affolée, je n'ai pas la place. Nous n'avons rien d'assez prestigieux...

— Je vous en prie, madame Audley, intervint Thomas en s'inclinant respectueusement, ne vous mettez pas martel en tête à cause de nous. Nous sommes impardonnables d'arriver sans avoir prévenu, et je ne veux pas vous déranger plus que nécessaire. Encore que...

Il jeta un coup d'œil à la douairière qui se tenait dans le vestibule, la mine particulièrement revêche.

— ... si vous pouviez donner votre meilleure chambre à ma grand-mère ? Ce serait plus facile pour tout le monde.

— Bien sûr, dit Mary. Entrez, je vous prie. Il fait froid. Jack, inutile de te dire que...

— Où est l'église ? coupa lady Cavendish.

— L'église ? répéta Mary, avant de regarder Jack avec perplexité. À cette heure-ci ?

— Je n'entends pas me recueillir ! Je souhaite consulter les registres.

— Le révérend Beveridge est toujours là ? demanda Jack pour essayer de réduire la douairière au silence.

— Oui, mais il est sûrement couché. Il est au moins 21 h 30, et il se lève tôt. Peut-être que demain matin, je...

— C'est une affaire dynastique d'importance, l'interrompit lady Cavendish. Il serait minuit passé que cela me serait égal. Nous...

— Cela ne m'est pas égal, déclara Jack, glacial. Vous n'allez pas tirer le pasteur de son lit. Vous avez attendu jusqu'à maintenant, vous pouvez attendre jusqu'à demain matin, bon sang !

— Jack ! s'exclama Mary, choquée, avant de se tourner vers la douairière. Je ne l'ai pas élevé ainsi.

— Non, c'est vrai, reconnut Jack, bien décidé à ne pas aller plus loin en matière d'excuses, malgré le regard dont l'accablait lady Cavendish.

— Vous étiez bien la sœur de sa mère ? demanda celle-ci.

Mary parut déconcertée par ce brusque changement de sujet.

— Oui.

— Vous avez assisté à son mariage ?

— Non.

Jack regarda sa tante, surpris.

— Vous n'y étiez pas ?

— Non, je n'ai pas pu m'y rendre. J'attendais un bébé. Je ne te l'ai jamais dit, ajouta-t-elle avec un sourire triste, parce qu'il est mort-né.

Son visage s'éclairant d'une infinie tendresse, elle ajouta :

— C'est l'une des raisons pour lesquelles j'ai été si heureuse de t'avoir, toi.

— Nous nous rendrons à l'église dans la matinée, annonça la douairière, que cette conversation laissait visiblement indifférente. Le plus tôt possible. Une fois les papiers trouvés, c'en sera fini.

— Les papiers ? répéta Mary.

— La preuve du mariage, évidemment.

Elle décocha à Mary un regard à la fois glacial et condescendant.

— Êtes-vous stupide ?

Thomas la tira en arrière et ce fut une bonne chose, sans quoi Jack lui aurait sauté à la gorge.

— Louise ne s'est pas mariée à Butlersbridge, déclara Mary, mais à Maguiresbridge, dans le comté de Fermanagh, où nous avons grandi.

— C'est loin d'ici ? s'enquit la douairière en essayant de se soustraire à la poigne de Thomas.

— Cinq lieues, Votre Grâce.

La duchesse marmonna quelque chose de déplaisant. Si Jack ne saisit pas les termes exacts, Mary, elle, pâlit. Elle se tourna vers lui avec une expression proche de la panique.

— Jack, qu'est-ce que cela signifie ? Pourquoi avez-vous besoin des preuves du mariage de ta mère ?

Du regard, il interrogea Grace, qui se tenait juste derrière sa tante. Elle lui adressa un imperceptible signe d'encouragement, et il se racla la gorge.

— Mon père était son fils, répondit-il en désignant la douairière du menton.

Interloquée, Mary pivota vers cette dernière.

— Ton père... John Cavendish, tu veux dire...

Thomas s'avança alors.

— Puis-je intervenir ?

— Je vous en prie, murmura Jack, qui était épuisé.

— Madame Audley, commença Thomas, avec plus de dignité et de sang-froid que Jack ne s'y attendait, s'il existe une preuve du mariage de votre sœur avec John Cavendish, votre neveu est le véritable duc de Wyndham.

— Le véritable duc de... Non, ce n'est pas possible. Je me souviens de M. Cavendish. Il était...

Elle agita les mains comme pour le décrire. Puis, après plusieurs tentatives pour recouvrer l'usage de la parole, elle finit par dire :

— Il ne nous aurait pas caché une chose pareille.

— Il n'était pas héritier, à ce moment-là, précisa Thomas, et il n'avait aucune raison de croire qu'il le serait un jour.

— Oh, mon Dieu ! Mais si Jack est duc de Wyndham, vous...

— Je ne le suis pas, conclut Thomas, ironique. Vous comprenez donc, j'en suis certain, pourquoi nous sommes si pressés d'éclaircir cette affaire.

Mary le fixa d'un regard choqué. Puis elle regarda Jack. Et elle parut prête à se laisser choir sur la première chaise venue.

— J'attends dans un vestibule, leur rappela la douairière avec hauteur.

— Ne soyez pas grossière, la tança Thomas.

— Elle aurait dû s'occuper de...

Thomas referma de nouveau la main sur son bras et la poussa vers Jack et sa tante.

— Madame Audley, nous vous sommes très reconnaissants de votre hospitalité. *Tous !*

Après l'avoir remercié d'un signe de tête, Mary se tourna vers le majordome.

— Wimpole, pourriez-vous...

— Bien sûr, madame.

Jack ne put retenir un sourire en le voyant s'éloigner. Il allait, sans aucun doute, réveiller la gouvernante pour qu'elle prépare les chambres. Wimpole avait toujours su ce dont Mary avait besoin avant même qu'elle le lui demande.

— Les chambres seront prêtes très vite, assura Mary, qui se tourna ensuite vers Grace et Amelia. Cela ne vous ennuie pas de partager la même ? Je n'ai pas...

— Ne vous tracassez pas, nous apprécions beaucoup la compagnie l'une de l'autre, la rassura Grace.

— Merci, souffla Mary, l'air soulagé. Jack, il faudra que tu prennes ton ancien lit, dans la chambre d'enfant. Et... Oh, que je suis sotte ! Ne restez pas dans le vestibule. Allons dans le salon, vous pourrez vous réchauffer près de la cheminée.

Alors que Jack emboîtait le pas aux autres, elle le retint par le bras.

— Tu nous as manqué, murmura-t-elle.

Il déglutit, mais la boule logée dans sa gorge y demeura.

— Vous aussi, vous m'avez manqué. Qui est à la maison ? demanda-t-il en se forçant à sourire. Edward doit être...

— Marié, acheva-t-elle à sa place. Dès que nous n'avons plus porté le deuil d'Arthur. Et Margaret s'est mariée peu après. Tous les deux vivent non loin d'ici. Edward un peu plus bas dans la rue, Margaret à Belturbet.

— Et oncle William ?

La dernière fois que Jack l'avait vu, c'était aux obsèques d'Arthur. Il lui avait paru vieilli. Vieilli, fatigué, et raidi par le chagrin.

— Il va bien ?

Mary garda le silence, et une insupportable douleur voilà son regard. Ses lèvres s'entrou-vrirent, mais aucun mot n'en sortit. Ils n'étaient pas nécessaires.

Jack la regarda, sous le choc.

— Non.

Ce n'était pas possible. Il était censé avoir une chance de dire à son oncle à quel point il était désolé. Il avait fait tout ce chemin jusqu'en Irlande, et voulait lui dire qu'il était désolé.

— Il est mort, Jack, murmura Mary, qui bat-tit des paupières à plusieurs reprises, les yeux humides. Il y a deux ans. Je ne savais pas comment t'avertir. Tu ne nous avais pas laissé d'adresse.

342

Jack pivota et fit quelques pas vers l'arrière de la maison. S'il restait là où il était, il suffirait que quelqu'un franchisse le seuil du salon pour le voir sur le point de pleurer, peut-être même de hurler.

— Jack ?

Il entendit sa tante s'approcher de lui. Levant les yeux vers le plafond, il prit une inspiration tremblante. Cela ne l'aida en rien, mais il ne savait quoi faire d'autre.

Mary posa la main sur son bras.

— Il m'a dit de te dire qu'il t'aimait.

— Non, taisez-vous !

À cet instant, il n'y avait rien qu'il fût moins capable d'entendre.

— Il l'a dit. Et aussi, qu'il savait que tu reviendrais à la maison. Tu étais son fils. Dans son cœur, tu étais son fils.

Jack se couvrit le visage de ses mains et les y pressa de toutes ses forces, comme s'il pouvait écraser son chagrin. Pourquoi était-il surpris ? Il n'aurait pas dû l'être. William n'était pas un jeune homme : il avait près de quarante ans lorsqu'il avait épousé Mary.

Il croyait donc que la vie cesserait de suivre son cours en son absence ? Que personne ne changerait, ne grandirait, ne... disparaîtrait ?

— J'aurais dû revenir, articula-t-il. J'aurais dû... Oh, Seigneur, quel idiot !

Mary lui prit une main et la tira doucement. Puis, sans la lâcher, elle entraîna Jack dans la pièce la plus proche, qui était le bureau de son oncle.

Jack s'avança jusqu'à la table de travail, un monstre de bois sombre couvert d'éraflures et imprégné de l'odeur des papiers et de l'encre qui l'encombraient toujours.

Curieusement, il avait toujours aimé venir dans ce bureau qu'il n'avait jamais trouvé imposant. Enfant, il était pourtant du genre à préférer le grand air, toujours à courir, à grimper dans les arbres et à rentrer couvert de boue. Aujourd'hui encore, il détestait se trouver dans une pièce comportant moins de deux fenêtres.

Il avait néanmoins toujours aimé cet endroit.

Quand il se retourna, sa tante se tenait au milieu de la pièce. Elle avait repoussé la porte et posait sa bougie sur l'étagère. Elle pivota, croisa son regard et dit très doucement :

— Il savait que tu l'aimais.

Jack secoua la tête.

— Je ne méritais pas oncle William. Ni vous.

— Tais-toi. Je refuse de t'entendre dire ce genre de choses.

— Tante Mary, vous savez...

Il porta son poing à sa bouche. Les mots étaient là, mais ils lui brûlaient la poitrine. Ils étaient si difficiles à prononcer !

— Vous savez que si Arthur est allé en France, c'est à cause de moi.

Elle le regarda avec perplexité, puis laissa échapper une exclamation étouffée.

— Bonté divine, Jack, tu ne te reproches pas sa mort, j'espère ?

— Bien sûr que si. C'est à cause de moi qu'il est parti. Il n'aurait jamais...

— Il voulait entrer dans l'armée. Il savait que c'était soit cela, soit le clergé, ce qu'il rejetait catégoriquement. Il avait toujours projeté de...

— Non ! l'interrompit Jack avec toute la force de la colère qui lui emplissaient le cœur. Ce n'est pas vrai. Peut-être qu'il vous l'a présenté ainsi, mais...

— Tu ne peux pas endosser la responsabilité de sa mort. Je ne le permettrai pas.

— Tante Mary...

— Arrête !

Elle pressa les paumes contre ses tempes, les doigts serrés autour de son crâne comme pour essayer de faire taire Jack, d'empêcher sa voix d'atteindre son esprit.

Mais il fallait qu'il aille jusqu'au bout. C'était le prix à payer pour qu'elle comprenne.

Et ce serait la première fois qu'il prononcerait ces mots à voix haute.

— Tante Mary, je ne sais pas lire.

Cinq mots. C'est tout. Cinq mots. Et une existence entière de secrets.

Elle plissa le front, et Jack n'aurait su dire si elle ne le croyait pas, ou si elle pensait simplement avoir mal entendu.

Les gens voyaient ce qu'ils s'attendaient à voir. Il avait toujours agi en homme éduqué, c'était donc ainsi qu'elle le voyait.

— Je ne sais pas lire, répéta-t-il. Je n'en ai jamais été capable. Arthur était le seul à s'en être rendu compte.

Mary secoua la tête.

— Je ne comprends pas. Tu es allé à l'école. Tu as obtenu tes diplômes...

— D'extrême justesse, coupa Jack, et avec l'aide d'Arthur. Pourquoi croyez-vous que j'aie dû quitter l'université ?

— Jack, murmura-t-elle, l'air presque gêné, on nous a dit que tu t'étais mal conduit. Tu buvais trop, il y a eu cette histoire avec une femme, et puis... cette horrible farce avec le cochon et... Pourquoi secoues-tu la tête ?

— Je ne voulais pas vous embarrasser.

— Parce que tu crois que ce n'était pas embarrassant ?

— Je ne pouvais pas travailler sans l'aide d'Arthur, expliqua-t-il. Et il n'était pas encore à l'université.

— Mais on nous a dit...

— Je préférais être renvoyé pour mauvaise conduite plutôt que pour stupidité.

— Tu as fait tout cela exprès ?

Il hocha la tête en silence.

— Oh, mon Dieu ! souffla Mary en se laissant tomber dans un fauteuil. Pourquoi n'as-tu rien dit ? Nous aurions pu engager un tuteur.

— Cela n'aurait servi à rien.

Comme elle le regardait avec perplexité, il ajouta, sans parvenir à dissimuler son impuissance :

— Les lettres dansent devant mes yeux, tante Mary. Elles sautent partout. Je suis incapable de faire la différence entre un d et un b. Sauf s'il s'agit de majuscules. Et encore, je...

— Tu n'es pas stupide, le coupa sa tante. Tu n'es *pas* stupide, répéta-t-elle avec énergie. S'il y a un problème, c'est avec tes yeux, pas avec ton esprit. Je te connais !

Elle se leva, s'approcha de lui et, d'une main tremblante, lui caressa la joue.

— J'ai assisté à ta naissance, j'ai été la première à te tenir dans mes bras, j'ai soigné chacun de tes bobos. Je t'ai vu t'éveiller à la vie et *penser*. De quelle intelligence tu as dû faire preuve pour nous duper tous, ajouta-t-elle avec douceur.

346

— Arthur m'a aidé durant toute ma scolarité, dit-il, et sa voix s'étrangla à ce souvenir. Je ne le lui avais pas demandé, mais il prétendait... il prétendait qu'il aimait lire à voix haute.

— Je crois qu'en effet, il aimait cela, murmura sa tante tandis qu'une larme roulait sur sa joue. Arthur te vénérait, Jack.

Il s'efforça de ravaler les sanglots qui lui montaient dans la gorge.

— J'étais censé le protéger.

— Les soldats meurent, Jack. Arthur n'a pas été le seul. Simplement...

Fermant les yeux, elle détourna la tête, pas assez vite, toutefois, pour que Jack ne voie pas la douleur lui crisper les traits.

— Simplement, c'était le seul qui comptait pour moi, chuchota-t-elle.

Elle releva la tête et le regarda droit dans les yeux.

— Je t'en prie, Jack, je ne veux pas perdre deux fils.

Elle ouvrit les bras et, sans même s'en rendre compte, il s'y jeta et s'abandonna à son étreinte en sanglotant.

Il n'avait pas pleuré à la mort d'Arthur. Il n'avait pas versé une seule larme. Sa colère, contre les Français autant que contre lui-même, était telle qu'elle n'avait pas laissé de place au chagrin.

Mais celui-ci déferlait à présent, chargé de tristesse, de toutes ces occasions où il avait été témoin d'un incident amusant sans pouvoir le partager avec Arthur, de tous ces anniversaires qu'il avait fêtés seul et qu'Arthur ne fêterait jamais.

Il pleurait aussi sur lui-même et sur toutes les années qu'il avait perdues à se fuir. Il en avait assez. Il voulait s'arrêter, enfin. Là où serait Grace.

Il était hors de question qu'il la perde. Peu lui importait la manière dont il assurerait leur avenir. Si Grace déclarait qu'elle ne pouvait pas épouser le duc de Wyndham, eh bien, il ne serait pas duc de Wyndham. Il voulait croire qu'il lui restait encore un semblant de contrôle sur son destin.

— Il faut que je m'occupe de mes invités, finit par murmurer Mary en se dégageant doucement.

Jack acquiesça d'un signe de tête et s'essuya les yeux.

— La douairière... je suis vraiment désolé.

— Elle dormira dans ma chambre.

En temps ordinaire, Jack lui aurait défendu de renoncer à sa chambre. Mais il était fatigué, elle l'était sans doute également, aussi se contenta-t-il de dire :

— C'est très gentil de votre part.

— À mon avis, il s'agit davantage d'instinct de conservation que de gentillesse.

Jack ne put s'empêcher de sourire. Sa tante se dirigea vers la porte et, alors qu'elle posait la main sur la poignée, il l'interpella.

— Tante Mary ?

— Oui ? fit-elle en se retournant.

— Mlle Eversleigh... je l'aime.

Une étincelle s'alluma et vacilla dans les yeux de sa tante. Un éclat romantique.

— Je suis si heureuse de l'apprendre, dit-elle avec chaleur.

— Et elle m'aime aussi.

— Encore mieux !

— Oui, murmura-t-il.

— Tu retournes là-bas avec moi ? s'enquit-elle en indiquant le vestibule.

Il aurait dû. Mais les révélations de la soirée l'avaient épuisé. Et il ne voulait pas qu'on le voie ainsi, avec les yeux rouges.

— Cela vous ennuie que je reste ici ?

— Bien sûr que non.

Après l'avoir gratifié d'un sourire affectueux, elle quitta la pièce. Jack s'approcha du bureau de son oncle, dont il caressa la surface du bout des doigts. L'endroit était paisible, et Dieu sait qu'il avait besoin de paix.

La nuit s'annonçait longue. Il savait d'ores et déjà qu'il ne dormirait pas. Mais il ne voulait pas faire quoi que ce soit, ni aller où que ce soit, ni, surtout, réfléchir.

Cette nuit, il voulait juste... *être*.

Le salon des Audley plaisait beaucoup à Grace. Décoré dans des tons crème et bordeaux, il ne manquait pas d'élégance, avec ses deux canapés, son secrétaire, et ses fauteuils confortables. On y décelait un peu partout des traces de la vie familiale, depuis la pile de lettres posées sur le bureau jusqu'à la broderie que Mme Audley avait dû abandonner à l'arrivée de Jack. Six portraits miniatures s'alignaient sur le manteau de la cheminée. Sous prétexte de se réchauffer les mains, Grace s'approcha pour les examiner.

Il lui parut évident qu'il s'agissait des membres de la famille, peints sans doute une quinzaine d'années plus tôt. Le premier était sûrement celui de l'oncle de Jack, et elle reconnut Mme Audley sur le deuxième. Après, il y avait... Bonté divine, était-ce Jack ? Oui, bien sûr, il avait si peu changé. Il paraissait plus jeune, certes, mais son expression, tout comme son sourire narquois, étaient strictement les mêmes. Elle en eut presque le souffle coupé.

Les trois autres miniatures figuraient sans doute les enfants Audley – deux garçons et une fille. La tête baissée, elle murmura une courte prière après avoir contemplé le benjamin, Arthur, que Jack avait tant aimé.

Était-ce de lui qu'il parlait avec sa tante, à cet instant ? Ayant été la dernière à entrer dans le salon, Grace avait vu Mme Audley l'entraîner discrètement dans une pièce voisine.

Après quelques minutes, le majordome entra pour annoncer que les chambres étaient prêtes. Sans trop savoir pourquoi, Grace préféra s'attarder auprès de l'âtre.

— Mademoiselle Eversleigh ?

Quand elle se retourna, elle se trouva face à la tante de Jack.

— Vous avez le pas léger, madame Audley. Je ne vous avais pas entendue approcher.

— Voici Jack, déclara Mme Audley après avoir saisi la miniature.

— Je l'ai reconnu, murmura Grace.

— Oui, il n'a guère changé. Celui-ci est mon fils Edward. Il habite un peu plus bas dans la rue. Et là, c'est Margaret. Elle a deux filles, à présent.

Leur regard s'arrêta sur le portrait d'Arthur.

— Je vous présente mes condoléances, finit par dire Grace.

— Merci, répondit simplement Mme Audley.

Puis, se tournant vers elle, elle lui prit la main.

— Jack est dans le bureau de son oncle. Tout au bout du vestibule, à droite. Allez le retrouver. Allez, insista-t-elle avec douceur, comme Grace hésitait.

Alors, sans plus réfléchir, Grace sortit du salon. Elle courut presque dans le vestibule et s'arrêta devant la porte indiquée.

— Jack ? appela-t-elle doucement après l'avoir entrouverte.

Il était assis dans un fauteuil, face à la fenêtre, mais il se retourna au son de sa voix et se leva aussitôt.

Elle entra dans la pièce, referma la porte derrière elle.

— Ta tante m'a dit...

Mais déjà, il était devant elle. Et il l'embrassait fougueusement, presque avec fureur.

Quand il s'écarta, Grace avait le souffle court et les jambes flageolantes. Sa vie en eût-elle dépendu, qu'elle aurait été incapable d'aligner trois mots cohérents.

Seigneur, elle désirait cet homme comme jamais elle n'avait rien désiré.

— Va te coucher, Grace.

— Quoi ?

— Je ne peux pas te résister, dit-il d'une voix rauque.

Incapable de se retenir, elle tendit la main vers lui.

— Pas dans cette maison, l'arrêta-t-il alors même qu'il la dévorait des yeux. Va. S'il te plaît.

Elle se plia à sa requête sans insister.

Et frissonna toute la nuit.

Elle frissonna et brûla à la fois.

21

— Vous n'arrivez pas à dormir ?

Jack leva les yeux. Thomas se tenait sur le seuil du bureau.

— Non.

— Moi non plus.

Jack leva la bouteille de cognac qu'il avait prise sur l'étagère. Il n'y avait pas un grain de poussière dessus, alors qu'il était certain que personne n'y avait touché depuis le décès de son oncle. Sa tante mettait un point d'honneur à avoir une maison toujours impeccable.

— Il est bon, assura-t-il. Je pense que mon oncle le réservait pour les grandes occasions. Il n'avait pas prévu celle-ci, je suppose, ajouta-t-il avec une grimace.

D'un geste, il indiqua un plateau garni de verres, près de la fenêtre. Thomas alla en chercher un, puis vint s'asseoir dans le grand fauteuil voisin du sien. Il posa son verre sur la petite table basse qui les séparait et Jack le servit avec générosité.

Thomas but quelques gorgées.

— L'aube ne va pas tarder, dit-il, les yeux rivés sur la fenêtre.

— D'autres que vous sont déjà levés ?

— Je n'ai entendu personne.

Ils demeurèrent silencieux un long moment. Après avoir fini son verre, Jack s'empara de la bouteille pour se resservir. À peine avait-il commencé à remplir son verre qu'il se rendit compte qu'il n'en avait pas vraiment envie. Il releva les yeux.

— Avez-vous parfois l'impression d'être en représentation ? demanda-t-il à brûle-pourpoint.

— Tout le temps, répondit Thomas, impassible.

— Comment supportez-vous cela ?

— Je ne connais rien d'autre.

Jack se massa les tempes. Il avait un mal de crâne épouvantable, et la journée qui s'annonçait n'allait certainement pas contribuer à l'atténuer.

— Cela va être horrible, aujourd'hui.

Thomas se contenta de hocher la tête, et Jack ferma les yeux. Il n'était guère difficile d'imaginer la scène. La douairière insisterait pour être la première à lire le registre, et Crowland serait sur ses talons, prêt à vendre sa fille au plus offrant. Tante Mary voudrait probablement être présente. Amelia aussi, et qui pourrait le lui reprocher ? Elle était concernée au premier chef, bien sûr.

La seule personne à ne pas être présente serait Grace. La seule personne dont il avait besoin à ses côtés.

— Cela va même être un sacré cirque, marmonna-t-il.

— Effectivement.

De nouveau, le silence s'étira entre eux. Tous deux levèrent la tête, leurs regards se croisèrent, puis Thomas tourna de nouveau les yeux vers la fenêtre.

— On y va ? suggéra Jack, sentant renaître en lui une timide envie de sourire.

— Avant que quiconque...

— Tout de suite.

— Je vous suis, déclara Thomas en se levant.

C'est alors que l'évidence frappa Jack : ils étaient cousins.

Et pour la première fois, il s'en réjouit.

La matinée était déjà bien avancée lorsqu'ils atteignirent l'église de Maguiresbridge. Jack était déjà venu ici pour rendre visite à la famille de sa mère, et la vue du vieil édifice de pierres grises, humble et modeste, lui apparut familière et réconfortante.

— On dirait qu'il n'y a pas grand monde, constata Thomas.

— Le registre sera sans doute au presbytère, supposa Jack.

Tous deux mirent pied à terre. Après avoir attaché leurs chevaux, ils se dirigèrent vers la porte d'entrée. Ils durent frapper plusieurs fois avant d'entendre un bruit de pas à l'intérieur.

La femme d'âge moyen qui leur ouvrit la porte était de toute évidence la gouvernante.

— Bonjour, madame, dit Jack en s'inclinant. Je suis Jack Audley, et voici...

— Thomas Cavendish, fit ce dernier.

Jack lui décocha un coup d'œil ironique, que la gouvernante aurait sûrement remarqué si elle n'avait été aussi manifestement contrariée par leur arrivée.

— Nous aimerions consulter le registre de la paroisse, reprit Jack.

Elle les observa un instant avant d'indiquer l'arrière de la maison du menton.

— C'est au fond. Dans le bureau du pasteur.

— Euh… Le pasteur est là ?

— Il n'y a pas de pasteur en ce moment, répondit-elle. La place est vacante.

Tout en se dirigeant vers un sofa élimé, devant la cheminée, elle poursuivit :

— On devrait en avoir un nouveau bientôt. En attendant, ils envoient quelqu'un d'Enniskillen tous les dimanches pour l'office.

Elle s'assit, leur tournant le dos, et saisit une assiette garnie de tartines.

Après avoir échangé un regard avec Thomas, Jack parvint à la conclusion qu'ils étaient censés entrer.

Le bureau était plus grand qu'il ne s'y attendait, vu l'exiguïté apparente du presbytère. Il comportait trois fenêtres, et une cheminée dans laquelle brûlait un petit feu. Jack s'en approcha pour se réchauffer les mains.

— Vous savez à quoi ressemble un registre paroissial ? demanda Thomas.

Jack secoua la tête. Il s'efforça de se détendre, mais il était plus crispé à chaque seconde qui passait. Il avait l'impression d'être prêt à bondir hors de son corps.

— C'est peut-être cela.

Jack se retourna. Thomas tenait un grand livre relié de cuir brun, dont la couverture montrait des signes d'usure.

— Nous regardons ? ajouta Thomas.

Il avait parlé d'un ton égal, pourtant Jack le vit déglutir. Et il avait les mains qui tremblaient.

— Allez-y, répondit-il.

Cette fois, il ne pouvait tricher. Se pencher sur le registre et faire semblant de lire était au-dessus de ses forces.

Thomas le dévisagea, l'air surpris.

— Vous ne voulez pas regarder avec moi ?

— Je vous fais confiance.

C'était la vérité. Jack ne connaissait personne d'aussi intrinsèquement honnête que Thomas. Il ne mentirait jamais, pas même dans cette circonstance. D'ailleurs, il protesta aussitôt.

— Non. Je ne regarderai pas sans vous.

L'espace d'un instant, Jack demeura pétrifié. Puis, ravalant un juron, il rejoignit Thomas devant le bureau.

— Vous n'avez pas besoin de vous montrer aussi noble, bon sang, maugréa-t-il.

À son tour, Thomas grommela dans sa barbe, puis il posa le registre et l'ouvrit.

Sous les yeux de Jack, les mots se mirent à danser, les lettres à s'entremêler. D'un coup d'œil oblique, il essaya de deviner si Thomas avait vu quelque chose. Mais le regard de celui-ci balayait rapidement chaque page avant de passer à la suivante.

Soudain, il ralentit dans sa lecture.

Les dents serrées, Jack tenta de déchiffrer quelque chose. Parfois, il reconnaissait les plus grosses lettres et, assez souvent, les chiffres. Le problème, c'était que les lettres étaient rarement là où il pensait les trouver, ou alors, ce n'étaient pas celles qu'il croyait.

— Savez-vous quel mois vos parents se sont mariés ?

— Non.

Cela dit, il s'agissait d'une petite paroisse dans laquelle on ne devait pas célébrer de nombreux mariages.

Jack suivit des yeux les doigts de Thomas, qui descendaient le long de la page. Ils en saisirent le coin, la tournèrent. Et s'immobilisèrent.

Il releva alors la tête pour regarder Thomas. Celui-ci avait fermé les yeux. Mais c'était là, sur son visage, criant.

— Mon Dieu.

Les mots tombèrent des lèvres de Jack telles des larmes. Ce n'était pas une surprise, et pourtant, il avait espéré. Il avait même prié pour que ses parents n'aient pas été mariés, ou que la preuve ait été détruite, ou que quelqu'un se soit trompé.

Parce que cela ne pouvait pas être vrai !

Lui qui en était réduit à feindre de lire ce maudit registre, comment pourrait-il assumer la responsabilité d'un duché ? Rédiger des contrats de métayage, des baux et autres documents ?

Il aurait intérêt à engager un intendant digne de confiance, parce que ce n'était pas comme s'il était capable de vérifier quoi que ce soit.

La bonne nouvelle – il retint à grand-peine un rire horrifié –, c'était qu'il pourrait apposer un sceau en guise de signature sur les papiers. Car Dieu seul savait le temps qu'il lui faudrait pour apprendre à écrire son nouveau nom sans avoir l'air de réfléchir avant de tracer chaque lettre.

John Cavendish-Audley lui avait demandé des mois d'entraînement. Quoi d'étonnant à ce qu'il se soit empressé de se débarrasser du *Cavendish* ?

Jack enfouit son visage entre ses mains et ferma les yeux. Il savait que cela arriverait, et pourtant, il se refusait à y croire. L'impression de devenir fou l'empêchait de respirer.

— Qui est Philip ? demanda soudain Thomas.

— Pardon ? hoqueta Jack.

— Philip Galbraith. Il était témoin.

Jack le dévisagea, puis regarda le registre, il contempla les boucles et les traits qui formaient apparemment le nom de son oncle.

— Le frère de ma mère.

— Il est encore en vie ?

— Je l'ignore. Il l'était la dernière fois que j'en ai entendu parler. Il y a cinq ans.

Pourquoi diable Thomas lui posait-il cette question ? Cela changerait-il quelque chose que Philip soit mort ? Non, puisque la preuve figurerait toujours dans le registre.

C'était lui, l'ennemi, songea Jack, les yeux rivés sur le vieux registre. Une seule page faisait de lui le duc de Wyndham, empêchait Grace de l'épouser et le condamnait à une existence misérable. Sans cette page, il resterait Jack Audley, et tous ses problèmes seraient résolus.

— Déchirez-la, chuchota-t-il.

— Quoi ?

— Déchirez-la.

— Vous êtes fou ?

— Non. C'est vous, le duc.

— Non, je ne le suis pas, articula Thomas d'une voix douce.

Jack l'empoigna par les épaules.

— Thomas, vous êtes ce dont Wyndham a besoin. Ce dont tout le monde a besoin.

— Arrêtez, vous...

— Écoutez-moi, implora Jack. Vous êtes né et vous avez été élevé pour faire ce que l'on attend

d'un duc. Je vais tout gâcher, vous comprenez ?
Je suis incapable de tenir ce rôle. In-ca-pa-ble !

Mais Thomas se contenta de secouer la tête.

— Que j'ai été élevé pour tenir ce rôle ne
compte pas. Seule compte la naissance. Et c'est
vous qui êtes né pour occuper cette place. Je ne
peux pas prendre ce qui vous revient.

— Je n'en veux pas ! s'écria Jack.

— Il ne vous appartient pas d'accepter ou de
refuser, déclara Thomas avec un calme exaspérant. Ce n'est pas quelque chose que vous pos-
sédez. C'est ce que vous êtes.

— Oh, pour l'amour du ciel, murmura Jack
en se ratissant les cheveux d'une main fébrile.
Je vous le donne. Je vous l'offre sur un plateau
d'argent. Vous restez duc, je vous laisserai tranquille. C'est moi qui irai prospecter pour vous
dans les Hébrides. Je ferai ce que vous voulez.
Je vous demande juste de déchirer cette page.

— Si vous ne vouliez pas de ce titre, pourquoi
n'avoir pas prétendu d'emblée que vos parents
n'étaient pas mariés ? Quand je vous l'ai demandé,
vous auriez pu dire non.

— J'ignorais ce qui était en jeu lorsque vous
avez mis en doute ma légitimité, répliqua Jack,
la gorge nouée.

Comment diable Thomas pouvait-il être aussi
noble et droit ? N'importe qui d'autre aurait
déjà déchiré cette feuille sans hésiter. Mais pas
Thomas Cavendish, qui ferait ce qui était juste.
Pas ce qui était mieux, non, ce qui était juste.

Jack tremblait de tout son corps, et son cœur
battait une chamade effrénée.

— Vous entendez ? dit-il soudain.

— Oui. Ils arrivent.

Jack retint son souffle. Par la fenêtre, il vit une voiture approcher.

Il n'avait plus le temps. Quand il reporta les yeux sur Thomas, celui-ci fixait le registre.

— Je ne peux pas, murmura-t-il.

Sans réfléchir, Jack le bouscula pour accéder au registre et arracha la feuille. Thomas tenta de l'immobiliser mais, échappant à son étreinte, Jack se précipita vers la cheminée.

— Jack, non ! hurla Thomas.

Il eut beau lui agripper le bras, Jack parvint à lancer le papier dans le feu.

Ils cessèrent aussitôt de lutter et, comme hypnotisés, regardèrent la feuille se tordre et noircir.

— Dieu du ciel, murmura Thomas, qu'avez-vous fait ?

— J'ai sauvé Wyndham, et nous tous, répondit Jack.

Grace ne s'attendait pas à faire partie de l'expédition à Maguiresbridge. Même si elle était mêlée de près à l'héritage des Wyndham, elle n'était pas membre de la famille. Elle n'avait même plus sa place dans la maison.

Mais quand la douairière découvrit que Jack et Thomas s'étaient rendus à l'église sans elle, elle devint folle. Il lui avait fallu au moins une minute pour se ressaisir, et pour ceux qui furent témoins de ces soixante longues secondes, ce fut un spectacle terrifiant.

Aussi, au moment du départ, Amelia refusa-t-elle de partir sans Grace.

— Ne me laisse pas seule avec cette femme, lui chuchota-t-elle à l'oreille.

— Tu ne seras pas seule, lui rappela Grace.

Il y aurait lord Crowland, bien sûr. Et la tante de Jack avait requis une place dans la voiture.

— Je t'en supplie, Grace, avait insisté Amelia.

Lady Cavendish s'était de nouveau emportée ; une réaction prévisible, mais qui n'avait fait qu'accroître la nervosité d'Amelia – elle avait saisi la main de Grace et lui avait quasiment broyé les doigts.

— Oh, faites ce que vous voulez ! avait fini par lancer la douairière. Mais si vous n'êtes pas dans la voiture dans trois minutes, je pars sans vous.

C'est ainsi qu'Amelia, Grace et Mary Audley se retrouvèrent serrées sur la banquette face à lady Cavendish et à lord Crowland.

Le trajet jusqu'à Maguiresbridge parut interminable. Amelia regardait par la fenêtre de son côté, Mary Audley, la douairière et lord Crowland regardaient chacun du leur, et Grace, coincée au milieu, dos à la route, n'avait d'autre choix que de fixer un point entre les têtes des deux derniers.

Toutes les dix minutes environ, la vieille dame sommait Mary de lui dire dans combien de temps ils atteindraient leur destination. Chaque fois, Mary répondit avec une déférence et une patience admirables, jusqu'à ce que, au grand soulagement de tous, elle annonça :

— Nous y sommes.

La douairière descendit la première, suivie de près par lord Crowland qui traînait quasiment Amelia derrière lui. Mary Audley leur emboîta le pas, laissant Grace seule à l'arrière. Celle-ci soupira mais, au fond, c'était dans l'ordre des choses.

Lorsqu'elle atteignit la porte du presbytère, ils étaient déjà tous à l'intérieur, et se pressaient dans un petit couloir. Lequel menait sans doute à la pièce où se trouvaient Jack, Thomas... et le registre paroissial.

Une femme se tenait au centre de la première pièce, bouche bée, une tasse de thé en équilibre instable entre les mains.

— Bonjour, madame, la salua Grace avec un bref sourire, non sans se demander si les autres avaient pris la peine de frapper.

— Où est-il ? entendit-elle la douairière crier.

Puis une porte heurta violemment un mur.

— Comment avez-vous osé partir sans moi ? Où est-il ? J'exige de voir le registre !

Grace s'approcha, mais les autres l'empêchaient d'entrer dans la pièce. Alors, elle fit ce qu'elle n'aurait jamais imaginé faire un jour : elle poussa pour forcer le passage.

Elle aimait Jack, et quoi que le destin lui réservait aujourd'hui, elle serait à ses côtés pour affronter cette épreuve.

— Qu'avez-vous trouvé ? cria la douairière à l'instant où Grace réussissait à se frayer un chemin.

Elle chercha Jack des yeux. Il était affreusement pâle. Elle remarqua que ses mains tremblaient. Jamais elle ne l'avait vu ainsi. Quelque chose clochait. Personne ne s'en apercevait donc ?

Elle se tourna vers Thomas, qui allait sûrement dire ou faire quelque chose. Mais comme tous les autres, il regardait Jack. Pourquoi personne ne parlait ?

— C'est Thomas, le duc de Wyndham, lâcha finalement Jack. Comme il est normal.

Grace aurait dû sauter de joie. Or, la seule pensée qui lui vint fut : « Je ne le crois pas. »

— Thomas, est-ce vrai ? demanda la douairière.

Celui-ci garda le silence.

Elle lui saisit le bras d'un geste impatient.

— Est-ce vrai ? répéta-t-elle.

— Il n'y a pas de preuve du mariage, insista Jack, alors que Thomas ne disait toujours rien.

Grace avait envie de pleurer. Il mentait, cela sautait aux yeux. Il y avait du désespoir dans sa voix, de la peur et... Seigneur, faisait-il cela pour elle ? Essayait-il de renoncer à ses droits pour *elle* ?

— Thomas est bien le duc, répéta Jack, les regardant à tour de rôle d'un air éperdu. Pourquoi est-ce que personne ne m'écoute ?

Un nouveau silence s'ensuivit. Ce fut Thomas qui le rompit, d'une voix unie mais implacable :

— Il ment.

Réprimant un sanglot, Grace se détourna, incapable de regarder.

— Non, protesta Jack, je vous dis que...

— Oh, pour l'amour du ciel, aboya Thomas, vous croyez que personne ne découvrira la vérité ? Il y a eu des témoins à ce mariage. Vous ne pouvez pas réécrire le passé ! Ni le brûler, en l'occurrence...

Grace ferma les yeux, atterrée. *Oh, Jack, qu'as-tu fait ?*

— Il a arraché la page du registre, poursuivit Thomas, et l'a jetée dans le feu.

Il se tourna vers Jack.

— Le titre vous revient, déclara-t-il en le regardant droit dans les yeux.

Il s'inclina, puis fit face au reste de la salle.

— Je suis...

Il dut se racler la gorge, pourtant, quand il reprit, ce fut d'un ton calme et déterminé.

— Je suis M. Cavendish, et je vous souhaite à tous une bonne journée.

Puis il quitta la pièce dans un silence de plomb.

Lord Crowland s'avança alors vers Jack, qui s'était littéralement décomposé. Il s'inclina si profondément que c'en était presque grotesque.

— Votre Grâce...

— Non, protesta Jack, avant d'ajouter aussitôt à l'adresse de la douairière : Ne le permettez pas. Thomas fera un bien meilleur duc.

— Ce n'est pas faux, acquiesça lord Crowland, indifférent à sa détresse. Mais vous apprendrez.

C'en fut trop pour Jack qui, bien malgré lui, se mit à rire. C'était d'une telle absurdité. Parce que, bonté divine, s'il y avait bien une chose dont il avait toujours été incapable, c'était d'apprendre quoi que ce soit.

Son désespoir reflua, remplacé par un mélange de fatalisme, d'amertume et de cynisme amusé.

— Oh, vous n'avez pas idée ! lança-t-il à lady Cavendish. Vous n'avez pas idée de ce que vous avez fait.

— Je vous ai rendu la place qui vous revient de droit, rétorqua-t-elle sèchement. Comme me le dictait mon devoir envers mon fils.

Jack se détourna, incapable de supporter sa vue une seconde de plus. Grace était là, à côté de la porte. Elle paraissait bouleversée et effrayée. Mais quand elle le regarda, il vit son existence entière prendre doucement forme.

Elle l'aimait. Il ignorait pourquoi et comment, et il n'était pas assez sot pour s'interroger. Quand leurs regards se croisèrent, l'espoir trembla en lui, et l'avenir lui apparut aussi brillant que le soleil levant.

Toute sa vie, il n'avait cessé de courir. Pour échapper à ses fautes et à lui-même. Par désespoir, il s'était refusé la moindre chance de trouver sa place dans le monde.

Et voilà qu'il savait enfin où elle se trouvait. Et s'il avait échoué à convaincre Thomas de conserver le duché, cette fois, il aurait gain de cause.

— Grace, dit-il en la rejoignant pour s'emparer de ses mains.

— Que diable faites-vous ? s'écria la douairière en le voyant mettre un genou en terre.

— Épousez-moi, Grace. Soyez ma femme, soyez ma… ma duchesse, dit-il avec un petit rire, tant cela lui paraissait absurde. C'est beaucoup demander, je sais.

— Arrêtez immédiatement ! lui ordonna la vieille dame. Vous ne pouvez pas l'épouser.

— Jack, murmura Grace.

Ses lèvres tremblaient. Jack savait pourquoi elle hésitait, mais il était déterminé à la convaincre.

— Pour une fois dans votre vie, dit-il avec ferveur, faites quelque chose qui vous rende heureuse.

— Taisez-vous ! s'écria Crowland.

Il empoigna Jack par le bras et tenta de le remettre debout. Mais Jack refusa de bouger.

— Vous épouserez Amelia !

Le regard de Jack ne quittait pas le visage de Grace. Il devinait quelle lutte faisait rage en elle. Elle se reprochait de ne pas invoquer les devoirs attachés à son titre, ou son propre rang dans la société, pour refuser.

— Je n'épouserai personne d'autre que Grace, assura-t-il avant de porter ses mains à ses lèvres.

— Elle n'est pas de votre rang !

Il tourna la tête et décocha un regard glacial à sa grand-mère. Curieusement, à cet instant précis, il eut l'impression d'entrer dans la peau du duc.

— Souhaitez-vous que j'aie un héritier, un jour ou l'autre ? Je considère cela comme un oui, poursuivit-il comme la douairière se retranchait dans le silence, le visage renfrogné. Alors Grace devra m'épouser. Parce que ce sera le seul moyen pour que je donne un héritier légitime à Wyndham.

Grace battit des paupières, puis ses lèvres s'incurvèrent. Elle luttait visiblement contre elle-même. Jack savait toutefois qu'elle l'aimait, et il ne lui permettrait pas de renoncer à cet amour.

— Grace... reprit-il, avant de froncer les sourcils, puis de rire tout bas. Au fait, quel est votre second prénom ?

— Catriona, chuchota-t-elle.

— Grace Catriona Eversleigh, je vous aime, déclara-t-il haut et fort. Je vous aime et je jure devant tous ceux ici rassemblés...

C'est alors qu'il aperçut la gouvernante du presbytère qui se tenait, bouche bée, sur le seuil du bureau.

— ... y compris... comment vous appelez-vous ?

— Mme Broadmouse, répondit-elle, les yeux ronds.

Jack s'éclaircit la voix. Il recommençait à se sentir lui-même, ce qui ne lui était plus arrivé depuis des jours. Peut-être était-il condamné à ce maudit duché, mais avec Grace à ses côtés, il voulait croire que quelque chose de bien en sortirait.

— Devant Mme Broadmouse, je jure…

— Cela suffit ! hurla la douairière en lui saisissant l'autre bras. Relevez-vous.

Sans quitter le visage de Grace des yeux, Jack sourit.

— A-t-on jamais vu demande en mariage plus contestée ?

Elle lui rendit son sourire alors même que des larmes lui embuaient les yeux.

— Vous êtes censé épouser Amelia, gronda lord Crowland.

C'est alors que celle-ci s'avança.

— Je ne veux pas de lui, annonça-t-elle d'un ton presque détaché, puis, croisant le regard de Jack, elle lui sourit.

La douairière eut un hoquet.

— Vous refuseriez mon petit-fils ?

— Ce petit-fils-*là*, précisa Amelia qui, d'un signe de tête en direction de Grace, invita Jack à revenir à l'affaire en cours.

— Grace… reprit-il encore une fois. Je commence à avoir mal au genou.

— Dis « oui », Grace, souffla Amelia.

— Écoutez Amelia, insista Jack.

— Que diable vais-je faire de toi ? lança lord Crowland à sa fille, qui n'eut pas l'air le moins du monde affectée.

— Je vous aime, Grace, déclara Jack.

Elle arborait à présent un grand sourire. Son corps entier semblait sourire. Enfin, devant tout le monde, elle prononça les mots qu'il attendait.

— Je vous aime, moi aussi.

Le cœur dilaté de joie, il répéta :

— Grace Catriona Eversleigh, voulez-vous être ma femme ?

— Oui, répondit-elle. Oui !

— Je vais l'embrasser, annonça-t-il à la cantonade en se redressant.

Et c'est ce qu'il fit. Il l'embrassa devant la douairière, devant Amelia et son père, et devant Mme Broadmouse. Il l'embrassait encore lorsque lady Cavendish sortit avec un reniflement furieux, et lorsque lord Crowland entraîna Amelia à sa suite pour la soustraire à cette scène choquante.

Il aurait continué s'il ne s'était pas aperçu que Mme Broadmouse les contemplait d'un air attendri.

— Nous pourrions avoir un peu d'intimité si cela ne vous ennuie pas ? s'enquit-il avec un sourire jusqu'aux oreilles.

Elle soupira, puis pivota. Mais avant qu'elle referme la porte, ils l'entendirent murmurer :

— Vraiment, j'aime bien les histoires d'amour.

Épilogue

Ma très chère Amelia,

Ne s'est-il réellement écoulé que trois semaines depuis ma dernière lettre ? J'ai l'impression d'avoir une année d'événements à te rapporter. Les enfants continuent de prospérer. Arthur se montre de plus en plus studieux. Jack prétend être abasourdi, mais il ne peut dissimuler son ravissement. Il y a quelques jours, nous nous sommes rendus au Happy Hare *pour discuter de l'organisation de la fête du village avec Harry Gladdish. Jack n'a cessé de se plaindre des difficultés qu'il y avait à trouver un nouveau tuteur, à présent qu'Arthur a tiré tout ce qu'il pouvait du dernier.*

Harry n'a pas été dupe. Jack était fier comme un paon.

Nous étions enchantés de...

— Maman !

Grace leva les yeux. Son troisième enfant – et unique fille – se tenait sur le seuil, la mine éplorée.

— Qu'y a-t-il, Mary ?

— John, il...

— Je passais par là, c'est tout, coupa John qui, après une glissade sur le parquet ciré, s'arrêta juste à côté de sa sœur.

— C'est pas vrai ! protesta celle-ci.

— Je l'ai à peine touchée, assura-t-il en regardant sa mère d'un air innocent.

Grace se retint de fermer les yeux en poussant un gémissement. John n'avait que dix ans, mais il possédait déjà le charme redoutable de son père.

— Maman, reprit Mary, j'allais dans le jardin d'hiver quand…

— Ce qu'elle veut dire, l'interrompit John, c'est que moi, j'allais dans le jardin d'hiver quand elle m'a percuté et…

— Non ! C'est pas ça que je voulais dire. Mamaaan !

— John, laisse ta sœur finir, dit Grace presque machinalement, car c'était une phrase qu'elle répétait plusieurs fois par jour.

Le sourire que John lui adressa aurait fait fondre une pierre. Bonté divine, il ne s'écoulerait pas beaucoup de temps avant qu'elle ne soit obligée de chasser les filles avec un bâton !

— Maman, je ne me permettrais pas de l'interrompre, assura-t-il, du ton dont Jack usait lorsqu'il usait de son charme pour se tirer d'un mauvais pas.

— Tu viens juste de le faire ! rétorqua Mary.

Il leva les mains comme pour dire : « Pauvre petite. »

— Que voulais-tu dire, Mary ? s'enquit Grace avec une compassion qu'elle espérait manifeste.

— Il a écrasé une orange sur ma partition !

— John, c'est…

— Non, dit-il aussitôt.

Grace l'observa, dubitative. « John, c'est vrai ? » était une autre de ces phrases qu'elle avait l'impression de répéter sans cesse.

— Maman, reprit-il, solennel, sur mon honneur, je vous jure que je n'ai pas écrasé une orange…

— Tu mens, l'accusa Mary, furieuse.

— C'est *elle* qui a écrasé l'orange.

— C'est toi qui l'as mise sous mon pied !

— Grace ! fit une autre voix.

Elle sourit, ravie. Jack allait pouvoir les départager.

Il dut entrer de biais dans la pièce afin de se glisser entre les enfants et le chambranle.

— Grace, j'ai besoin de toi pour…

— Jack !

Il la regarda, puis regarda derrière lui.

— Qu'est-ce que j'ai fait ?

— Tu ne les as pas remarqués ? demanda-t-elle avec un geste vers les enfants.

Il eut un sourire désarmant, réplique exacte de celui que son fils avait tenté quelques instants plus tôt.

— Bien sûr que si. Tu n'as pas vu que j'ai dû les contourner ? John, Mary, on ne vous a pas appris qu'il était impoli de bloquer le passage ?

C'était une bonne chose que Grace ne se soit pas trouvée dans le jardin d'hiver, car elle lui aurait volontiers lancé un fruit à la tête. Elle songeait d'ailleurs à laisser une réserve de petits projectiles ronds dans le tiroir de son bureau.

— Jack, reprit-elle avec une patience qu'elle jugea admirable, pourrais-tu avoir la gentillesse de régler leur dispute ?

— Ils se débrouilleront très bien tout seuls, répondit-il avec un haussement d'épaules.

— Jack...

— Ce n'est pas ta faute si tu étais fille unique. Tu n'as pas d'expérience en matière de chamailleries familiales. Crois-moi, tout finit toujours par s'arranger. Je suis certain que nous réussirons à les mener tous les quatre à l'âge adulte, avec au moins quinze de leurs principaux membres intacts.

Grace le foudroya du regard.

— Toi, en revanche, tu es en passe de...

— Les enfants ! coupa Jack. Écoutez votre mère.

— Elle a rien dit, fit remarquer John.

— Bon... John, tu laisses ta sœur tranquille. Mary, la prochaine fois, évite de marcher sur l'orange.

— Mais...

— Je ne veux plus rien entendre, déclara Jack.

Curieusement, ils se le tinrent pour dit et s'éclipsèrent.

— Cela n'a pas été trop difficile, constata Jack, satisfait, en rejoignant Grace. J'ai des papiers pour toi.

Repoussant sa correspondance, elle s'empara des documents qu'il lui tendait.

— Ils sont arrivés cet après-midi, de chez mon notaire, expliqua-t-il.

— C'est au sujet du bâtiment Ennigsly, à Lincoln ? demanda-t-elle après avoir lu le premier paragraphe.

— Oui, c'est ce que j'attendais.

Grace hocha la tête, puis s'absorba dans sa lecture.

Après douze années de mariage, les tâches étaient parfaitement réparties dans leur couple :

Jack menait ses affaires face à face, et lorsque du courrier arrivait, Grace le lui lisait à haute voix.

Il avait fallu à peu près un an à Jack pour être parfaitement à l'aise. Mais il gérait à présent le duché de main de maître. Il avait l'esprit vif, aiguisé, et un jugement si sûr que Grace peinait à croire qu'il n'avait jamais appris à diriger un domaine. Les métayers l'adoraient, les domestiques le vénéraient (surtout depuis que la douairière avait été bannie dans la partie la plus reculée du domaine), et la haute société londonienne était positivement à ses pieds. Thomas avait eu son rôle à jouer dans ce succès, bien sûr, car il l'avait désigné, sans équivoque possible, comme le véritable duc de Wyndham. Il n'empêche que, selon Grace, le charme et la vivacité de Jack avaient joué un rôle tout aussi important.

La seule chose qu'il semblait incapable d'accomplir, c'était d'apprendre à lire.

Lorsqu'il lui avait avoué ses difficultés, Grace s'était refusé à le croire. Il avait eu de mauvais professeurs, avait-elle décrété, ou quelqu'un avait fait preuve d'une négligence coupable à un moment ou un autre. Il était impensable qu'un homme possédant l'intelligence de Jack, et ayant reçu son éducation, soit incapable de lire.

Aussi s'était-elle attelée à la tâche. Et Jack avait fait de son mieux. Rétrospectivement, elle ne s'expliquait pas qu'il n'ait pas explosé sous l'effet de l'exaspération. C'était peut-être la plus grande preuve d'amour qu'il lui ait donnée : se soumettre, sans jamais se départir de son sourire, à ses tentatives sans cesse renouvelées pour lui apprendre à lire.

Cependant, Grace avait fini par renoncer. Elle ne comprenait toujours pas ce qu'il voulait dire lorsqu'il lui expliquait que les lettres « dansaient ». Mais elle le croyait lorsqu'il lui assurait que tout ce qu'il retirait d'une page imprimée, c'était une migraine.

— Tout est en ordre, déclara-t-elle en lui rendant le document.

Ils avaient discuté de cette affaire la semaine précédente, comme ils le faisaient toujours afin que Grace connaisse précisément les points à vérifier.

— Tu étais en train d'écrire à Amelia ? s'enquit-il.

— Oui. J'hésitais à lui parler de l'escapade de John dans le clocher de l'église.

— Il faut que tu la lui racontes. Cela les fera rire.

— Certes. Mais il va passer pour un vrai chenapan.

— C'est un vrai chenapan.

— Je sais, murmura Grace avec une grimace. Mais il est si gentil.

Jack laissa échapper un petit rire, puis se pencha pour l'embrasser sur le front.

— Il me ressemble, c'est tout.

— Certes.

— Inutile d'avoir l'air aussi consterné !

Il lui adressa alors ce sourire charmeur, diabolique, auquel – il le savait pertinemment – elle était incapable de résister.

— Regarde comme j'ai bien tourné, ajouta-t-il.

— Sache tout de même que s'il attaque un jour une voiture, je mourrai sur-le-champ.

— Envoie mes amitiés à Amelia, se contenta-t-il de répliquer en riant.

Elle n'eut pas le temps de répondre « Je n'y manquerai pas » qu'il était déjà parti.

Elle reprit sa plume, la plongea dans l'encrier. Quelques secondes lui furent nécessaires pour se rappeler où elle en était.

Nous étions enchantés d'avoir la visite de Thomas. Il a fait son pèlerinage annuel jusqu'à la demeure de la douairière dont le caractère, hélas, ne s'améliore pas avec les années. Elle se porte comme un charme – je la soupçonne de vouloir nous enterrer tous...

Grace secoua la tête. Elle-même rendait visite à la vieille dame une fois par mois. Jack lui avait assuré que rien ne l'y obligeait, mais elle éprouvait encore une curieuse loyauté à son endroit. Elle voulait en outre manifester sa gratitude à la femme qu'ils avaient engagée comme dame de compagnie.

Aucune domestique n'avait jamais été aussi bien rémunérée. Sur l'insistance de Grace, ils lui versaient le double de ce qu'elle-même gagnait lorsqu'elle occupait cette place. Et il était entendu qu'à la mort de la douairière, cette femme dévouée occuperait le cottage offert par Thomas à Grace des années auparavant.

Le sourire aux lèvres, elle continua d'écrire, rapportant à Amelia ces menus faits et gestes que les mères aiment tant à partager. Mary avait perdu une dent de devant et ressemblait à un écureuil. Et le petit Olivier, âgé seulement de dix-huit mois, avait sauté l'étape de la marche à quatre pattes. D'une étrange, mais efficace reptation sur le ventre, il était directement passé à la course sur ses deux pieds. Ils l'avaient déjà perdu deux fois dans le labyrinthe de verdure.

Tu me manques, Amelia. Promets-moi de venir me voir cet été. Tu sais combien le Lincolnshire est beau à cette époque de l'année. Et, bien sûr...

— Grace ?
Jack venait de réapparaître sur le seuil.
— Tu me manques, lâcha-t-il.
— Depuis cinq minutes ?
Il entra et referma la porte derrière lui.
— Il ne faut pas longtemps, rétorqua-t-il.
— Décidément, tu es incorrigible, fit-elle, ce qui ne l'empêcha pas de poser sa plume.
Après avoir contourné le bureau, il la prit par la main et l'invita à se lever.
— Cela semble me réussir assez bien, murmura-t-il. Et à toi aussi.
Elle laissa échapper un petit cri lorsque ses lèvres...
Bref, seul Jack était capable de faire cela.
Oh ! Et *cela* ! songea-t-elle en se laissant aller contre lui.

Si vous souhaitez être informée en avant-première
de nos parutions et tout savoir sur vos autrices préférées,
retrouvez-nous ici :

www.jailu.com

Abonnez-vous à notre newsletter
et rejoignez-nous sur Facebook !

11745

Composition
FACOMPO

Achevé d'imprimer en Italie
par GRAFICA VENETA
le 2 mars 2025

Dépôt légal : avril 2025
EAN 9782290405956
OTP L21EPSN002643-631304

ÉDITIONS J'AI LU
82, rue Saint-Lazare, 75009 Paris

Diffusion France et étranger : Flammarion